Leihmutterschaft in Deutschland

Recht und Medizin

Herausgegeben von den Professoren
Dr. Erwin Deutsch (†), Dr. Bernd-Rüdiger Kern, Dr. Thorsten Kingreen,
Dr. Adolf Laufs (†), Dr. Hans Lilie, Dr. Hans-Ludwig Schreiber,
Dr. Andreas Spickhoff

Bd./Vol. 128

*Zur Qualitätssicherung und Peer
Review der vorliegenden Publikation*

Die Qualität der in dieser Reihe
erscheinenden Arbeiten wird
vor der Publikation durch
Herausgeber der Reihe geprüft.

*Notes on the quality assurance
and peer review of this publication*

Prior to publication,
the quality of the work
published in this series
is reviewed by editors of the series.

Roman Lammers

Leihmutterschaft in Deutschland

Rechtfertigen die Menschenwürde und das
Kindeswohl ein striktes Verbot?

Bibliografische Information der Deutschen Nationalbibliothek
Die Deutsche Nationalbibliothek verzeichnet diese Publikation
in der Deutschen Nationalbibliografie; detaillierte bibliografische
Daten sind im Internet über http://dnb.d-nb.de abrufbar.

Zugl.: Göttingen, Univ., Diss., 2016

Gedruckt auf alterungsbeständigem,
säurefreiem Papier.

D 7
ISSN 0172-116X
ISBN 978-3-631-71535-2 (Print)
E-ISBN 978-3-631-71536-9 (E-PDF)
E-ISBN 978-3-631-71537-6 (EPUB)
E-ISBN 978-3-631-71538-3 (MOBI)
DOI 10.3726/b10655

© Peter Lang GmbH
Internationaler Verlag der Wissenschaften
Frankfurt am Main 2017
Alle Rechte vorbehalten.
PL Academic Research ist ein Imprint der Peter Lang GmbH.

Peter Lang – Frankfurt am Main · Bern · Bruxelles · New York ·
Oxford · Warszawa · Wien

Diese Publikation wurde begutachtet.

www.peterlang.com

„Die individuelle Freiheit ist kein Kulturgut.
Sie war am größten vor jeder Kultur."

Sigmund Freud (österreichischer Psychiater und
Neurologe, Begründer der Psychoanalyse)

Inhaltsverzeichnis

Abkürzungsverzeichnis

a.A.	andere Auffassung
ABGB	Allgemeines bürgerliches Gesetzbuch (Österreich)
Abs.	Absatz
Abschn.	Abschnitt
AdVermiG	Adoptionsvermittlungsgesetz
AID	Artificial Insemination by Donor
AIH	Artificial Insemination by Husband
Akz.	Aktenzeichen
ALR	Allgemeines Landrecht für die Preußischen Staaten
AöR	Archiv des öffentlichen Rechts
APuZ	Aus Politik und Zeitgeschichte (Zeitschrift)
Art.	Artikel
AT	Allgemeiner Teil
BAG	Bundesarbeitsgericht
BayObLG	Bayerisches Oberstes Landesgericht
BayVBl.	Bayerische Verwaltungsblätter
Bd.	Band
BeckRS	Beck-Rechtsprechung
Begr.	Begründer
BFH	Bundesfinanzhof
BfJ	Bundesamt für Justiz
BGB	Bürgerliches Gesetzbuch
BGBl.	Bundesgesetzblatt
BGH	Bundesgerichtshof
BGHSt	Entscheidung des Bundesgerichtshofs in Strafsachen
BGHZ	Entscheidungen des Bundesgerichtshofs in Zivilsachen
BIT-SEA	Brief Infant Toddler Social and Emotional Assessment
BR-Drs.	Bundesratsdrucksache
BSG	Bundessozialgericht
BT	Besonderer Teil
BT-Drs.	Bundestagsdrucksache
BVerfG	Bundesverfassungsgericht
BVerfGE	Entscheidungen des Bundesverfassungsgerichts
BVerfGG	Bundesverfassungsgerichtsgesetz
BVerwG	Bundesverwaltungsgericht
BVerwGE	Entscheidungen des Bundesverwaltungsgerichts
BZgA	Bundeszentrale für gesundheitliche Aufklärung
bzgl.	bezüglich
CDU	Christlich Demokratische Union
COH	controled ovarian hyperstimulation

CSU	Christlich Soziale Union
DÄBl.	Deutsches Ärzteblatt
d.i.	das ist (in der Philosophie gleichbedeutend mit d.h.)
Diss.	Dissertation
DJT	Deutscher Juristentag
D-Mark	Deutsche Mark
DÖV	Die Öffentliche Verwaltung
DRiZ	Deutsche Richterzeitung
DVBl	Deutsches Verwaltungsblatt
ebd.	ebenda
EGBGB	Einführungsgesetz zum Bürgerlichen Gesetzbuche
EGL	Ergänzungslieferung
EGMR	Europäischer Gerichtshof für Menschenrechte
Einf.	Einführung
EKD	Evangelische Kirche in Deutschland
EMRK	Europäische Menschenrechtskonvention
ESchG	Embryonenschutzgesetz
EuGH	Europäischer Gerichtshof
EuGRZ	Europäische Grundrechte-Zeitschrift
e.V.	eingetragener Verein
f.	folgende
FamFG	Gesetz über das Verfahren in Familiensachen und in den Angelegenheiten der freiwilligen Gerichtsbarkeit
FamFR	Familienrecht und Familienverfahrensrecht
FamRZ	Zeitschrift für das gesamte Familienrecht
FAS	Frankfurter Allgemeine Sonntagszeitung
FAZ	Frankfurter Allgemeine Zeitung
ff.	fortfolgende
FF	Forum Familienrecht
FMedG	Fortpflanzungsmedizingesetz (Österreich)
Fn.	Fußnote
FPR	Familie Partnerschaft Recht
FS	Festschrift
FuR	Familie und Recht
GA	Goltdammer's Archiv für Strafrecht
GG	Grundgesetz
ggf.	gegebenenfalls
GIFT	gamete intrafallopian tube transfer
GS	Gedächtnisschrift
GUS	Gemeinschaft Unabhängiger Staaten
HAÜ	Haager Übereinkommen über den Schutz von Kindern und die Zusammenarbeit auf dem Gebiet der internationalen Adoption
HCCH	Haager Konferenz für Internationales Privatrecht
HFEA	Human Fertilisation and Embryology Act

Hk	Handkommentar
h.M.	herrschende Meinung
ICSI	intracytoplasmic sperm injection
i.H.v.	in Höhe von
IPRax	Praxis des internationalen Privat- und Verfahrensrechts
i.R.d.	im Rahmen des/der
i.S.d.	im Sinne des/der
ISD	Internationaler Sozialdienst
IVF	In-vitro-Fertilisation
JA	Juristische Arbeitsblätter
JAmt	Das Jugendamt
JR	Juristische Rundschau
JuS	Juristische Schulung
JZ	Juristenzeitung
KG	Kammergericht
KindRVerbG	Gesetz zur weiteren Verbesserung von Kinderrechten
KKK	Katechismus der Katholischen Kirche
KrimJ	Kriminologisches Journal
lat.	lateinisch
LG	Landgericht
LSG	Landessozialgericht
MDR	Monatsschrift für Deutsches Recht
MedR	Medizinrecht
MESA	microsugical sperm extraction
NDV	Nachrichtendienst des Deutschen Vereins für öffentliche und private Fürsorge
NI	Notarius International
NJ	Neue Justiz
NJW	Neue Juristische Wochenschrift
NJW-RR	NJW-Rechtsprechungs-Report
NStZ	Neue Zeitschrift für Strafrecht
NVwZ	Neue Zeitschrift für Verwaltungsrecht
NVwZ-RR	NVwZ-Rechtsprechungs-Report
NZFam	Neue Zeitschrift für Familienrecht
NZA	Neue Zeitschrift für Arbeitsrecht
OHSS	ovarielles Hyperstimulationssyndrom
OLG	Oberlandesgericht
OLGZ	Entscheidungen der Oberlandesgerichte in Zivilsachen
OVG	Oberverwaltungsgericht
PassG	Passgesetz
PAuswG	Personalausweisgesetz
PStG	Personenstandsgesetz
RabelsZ	Rabels Zeitschrift für ausländisches und internationales Privatrecht

RdJB	Recht der Jugend und des Bildungswesens
RGBl.	Reichsgesetzblatt
RGSt	Entscheidungen des Reichsgerichts in Strafsachen
RGZ	Entscheidungen des Reichsgerichts in Zivilsachen
Rn.	Randnummer
RNotZ	Rheinische Notar-Zeitschrift
RSE	Rosenberg self-esteem scale
RuP	Recht und Politik
S.	Seite
SchwarzArbG	Schwarzarbeitergesetz
SDQ	Strengths and Difficulties Questionnaire
SGB	Sozialgesetzbuch
sog.	sogenannte/r/s
SPD	Sozialdemokratische Partei Deutschlands
SS	Schutzstaffel
StAG	Staatsangehörigkeitsgesetz
StAZ	Das Standesamt
StGB	Strafgesetzbuch
SZ	Süddeutsche Zeitung
TESE	testicular sperm extraction
TPG	Transplantationsgesetz
u.a.	und andere
USA	United States of America
v.	vom
VersR	Versicherungsrecht
VfGH	Verfassungsgerichtshof (Österreich)
VG	Verwaltungsgericht
VGH	Verwaltungsgerichtshof
vgl.	vergleiche
Vol.	Volume
Vorbem.	Vorbemerkung
VVDStRL	Veröffentlichungen der Vereinigung der Deutschen Staatsrechtslehrer
VwGO	Verwaltungsgerichtsordnung
WHO	World Health Organization
YbPrivIntL	Yearbook of Private International Law
z.B.	zum Beispiel
ZblJugR	Zentralblatt für Jugendrecht und Jugendwohlfahrt
ZDF	Zweites Deutsches Fernsehen
ZEuP	Zeitschrift für Europäisches Privatrecht
ZfF	Zeitschrift für Familienforschung
ZfJ	Zentralblatt für Jugendrecht
ZfL	Zeitschrift für Lebensrecht
ZfP	Zeitschrift für Politik

Vorwort

Die vorliegende Arbeit hat der Georg-August-Universität Göttingen im Sommersemester 2016 als Dissertation vorgelegen. Literatur und Rechtsprechung konnten bis Oktober 2016 berücksichtigt werden.

Ein herzlicher Dank gilt meinem Doktorvater, Herrn Prof. Dr. Gunnar Duttge, auf dessen Unterstützung ich jederzeit – von der Themensuche bis zum Abschluss der Arbeit – zählen durfte. Er gewährte mir hilfreiche Anregungen ebenso wie den nötigen Freiraum, um eine eigenständige Haltung zu dem kontroversen Thema der Leihmutterschaft zu entwickeln.

Danken möchte ich zudem der Johanna und Fritz Buch Gedächtnis-Stiftung in Hamburg, die mich mit einer großzügigen Druckkostenförderung unterstützt hat.

Ganz besonders danke ich meiner Mutter, Petra Sander-Lammers, meinem Vater, Rudolf Lammers, meinem Bruder, Simon Lammers, sowie meinem guten Freund, Justin Trockels, für ihre immerwährende Zuversicht und ihren nie endenden Zuspruch.

Münster im Oktober 2016   Roman Lammers

Meinen lieben Eltern

Einleitung

In Deutschland sind zwischen 1,2 und 1,5 Millionen Paare aus medizinischen Gründen ungewollt kinderlos.[1] Hieß es für die betroffenen Paare früher noch, die natürlichen Beschränkungen der Fortpflanzungsfähigkeit zu ertragen, ermöglicht es ihnen die heutige Reproduktionsmedizin vielfach, ihren Kinderwunsch dennoch zu erfüllen. In den letzten dreißig Jahren hat sich der Umgang der Gesellschaft mit ungewollter Kinderlosigkeit fundamental verändert.[2] Insbesondere die Methode der Leihmutterschaft, die tradierte Konzeptionen von Mutterschaft und Familie antastet, sieht sich gesellschaftlichen Kontroversen ausgesetzt. Die Kernfrage lautet: Soll unsere Gesellschaft alles medizinisch Mögliche auch erlauben?

Im Falle der Leihmutterschaft wird das Kind von einer Frau ausgetragen, die nicht die soziale Mutter des Kindes werden soll. Vielmehr vereinbaren die Leihmutter und die Wunscheltern die spätere Übergabe des Kindes. Die Leihmutterschaft wurde von dem deutschen Gesetzgeber nach dem Aufkommen erster gesellschaftlicher Diskussionen in den 1980er Jahren durch die Novellierung des Adoptionsvermittlungsgesetzes[3] und den Erlass des Embryonenschutzgesetzes[4] verboten. Seit 1998 stellt § 1591 BGB klar, dass Mutter eines Kindes die Frau ist, die das Kind geboren hat. Damit unterstrich der Gesetzgeber seinen Willen, die Surrogatmutterschaft in Deutschland zu unterbinden.[5] Inzwischen stehen die geltenden Regelungen aus vielfältigen Gründen auf dem Prüfstand: Die Zahl später Eltern nimmt in Deutschland kontinuierlich zu. Das Berufsbild des 21. Jahrhunderts lässt immer mehr Frauen in der fruchtbarsten Zeit ihres Lebens Karrierepläne verfolgen, bis der vorhandene Kinderwunsch schließlich mit den natürlichen Beschränkungen der Zeugungsfähigkeit zu kollidieren droht.[6] In Deutschland werden schon fast 20 Prozent der Kinder

---

1 *Diedrich*, in: Diedrich u.a., Reproduktionsmedizin im internationalen Vergleich, S. 8. Zu der Schwierigkeit, verlässliche Werte zu ermitteln: Schlussbericht der Enquete-Kommission „Recht und Ethik der modernen Medizin", in: BT-Drs. 14/9020, 58.

2 So auch der Kulturwissenschaftler *Andreas Bernard*, der durch die Reproduktionsmedizin sogar ein „ausgezehrtes Modell namens Familie" wiederbelebt sieht; Der Spiegel 12/2014, 110 (113) sowie 3sat-Sendung „scobel" v. 8.1.2015.

3 Gesetz über die Vermittlung der Annahme als Kind und über das Verbot der Vermittlung von Ersatzmüttern (Adoptionsvermittlungsgesetz – AdVermiG) v. 27.11.1989, BGBl. I 1989, 2016.

4 Gesetz zum Schutz vom Embryonen (Embryonenschutzgesetz – ESchG) v. 13.12.1990, BGBl. I 1990, 2746.

5 BT-Drs. 13/4899, 82.

6 Siebter Familienbericht, BTS-Drs. 16/1360, 33. Die Zahl der Geburten steigt bei Frauen ab 40 seit Jahren an; vgl. *Thimm*, Der Spiegel 17/2014, 32 (33).

von Müttern geboren, die älter 35 Jahre sind.[7] Die über 40-Jährigen verzeichnen als einzige demographische Gruppe einen Anstieg der Geburtenrate. Mütter, die jenseits der 40 Lebensjahre ein Kind bekommen, sind längst gesellschaftlich akzeptiert. Dazu tragen auch soziale Vorteile einer späten Elternschaft bei, wie etwa die Tatsache, dass späte Mütter und Väter in der Regel besonders viel Zeit in ihr Familienleben investieren und dabei von ihrer großen Lebenserfahrung profitieren.[8] Die Diskussion über die Reproduktionsmedizin wurde durch prominente Fälle aus dem Ausland[9] sowie Berichte über einen Leihmutterschaftstourismus[10] neu entfacht. Für Kontroversen sorgte die Autorin und Büchner-Preisträgerin *Sibylle Lewitscharoff*, die mit Hilfe moderner Reproduktionsmedizin geborene Kinder als „Halbwesen"[11] bezeichnete, ihre Aussage später aber zu relativieren versuchte.[12] Dabei zeigt die gesellschaftliche Wirklichkeit, dass in vielen Familien die sozialen Eltern an Geltung hinzugewinnen und die biologische Verwandtschaft an Bedeutung verliert.[13] Soziologen nehmen an, dass sich das klassische Familienbild weiter auflösen und durch individuell ausgestaltete Lebensmodelle mit einem Kind ersetzt wird.[14] Die Familie wird also zunehmend als ein soziales Konzept verstanden.[15]

---

7 *Haag/Hanhart/Müller*, Gynäkologie und Urologie für Studium und Praxis, S. 242. Im Jahr 2012 waren 22 Prozent der Mütter bei der Geburt ihres Kindes mindestens 35 Jahre alt; Pressemitteilung des Statistischen Bundesamtes v. 3.9.2014 (abrufbar unter: https://www.destatis.de/DE/PresseService/Presse/Pressemitteilungen/2014/09/PD14_309_126pdf.pdf?__blob=publicationFile).

8 Spiegel TV-Bericht „Späte Eltern" (abrufbar unter: http://www.spiegel.tv/#/filme/spaete-eltern/).

9 Beispielsweise haben sich die Schauspielerinnen Nicole Kidman und Sarah Jessica Parker mit ihren Partnern für eine Leihmutterschaft entschieden. Gleiches gilt für homosexuelle Prominente wie Neil Patrick Harris und Sir Elton John; *Schwanke*, welt.de v. 24.11.2011 (abrufbar unter: http://www.welt.de/vermischtes/prominente/article12321128/Leihmuetter-und-die-Babys-der-Stars-auf-Bestellung.html).

10 Allein in Indien werden mit der Vermittlung von Leihmüttern jährlich etwa 1,5 Milliarden Euro umgesetzt; *Günther*, suedeutsche.de v. 6.8.2014 (abrufbar unter: http://www.sueddeutsche.de/panorama/leihmuetter-befruchtungsflatrate-und-ratenzahlung-1.2077668).

11 Lewitscharoff sprach weiter von „zweifelhaften Geschöpfen, halb Mensch, halb künstliches Weißnichtwas" (abrufbar unter: http://www.staatsschauspiel-dresden.de/download/18986/dresdner_rede_sibylle_lewitscharoff_final.pdf).

12 Später befand sie ihre Aussagen als „zu scharf" und stellte klar, sie würde „niemals ein Kind, das auf diese Weise zur Welt kam, als fragwürdigen Menschen bezeichnen"; fr-online.de v. 7.3.2014 (abrufbar unter: http://www.fr-online.de/panorama/sibylle-lewitscharoff-lewitscharoff-entschuldigt-sich,1472782,26490826.html).

13 *Bernard*, in: Der Spiegel 12/2014, 113. Auch *Kreß*, FPR 2013, 240 (241) stellt fest, dass für die Identitätsbildung von Kindern die Beziehung zu den lebensweltlichen Elternteilen im Vergleich zur leiblichen Abstammung „viel bedeutsamer" geworden ist.

14 So die israelische Soziologin *Illouz*, zit. nach Abé, in: Der Spiegel 34/2014, 32 (33).

15 Ähnlich *Woopen*, die meint, der Begriff der Familie werde „innerhalb einer Generation und zwischen den Generationen immer weniger biologisch rückgebunden"; in:

Auch den politischen Entscheidungsträgern ist nicht entgangen, dass die Zahl deutscher Paare, die eine ausländische Leihmutter in Anspruch nehmen, in den letzten Jahren gestiegen ist.[16] Dennoch hält die Jugend- und Familienministerkonferenz (JFMK) der Länder die Leihmutterschaft weiter für nicht vereinbar mit der Menschenwürde. Sie erwägt sogar eine Verschärfung der aktuellen Gesetzeslage dahingehend, auch den Wuscheltern mit einer Strafandrohung zu begegnen, um so den reproduktionstouristischen Reisen in das Ausland entgegenzuwirken.[17] In der juristischen Praxis wird aber auch Kritik an dem umfassenden Verbot geübt. So sehen sich deutsche Standesbeamte von Gesetzes wegen oft nicht dazu befugt, von ausländischen Leihmüttern geborenen Kindern deutsche Pässe auszustellen und so die Nachreise zu den deutschen Wunscheltern zu ermöglichen.[18] Den moralischen Zwiespalt, den das Gesetz den Standesbeamten aufzwingt, wollen diese nicht länger akzeptieren. Deshalb forderte *Jürgen Rast*, Präsident des Bundesverbandes deutscher Standesbeamtinnen und Standesbeamten, im Anschluss an eine Fachtagung Ende 2012 die Abschaffung des im internationalen Vergleich keineswegs selbstverständlichen Leihmutterschaftsverbots.[19] Auch in der Fachliteratur erheben sich Stimmen, die eine Liberalisierung des geltenden Rechts anstreben.[20] Mit dem Verbot der Leihmutterschaft gehen gleich mehrere Grundrechtseingriffe einher. Im Zentrum der

Begrüßung zur Jahrestagung des Deutschen Ethikrates 2014, S. 2 (abrufbar unter: http://www.ethikrat.org/dateien/pdf/jahrestagung-22.05.2014-christiane-woopen-begruessung.pdf).

16 Bericht der Länder Hessen und Rheinland-Pfalz über die Sitzung der Arbeitsgruppe zur Weiterentwicklung des Adoptionsverfahrens und Beschlussvorschlag für die Jugend- und Familienministerkonferenz (abrufbar unter: http://jfmk.de/pub 2013/TOP_5.1_Weiterentwicklung_des_Adoptionsvermittlungsverfahrens_ (mit_Anlagen).pdf).

17 Beschluss der Jugend- und Familienministerkonferenz am 6. und 7. Juni 2013 (abrufbar unter: https://jfmk.de/pub2013/TOP_5.1_Weiterentwicklung_des_Adoptionsvermittlungs verfahrens_(mit_Anlagen).pdf).

18 So in einem Fall aus dem Jahr 2010, in dem die deutschen Behörden zwei Jahre lang die Einreise von durch eine indische Leihmutter geborenen Zwillingen verweigerten. Zugleich sahen die indischen Behörden die Kinder als Deutsche an, weshalb auch sie keine Pässe ausstellten. In einer „einmaligen Aktion aus humanitären Gründen" stellte die deutsche Botschaft in Neu Delhi später doch Visa aus; *Straßmann*, zeit.de v. 2.12.2012 (abrufbar unter: http://www.zeit.de/2012/48/Leihmutterschaft-Gesetzgebung-Standesbeamte).

19 *Straßmann*, zeit.de v. 2.12.2012 (abrufbar unter: http://www.zeit.de/2012/48/Leihmutterschaft-Gesetzgebung-Standesbeamte). Rast betonte zudem, die Thematik der Leihmutterschaft sei keineswegs rein akademisch für die deutschen Standesbeamten und wünschte sich neue Lösungsansätze des Gesetzgebers. Näheres dazu in der Pressemitteilung des BDS v. 10.11.2012 (abrufbar unter: http://www.standesbeamte.de/pdf/pressemitteilung_11_2012.pdf).

20 So etwa *Kreß*, FPR 2013, 240 (243); *Heun*, in: Bockenheimer-Lucius/Thorn/Wendehorst, Umwege zum eigenen Kind, S. 49 (58).

verfassungsrechtlichen Debatte steht das Recht der Wunscheltern auf Fortpflanzung, welches sich auf die Fortpflanzung im Wege der medizinisch assistierten Zeugung erstreckt und Art. 2 Abs. 1 GG i.V.m. Art. 1 Abs. 1 GG, Art. 6 Abs. 1 GG sowie Art. 8 EMRK entnommen wird.[21]

Sobald eine der Parteien sich an die zuvor getroffenen Vereinbarungen nicht mehr halten möchte, steht die Rechtsprechung vor Fragen wie: Darf die Leihmutter, wenn Sie eine unerwartet enge Bindung zu dem Kind aufgebaut hat, dieses doch behalten? Müssen die Wunscheltern das Neugeborene in jedem Fall, etwa auch in dem einer schweren Behinderung, aufnehmen? Mitte 2014 sorgte der Fall „Gammy" für Empörung, in dem ein australisches Paar, das durch eine thailändische Leihmutter Zwillinge gebären ließ, später nur eines der Kinder aufnahm und das zweite Kind – einen Jungen mit Downsyndrom – angeblich gewollt in Thailand zurückließ.[22] Nur wenige Monate später beschäftigte ein ebenfalls durch eine thailändische Leihmutter geborenes Zwillingskind, das von australischen Wunscheltern aufgrund seines Geschlechts zurückgewiesen wurde, die Presse.[23] In der Sorge um den Ruf Thailands als zuverlässige Anlaufstelle in Sachen Leihmutterschaft schlossen die Behörden mehrere Reproduktionskliniken.[24] Seit Anfang 2015 verbietet ein thailändisches Gesetz kommerzielle Leihmuttergeschäfte für Ausländer.[25] In der durch den Fall „Gammy" neu entfachten Diskussion erhielt ein Spielfilm der ARD, der eindrücklich das soziale Gefälle zwischen den meist aus westlichen Staaten stammenden Wunscheltern und den in Indien lebenden Leihmüttern zeigt, besondere Aufmerksamkeit.[26] Nachdem der BGH im Jahr 2014 für gewisse Konstellationen die Rechte deutscher Wunscheltern, die im Ausland eine Leihmutter engagieren, gestärkt hat[27], besteht ein noch größerer Anreiz, den Kinderwunsch auf diesem Wege zu erfüllen.

Es ist denkbar, dass die Surrogatmutterschaft in einigen Jahren auch den Gesetzgeber wieder beschäftigt. Im August 2014 hat Bundesjustizminister Heiko Maas von

---

21 *Coester-Waltjen*, in: von Münch/Kunig, Grundgesetz, Bd. 1, Art. 6 Rn. 49; *Heun*, in: Bockenheimer-Lucius/Thorn/Wendehorst, Umwege zum eigenen Kind, S. 49 (52).

22 *Steinberger*, SZ v. 5.8.2014, 10. Der Junge namens Gammy wurde in der Familie der Leihmutter aufgenommen. Mittels einer Internetaktion kamen über 130.000 Euro an Spenden für die medizinische Behandlung des Kindes zusammen. Der australische Wunschvater bestritt später, Gammy gewollt zurück gelassen zu haben; vielmehr habe die Leihmutter gedroht, auch seine Schwester nicht heraus zu geben, sofern sie den Jungen nicht behalten dürfe. In der Debatte spielte auch die Tatsache eine Rolle, dass der Wunschvater wegen Kindesmissbrauchs vorbestraft war, jedoch beteuerte, das von der Leihmutter geborene Kind sei bei ihm „zu 100 Prozent sicher"; FAZ v. 12.8.2014, 7.

23 *Töpper*, spiegel-online v. 9.10.2014 (abrufbar unter: http://www.spiegel.de/panorama/wie-baby-gammy-australische-eltern-lassen-leihmutter-im-stich-a-996164.html).

24 Bericht über den Fall „Gammy" im ZDF auslandsjournal v. 20.8.2014.

25 FAZ v. 21.2.2015, 1.

26 ARD-Spielfilm „Monsoon Baby", Ausstrahlung am 17.9.2014, 20:15 Uhr.

27 BGH, NJW 2015, 479.

der SPD einen „Arbeitskreis Abstammung" einberufen. Das gegenwärtige Recht habe, so *Maas*, ausschließlich ein Familienbild bestehend aus männlichem Elternteil, weiblichem Elternteil und Kind vor Augen, auf die moderne Fortpflanzungsmedizin hingegen „zum Teil keine Antwort."[28] Ob diesen Ansätzen noch in der laufenden Legislaturperiode neue Vorschriften für die Leihmutterschaft folgen, ist zu bezweifeln. Die aktuelle Große Koalition aus CDU, CSU und SPD stellt in ihrem Koalitionsvertrag jedenfalls keine Abkehr von dem Verbot der Leihmutterschaft in Aussicht.[29]

Diese Dissertation soll klären, ob das geltende strikte Verbot der Leihmutterschaft mit dem Rekurs auf das Kindeswohl eine hinreichende Rechtfertigung erfährt und zum Schutz der Frau vor sozialer, würdewidriger Ausbeutung notwendig ist, oder ob sich – vor dem Hintergrund des zunehmenden Leihmutterschaftstourismus' – gar eine Verschärfung der Rechtslage gebietet. Am Beginn dieser Arbeit stehen ein medizinischer und ein historischer Abriss über die künstlichen Fortpflanzungshilfen im Allgemeinen und die Leihmutterschaft im Besonderen (erster Teil). Anschließend wird dargelegt, wie das Recht die Leihmutterschaft gegenwärtig handhabt und welche entwicklungspsychologischen Auswirkungen das Verfahren auf die beteiligten Personen hat (zweiter Teil). Den Abschluss bildet eine umfassende Überprüfung der Leihmutterschaft hinsichtlich ihrer Vereinbarkeit mit dem Grundgesetz, auf deren Grundlage ein eigenes Regelungskonzept für die Zukunft präsentiert wird (dritter Teil).

---

28 Bundesjustizminister *Maas*, zit. nach Amann, in: Der Spiegel 35/2014, 14.

29 Vielmehr heißt es im Koalitionsvertrag zu diesem Thema einzig, man lehne die Leihmutterschaft ab, da sie „mit der Würde des Menschen unvereinbar ist"; Deutschlands Zukunft gestalten – Koalitionsvertrag zwischen CDU, CSU und SPD, S. 70 (abrufbar unter: https://www.cdu.de/sites/default/files/media/dokumente/koalitionsvertrag. pdf).

Erster Teil: Medizinischer und historischer Abriss

A. Zur Geschichte der Reproduktionsmedizin

Ohne die künstliche Befruchtung wäre die Leihmutterschaft in ihrer heutigen Ausprägung nicht denkbar. Doch so selbstverständlich die künstliche Befruchtung inzwischen geworden ist: Die Forscher mussten auf dem Weg zur modernen Reproduktionsmedizin zahlreiche Rückschläge hinnehmen. Von der ersten Hormonbehandlung bis zum Embryotransfer: Die Geschichte der Reproduktionsmedizin ist auch eine Geschichte der gesellschaftlichen Kontroversen.

I. Erste assistierte In-vivo-Fertilisationen

Ein erster Bericht über eine künstliche Befruchtung in vivo, also im Körper der Frau, stammt aus dem Jahr 1799, verfasst von dem englischen Experimentalchirurgen John Hunter, der seinem sterilen Patienten dazu riet, das Sperma mit einer Spritze aufzunehmen und in die Vagina seiner Frau zu injizieren. Dies ist heute der erste bekannte Fall einer künstlich unterstützten Befruchtung. Die erste heterologe Insemination im Körper der Frau wurde 1884 in den USA vorgenommen. William Pancoast verhalf einem Ehepaar durch die Befruchtung mit der Samenflüssigkeit eines Medizinstudenten zu einem Sohn.[30] In Deutschland ließen sich zunächst nur wenige Fälle der künstlichen Insemination vermelden. Zur Zeit des Nationalsozialismus' war die künstliche Befruchtung – d.h. zu dieser Zeit die Samenspende – weitgehend tabu. Weitläufig wurde sie als überfeinert verstanden und der jüdischen Kultur zugeordnet[31], obwohl man im Umfeld des von der SS getragenen Lebensborn e.V. jedenfalls erwog, die künstliche Befruchtung zu nutzen, um auf der Grundlage nationalsozialitischer Rassenhygiene die Geburtenziffer „arischer" Kinder zu erhöhen.[32]

---

30 *Katzorke*, in: Bockenheimer-Lucius/Thorn/Wendehorst, Umwege zum eigenen Kind, S. 89 (90).

31 Nach *Bernard*, in: Der Spiegel, 12/2014, 110 (112). Der Gedanke an die künstliche Befruchtung löste bei vielen Politikern und Ärzten Ekel aus.

32 So regte etwa Reichsgesundheitsführer Leonardo Conti an, bei den ungewollt kinderlosen Frauen „die Methoden der Fruchtbarmachung zur Anwendung" zu bringen. Der Reichsführer SS Heinrich Himmler bezeichnete die künstliche Befruchtung dagegen als einen „Eingriff in ein heiliges, nur der Natur mit ihrem Wirken vorbehaltenes Handeln"; zit. nach *Koop*, Dem Führer ein Kind schenken – Die SS-Organisation Lebensborn e.V., S. 29 f.

II. Anfänge der In-vitro-Befruchtung

Eine für die heutige Reproduktionsmedizin entscheidende Beobachtung machte der amerikanische Biologe Gregory Pincus Anfang der 1930er Jahre. Bei Kaninchenversuchen stellte er fest, dass die Versuchstiere nach hormoneller Behandlung nicht mehr wie unter natürlichen Bedingungen sechs bis zehn, sondern bis zu hundert Eizellen pro Zyklus produzierten. In diesem Kontext fiel auch erstmals der heute noch verwendete Begriff der Superovulation.[33] Im Februar 1944 gelang Miriam Menkin die erste In-vitro-Befruchtung einer menschlichen Eizelle, nachdem ihrem Team und ihr seit 1938 etliche Versuche misslungen waren. Wie sich später herausstellte, war der Erfolg eher einem Missgeschick denn der sukzessiven Veränderung der Versuchsbedingungen geschuldet: Menkin wusch die Samenprobe nur einmal statt mehrere Male aus und ließ die zusammengebrachten Gameten unüblicherweise eine Stunde lang stehen. Deshalb konnte sie die erste in vitro fertilisierte Eizelle im Zwei-Zellen-Stadium beobachten – obgleich das Ei wenig später dehydriert abstarb. In den darauffolgenden Monaten gelang es Menkin sogar, eine Eizelle im Drei-Zell-Stadium zu fotographieren.[34]

Zwischen 1945 und 1960 kam die Erforschung der extrakorporalen Zeugung dagegen beinahe zum Erliegen. Das hatte einerseits mit biographischen Ereignissen der damals führenden Experten auf diesem Gebiet zu tun, andererseits aber auch mit der in den 1950er Jahren angeheizten Diskussion über eine Überbevölkerung. In diesem gesellschaftlichen Klima wurden Ressourcen eher auf die Entwicklung von Verhütungsmitteln als auf Techniken der Reproduktionsmedizin verteilt. Schließlich forschte man in den 1950er Jahren intensiv an der „Antibabypille".[35] Das Wissen um die In-vitro-Fertilisation erweiterte sich erst wieder ab 1960, einhergehend mit den Forschungen von Patrick Steptoe und Robert Edwards. Im Jahr 1968 begannen die beiden Engländer ihre Zusammenarbeit.[36] Erstmals gelang es ihnen, mit dem Verfahren der Bauchspiegelung Eizellen dann zu entnehmen, wenn sie den Prozess der Reifung nahezu abgeschlossen hatten. Die Forscher nutzten nun den Effekt der Superovulation. Dabei brachten sie durch Hormongabe gleich mehrere Eizellen zur Reifung und entnahmen sie nach der Injektion eines eisprungauslösenden Hormons mittels einer Laparoskopie. Die extrakorporale Befruchtung der Eizelle war für Edwards und Steptoe um 1970 nicht weiter schwierig. Dass dennoch weitere Jahre bis zur ersten Schwangerschaft nach IVF vergingen, war der Sorge der beiden geschuldet, die Technik könne ein ungesundes Kind hervorbringen und damit die damals vorherrschende gesellschaftliche Kritik an den neuen Methoden der Reproduktionsmedizin befeuern. Im Jahr 1971 transferierten sie den ersten Embryo. Bis 1974 kamen 13

---

33 *Schreiber*, Natürlich künstliche Befruchtung?, S. 201.

34 *Sardaryan*, Bioethik in ökumenischer Perspektive, S. 187; *Schreiber*, Natürlich künstliche Befruchtung?, S. 230 ff.

35 *Bernard*, Kinder machen – Neue Reproduktionstechnologien und die Ordnung der Familie, S. 388.

36 *Wegner*, Enzyklopädie Medizingeschichte, Bd. 1, S. 1243; *Lauff/Arnold*, ZRP, 279.

weitere Embryotransfers hinzu, von denen jedoch keiner zu einer Schwangerschaft führte. Probleme bereitete den Medizinern der Hormonhaushalt der Patientinnen, der offenbar eine Einnistung des Embryos in der Gebärmutter verhinderte.[37]

III. Das erste „Retortenbaby"

1976 berichteten Edwards und Steptoe schließlich von der ersten Schwangerschaft nach In-vitro-Fertilisation. Diese Schwangerschaft führte aber nicht zu der Geburt eines gesunden Kindes, sondern endete in einer Eileiterschwangerschaft. Der reproduktionsmedizinische Durchbruch gelang ihnen am 25. Juli 1978, der Tag, an dem in der nordenglischen Stadt Oldham mit Louise Joy Brown das erste „Retortenbaby", d.h. das erste in der Petrischale gezeugte Kind, geboren wurde. Die Mutter Lesley Brown erfuhr nach einer missglückten Eileiteroperation im Jahr 1970 von ihrer Unfruchtbarkeit. Als ihre Beziehung zu John Brown an der Kinderlosigkeit zu zerbrechen drohte, stellt ihre Gynäkologin den Kontakt zu Patrick Steptoe her, der ihr gemeinsam mit Robert Edwards schließlich zu einem eigenen Kind verhalf.[38] Die Geburt des „Babys des Jahrhunderts"[39] wurde trotz aller Intimität eines solchen Moments zu einem öffentliches Ereignis. Dutzende von Reportern und Kameras warteten vor dem Krankenhaus, während ein Filmteam der britischen Regierung die Niederkunft sogar aufzeichnete. Das aus der Arbeiterklasse stammende Ehepaar Brown erhielt allein für die Veröffentlichung seiner Autobiographie umgerechnet etwa 1,2 Millionen D-Mark.[40] Zwei Jahre nach der missglückten Eileiterschwangerschaft eröffneten Patrick Steptoe und Robert Edwards der Fortpflanzungsmedizin nun ganz neue Optionen. Für die Entwicklung der In-vitro-Fertilisation sollte Edwards im Jahr 2010 – drei Jahre vor seinem Tod – den Nobelpreis für Medizin erhalten.[41]

Trotz dieses bahnbrechenden Ereignisses entwickelte sich die Reproduktionsmedizin in den folgenden Jahren nur langsam weiter. Bis 1981 wurden nur neun weitere Kinder nach erfolgter IVF geboren. Im April 1981 kam mit Oliver Wimmelbacher in Erlangen das erste deutsche Kind, das in der Petrischale gezeugt wurde, zur Welt.[42]

---

37 *Bernard*, S. 396 ff.

38 *Edwards/Steptoe*, Birth after reimplantation of human embryo, The Lancet 312/1978, 366; vgl. auch *Müller-Terpitz,* Der Schutz des pränatalen Lebens, S. 16; *Bühl*, Auf dem Weg zur biomächtigen Gesellschaft?, S. 323; *Tech*, Assistierte Reproduktionstechniken, S. 99.

39 Diese Bezeichnung geht auf einen Bericht des Londoner „Daily Express" zurück; vgl. Der Spiegel 31/1978, 124.

40 *Bernard*, 373 ff. In den folgenden Jahren nahm das Interesse der Öffentlichkeit an dem ersten mittels IVF gezeugten Kind ab. Im Juni 1982 bekam das Ehepaar Brown mit Natalie Brown eine weitere in vitro gezeugte Tochter.

41 *Zylka-Menhorn/Siegmund-Schultze/Leinmüller*, DÄBl. 2010, A 1896; *Berndt*, sueddeutsche.de v. 7.10.2010 (abrufbar unter: http://www.sueddeutsche.de/wissen/medizin-nobelpreis-robert-edwards-vater-von-vier-millionen-kindern-1.1008118).

42 *Blech/Lakotta/Noack*, Der Spiegel 4/2002, 70; *Eckhart*, Geschichte der Medizin, S. 313; Lauff/Arnold, ZRP 1984, 279.

Mitte der 1980er Jahre wurde die Methode der IVF schließlich zur medizinischen Routine. Die Einführung der transvaginalen Follikelpunktion im Jahr 1985, welche die laparoskopische Eizellgewinnung ablöste, vereinfachte das Verfahren erheblich.[43] Dennoch: Die IVF konnte weibliche Sterilitätsursachen überwinden, vermochte bei einer verminderten Samenqualität des Mannes jedoch keine Abhilfe zu leisten.

IV. Einführung der Mikroinjektion

Das änderte sich im Jahr 1992 mit der Einführung der Intrazytoplasmatischen Spermieninjektion, kurz ICSI.[44] In einem wissenschaftlichen Aufsatz wurde die Befruchtung durch Mikroinjektion, d.h. die Einspritzung eines einzigen Spermiums in das Zellplasma der Eizelle[45], erstmals dokumentiert.[46] Die Entwicklung des Verfahrens geht maßgeblich auf den italienischen Gynäkologen Gianpero Palermo zurück, der wagte, wovor viele Reproduktionsmediziner bis dahin zurückschreckten: die Membran der Eizelle gänzlich zu durchstechen. Am 14. Januar 1992 kam in Brüssel das erste durch die ICSI gezeugte Kind zur Welt.[47] Die neue Methode erweiterte den Kreis der Adressaten reproduktionstechnischer Maßnahmen enorm. Denn mit ihr konnte nunmehr auch Männern mit erheblich verringerter Spermienqualität geholfen werden. Sogar die Azoospermie gilt, sofern Spermien aus Hoden oder Nebenhoden entnommen werden können, als überwindbar.[48] Dank der neuen Technik eröffnet sich heute für rund 95 Prozent der Männer die Option auf ein leibliches Kind.[49] Inzwischen ist die Spermieninjektion die vorherrschende Reproduktionstechnik. Schon 1996 wurde die ICSI in Deutschland häufiger durchgeführt als die konventionelle IVF.[50]

Die neue Methode begegnete seit ihrer Einführung auch Kritik: Anders als die IVF umgeht die ICSI den Prozess der natürlichen Selektion. Die mangelhafte Spermienqualität des Mannes deute – so die Befürchtung – auf vererbbare chromosomale Schäden hin und könne zu Entwicklungsverzögerungen und Fehlbildungen bei durch das ICSI-Verfahren gezeugten Kindern führen. In bisherige Studien ließen sich jedoch keine besorgniserregenden Fehlbildungsraten nachweisen.[51] Heute legt

---

43 *Wegner*, Enzyklopädie Medizingeschichte, Bd. 1, S. 1243.

44 Die Abkürzung ICSI ist nach Gianpiero Palermo nur darauf zurückzuführen, dass er damals der Annahme war, das englische „intracytoplasmatic" würde getrennt geschrieben; vgl. *Bernard*, S. 411.

45 Streng genommen handelte es sich erst bei dem ICSI-Verfahren um eine künstliche Befruchtung. Denn bei allen anderen vorherigen Reproduktionsmethoden – etwa auch bei der IVF – wurde der Akt der Befruchtung den Zellen selbst überlassen und nicht durch Menschenhand gesteuert.

46 *Palermo/Joris/Devroey/Steirteghem*, The Lancet 340/1992, 17.

47 *Wegner*, Enzyklopädie Medizingeschichte, Bd. 1, S. 1243.

48 *Würfel*, in: Krebs/van der Ven, Aktuelle Reproduktionsmedizin, S. 62.

49 *Devroey* u.a., Human Reproduction 2004, 2307 (2311).

50 *Felberbaum*, in: Krebs/van der Ven, Aktuelle Reproduktionsmedizin, S. 7.

51 Eine im Jahr 2005 veröffentliche umfangreiche Studie kommt zu dem Ergebnis, dass die Fehlbildungsrate bei der ICSI im Vergleich zur natürlichen Befruchtung um den

die Wissenschaft den Fokus darauf, die Schwangerschaftsraten zu verbessern und die Zahl der Mehrlingsgeburten zu verringern. Auch das bei der Hormonbehandlung noch immer bestehende Risiko eines ovariellen Überstimulationssyndroms steht im Zentrum der Erforschung.[52] Indem die Wissenschaftler nunmehr die mit der Fortpflanzungsmedizin verbundenen körperlichen Risiken für die austragenden und die eizellspendenden Frauen reduzieren, begünstigen sie zugleich das Phänomen der Leihmutterschaft.

B. Grundlagen der Reproduktionsmedizin

Um die Beweggründe jener Paare, die Leihmütter in Anspruch nehmen, zu erfassen, ist es hilfreich zu verstehen, weshalb Menschen auf die medizinische Assistenz auf dem Gebiet der Fortpflanzung angewiesen sind. Zur Reproduktionsmedizin gehören alle Verfahren, die im künstlichen Umgang mit menschlichen Eizellen, Spermien oder Embryonen eine Schwangerschaft und die Geburt eines Kindes herbeizuführen versuchen.[53]

I. Sterilität und Infertilität

Ein reproduktionsmedizinisches Bedürfnis besteht nur, weil natürliche Beschränkungen einer nicht unbedeutenden Zahl von Menschen bei der Erfüllung ihres Kinderwunsches im Weg stehen. Begrifflich auseinanderzuhalten sind die Sterilität und die Infertilität.[54] Die Sterilität – auch als Unfruchtbarkeit oder impotentia generandi (von lat. generare = „zeugen") bezeichnet – liegt vor, wenn entweder der Mann zeugungsunfähig oder die Frau empfängnisunfähig ist, die Befruchtung einer Eizelle auf natürlichem Wege also unmöglich ist. Dabei sind weiter die primäre und die sekundäre Sterilität zu unterscheiden. Von der primären Sterilität spricht man, wenn es bei einem Paar trotz regelmäßigen Geschlechtsverkehrs ohne Verhütungsmaßnahmen innerhalb eines Jahres nicht zur Schwangerschaft kommt. Eine sekundäre Sterilität liegt dagegen vor, wenn eine Frau innerhalb eines Jahres trotz ungeschützten regelmäßigen Geschlechtsverkehrs nicht schwanger wird, obwohl bei ihr zuvor schon mindestens eine Schwangerschaft eingetreten ist.[55] Als infertil wird

---

Faktor 1,24 erhöht ist; *Ludwig/Katalinic*, Journal für Reproduktionsmedizin und Endokrinologie 2005, 151 (160). Vgl. auch *Davies* u.a., New England Journal of Medicine 2012, 1803.

52 *Ludwig/Diedrich*, in: Diedrich/Ludwig/Griesinger, Reproduktionsmedizin, S. 15.

53 Ausschuss für Bildung, Fortpflanzungsmedizin, BT-Drs. 17/3759, 6.

54 Wobei die beiden Begriffe – aus medizinischer Sicht nicht erklärbar – immer häufiger nebeneinander und synonym gebraucht werden; vgl. Ausschuss für Bildung usw., Fortpflanzungsmedizin, BT-Drs. 17/3759, 14.

55 So lautet jedenfalls die Definition der WHO; vgl. *Haag/Hanhart/Müller*, S. 241; *Bokelmann/Bokelmann*, Zur Lage der für andere übernommenen Mutterschaft in Deutschland, S. 6. Jedoch sprechen Teile der medizinischen Fachliteratur erst bei

eine Frau bezeichnet, die zwar schwanger werden kann, aber nicht in der Lage ist, das Kind auszutragen. In der Anamnese finden sich dann wiederholte Fehlgeburten. Demgemäß ist bei der Infertilität nicht die Konzeption, sondern die Fähigkeit, ein lebensfähiges Kind zu gebären, gestört.[56] Die Sterilität der Frau wird auch impotentia concipiendi (von lat. concipio = „schwanger werden"), die Infertilität auch impotentia gestandi (von lat. gestare = „tragen") genannt.[57]

Die Ursachen der Sterilität können vielfältig sein und sind medizinisch nicht immer eindeutig zu bestimmen. In etwa 30 Prozent der Fälle liegen die Beeinträchtigungen bei der Frau, in 25 Prozent der Fälle bei dem Mann. Oftmals sind kombinierte Störungen bei Mann und Frau ursächlich (in etwa 40 Prozent der Fälle).[58] In den übrigen Fällen bleibt die Ursache für die Sterilität ungeklärt; man spricht insoweit von einer idiopathischen Sterilität. Dabei liegt die Vermutung nahe, dass es die idiopathische Sterilität eigentlich gar nicht gibt, sondern die zur Verfügung stehenden diagnostischen Methoden schlicht noch nicht alle die Fertilität einschränkenden Faktoren erkennen lassen.[59] Häufig hat man es nicht mit einer sterilen Frau oder einem sterilen Mann, sondern vielmehr mit einer sterilen Ehe oder Partnerschaft zu tun.[60] An dieser Stelle sollen die bedeutsamsten medizinischen Ursachen der Unfruchtbarkeit erläutert werden.

1. Ovarialinsuffizienz

Die Ovarialinsuffizienz ist ein häufiger Grund für die Empfängnisunfähigkeit der Frau. Von ihr spricht man, wenn die normale Funktion der Eierstöcke – in der Fachsprache Ovarien genannt – gestört ist. Den Eierstöcken kommt die Aufgabe zu, Eizellen zur Fortpflanzung auszureifen sowie Sexualhormone zu produzieren. Ovarialinsuffizienzienzen führen dazu, dass keine Eizellen oder nur noch Eizellen minderer Qualität reifen. Die Befruchtungsmöglichkeit ist dann verringert oder sogar ausgeschlossen. Ovarielle Störungen können auch durch psychische Belastungen wie Stress und körperliche Belastungen wie Hochleistungssport sowie durch

---

einer ungewollten Kinderlosigkeit über einen Zeitraum von 24 Monaten von Sterilität und zuvor von Konzeptionsschwierigkeiten; vgl. *Stauber/Weyerstahl*, Gynäkologie und Geburtshilfe, S. 429.

56 *Mansees*, ZfJ 1986, 496; *Emmert/Gerstorfer*, S. 47; *Stauber/Weyerstahl*, S. 429; *Ludwig/Diedrich/Nawroth*, in: Diedrich/Ludwig/Griesinger, Reproduktionsmedizin, S. 2.

57 *Emmert/Gerstorfer*, S. 47.

58 *Gruber*, Gynäkologie und Geburtshilfe, 14. Diese Angaben variieren in der Literatur. Teilweise wird eine gleiche Verteilung der Ursachen auf Mann und Frau angenommen; vgl. etwa *Emmert/Gerstorfer*, S. 49. Anderen Angaben zufolge sind die Ursachen zu 30 Prozent beim Mann, zu 50 Prozent bei der Frau und zu 20 Prozent bei beiden Partnern zu finden; vgl. *Schmidt-Matthiesen/Wallwiener*, Gynäkologie und Geburtshilfe, S. 123.

59 *Ludwig/Diedrich/Nawroth*, in: Diedrich/Ludwig/Griesinger, Reproduktionsmedizin, S. 4.

60 *Schmidt-Matthiesen/Wallwiener*, S. 124.

Magersucht hervorgerufen werden.[61] Eine primäre Ovarialinsuffizienz liegt vor, wenn diese durch die Ovarien selbst begründet ist. Von einer sekundären Ovarialinsuffizienz spricht man dagegen, wenn hormonelle Störungen ursächlich sind.[62]

2. Endometriose

Die Endometriose wird auch als verschleppte Gebärmutterschleimhaut bezeichnet. Bei ihr kommt Gebärmutterschleimhaut (Endometrium) verstreut außerhalb der Gebärmutterhöhle, also ektop vor.[63] Ebenso wie die normale Gebärmuttterschleimhaut verändert sich auch die ektope Gebärmutterschleimhaut während des Menstruationszyklus'. Die Endometriose ruft häufig Verwachsungen und Verklebungen der Eileiter hervor, sodass die Befruchtung und Einnistung der Eizelle verhindert wird. Etwa zwei bis vier Prozent der geschlechtsreifen Frauen leiden an einer Endometriose. In 30 bis 50 Prozent dieser Fälle geht damit eine Sterilität einher. Die genauen Ursachen der Endometriose sind noch unbekannt. Bei einem bestehenden Kinderwunsch wird eine schonende operative Entfernung möglichst vieler Endometrioseherde empfohlen.[64] Tritt die Endometriose wiederholt auf, verbleibt nur die künstliche Befruchtung, um den Kinderwunsch dennoch zu erfüllen. Auch dann weisen Patientinnen mit einer unbehandelten Endometriose aber eine um etwa 50 Prozent reduzierte Schwangerschaftsrate auf.[65]

3. Tubenschäden

Die Eileiter – in der Fachsprache Tuben genannt – sind die Wegstrecke für die männlichen und weiblichen Gameten und zugleich der Ort der Befruchtung. Beschädigungen der Tuben wirken sich in aller Regel nachteilig auf die Fertilität aus. Kommt es zu organischen Verschlüssen der Tubenlichtung, so stellen diese eine unüberwindbare mechanische Blockade für Spermien und Eizellen dar. Die betroffene Frau ist dann absolut steril. Funktionsausfälle der Eileiter treten überwiegend durch Erkrankungen und nach Operationen im Genitalbereich auf – seltener sind sie anlagebedingt. Zumeist betreffen die pathologischen Veränderungen gleich beide Eileiter. Obwohl funktionelle Störungen der Tubenbeweglichkeit nur schwer feststellbar sind, werden diese in der Literatur als häufig vorkommende Sterilitätsursache beschrieben.[66] Bei etwa einem Drittel der ungewollt kinderlosen Frauen sollen

61 *Zetkin/Schaldach*, Lexikon der Medizin, S. 1481; *Stauber/Weyerstahl*, S. 432.
62 *Haag/Hanhart/Müller*, S. 242.
63 *Strowitzki*, Ungewollte Kinderlosigkeit, S. 39.
64 *Gruber*, S. 54; *Ludwig/Diedrich/Nawroth*, in: Diedrich/Ludwig/Griesinger, Reproduktionsmedizin, S. 3.
65 *Schmidt-Matthiesen/Wallwiener*, S. 134.
66 *Stauber/Weyerstahl*, S. 433.

Tubenschäden die Hauptursache der Sterilität sein.[67] Störungen der Tubenfunktion sind die zweithäufigste Ursache für weibliche Unfruchtbarkeit.[68]

4. Immunologische Inkompatibilität der Partner

Eine Schwangerschaft kann auch ausbleiben, weil der Vaginaltrakt der Frau eine immunologische Reaktion auf Bestandteile des Spermas zeigt. Man spricht dann von einer immunologischen Inkompatbilität der Partner. Dabei bilden sich Spermienantikörper im sog. Zervixschleim, welche die eintretenden Spermien angreifen, abtöten oder zumindest in ihrer Beweglichkeit einschränken.[69] In seltenen Fällen entwickeln Männer eine Immunität gegen ihre eigenen Spermatozoen.[70]

5. Verminderte Spermienqualität

Ursächlich für das Ausbleiben einer Schwangerschaft kann ferner eine verminderte Qualität der männlichen Spermien sein. Zur Feststellung der Spermienqualität wird nach drei- bis fünftägiger sexueller Karenz eine Ejakulatanalyse durchgeführt. Die Ejakulatuntersuchung sollte möglichst am Anfang der Paardiagnostik stehen, um die oftmals invasiven Schritte bei der Frau zu vermeiden.[71] Die Ergebnisse der Analyse werden mit den Normalwerten der WHO-Klassifizierung (Normozoospermie) verglichen. Dabei gilt eine Spermienzahl von 20 bis 250 Mio./ml mit über 50 Prozent gut beweglichen und normal geformten Spermatozoen als normal.[72] Liegt die Spermienzahl unter 20 Mio./ml, spricht man von einer Ogliozoospermie. Im Einzelfall kann jedoch auch dann eine Befruchtung erfolgen.[73] Organische Ursachen für eine verminderte Spermienqualität ergeben sich beispielsweise aus Verletzungen an Hoden, Nebenhoden und Prostata. Einen schädigenden Einfluss auf die Spermiogenese haben Nikotin, Alkohol, Drogen sowie Allgemeinkrankheiten. Eine unterdurchschnittliche Spermaqualität kann auch psychisch bedingt sein. So korreliert die Spermaqualitätsminderung etwa positiv mit beruflichen und familiären Stressfaktoren sowie psychosomatischen Beschwerden.[74]

---

67 *Schlößer*, Der Gynäkologe 2001, S. 431; *Stauber/Weyerstahl*, S. 433; *Emmert/Gerstorfer*, S. 48.

68 *Graf*, in: Baltzer/Friese/Graf/Wolff, Praxis der Gynäkologie und Geburtshilfe, S. 403. Oftmals findet man auch Angaben, nach denen ovarielle und tubare Störungen zu jeweils 30 Prozent ursächlich für die Sterilität der Frau sind und damit gemeinsam die beiden Hauptursachen darstellen; vgl. *Stauber/Weyerstahl*, S. 433; *Emmert/Gerstorfer*, S. 48.

69 *Knörr/Knörr-Gärtner/Beller/Lauritzen*, Lehrbuch der Geburtshilfe und Gynäkologie, S. 514.

70 *Graf*, in: Baltzer/Friese/Graf/Wolff, Praxis der Gynäkologie und Geburtshilfe, S. 407.

71 *Stauber/Weyerstahl*, S. 430.

72 *Bühling/Friedmann*, Intensivkurs Gynäkologie und Geburtshilfe, S. 42.

73 *Gruber*, S. 37; *Strowitzki*, Ungewollte Kinderlosigkeit, S. 43.

74 *Stauber/Weyerstahl*, S. 432.

6. Erektile Dysfunktion

Eine weitere Ursache für unerfüllte Kinderwünsche ist die erektile Dysfunktion bei dem Mann, auch impotentia coeundi (von lat. coire = „sich begatten")[75] oder umgangssprachlich schlicht Impotenz genannt. Eine erektile Dysfunktion liegt vor, wenn länger als sechs Monate keine für den Geschlechtsverkehr ausreichende Erektion zustande kommt. Es handelt sich dabei um anatomische oder funktionelle Beschränkungen der Kohabitationsfähigkeit bei an sich fertilen Individuen.[76] In selteneren Fällen hat die Dysfunktion psychische Ursachen, wie etwa die Angst, sexuell zu versagen.[77] Häufiger sind dagegen organische Gründe, z.B. Schäden im Bereich der nervalen Erregungskette.

II. Künstliche Befruchtung und die Methoden der assistierten Empfängnis

Der Sterilität eines Paares begegnet die moderne Fortpflanzungsmedizin mit dem Hilfsmittel der künstlichen Befruchtung. Die Anzahl reproduktionsmedizinischer Behandlungen hat seit den 1980er Jahren stark zugenommen. Mit etwa 77.000 deutschlandweit verzeichneten Behandlungen im Jahr 2012 stagniert die Gesamtzahl seit einigen Jahren auf einem relativ hohen Niveau. Zum Vergleich: Im Jahr 1982 wurden nur 742 Behandlungen registriert.[78] Die gleiche Entwicklung ist bei der Zahl der durch assistierte Reproduktion gezeugten Kinder festzustellen: Im Jahr 2012 wurden knapp 11.000 Kinder nach künstlicher Befruchtung geboren, wohingegen die Zahl im Jahr 1997 noch bei etwa 4.500 Kindern lag.[79] Insgesamt erblickten in Deutschland seit 1997 etwa 200.000 Kinder mit Hilfe der Fortpflanzungsmedizin das Licht der Welt[80], während derzeit circa jede vierzigste Geburt auf eine künstliche Befruchtung

---

75 Dieser von Betroffenen oftmals als abwertend empfundene Begriff wird heute seltener verwendet. Er geht zurück auf das Kirchenrecht. In Italien stellt die Impotenz einen rechtlichen Grund zur Anfechtung der Ehe dar; *Mankowski*, in: Staudinger, BGB, Art. 13 EGBGB Rn. 414.

76 *Zetkin/Schaldach*, Lexikon der Medizin, S. 948; *Schmidt-Matthiesen/Wallwiener*, S. 123.

77 *Hartmann*, in: Stief/Hartmann/Höfner/Jonas, Erektile Dysfunktion, S. 4.

78 Deutsches IVF-Register, Jahrbuch 2012, Journal für Reproduktionsmedizin und Endokrinologie, Sonderheft 2/2013, S. 11 (abrufbar unter: http://www.deutsches-ivf-register.de/pdf-downloads/dirjahrbuch2012-d.pdf). Seit 2008 liegt die Anzahl reproduktionsmedizinischer Maßnahmen stets etwa zwischen 70.000 und 80.000.

79 Deutsches IVF-Register, Jahrbuch 2005, S. 21 (abrufbar unter: http://www.deutsches-ivf-register.de/pdf-downloads/dirjahrbuch2005.pdf).

80 Deutsches IVF-Register, Jahrbuch 2012, Journal für Reproduktionsmedizin und Endokrinologie, Sonderheft 2/2013, S. 31 (abrufbar unter: http://www.deutsches-ivf-register.de/pdf-downloads/dirjahrbuch2012-d.pdf).

zurückgeht.[81] Weltweit kamen bisher über vier Millionen Kinder durch assistierte Reproduktion zur Welt.[82] In den vergangenen Jahren hat die Zeitspanne zwischen dem Auftreten des Kinderwunsches und der ersten reproduktionsmedizinischen Behandlung stetig abgenommen: Im Jahr 1997 dauerte der Kinderwunsch im Schnitt noch über fünf Jahre an, bevor Paare erstmals eine Behandlung durchführen ließen. Dagegen vergingen 2012 durchschnittlich nur noch etwas mehr als dreieinhalb Jahre zwischen dem Auftreten des Kinderwunsches und der ersten reproduktionsmedizinischen Maßnahme.[83] Diese Zahlen verdeutlichen, dass die Fortpflanzungsmedizin von betroffenen Paaren inzwischen mit einer gewissen Selbstverständlichkeit in Anspruch genommen wird. Es folgt nun ein Einblick in die Techniken der assistierten Empfängnis, die den Anwendungsbereich der Reproduktionsmedizin so enorm ausgeweitet haben, dass sie sich nicht länger als eine medizinische Randerscheinung begreifen lässt.

a) Homologe Insemination

Als homologe Insemination wird die künstliche Befruchtung der Eizelle mit dem Sperma des Ehepartners oder Partners einer festgefügten Partnerschaft bezeichnet.[84] Dabei wird das durch Masturbation gewonnene Sperma des Mannes im Labor aufbereitet. Steht eine verminderte Spermienqualität der Fertilität im Wege, so kann diese durch die homologe Insemination überwunden werden. Bei einem kompletten Fehlen der Spermatogenese kommt das Verfahren dagegen nicht in Betracht.[85] Die homologe Insemination ist in Deutschland inzwischen unumstritten.[86] In Bezug auf das Abstammungsrecht sowie die übrigen Rechtsfolgen steht sie der Beiwohnung gleich.[87] Früher verstand man unter der homologen Insemination ausschließlich jene mit dem Sperma des Ehemannes.[88] Heute erachtet man eine Insemination dagegen erst dann nicht mehr als homolog, sondern als heterolog, wenn das Sperma eines Unbekannten, nicht eng mit der Frau Verbundenen verwendet wird. Damit wird der Tatsache Rechnung getragen, dass Lebenspartner heute immer häufiger auf die Eheschließung verzichten.[89]

---

81 *Bernard*, Kinder machen – Neue Reproduktionstechnologien und die Ordnung der Familie, S. 19.

82 *Haag/Hanhart/Müller*, S. 246.

83 Deutsches IVF-Register, Jahrbuch 2012, Journal für Reproduktionsmedizin und Endokrinologie, Sonderheft 2/2013, S. 29 (abrufbar unter: http://www.deutsches-ivf-register.de/pdf-downloads/dirjahrbuch2012-d.pdf).

84 *Haag/Hanhart/Müller*, S. 246.

85 *Schmidt-Matthiesen/Wallwiener*, S. 139.

86 *Hohloch*, StAZ 1986, 153 (154); *Bokelmann/Bokelmann*, S. 8.

87 *Brudermüller*, in: Palandt, BGB, Einf. v. § 1591 Rn. 16; *Harder*, JuS 1986, 505 (506).

88 Vgl. etwa *Lauff/Arnold*, ZRP 1984, 279; *Frucht*, Ersatzmutterschaft im US-amerikanischen Recht usw., S. 4.

89 *Deutsch/Spickhoff*, Medizinrecht, Rn. 1086. Ganz vereinzelt wird die Befruchtung mit dem Samen des Partners, der nicht Ehepartner ist, auch „quasi-homologe" Insemination

b) Heterologe Insemination

Anders als bei der homologen Insemination wird bei der heterologen Insemination nicht das Sperma des Ehemannes oder festen Partners verwendet. Vielmehr findet eine Insemination mit Spermatozoen eines Spenders – auch Donors genannt – statt. Die Erfolgsquote der heterologen Insemination ist im Vergleich zur homologen künstlichen Befruchtung deutlich erhöht. Denn für sie wird das konservierte Sperma von sicher fertilen Spendern verwendet. Die Spender werden vor der Konservierung der Spermien auf HIV und Hepatitis B und C untersucht. So lässt sich ein hohes Maß an Sicherheit bezüglich der Übertragung dieser Krankheiten gewährleisten.[90] Die heterologe Insemination ist in Deutschland gesetzlich nicht geregelt und unterliegt damit auch keinem Verbot.[91] Sie ist dennoch umstritten und wirft gleich mehrere Rechtsprobleme auf. In den fünfziger, sechziger und siebziger Jahren des 20. Jahrhunderts wurde deshalb ein Verbot des Verfahrens erwogen.[92] Der Entwurf für das StGB von 1960 sah sogar noch eine Strafbarkeit der heterologen Insemination vor.[93] Die Strafrechtskommission vermochte erhebliche Gefährdungen für die eheliche Gemeinschaft und die Psyche des Kindes zu erkennen.[94] Vereinzelt zeichnete man für die heterologe Insemination sogar das Bild eines „Ehebruchs in mittelbarer Täterschaft" durch den Arzt als Werkzeug.[95] Letztlich wurde der Vorschlag der Kommission aber – auch wegen der Sorge einer reproduktionsmedizinischen Isolation

---

genannt; *Gerecke/Valentin*, in: GS für Eckert, 233. Im Englischen ist die Definition dagegen enger: Die homologe Insemination wird als AIH (Artificial Insemination by Husband), die heterologe Insemination als AID (Artificial Insemination by Donor) bezeichnet.

90 *Bispink*, in: Duttge/Engel/Lipp/Zoll, Heterologe Insemination, S. 3.
91 *Deutsch/Spickhoff*, Medizinrecht, Rn. 1088.
92 *Kleinecke*, Das Recht auf Kenntnis der eigenen Abstammung, S. 229 sieht in der heterologen Insemination einen Verstoß gegen die objektive Wertordnung des Grundgesetzes. *Heiss*, Die künstliche Insemination der Frau, S. 292 nimmt sogar eine Unvereinbarkeit mit Art. 6 Abs. 1 GG an. Für *Loeffler*, in: Ranke/Dombois, Probleme der künstlichen Insemination, S. 22 (35) ist die heterologe Insemination eine Maßnahme zur „Erniedrigung der Frau und der Mutterschaft". Der Deutsche Juristentag hat den Beschluss, die heterologe Insemination begegne verfassungsinkorporierten ethischen Bedenken, im Jahr 1986 knapp abgelehnt; vgl. Deutscher Juristentag, NJW 1986, 3069.
93 Niederschrift über die Sitzungen der Großen Strafrechtskommission, Bd. 7, S. 211 f. Damals sah die Mehrheit der Kommission die künstliche Insemination mit Ausnahme der homologen Insemination als strafwürdig an.
94 *Schwalm*, GA 1959, 1 (3), nach dessen Auffassung die heterologe Insemination zu einer „Ehe zu dritt" führen kann, die sich negativ sowohl auf die Stellung des Mannes als auch der Frau auswirkt.
95 *Keller*, MedR 1988, 59 (62).

Deutschlands – nicht Gesetz.[96] Für die Ärzteschaft ist das Verfahren seit 1970 nicht mehr grundsätzlich standeswidrig.[97]

Nach ganz herrschender Auffassung und der Rechtsprechung des Bundesverfassungsgerichts hat das durch eine Samenspende gezeugte Kind ein sich aus dem allgemeinen Persönlichkeitsrecht – also aus Art. 1 Abs. 1 i.V.m. Art. 2 Abs. 1 GG – ergebendes Recht auf die Kenntnis der eigenen Abstammung.[98] Das Kind kann von dem Arzt also die Herausgabe der Spenderdaten verlangen.[99] Dazu muss es nach einer BGH-Entscheidung aus dem Jahr 2015 kein Mindestalter erreichen.[100] Ist dem Arzt die Datenherausgabe, z.b. weil er eine anonymisierte Spende verwendet hat, nicht möglich, können sich für das Kind aus einem Vertrag mit Schutzwirkung zugunsten Dritter Schadensersatzansprüche gegen den Arzt eröffnen, etwa weil es unterhalts- oder erbrechtliche Ansprüche gegen den biologischen Vater nicht geltend machen kann.[101] Gelingt dagegen die Individualisierung des Samenspenders und wurde dieser zuvor nicht hinreichend über die rechtlichen Konsequenzen seiner Spende aufgeklärt, können dem Spender Schadensersatzansprüche gegen den Arzt, die Klinik oder die Samenbank zustehen.[102] In Deutschland leben schätzungsweise 100.000 Menschen, die mit Hilfe einer Samenspende gezeugt wurden. Nur etwa jeder Zehnte von ihnen weiß davon.[103] Das Recht auf die Kenntnis der eigenen Abstammung kann in der Realität also vielfach – etwa weil die Eltern die Spende verschweigen – gar nicht wahrgenommen werden.

Vor dem Inkrafttreten des § 1600 Abs. 5 BGB war stark umstritten, ob die Verträge zwischen den Partnern und dem die heterologe Insemination durchführenden Arzt überhaupt rechtswirksam sind. So vertrat ein Teil der Lehre die Auffassung, die Rechtsgeschäfte seien sittenwidrig und damit nach § 138 Abs. 1 BGB nichtig.

---

96 *Mansees*, ZfJ 1986, 496 (497); *Bernard*, StAZ 2013, 136 (138).

97 Dennoch sah der 73. Deutsche Ärztetag die heterologe Insemination mit „so zahlreichen Problemen und insbesondere mit offenen rechtlichen Fragen belastet", dass er die Vornahme der Behandlung nicht empfahl; vgl. *Kleinecke*, S. 292.

98 BVerfG, NJW 1989, 891; *Jarass*, in Jarass/Pieroth, Grundgesetz, Art. 2 Rn. 74. Aus diesem Grundrecht folgt die Pflicht des Gesetzgebers, ein geeignetes Verfahren zur Feststellung der Vaterschaft bereitzustellen; vgl. BVerfGE 117, 202 (226).

99 Die Anspruchsgrundlage ist § 810 BGB; *Harder*, JuS 1986, 505 (507); *Lauff/Arnold*, ZRP 1984, 279 (282).

100 BGH, NJW 2015, 1098.

101 *Giesen*, FamRZ 1981, 413 (418). Der Schadensersatzanspruch würde im Falle der Nicht-Ermittelbarkeit des Spenders vertraglich auf §§ 280 Abs. 1, 242 Abs. 2, 311 Abs. 3 BGB und deliktisch auf § 823 Abs. 1 BGB, Art. 1 und 2 GG beruhen; vgl. *Spickhoff*, VersR 2006, 1569 (1572).

102 *Wagner*, in: Münchener Kommentar, Bd. 5, § 823 Rn. 160; *Spickhoff*, VersR 2006, 1569 (1573).

103 *Schindele*, in: Moderne Fortpflanzungsmedizin – Die Suche nach Eltern und Familie, WDR 5-Radiobeitrag v. 22.9.2014 (Mitschrift abrufbar unter: http://www.wdr5.de/sendungen/leonardo/fortpflanzungsmedizin100.pdf).

Dies wurde insbesondere mit den statusrechtlichen, unterhaltsrechtlichen und erbrechtlichen Folgen einer heterologen Insemination begründet.[104] Auch das erhöhte Risiko einer Mehrlingsschwangerschaft, mit der Gefahren für die Mutter und die Kinder einhergehen, hielt als Begründung her.[105] Der BGH ist dagegen schon damals von der Wirksamkeit solcher Verträge ausgegangen, sofern gewährleistet ist, dass eine spätere Ehelichkeitsanfechtung des Mannes die einmal begründeten Unterhaltsansprüche des Kindes unberührt lässt.[106] Im Jahr 2002 hat der Gesetzgeber mit dem Erlass des § 1600 Abs. 5 BGB zumindest für ein wenig mehr Klarheit gesorgt[107]: Danach kann die Anfechtung der Vaterschaft nach erfolgter heterologer Insemination, in die Mutter und Vater zuvor eingewilligt haben, nicht erfolgen. Der Gesetzgeber wollte so das Kind gegen den Verlust der Unterhalts- und Erbansprüche sowie der persönlichen Beziehungen zu seinem gesetzlichen Vater schützen. Wer im Einvernehmen miteinander in die künstliche Übertragung des Samens eines Donors einwillige, müsse für das Kind auch nach der Geburt die übernommene Verantwortung tragen.

Dennoch, so der Gesetzgeber, seien damit keine eindeutigen Aussagen über die Zulässigkeit der heterologen Insemination und sonstige zivilrechtliche Probleme in diesem Zusammenhang getroffen worden.[108] Er hat in seiner Gesetzesbegründung explizit darauf hingewiesen, dass er sich mit der Einführung dieses Anfechtungsausschlusses nicht entscheidet, ob die heterologe Insemination überhaupt zulässig ist.[109] Die überwiegende Auffassung sieht in dem in § 1600 Abs. 5 BGB normierten Anfechtungsausschluss aber ein starkes Indiz dafür, dass die Legislative Verträge über die heterologe Insemination zumindest nicht generell für sittenwidrig hält.

---

104 *Kollhosser*, JA 1985, 551 (555); *Benda*, NJW 1985, 1730 (1732); *Harder*, JuS 1986, 505 (507).

105 *Neidert*, MedR 1998, 347 (351).

106 BGH, NJW 1995, 2028 (2029). Das Gericht nahm damals einen Vertrag zugunsten des aus der heterologen Insemination hervorgehenden Kindes an, aus welchem sich die Pflicht des Ehemannes ergibt, für den Unterhalt des Kindes wie ein ehelicher Vater zu sorgen. Dass der BGH zugleich eine Ehelichkeitsanfechtung des Mannes nicht ausschloss, wurde in Teilen der Literatur kritisiert; vgl. *Roth*, FamRZ 1996, 769 (771); *Kollhosser*, JA 1985, 553 (555); *Kemper*, FuR 1995, 309 (310), die eine solche Ehelichkeitsanfechtung für rechtsmissbräuchlich hielten.

107 Geschehen durch das Gesetz zur weiteren Verbesserung von Kinderrechten (Kinderrechteverbesserungsgesetz – KindRVerbG) v. 9.4.2002; BGBl. I 2002, 1239; Damals fand sich die Regelung jedoch noch in § 1600 Abs. 2, später dann in Abs. 4 und seit 2008 in Abs. 5 BGB; *Wellenhofer*, in: Münchener Kommentar, Bd. 8, § 1600 Rn. 29.

108 BT-Drs. 14/2096, 7.

109 Für den Erlass des § 1600 Abs. 5 BGB soll vielmehr die Tatsache ausschlaggebend gewesen sein, dass im Wege der heterologen Insemination „gezeugte Kinder vorhanden sind, die in rechtlicher und sozialer Hinsicht des Schutzes bedürfen"; vgl. BTS-Drs. 14/2096. Dennoch wird in der Literatur teilweise die Auffassung vertreten, der Gesetzgeber sctze mit § 1600 Abs. 5 BGB die Zulässigkeit der heterologen Insemination implizit voraus; *Wellenhofer*, in: Münchener Kommentar, Bd. 8, § 1600 Rn. 30; *Roth*, JZ 2002, 651 (653).

Schließlich droht nun kein Verlust des gesetzlichen Erbrechts mehr.[110] Schließen Partner einer nichtehelichen Lebensgemeinschaft einen Vertrag über eine heterologe Insemination, so kann das Rechtsgeschäft aber nur dann als sittenkonform und wirksam angesehen werden, wenn ein expliziter Unterhaltsanspruch des Kindes begründet wird. Denn anders als in dem Fall, in dem Ehegatten eine heterologe Insemination vornehmen lassen, wird hier die Vaterschaft nicht gemäß § 1592 Nr. 1 BGB durch Gesetz, sondern durch Annahme nach §§ 1592 Nr. 2 BGB, 1594 ff. BGB begründet. Generell gilt: Ein wirksamer Vertrag über die Durchführung einer heterologen Insemination setzt voraus, dass das Recht des Kindes auf die Kenntnis der eigenen Abstimmung gewahrt wird.[111]

Im Übrigen stellt die heterologe Insemination spezielle Anforderungen an die behandelnden Ärzte: Die Methode mag dazu beitragen, eine gewisse Zahl von Ehen zu retten – scheitert doch eine beträchtliche Zahl der Ehen an ungewollter Kinderlosigkeit. Zugleich kann die erfolgreiche Durchführung einer heterologen Insemination bei dem infertilen Mann aber Minderwertigkeitsgefühle hervorrufen. Hier drohenden Spannungen in der betroffenen Partnerschaft vorzubeugen, ist eine besondere Herausforderung für die behandelnden Ärzte.[112] Mit der Einführung der intrazytoplasmatische Spermieninjektion (dazu s. unten) hat die heterologe Insemination erheblich an Bedeutung verloren. Nur noch in wenigen Fällen, etwa bei einem kompletten Fehlen der testikulären Spermiogenese oder schweren Erbrankheiten des Mannes, ist die heterologe Insemination noch indiziert.[113]

c) In-vitro-Fertilisation

Die In-vitro-Fertilisation (IVF) bezeichnet die künstliche Befruchtung im Glas. Der Eizellentnahme geht dabei regelmäßig eine kontrollierte ovarielle Überstimulationstherapie („controled ovarian hyperstimulation", kurz COH) bei der Frau voraus. Das Ziel der Stimulation durch Hormongabe ist es, eine größere Zahl an Follikeln in beiden Ovarien zur Reifung zu bringen.[114] Die Anregung der Eierstöcke birgt das Risiko eines ovariellen Hyperstimulationssyndroms (OHSS), welches zu Unwohlsein und Erbrechen führen kann. In schlimmeren Fällen kommt es zu einer Ansammlung von Flüssigkeit in der Bauchhöhle (sog. Aszites) oder zu Durchblutungsstörungen. Während etwa 30 Prozent der behandelten Frauen an einer leichten Form des Überstimulationssyndroms leiden, treffen weniger als ein Prozent der Patientinnen schwere

---

110 *Ahrens*, in: Prütting/Wegen/Weinreich, BGB, § 138 Rn. 104.

111 *Sack/Fischinger*, in: Staudinger, BGB, § 138 Rn. 619 f.; *Uhlenbruck/Laufs*, in: Laufs/Uhlenbruck, Handbuch des Arztrechts, § 38 Rn. 52.

112 *Stauber/Weyerstahl*, S. 449.

113 *Heun*, in: Bockenheimer-Lucius/Thorn/Wendehorst, Umwege zum eigenen Kind, S. 49 (50); *Stauber/Weyerstahl*, S. 448.

114 *Griesinger*, in: Diedrich/Ludwig/Griesinger, Reproduktionsmedizin, S. 111; *Haag/Hanhart/Müller*, S. 247.

Folgen.[115] In sehr seltenen Fällen kann das Syndrom sogar zum Tod führen.[116] An die Hormonbehandlung schließt sich die Eizellentnahme mittels Follikelpunktion an, mit der üblicherweise mehrere Oozyten gewonnen werden können. Die Follikelpunktion erfolgt heute typischerweise nicht mehr laparoskopisch – also durch das Durchstechen der Bauchhöhle –, sondern wird ultraschallgesteuert vaginal durchgeführt.[117] Deshalb spricht man auch von der transvaginalen Follikelpunktion.[118] Die Patientin unterliegt während des Eingriffes einer Vollnarkose oder lokalen Betäubung. Später werden die entnommenen Eizellen in der Petrischale mit den aufbereiteten Spermatozoen des Mannes zusammengebracht.

Durch die verschiedenen Aufbereitungsmethoden werden vitale und motile Spermatozoen selektiert. So findet bei der Percolldichtegradienten-Zentrifugation eine Trennung intakter und defekter Zellen aufgrund ihres unterschiedlichen Gewichtes statt. Auch eine Filtration des Spermas durch Glaswolle ermöglicht es, defekte Spermien auszusondern. Bei der Swim-up-Methode wird das Ejakulat mit flüssigen Kulturmedien bedeckt und bei Körpertemperatur inkubiert. Die beweglichen Spermien schwimmen durch ihre Eigenbewegungen in das Kulturmedium und können so von den nicht befruchtungsfähigen Spermien getrennt werden.[119] In der Petrischale findet dann eine natürliche Selektion der Spermien statt. Höchstens drei der entstehenden Embryonen werden für zwei bis drei Tage im Brutschrank bei einer Temperatur von 37 Grad Celsius gelagert. Dabei befinden sie sich dabei in speziellen Kulturmedien. Im Anschluss werden die Embryonen mittels eines Kathetersystems wieder in die Gebärmutter der Frau zurückgegeben. Die abschließende Implantation sowie Etablierung der Schwangerschaft unterscheidet sich nicht weiter von einer natürlichen Konzeption.[120]

d) Intrazytoplasmatische Spermieninjektion

Die konventionelle In-vitro-Fertilisation stellt relativ hohe Anforderungen an die Spermienqualität. Eine Alternative zu diesem Verfahren ist die intrazytoplasmatische Spermienninjektion (intracytoplasmic sperm injection, kurz ICSI). Sie ermöglicht

---

115 *Strauß/Beyer*, in: Robert Koch-Institut, Gesundheitsberichterstattung des Bundes, Heft 20, S. 16; *Graf*, in: Baltzer/Friese/Graf/Wolff, Praxis der Gynäkologie und Geburtshilfe, S. 426; *Revermann/Hüsing*, Fortpflanzungsmedizin: Rahmenbedingungen, wissenschaftlich-technische Fortschritte und Folgen, S. 110.
116 *Kollek*, Präimplatationsdiagnostik – Embryonenselektion, weibliche Autonomie und Recht, S. 58; *Binder/Griesinger/Kiesel*, Gynäkologische Endokrinologie 2007, 203 (209), deren Angaben zufolge die Hormonbehandlung weltweit bisher nur zu wenigen Todesfällen geführt hat.
117 *Stauber/Weyerstahl*, S. 449. Auch weil die Punktion auf laparoskopischem Wege invasiver ist, wird heute die ultraschallgesteuerte transvaginale Punktion bevorzugt.
118 *Gruber*, S. 38; *Haag/Hanhart/Müller*, S. 247.
119 *Stauber/Weyerstahl*, S. 448; *Haag/Hanhart/Müller*, S. 246.
120 *Schmidt-Matthiesen/Wallwiener*, S. 141; *Stauber/Weyerstahl*, S. 450.

eine Fertilisierung auch bei sehr geringer Spermaqualität. Anders als bei der IVF findet bei der ICSI keine spontane Befruchtung in der Petrischale statt. Vielmehr wird ein einzelnes Spermatozoon in eine Injektionsnadel aufgezogen und direkt in das Zytoplasma der Eizelle injiziert.[121] Selbst bei schlechtesten Spermiogrammen hilft diese Methode 94 Prozent der Paare bei der Befruchtung mindestens einer Eizelle. Hinsichtlich der Vorbehandlung, der Follikelpunktion und des Embryotransfers unterscheidet sich die ICSI nicht von der IVF.[122] Den Reproduktionsmedizinern ist es ferner möglich, einzelne Samenfäden direkt aus dem Hoden zu gewinnen. Man spricht dann von einer TESE-ICSI (testicular sperm extraction). Werden die Spermien dem Nebenhoden entnommen, so handelt es sich bei der anschließenen Befruchtung der Eizelle über eine ultradünne Glaskapillare um eine MESA-ICSI (microsugical sperm extraction).[123] Diese Verfahren kommen zum Beispiel bei einer Azoospermie, also bei dem vollständigen Fehlen von Samenzellen im Ejakulat, zur Anwendung.[124]

e) Gametentransfer

Die Methode des intratubaren Gamententransfers (gamete intrafallopian tube transfer, kurz GIFT) findet heute eher selten Anwendung. Sie stellt aber bei durchgängigen Eileitern und akzeptabler Spermaqualität noch immer eine denkbare Alternative zu IVF und ICSI dar. Intratubar bedeutet, dass die Übertragung der Zellen im Eileiter stattfindet. Per Bauchspiegelung werden die Eizellen gewonnen. Die anschließende Fertilisierung erfolgt dann nicht in vitro, sondern in der Ampulle des Eileiters, also im Körper der Frau. Dazu werden die gewonnenen Eizellen im Rahmen der Bauchspiegelung mit den aufbereiteten Spermatozoen des Mannes in die Tube platziert.[125] Ein Problem dieser Methode sind die verhältnismäßig häufig auftretenden Eileiterschwangerschaften. Zudem erfordert der intratubare Gametentransfer mit der Bauchspiegelung einen invasiveren Eingriff als die alternativen Behandlungsmöglichkeiten. Auch deshalb hat diese Methode an praktischer Relevanz eingebüßt. Eine Abwandlung dieses Verfahrens stellt der intrauterine Gametentransfer dar. Hierbei werden die Keimzellen nicht in den Eileiter, sondern in die Gebärmutter eingebracht. Diese Methode ist etwa bei Eileiterveränderungen indiziert.[126]

f) Kryokonservierung

Unter der Kryokonservierung (von griechisch krýos = „Kälte") versteht man das Aufbewahren von Zellen oder Gewebe durch das Einfrieren in flüssigem Stickstoff bei -196 Grad Celsius. In der Reproduktionsmedizin kann dieses Verfahren genutzt

---

121 *Gruber*, S. 38.
122 *Stauber/Weyerstahl*, S. 450.
123 *Ebner/Diedrich*, in: Diedrich/Ludwig/Griesinger, Reproduktionsmedizin, S. 217; *Haag/Hanhart/Müller*, S. 247.
124 *Stauber/Weyerstahl*, S. 450.
125 *Schmidt-Matthiesen/Wallwiener*, S. 145; *Haag/Hanhart/Müller*, S. 247.
126 *Bokelmann/Bokelmann*, S. 9.

werden, um Spermien, Eizellen oder Embryonen zu lagern.[127] Damit ist die Kryokonservierung zwar keine Fertilitätsmethode im eigentlichen Sinne, gleichwohl aber eine an Relevanz hinzugewinnende Technik, um medizinische Kontrolle über die Fortpflanzungsfähigkeit zu gewinnen. Mittels der Kryokonservierung kommen die Stoffwechselvorgänge der Zellen beinahe zum Stillstand. Mit dem Erwärmen kehren die Vitalitätsfunktionen zurück. So können Zellen für eine spätere Befruchtung erhalten werden. Das Verfahren bietet insbesondere Patienten Hilfe, die zwar noch fruchtbar sind, bei denen aber eine zukünftige Unfruchtbarkeit – etwa aufgrund einer Chemotherapie – absehbar ist.[128] Heute werden vor allem Samen männlicher Patienten tiefgefroren.

Dabei ist zu beachten, dass eingefrorene Samenzellen nach dem Tod des Mannes nicht mehr zur Befruchtung verwendet werden dürfen. Für das in § 4 Abs. 1 Nr. 3 ESchG normierte Verbot der post-mortem-Befruchtung führt der Gesetzgeber naheliegende, aber (bisher) empirisch nicht belegbare Kindeswohlargumente an: Für das Kind könne sich die Tatsache, erst nach dem Tod des eigenen Vaters gezeugt worden zu sein, belastend auswirken.[129] Die Kryokonservierung selbst ist gesetzlich nicht verboten, rechtspolitisch aber umstritten. Schließlich ermöglicht das Verfahren die Geburt generationenversetzter Menschen.[130] Das Embryonenschutzgesetz sieht auch keine Höchstdauer für das Einfrieren der Zellen vor. Die Kryokonservierung von Vorkernstadien und Embryonen steht nach § 9 Nr. 4 ESchG unter einem Arztvorbehalt – sonstige Beschränkungen kennt das Gesetz nicht. Nach den Richtlinien der Bundesärztekammer ist das Einfrieren von Embryonen aber nur in Ausnahmefällen zulässig: So gestattet das ärztliche Standesrecht die Kryokonservierung von Embryonen nur, wenn ein geplanter Embryonentransfer etwa aufgrund einer schweren Erkrankung oder eines Unfalls der Patientin nicht durchgeführt werden kann.[131] Auch das Einfrieren von Eizellen ist möglich, aber nicht so erfolgreich wie die Kryokonservierung von Vorkernstadien.[132] Wenn Frauen unbefruchtete Eizellen

---

127 *Liebermann/Nawroth*, in: Diedrich/Ludwig/Griesinger, Reproduktionsmedizin, S. 234; *Kamps*, MedR 1994, 339 (340).

128 *Deutsch/Spickhoff*, Medizinrecht, Rn. 1099. Der BGH hat einem Patienten, der wegen einer zur Sterilität führenden Operation Sperma einfrieren ließ, dessen gefrorenes Sperma anschließend aber verschuldet vernichtet wurde, einen Schmerzensgeldanspruch i.H.v. 25.000 D-Mark unter dem Gesichtspunkt der Körperverletzung zugesprochen; BGH, NJW 1994, 127 (128).

129 Die Insemination post mortem sei, so der Gesetzgeber, „keine Sterilitätsbehandlung eines Paares" und entferne sich „in besonderem Maße von den natürlichen Voraussetzungen einer Zeugung"; BT-Drs. 11/5710, 10.

130 *Laufs*, in Laufs/Katzenmeier/Lipp, Arztrecht, S. 267.

131 Richtlinie zur Durchführung der assistierten Reproduktion, Abdruck in DÄBl. 2006, A 1392 (A 1397); *Bokelmann/Bokelmann*, S. 11; *Müller*, in: Diedrich/Ludwig/ Griesinger, Reproduktionsmedizin, S. 597.

132 *Beitz*, in: Terbille/Clausen/Schroeder-Printzen, Münchener Anwaltshandbuch Medizinrecht, § 13 Rn. 113.

aus sozialen Gründen einfrieren lassen (etwa, weil sie den Fokus noch einige Jahre auf ihre berufliche Karriere richten wollen), spricht man vom „Social Freezing".[133] Im Jahr 2013 ließen in Deutschland mehrere hundert Frauen ihre Eizellen einfrieren. Die Kosten des Verfahrens liegen bei etwa 3.000 Euro. Das Social Freezing unterliegt zwar keinen rechtlichen Beschränkungen, ist aber gesellschaftlichen Kontroversen ausgesetzt.[134] Ende 2014 wurde bekannt, dass die Internet- und Technologieunternehmen Apple und Facebook ihren Mitarbeiterinnen zur Karriereförderung im eigenen Unternehmen das Einfrieren von Eizellen bezahlen.[135]

g) Eizellspende

Ebenso wie die Leihmutterschaft führt auch die Eizellspende eine gespaltene Mutterschaft herbei. Die Eizellspende wird angewandt, wenn in den Eierstöcken der Frau altersbedingt oder in Folge einer Erkrankung keine Follikel heranreifen. Im Anschluss an eine Hormonbehandlung werden einer Spenderin Eizellen entnommen, die mittels IVF oder ICSI künstlich befruchtet werden. Die Embryonen werden entweder auf die Wunschmutter oder im Falle der Leihmutterschaft auf eine andere Frau, unter Umständen auch auf die Spenderin selbst, übertragen. In Deutschland ist die Eizellspende nach § 1 Abs. 1 Nr. 2 ESchG verboten, soweit von vornherein beabsichtigt ist, die Schwangerschaft nich bei der Frau herbeizuführen, von der die Eizelle stammt. Die Strafbarkeit erstreckt sich jedoch nicht auf die Eizellspenderin und die Eizellempfängerin, sondern richtet sich nur gegen den behandelnden Mediziner. Die Tatsache, dass der Gesetzgeber die Eizellspende pönalisiert, die Samenspende aber bedenkenlos zulässt, wird durchaus kritisiert.[136]

Anders als die Samenspende erfordert die Eizellspende einen intensiven Eingriff. So muss sich die Spenderin einer umfangreichen Hormontherapie unterziehen mit dem Ziel, einen Überfluss an Eizellen – eine sog. Superovulation – hervorzurufen.

---

133   *Richter-Kuhlmann*, DÄBl. 2014, A 1122; *von Wolff*, Schweizerische Ärztezeitung 2013, 393.

134   *Abé*, in: der Spiegel 29/2014, 44 (45), die sich für das Einfrieren ihrer Eizellen entschieden hat und darin eine Machtverschiebung in zwischengeschlechtlichen Beziehungen zu erkennen vermag: „Das Privileg, noch ein paar andere Dinge tun zu können, bevor man eine Familie gründet", sei nun nicht mehr allein den Männern vorbehalten. Der Vorstandsvorsitzende des Bundesverbandes Reproduktionsmedizinischer Zentren, *Ulrich Hilland*, sieht in dem Social Freezing „auch ein Stückchen Lifestyle" und zeigt sich besorgt darüber, die Reproduktionsmedizin könne zu „einer Art Schönheitschirurgie" werden; zit. nach Fritzen, FAS v. 29.6.2014, 1.

135   Der Spiegel 43/2014, 14. Die Kosten für das „Sozial Freezing" betragen in den USA rund 10.000 US-Dollar.

136   So plädieren immer mehr Mediziner für eine Legalisierung der Eizellspende; spiegel-online.de v. 27.6.2014 (abrufbar unter: http://www.spiegel.de/gesundheit/ schwangerschaft/reproduktionsmedizin-wenn-nur-noch-eine-eizellspende-weiterhilft-a-977820.html); vgl. auch *Wollenschläger*, MedR 2011, 21 (27).

Die Eizellentnahme erfolgt schließlich unter Vollnarkose.[137] Neben den biologischen Unterschieden zwischen der Samen- und der Eizellspende liegt dem Verbot aber auch ein grundsätzlich unterschiedliches Verständnis von genetischer Vaterschaft und genetischer Mutterschaft zugrunde. Der Gesetzgeber sieht in der Aufspaltung der Mutterschaft die Gefahr erheblicher kindlicher Identitätsfindungsprobleme.[138] Bei der Formulierung des Verbots erkannte er aber selbst, dass seine Annahme einer Kindeswohlgefährdung sich mehr im Bereich der Vermutungen als der wissenschaftliche Erkenntnisse – welche es im Jahr 1989 noch gar nicht gab – bewegt.[139] Der Auffassung des Gesetzgebers wird entgegengehalten, das Verbot der Eizellspende verstoße gegen den in Art. 3 Abs. 2 GG normierten Gleichheitsgrundsatz und sei vor dem Hintergrund der biologischen Gleichheit und Gleichwertigkeit der männlichen und weiblichen Keimzellen nicht aufrechtzuerhalten.[140]

Mit einer möglichen Diskriminierung durch ein auch in Österreich geltendes Verbot der Eizellspende hatte sich im Jahr 2010 der Europäische Gerichtshof für Menschenrechte (EGMR) zu befassen. Obwohl der EGMR den weiten Ermessensspielraum der Mitgliedsstaaten bei ethisch komplexen Regelungen auf dem Gebiet der Fortpflanzungsmedizin betonte, sah er zugleich keine hinreichenden Gründe für ein Verbot der Eizellspende gegeben – jedenfalls dann, wenn ein Land die künstliche Befruchtung grundsätzlich gestattet.[141] Wenig später hob die Große Kammer des EGMR die Entscheidung in der Annahme, der österreichische Gesetzgeber habe seinen weiten Ermessensspielraum doch nicht überschritten, auf. Erstaunlicherweise scheint der EGMR in seiner Entscheidung gar zum Reproduktionstourismus aufzurufen: Denn die Verhältnismäßigkeit der Regelungen begründet das Gericht (auch) damit, dass das österreichische Recht den Bürgern nicht untersage, im Inland verbotene Fortpflanzungstechniken im Ausland zu nutzen.[142] Hätte der EGMR die österreichischen Gesetze für konventionswidrig erklärt, so hätten sich auch

---

137 *Helms*, in: Röthel/Löhnig/Helms, Ehe, Familie, Abstammung – Blicke in die Zukunft, 49 (66); *Bernard*, S. 344 spricht von einer „Tabula rasa der Fruchtbarkeit."

138 *Heyder*, Das Verbot der heterologen Eizellspende, S. 3.

139 BT-Drs. 11/5460, 7. In der Gesetzesbegründung heißt es dazu, es lägen noch „keine Erkenntnisse darüber vor, wie junge Menschen – etwa in der Pubertätszeit – seelisch den Umstand zu verarbeiten vermögen, dass genetische wie austragende Mutter gleichsam seine Existenz mitbedingt haben."

140 *Heun*, in: Bockenheimer-Lucius/Thorn/Wendehorst, Umwege zum eigenen Kind, S. 49 (61); *Bernat*, Rechtsfragen medizinisch assistierter Zeugung, S. 221.

141 Zu der Entscheidung: *Wollenschläger*, MedR 2011, 21. Das Gericht sah in dem Verbot der Eizellspende bei gleichzeitiger Zulassung sonstiger Methoden der medizinisch assistierten Fortpflanzung eine nach Art. 14 i.V.m. Art. 8 EMRK verbotene Diskriminierung. Die Tolerierung einer gespaltenen Vaterschaft bei gleichzeitigem Verbot der gespaltenen Mutterschaft sei widersprüchlich.

142 EGMR, NJW 2012, 207 (212). In ihrem Urteil betonten die Richter aber, dass das Gebiet der künstlichen Befruchtung einer „besonderen wissenschaftlichen und rechtlichen Entwicklung" unterliege und von den Konventionsstaaten deshalb „stetig überprüft" werden müsse.

deutsche Paare mit guten Erfolgsaussichten auf die EMRK berufen können.[143] Eine baldige Abkehr von dem Verbot der Eizellspende ist in Deutschland indes nicht zu erwarten. Im Rahmen der Verhandlungen vor dem EGMR im Jahr 2010 stellte die deutsche Regierung klar, an der gegenwärtigen Verbotsregel festhalten zu wollen.[144]

C. Phänomen Leihmutterschaft

Erst der in den letzten Jahrzehnten zu verzeichnende enorme Erkenntnisgewinn auf dem Gebiet der Reproduktionsmedizin ermöglichte die Leihmutterschaft in ihrer heutigen Form. Wer die rechtliche und politische Dimenson dieses Phänomens erfassen möchte, muss sich mit seinen wesentlichen Begrifflichkeiten und den Grundzügen seiner Geschichte vertraut machen.

I. Terminologie

In der Debatte über die Leihmutterschaft hat sich eine ganz einheitliche Begrifflichkeit bis heute nicht durchgesetzt.[145] Die Kinder, die mit Hilfe der Reproduktionsmedizin zur Welt kommen, werden überwiegend als Wunschkinder bezeichnet.[146] Schließlich geht ihrer Zeugung der Wunsch der Eltern voraus, die ungewollte Kinderlosigkeit zu überwinden. Die Abkehr von der in den Anfangsjahren der Reproduktionsmedizin noch üblichen Bezeichnung als „Retortenbaby" veranschaulicht, dass auch für die immer noch kritische Öffentlichkeit das Leitmotiv der Eltern in den Vordergrund gerückt ist: die Überwindung des persönlichen Leids, das mit der Unfruchtbarkeit einhergeht.[147] Diejenigen, die am Ende der Leihmutterschaft schließlich die Eltern des Wunschkindes werden möchten, also zuvor ihre Bereitschaft signalisieren, das Kind aufzunehmen, sind – insoweit ist die Terminologie konsequent – die Wunscheltern.[148] Gerade in den Anfangsjahren der Leihmutterschaft wurde aber (etwa in § 13 b AdVermiG durch den Gesetzgeber selbst) der eher

---

143   *Beitz*, in: Terbille/Clausen/Schroeder-Printzen, Münchener Anwaltshandbuch Medizinrecht, § 13 Rn. 193.

144   *Depenbusch/Schultze-Mosgau*, in: Diedrich/Ludwig/Griesinger, Reproduktionsmedizin, S. 289. In ihrer Begründung führte die Bundesregierung aus, die Eindeutigkeit der Mutterschaft stelle einen „fundamentalen und grundsätzlichen Konsens" dar. Eine gespaltene Mutterschaft bedeute eine schwerwiegende Bedrohung des Kindeswohls.

145   *Benicke*, StAZ 2012, 101 (102); *Rauscher*, in: Staudinger, BGB, § 1591 Rn. 6.

146   *Mansees*, ZfJ 1986, 496; *Botthof/Diel*, StAZ 2013, 211 (212).

147   So auch *Bernard*, der feststellt, dass die assistierte Empfängnis „im kollektiven Bewusstsein nicht mehr als übermächtige, bedrohliche Prozedur erscheint, sondern als reine Hilfsmaßnahme zur Behebung von Kinderlosigkeit"; Rede auf der Jahrestagung des Deutschen Ethikrates 2014, ab 35:20 Min. (abrufbar unter: http://www.ethikrat.org/dateien/audio/jt-22-05-2014-forum-c.mp3).

148   *Hirsch/Eberbach*, Auf dem Weg zum künstlichen Leben, S. 173; *Coester*, in: FS für Jayme, 1243 (1244); *Mansees*, ZfJ 1986, 496; Vgl. auch BVerfG, NJW-RR 2013, 1.

negativ besetzte Begriff der „Bestelleltern" verwendet.[149] Die modernen Verfahren der Fortpflanzungsmedizin sorgen dafür, dass es nicht immer die „eine", klar definierbare Elternschaft gibt. Zur biologischen Mutter wird diejenige, die das Kind gebärt, also die Geburtsmutter. Die meisten Rechtsordnungen erklären die biologische Mutter zur rechtlichen Mutter.[150] Bei der Eizellspende ist die biologische Mutter nicht personenidentisch mit der genetischen Mutter, also mit der Frau, die das Erbgut zur Verfügung stellt. Im speziellen Fall der Leihmutterschaft werden die Personen, die sich bereiterklären, das Kind aufzunehmen, als „intentionale Eltern" bezeichnet. Meistens, aber nicht zwangsläufig, sind die intentionalen Eltern auch die späteren sozialen Eltern, also jene, die das Kind aufziehen.[151] Sie werden dann nicht zu den sozialen Eltern, wenn rechtliche oder tatsächliche Umstände sie daran hindern, das Kind bei sich aufzunehmen.

Es wird zwischen zwei Formen der Leihmutterschaft, der Ersatz- und der Tragemutterschaft, unterschieden. Zu beachten ist, dass der deutsche Gesetzgeber im Adoptionsvermittlungsgesetz (AdVermiG) und im Embryonenschutzgesetz (ESchG) den Begriff der Ersatzmutterschaft verwendet, damit aber alle Fälle der Leihmutterschaft, also auch die Tragemutterschaft abdeckt.[152] Weil die diskutierten Fälle der für eine andere übernommenen Mutterschaft zumeist entgeltlicher Natur sind, wurde die Leihmutterschaft früher auch Mietmutterschaft[153] genannt. Inzwischen hat sich als Überbegriff die insofern etwas irreführende Bezeichnung als Leihmutterschaft aber durchgesetzt[154], auch wenn – angelehnt an das im amerikanischen verwendete Schlagwort des „womb-leasings" – manchmal Begriffe wie „Uterusspende" oder „Gebärmutter-Verleih" gebraucht werden.[155]

1. Ersatzmutterschaft

Von der ungenauen Definition des Gesetzgebers abweichend spricht man heute von einer Ersatzmutterschaft, wenn die Leihmutter mit den Samenzellen des zukünftigen Vaters inseminiert wird. Sie trägt dann also ein mit ihr genetisch verwandtes Kind

---

149 BT-Drs. 11/4154, 7.
150 *Wedemann*, Konkurrierende Vaterschaften und doppelte Mutterschaft im Internationalen Abstammungsrecht, S. 20.
151 *Diel*, Leihmutterschaft und Reproduktionstourismus, S. 13.
152 *Henrich*, in: FS für Schwab, 1141; *Voß*, FamRZ 2000, 1552.
153 Vgl. etwa *Keller*, JR 1987, 441; *Mansees*, ZfJ 1986, 496; *Lauff/Arnold*, ZRP 1984, 279 (282). Der Vertrag über die entgeltliche Übernahme der Schwangerschaft für eine andere Frau stellt aber weder eine Leihe noch eine Miete dar. Schließlich wird nicht der Gebrauch einer Sache auf Zeit überlassen (§ 535 BGB). Die Verpflichtung zum Gebären eines Kindes birgt eher werkvertragliche Züge. So auch OLG Hamm, NJW 1986, 781 (782); *Medicus*, Jura 1986, 302; *Medicus*, BGB AT, § 46 Rn. 706b; a.A. *Liermann*, MDR 1990, 857 (858), der einen Vertrag sui generis mit dienstvertraglichen Elementen annimmt.
154 *Zierl*, DRiZ 1985, 337 (342).
155 *Hirsch/Eberbach*, S. 172.

aus. Medizinisch handelt es sich um eine heterologe Insemination, da der Samen nicht von dem Partner der Leihmutter, sondern von einem Dritten stammt.[156] Dieses Verfahren kommt in Betracht, wenn die Wunschmutter nicht fähig ist, befruchtungsfähige Eizellen zu produzieren.[157] Die Ersatzmutterschaft ist die ältere Variante der Leihmutterschaft; teilweise wird sie auch als „traditionelle Leihmutterschaft" bezeichnet[158]. Da die Leihmutter sowohl biologisch als auch genetisch die Mutter des Kindes ist und später nur nicht die soziale Mutter werden soll, kann bei dieser Form der Leihmutterschaft auch von einer „unechten Leihmutterschaft" gesprochen werden. Die Ersatzmutterschaft ist keine neuzeitliche Erscheinung, wenngleich das Kind früher auf dem klassischen, d.h. dem natürlichen Weg gezeugt wurde.[159]

2. Tragemutterschaft

Im Falle der Tragemutterschaft stammen sowohl die Eizelle als auch die Samenzelle von den zukünftigen Eltern – oder alternativ von Spendern. Der Embryo wird durch In-vitro-Fertilisation oder ICSI gezeugt und anschließend der Leihmutter übertragen. Diese gebiert sodann ein genetisch fremdes Kind; sie wird deshalb auch als „echte Leihmutter" bezeichnet.[160] Ein Extremfall der Tragemutterschaft ist denkbar, wenn sowohl die Eizelle als auch der Samen von Dritten gespendet werden. Dann sind mit der genetischen Mutter, dem genetischen Vater, der Wunschmutter, dem Wunschvater und der Leihmutter gleich fünf „Eltern" an dem Verfahren beteiligt.[161] Ist die Leihmutter verheiratet, dann ist mit dem Ehemann, der bis zur Anfechtung der Vaterschaft rechtlich Vater des Kindes ist, sogar ein sechstes „Elternteil" involviert.[162] Die Tragemutterschaft wird auch als „Hightech-Leihmutterschaft" verstanden, da sie anders als die Ersatzmutterschaft auf die Verfahren der assistierten Empfängnis angewiesen ist.[163] Auch sie ist gesellschaftlich umstritten, erfährt aber eine größere Anerkennung als die Ersatzmutterschaft.[164]

---

156   *Dietrich*, Mutterschaft für Dritte, S. 5.
157   *Lee*, Unterhaltsverpflichtungen bei Leihmutterschaft, S. 27; *Mansees*, ZfJ 1986, 496.
158   *Bernard*, StAZ 2013, 136 (139).
159   *Hirsch/Eberbach*, S. 173.
160   *Schlegel*, FuR 1996, 116. Im Englischen wird von der „gestational" oder „full surrogacy" gesprochen, während die Ersatzmutterschaft als „genetic" oder „partial surrogacy" bezeichnet wird; vgl. *Spivack*, Journal of Comparative Law 2010, 97 (98); *Kreß*, FPR 2013, 240 (242).
161   *Dietrich*, S. 8; *Hohloch*, StAZ 1986, 153 (157).
162   *Garrison*, Harvard Law Review, 113/2000, 835 (852); *Hirsch/Eberbach*, S. 178.
163   Demgegenüber nennt man die herkömmliche Methode, weil bei ihr das Kind auch durch Geschlechtsverkehr gezeugt werden kann, „Lowtech"-Leihmutterschaft; vgl. *Brunet* u.a., Das System der Leihmutterschaft in den EU-Mitgliedsstaaten, S. 7.
164   Vgl. etwa die australische Studie von *Constantinidis/Cook*, Human Reproduction 2012, 1080 (1084).

II. Zur Geschichte der Leihmutterschaft

Die für eine andere übernommene Mutterschaft findet schon in der Bibel Erwähnung. Die Ehe von Abraham und Sarai bleibt viele Jahre lang kinderlos. Schließlich fordert Sarai ihren Mann auf: „Siehe, der Herr hat mich verschlossen, dass ich nicht gebären kann. Geh doch zu meiner Magd, ob ich vielleicht durch sie zu einem Sohn komme." Tatsächlich wird die Magd Hagar schwanger und gebiert Ismael, den Sohn des bereits 86 Jahre alten Abraham.[165] Da die theologische Forschung inzwischen davon ausgeht, dass die Bücher Mose die rechtliche und soziale Lebenswirklichkeit im damaligen Palästina zeigen, kann aus den Schilderungen zumindest auf die Existenz der Methode Leihmutterschaft geschlossen werden.[166] Man darf aber nicht vergessen, dass die Frauen in dieser Zeit oftmals Mägde oder Sklavinnen waren und deshalb weniger freiwillig als vielmehr gezwungenermaßen zur Geburtsmutter wurden.[167] Das Phänomen der für eine andere übernommenen Mutterschaft ist – in welcher sozialen Ausgestaltung auch immer – schon Jahrtausende alt.[168] Die ersten Fälle der Leihmutterschaft hatten freilich nichts mit reproduktionsmedizinischen Vorgängen zu tun. Vielmehr wurden die Kinder in der Absicht, sie später einer anderen Mutter zu überlassen, auf natürliche Weise gezeugt.[169]

1. Sklaverei und Ammenwesen

Auch Amerika, das heute vielfach als Vorreiter in den Techniken der Reproduktionsmedizin gilt, kennt frühe Fälle einer Leihmutterschaft. So waren alle afroamerikanischen Sklavinnen Ersatzmütter für ihre „Eigentümer", gebaren also Kinder, die nicht ihnen, sondern ihren Herren „gehörten".[170] Gewissermaßen umgekehrt verhielt es sich mit dem Ammenwesen: Bis in das 18. Jahrhundert hinein war es in Europa üblich, dass Eltern aller sozialer Schichten ihre Neugeborenen sog. Lohnammen anvertrauten, die gegen eine geringe Bezahlung eine Vielzahl von Kindern stillten und betreuten – oftmals für die Dauer von vier bis fünf Lebensjahren.[171] Anders als die Sklavin gab die Geburtsmutter hier das Kind nicht unfreiwillig ab. Vielmehr lag

---

165 Die Bibel, 1. Buch Mose 16, 1–15. In der Bibel wird auch noch an zwei weiteren Stellen der Fall einer Leihmutterschaft geschildert. Die kinderlose Rahel bittet ihr Mann Jakob: „Siehe, da ist meine Magd Bilha; geh zu ihr, dass sie auf meinem Schoß gebäre und ich doch durch sie zu Kindern komme"; Die Bibel, 1. Buch Mose 30, 1–8. Einer Leihmutter bedienen sich auch Lea und Jakob; Die Bibel, 1. Buch Mose 30, 9–30.

166 *Bernard*, S. 283.

167 Was nach *Engel*, ZEuP 2014, 538 (539) dazu führte, dass die Frauen nicht ihre Gebärfähigkeit verliehen, sondern „als Gebärerinnen" verliehen wurden.

168 Ausschuss für Bildung, Fortpflanzungsmedizin, BT-Drs. 17/3759, 94; *Coester*, in: FS für Jayme, 1243; *Henrich*, in: FS für Schwab, 1141.

169 *Dietrich*, S. 9; *Diel*, S. 28.

170 *Spivack*, Journal of Comparative Law 2010, 97.

171 *Bernard*, S. 302 ff.

den Müttern in dieser traditionellen Gesellschaft das Wohlbefinden von Kindern unter zwei Jahren ohnehin wenig am Herzen.[172] Im 19. Jahrhundert verlor das Ammenwesen stark an Bedeutung. Ab 1794 kannte das Allgemeine Preußische Landrecht sogar die Pflicht einer „gesunden Mutter [...], ihr Kind selbst zu säugen."[173] Ebenso wie die Leihmutter ließ auch die Ammenmutter einen Teil ihrer Mutterschaft einem fremden Kind zukommen, jedoch mit dem ganz wesentlichen Unterschied, dass sie das Kind nicht zur Welt brachte, sondern nur ein bereits geborenes Kind säugte. Dennoch findet sich diese Parallele noch heute, wenn die Leihmutterschaft vereinzelt als Ammenmutterschaft[174] bezeichnet wird.

Nach der Abkehr von dem Ammenwesen herrschte für rund 200 Jahre eine Art „Intimitätsgebot"[175]. Nun bindet die Leihmutterschaft wieder Dritte in den Prozess der Familienbildung ein. Vor diesem historischen Hintergrund erstaunt es, dass die biologische Einheit der Familie von Kritikern reproduktionsmedizinischer Verfahren stets als etwas ihrer Ursprünglichkeit wegen Schützenswertes betrachtet wird, obwohl diese bis in das 18. Jahrhundert hinein vielfach von untergeordneter Relevanz war. Bedeutung erfuhren Leihmutter-Arrangements nicht zuletzt in Adelsfamilien, die, sofern sie das Schicksal der Unfruchtbarkeit ereilte, den Fortbestand der eigenen Dynastie gefährdet sahen.[176] Zwar streitet die historische Verwurzelung nicht für oder gegen die Legitimität der Leihmutterschaft, lässt aber erkennen, dass die Idee, biologische und soziale Elternschaft zu trennen, nicht erst der modernen Reproduktionsmedizin entsprungen ist.

2. Der Fall „Baby M"

Kommerzielle, auf vertraglicher Basis beruhende Leihmutterschaften wurden in den USA erstmals Ende der 1970er Jahre vereinbart.[177] In den Fokus der gesellschaftlichen Diskussion geriet das Verfahren aber erst in dem darauffolgenden Jahrzehnt. Ausschlaggebend dafür war der Fall „Baby M" aus den USA, der die Leihmutterschaft weltweit in das Bewusstsein der Öffentlichkeit rückte: William Stern und die an multipler Sklerose erkrankte Elizabeth Stern suchten, da eine Schwangerschaft Gesundheit und Leben der Frau gefährdete, nach einer Möglichkeit, auf anderem Wege ein Kind zu bekommen. Im Februar 1985 unterzeichnete William Stern einen Leihmutterschaftsvertrag mit Mary Beth Whitehead. Die 28-jährige Whitehead verpflichtete sich darin zur künstlichen Insemination mit dem Samen von William Stern und späterer Freigabe des Kindes zur Adoption durch die Wunscheltern. Dafür sollte sie 10.000 Dollar erhalten; 7.500 Dollar flossen an die Leihmutterschaftsagentur des

---

172 *Shorter*, Die Geburt der modernen Familie, S. 196.
173 Vgl. § 67 ALR.
174 *Schlüter*, Schutzkonzepte für menschliche Keimbahnzellen in der Fortpflanzungsmedizin, S. 23; *Harder*, JuS 1986, 505 (510); *Coester-Waltjen*, FamRZ 1992, 369.
175 So *Bernard*, S. 307.
176 *Albrecht*, FAS v. 10.8.2014, 45.
177 *Garrison*, Harvard Law Review, 113/2000, 835 (851).

Anwalts Noel Keane[178], der zu dieser Zeit zahlreiche Leihmutterschaften im Osten der Vereinigten Staaten vermittelte.[179] Am 27. März 1986, dem Tag der Geburt, zeichnete sich bereits ab, dass die bis dahin harmonische Beziehung zwischen der Leihmutter und den Auftragseltern in einem Rechtsstreit enden würde: Wie später den Gerichtsakten zu entnehmen ist, erkannte Mary Beth Whitehead „praktisch im Augenblick der Geburt, dass sie nicht fähig sein würde, sich von dem Kind zu trennen." Diesem Gefühl verlieh sie Ausdruck, indem sie dem Baby entgegen der Absprache einen Namen gab. Die Geburtsurkunde wies das Kind als „Sara Elizabeth Whitehead" aus, obwohl sich die Wunscheltern schon auf den Namen „Melissa" geeinigt hatten – an den sich später auch die gerichtliche Bezeichnung des Verfahrens als Fall „Baby M" anlehnen sollte.[180] Bei einem Treffen übergab Whitehead den Sterns schließlich das Kind, erlitt danach einen Zusammenbruch, erhielt das Kind unter Androhung eines Selbstmordes für eine Woche zurück, floh mit ihrem Mann und dem Kind spektakulär[181] und musste das Kind aufgrund einer einstweiligen Verfügung schließlich doch wieder abgeben.[182] Fortan kämpfte sie um das Sorgerecht. Im August 1986 begannen die Anhörungen des Superior Courts von New Jersey, der klären sollte, ob der geschlossene Vertrag wirksam ist und wem das Sorgerecht zusteht: den Wunscheltern oder der Leihmutter? Dabei lassen die Verwendung des Kürzels „Baby M" und die Übertragung des vorläufigen Sorgerechts auf die Sterns eine Tendenz des Gerichtes schon frühzeitig erkennen.

Gegenstand des Verfahrens war mit der „surrogate motherhood" eine Methode, die damals noch keine gesetzlichen Regelungen kannte. Das Gericht betrat rechtliches Neuland. Im März 1987 urteilte der Superior Court zugunsten der Wunscheltern: Der Leihmutterschaftsvertrag sei wirksam und führe auf der Seite von Whitehead zum Verlust aller mütterlichen Rechte. Er begründete dies insbesondere mit einer Analogie zu der durch den „Parentage Act" bereits geregelten Samenspende. Elizabeth Stern wurde in einem improvisierten Verfahren noch im Gerichtssaal zum Adoptivmutter des Kindes ernannt.[183] Diese Entscheidung sollte im weiteren Verfahren aber keinen Bestand haben. Die Berufung Whiteheads vor dem Supreme Court wenig später hatte Erfolg. Im Februar 1988 entschied der Oberste Gerichtshof von New Jersey: Der Leihmutterschaftsvertrag sei gesetzes- und sittenwidrig und

---

178 Noel Keane, Gründer der ersten kommerziellen Vermittlungsagentur, wird oftmals als „Vater der Leihmutterschaft" bezeichnet, vgl. *Spivack*, Journal of Comparative Law 2010, 97 (98).

179 Im Originaldokument als „surrogate parenting agreement" ausgewiesen, vgl. *Keller*, JR 1987, 441.

180 *Bernard*, S. 258.

181 Auf der Flucht nahm Whitehead telefonisch Kontakt zu William Stern auf, der die Anrufe mitschnitt. So drohte Whitehead: "I'd rather see me and her (= Baby M.) dead before you get her" und "I gave her life. I can take her life away"; *Keller*, JR 1987, 441 (444).

182 *Hirsch/Eberbach*, S. 183.

183 *Keller*, JR 1987, 441 (444); *Frucht*, S. 14.

das Verfahren illegal. Anders als der Superior Court zog der Supreme Court keine Parallele zur Samenspende, sondern zur Adoption. Auch bei der Adoption müsse es jeder Mutter möglich sein, die vor der Geburt getroffene Entscheidung zur Freigabe des Kindes später innerhalb einer angemessenen Frist zu revidieren. Das Gericht betonte zudem die besondere Bindung, die zwischen der werdenden Mutter und dem Kind entsteht. Es ging in seiner Argumentation sogar so weit anzunehmen, eine Frau, die ein Kind geboren habe, sei aufgrund der prägenden Erfahrungen der Schwangerschaft und Geburt als neues Rechtssubjekt zu behandeln, sodass zuvor geleistete Vertragsunterschriften gerichtet auf die Hergabe des Kindes keine Geltung mehr haben könnten.[184] Überhaupt stelle die Leihmutterschaft einen Handel mit menschlichen Lebewesen dar und sei als solcher verfassungswidrig. Hier bemühte das Gericht ein Argument, das für viele Befürworter des geltenden Verbots in Deutschland bis heute nicht an Schlagkraft verloren hat: die Kommerzialisierung des menschlichen Lebens.[185] Leihmutterschaften gegen Entgelt seien „illegal, kriminell und für die betroffene Frau entwürdigend."[186]

Paradoxerweise bekam Whitehead trotz ihres juristischen Sieges nicht das, was sie begehrte: Aufgrund der persönlichen Verhältnisse – das Kind lebte nun schon etwa zwei Jahre mit den Sterns zusammen, während Whiteheads Ehe gescheitert war – räumte das Gericht das Sorgerecht zugunsten des Kindeswohls William Stern ein, während Whitehead nur ein Umgangsrecht verblieb.[187] Über das weitere Leben von Melissa Stern ist wenig bekannt. Schon als Kind brach sie den Kontakt zur Leihmutter ab, ließ sich mit Eintritt der Volljährigkeit von Elisabeth Stern adoptieren und heiratete im Jahr 2011.[188] Die Umstände ihrer Geburt beschäftigten sie auch später noch – etwa in ihrer Doktorarbeit über die Auswirkungen von Leihmutterschaften auf die Entwicklung der Wunschkinder.[189] Ihre Mutter Mary Beth Whitehead gründete gemeinsam mit anderen Leihmüttern eine Selbsthilfegruppe, die sich für ein Verbot der Leihmutterschaft einsetzt.[190]

---

184 *Bernard*, S. 271.

185 In der Urteilsbegründung des Supreme Courts heißt es dazu wörtlich: "There are, in a civilized society some things that money cannot buy"; vgl. *Coester-Waltjen*, FamRZ 1988, 573 (574).

186 *Albrecht*, FAS v. 10.8.2014, 45.

187 *Spivack*, Journal of Comparative Law 2010, 97 (100); *Coester-Waltjen*, FamRZ 1988, 573; *Voß*, FamRZ 2000, 1552 (1553).

188 Eine ihrer seltenen öffentlichen Äußerungen der letzten Jahre lautete: "I have moved on with my life. If only the rest of the world could do the same"; northjersey.com v. 30.3.2012 (abrufbar unter: http://www.northjersey.com/news/kelly-25-years-after-baby-m-surrogacy-questions-remain-unanswered-1.745725?page=all).

189 *Albrecht*, FAS v. 10.8.2014, 45.

190 *Dietrich*, S. 16.

3. Der Fall „Baby Cotton"

Parallel zum Rechtsstreit um „Baby M" diskutierte die deutsche Öffentlichkeit über einen Fall der Leihmutterschaft aus dem europäischen Ausland. Das „Baby Cotton" wurde am 4. Januar 1985 durch die britische Ersatzmutter Kim Cotton zur Welt gebracht. Die damals 28-Jährige ließ sich für umgerechnet 23.000 D-Mark künstlich befruchten; später erhielt sie noch rund 72.000 D-Mark für die Vermarktung ihrer Geschichte in der Boulevardzeitung „Daily Star". Das auf diese Weise verdiente Geld, so prophezeite die Leihmutter fast schon provokativ, werde wohl für die fällige Renovierung ihres Hauses ausreichen. Als der Fall publik wurde, zeigten sich große Teile der britischen Öffentlichkeit empört, obwohl manche auch Verständnis für den Wunsch nach der Überwindung der ungewollten Kinderlosigkeit äußerten. Die Rolle der beteiligten Leihmutterschaftsagentur wurde durchweg kritisch betrachtet – insbesondere, nachdem ihre Gründerin *Harriett Blankfeld* ankündigte, sie wolle ihr Unternehmen zum „Coca-Cola der Ersatzelternindustrie" machen.[191] Das „Baby Cotton" geriet nach der Geburt zunächst unter Amtsvormundschaft, bis der zuständige Richter den gut situierten amerikanischen Wunscheltern schließlich zum Wohle des Kindes doch gestattete, mit diesem auszureisen.[192]

Als überraschend schnelle Reaktion auf den Fall „Cotton" erließ der britische Gesetzgeber noch 1985 den Surrogacy Arrangements Act, der ein strafbewehrtes Verbot der kommerziellen Leihmutterschaft statuierte. Teilweise liest man, das britische Gesetz untersage nur die entgeltliche Vermittlungstätigkeit. Nehme die Leihmutter private, direkt an sie geleistete Zahlungen an, kollidiere ihr Verhalten nicht mit den Bestimmungen des Surrogacy Arrangements Acts.[193] Tatsächlich ist die kommerzielle Variante der Leihmutterschaft in dem Vereinigten Königreich gänzlich untersagt. Das Gesetz gestattet in Section 54 (8) HFEA 2008 einzig den Ersatz der mit der Schwangerschaft einhergehenden Aufwendungen durch die Wunscheltern.[194] Nach britischem Recht ist die gebärende Frau die rechtliche Mutter. Die Wunscheltern können sich aber, sofern sie innerhalb von sechs Monaten nach der Geburt einen entsprechenden Antrag stellen, durch eine richterliche Entscheidung (die „parental order") die Elternstellung zuweisen lassen.[195]

---

191 Der Spiegel 3/1985, 102; *Gerecke/Valentin*, in: GS für Eckert, S. 233 (239).
192 *Sautter*, Wirksame Hilfen bei unerfülltem Kinderwunsch, S. 191; *Hirsch/Eberbach*, S. 173.
193 So etwa *Gerecke/Valentin*, in: GS für Eckert, S. 233 (241).
194 *Stellpflug*, ZRP 1992, 4 (5); *Dethloff*, JZ 2014, 924. Gleichwohl existiert in Großbritannien diesbezüglich eine rechtliche Grauzone, weil Aufwendungen nicht immer klar von Entlohnungen abzugrenzen sind; *Blyth*, in einem Videointerview mit der Universität Huddersfield (abrufbar unter: https://www.youtube.com/watch?v=ZSmHG2bnIig ab 2:05 Min.), der auf die Unbestimmtheit des Begriffes der vernünftigen Ausgaben („reasonable expenses") hinweist.
195 *Jungfleisch*, Fortpflanzungsmedizin als Gegenstand des Strafrechts?, S. 159.

4. Erste Leihmutterschaften in Deutschland

Auch wenn es aus heutiger Perspektive häufig so scheint, als seien Leihmutterschaften in Deutschland nie zulässig gewesen, wurde das Verfahren hierzulande
vor dem Erlass des ESchG und der Neufassung des AdVermiG einige Jahre lang
legal betrieben. Kurz nach den frühesten amerikanischen Geburten durch Leihmütter erlangten Anfang der 1980er Jahre auch Fälle in Deutschland Bekanntheit. Der
erste deutsche Fall einer durch reproduktionsmedizinische Verfahren unterstützten
Leihmutterschaft stammt aus dem Jahr 1981.[196] Die Juristin *Coester-Waltjen* berichtete 1982 davon, dass bald die ersten „in Ersatzmutterschaft geborenen Kinder" zur
Welt kommen würden.[197] Anfang der achtziger Jahre machte der Heilpraktiker Alfred Hinzer mit Zeitungsannoncen, in denen er Leihmütter für „Inseminationen mit
nachfolgender Adoption" suchte, auf sich aufmerksam. Das Bundesjustizministerium
versicherte Hinzer damals, die Vermittlung von Leihmüttern verstoße nicht gegen
das Gesetz. Anders verhielt es sich jedoch mit der – insbesondere öffentlich bewor-
benen – Adoptionsvermittlung. Deshalb wurde *Hinzer*, der sich selbst als „Pionier
der Ersatzmutterschaften" in Deutschland bezeichnete, zu einer Bußgeldzahlung
von 5.000 D-Mark verurteilt.[198]

Die Leihmutterschaft rückte in den folgenden Jahren immer dann in den Fokus
der Öffentlichkeit, wenn sie die Gerichte beschäftigte. So hatte das OLG Hamm 1985
über einen Fall zu entscheiden, in dem der Ehemann einer engagierten Leihmutter
sich überraschenderweise als leiblicher Vater des Kindes, das eigentlich von dem
Auftragsvater abstammen sollte, herausstellte. Die Leihmutter räumte im Prozess
ein, sie habe absprachewidrig „vielleicht [...] zwei Tage vor der künstlichen Insemination" mit ihrem Mann geschlafen, stellte zugleich aber klar, das Kind keinesfalls
behalten zu wollen: „Ich schmeiß das Kind aus dem Bauch, die holen das ab und
ich hab' kein Theater", so ihre drastische Formulierung.[199] Der Auftragsvater be-
hielt das nicht von ihm abstammende Kind bei sich – auch, um es vor dem Heim
zu bewahren. Seiner Klage gegen die Leihmutter auf Rückzahlung der zuvor als
Honorar vereinbarten 27.000 D-Mark gab das OLG Hamm statt.[200] Zwei Jahre später
verlangte eine Leihmutter vor dem LG Freiburg die Zahlung von Schmerzensgeld,
weil der Wunschvater in ihrem Freundes- und Bekanntenkreis von dem Engagement
berichtet und Details der Leihmutterschaftsvereinbarung preisgegeben hatte. Das

---

196 *Goeldel*, Leihmutterschaft – Eine rechtsvergleichende Studie, S. 2.
197 *Coester-Waltjen*, NJW 1982, 2528. In ihrem dort zusammengefassten Habilitations-
     vortrag sprach sie davon, dass „seit einigen Monaten auch in der Bundesrepublik
     Deutschland Ersatzmutterschaften vereinbart und durchgeführt" würden.
198 Der Spiegel 42/1982, 84 (86). Die Surrogatmutterschaft bezeichnete Hinzer als „Akt
     humanistischer Nächstenliebe."
199 *Hirsch/Eberbach*, S. 180.
200 OLG Hamm, NJW 1986, 781. Das Gericht erkannte auf die Sittenwidrigkeit und
     Nichtigkeit des Leihmutterschaftsvertrags und gewährte dem Auftragsvater einen
     bereicherungsrechtlichen Anspruch auf Rückzahlung.

Gericht verneinte den Anspruch: Zwar habe der Wunschvater Gegenstände, die der Intimsphäre der Leihmutter zuzurechnen seien, verbreitet. Da sie diese Gegenstände durch den Leihmutterschaftsvertrag aber Teil einer rechtsgeschäftlichen Vereinbarung habe werden lassen, äußere der Wunschvater nur wahre Tatsachen. Dies könne nicht als schwerwiegende Beeinträchtigung des allgemeinen Persönlichkeitsrechts gewertet werden.[201]

Der spektakuläre Fall „Baby M" aus den USA sorgte schließlich für eine breite Diskussion auch hierzulande. Die Debatte verschärfte sich noch, als Noel Keane, der Vermittler im Fall „Baby M", in Frankfurt die erste europäische Zweigstelle seiner Agentur eröffnete,[202] diese aber aufgrund einer Anordnung der Stadt Frankfurt wegen eines Verstoßes gegen das Adoptionsvermittlungsgesetz schon 1988 wieder schließen musste. Nun, da bestehende Bußgeldvorschriften die sich auf dem Vormarsch befindliche Leihmutterschaft nicht aufzuhalten vermochten, sah sich die Bundesregierung dazu veranlasst, entsprechende Strafnormen zu erlassen.[203] Bis Mitte der 1980er Jahre war die Ersatzmutterschaft in Deutschland jedenfalls schon mehrfach praktiziert worden[204], zumeist aber eher „im Verborgenen".[205] In der juristischen Literatur erschienen Ende der 1980er Jahre erste Monographien zu dem Thema.[206]

5. Einschreiten des deutschen Gesetzgebers

Wie schon 1987 von der Bundesregierung angekündigt, reagierte der Gesetzgeber mit der Einführung eines strafbewehrten Verbots der Leihmutterschaft. Die Eröffnung der Agentur durch Keane in Frankfurt hatte den Anstoß zur Änderung des AdVermiG gegeben. Im Dezember 1989 trat diese in Kraft; der Regelungskatalog heißt seitdem „Gesetz über die Vermittlung der Annahme als Kind und über das Verbot der Vermittlung von Ersatzmüttern". Er stellt in § 13c AdVermiG klar: „Die Ersatzmuttervermittlung ist untersagt." Schon im Entwurf zur Änderung des AdVermiG fand

---

201 LG Freiburg, NJW 1987, 1486 (1487).

202 *Mayer*, Die Zeit v. 16.10.1988, 87. Keanes bot in seiner Zweigstelle aber nur die Dienste amerikanischer Leihmütter an.

203 In einer Antwort auf eine Kleine Anfrage der Abgeordneten Schmidt-Bott anlässlich der Eröffnung des Büros durch Keane in Frankfurt stellte die Bundesregierung klar, dass sie jede Form der Leihmuttervermittlung „ausdrücklich verurteilt"; BT-Drs. 11/1009, 1 f.

204 Das bestätigte die Parlamentarische Staatssekretärin Karwatzki 1985 vor dem Deutschen Bundestag; vgl. *Hirsch/Eberbach*, S. 175. Nach *Cortese/Feldmann*, Streit 1985, 123 waren es bis 1985 etwa 400 Fälle.

205 *Merkel-Walther*, Ethische und rechtliche Zulässigkeit der Ersatzmutterschaft und ihre zivilrechtlichen Folgen, S. 10.

206 Vgl. etwa die Arbeiten von *Dietrich* aus dem Jahr 1989 und von *Diefenbach* aus dem Jahr 1990.

sich der Hinweis, dass „in Kürze" weitere Sanktionen der Leihmutterschaft in einem reproduktionsmedizinischen Zusammenhang erlassen werden sollten. Das geschah schließlich mit dem Inkrafttreten des ESchG am 1. Januar 1991. Der Entstehung dieses Gesetzes lag ein jahrelanger politischer Streit um die verschiedenen Methoden der Fortpflanzungsmedizin zugrunde. Inhaltlich geht es auch auf die Empfehlung der „Arbeitsgruppe In-vitro-Fertilitsation, Genomanalyse und Gentherapie" – nach ihrem Vorsitzenden auch „Benda-Kommission" genannt – aus dem Jahr 1984 zurück. § 1 Abs. 1 Nr. 7 ESchG verbietet die künstliche Befruchtung einer Frau sowie die Übertragung eines menschlichen Embryos auf eine Frau, die bereit ist, ihr Kind nach der Geburt Dritten zu überlassen. Seit 1991 sind Ersatz- und Tragemutterschaft in Deutschland verboten. Für die gesellschaftliche Skepsis inbesondere gegenüber der Tragemutterschaft zeichnete sich der Fall „Calverts" aus dem Jahr 1986 verantwortlich.

6. Etablierung der Tragemutterschaft und der Fall „Calverts"

Die Einführung der transvaginalen Follikelpunktion im Jahr 1985 vereinfachte die Eizellentnahme, stellte das neue Verfahren doch im Vergleich zur Laparoskopie die sicherere und angenehmere Behandlungsalternative dar. Die Erleichterung der Eizellentnahme war auch für die Geschichte der Leihmutterschaft von großer Bedeutung: Sie rückte die Tragemutterschaft, bei der Eizelle und Samen von den Wunscheltern oder Spendern stammen und die Leihmutter ein genetisch fremdes Kind austrägt, in den Vordergrund. Das erste Kind einer Tragemutter wurde am 17. April 1986, also sogar noch vor Melissa Stern, geboren. Dennoch kam es in den achtziger Jahren nur vereinzelt zu Fällen der Tragemutterschaft. Erst Anfang der neunziger Jahre setzte sich dieses neue Verfahren mehr und mehr durch – bis es schließlich die Ersatzmutterschaft, heute deshalb auch als „klassische Leihmutterschaft" bezeichnet, ablöste. Die Vorteile der Tragemutterschaft liegen auf der Hand: Ein Paar kann – sofern befruchtungsfähige Samen- und Eizellen produziert werden – ein genetisch verwandtes Kind zeugen und austragen lassen. Auch der Kreis potentieller Leihmütter vergrößert sich, weil es für die Tragemutterschaft ohne Relevanz ist, welcher ethnischen Herkunft die Frauen sind.

Öffentliche Aufmerksamkeit erfuhr die Tragemutterschaft durch den in den Massenmedien sehr präsenten Fall „Calverts": Crispina Calverts war nach einer Tumorerkrankung der Uterus entfernt worden, sodass sie und ihr Mann Mark Calverts außer Stande waren, Kinder zu bekommen. Auf der Suche nach einer geeigneten Leihmutter stellte sich für die beiden schnell heraus, dass sie die üblichen Preise der Vermittlungsagenturen von etwa 50.000 US-Dollar nicht würden zahlen können. Zufällig lernte Crispina Calverts die 29-jährige Anna Johnson kennen, die mit ihr in dem selben Krankenhaus arbeitete. Johnson erklärte sich bereit, das Kind der Calverts auszutragen, sodass die Parteien im Januar 1990 einen standardmäßigen Leihmutterschaftsvertrag unterzeichneten, nach dem die Leihmutter ein Honorar von 10.000 US-Dollar sowie eine Lebensversicherung in Höhe von 200.000 US-Dollar erhalten sollte.[207] Crispina Calverts ließ sich Eizellen entnehmen, diese mit dem Samen ihres Ehemannes befruchten und drei der Embryonen in die Gebärmutter von Anna Johnson einsetzen. Wenig später war Johnson schwanger und trug ein Kind in sich, das zu ihr keinerlei genetische Verbindung aufwies. Schon bald aber verschlechterte sich die Beziehung des Paares zur engagierten Leihmutter. Trotz einer Vertraulichkeitsklausel im unterzeichneten Vertrag berichtete Johnson den Arbeitskollegen von der Eizellentnahme und Implantation der Embryos. Nach auftretenden Komplikationen in den ersten Monaten der Schwangerschaft offenbarte sich zudem, dass Johnson bereits Fehl- und Totgeburten hinter sich hatte – eine für die Calverts bedeutsame Information, die bei Vertragsschluss verschwiegen wurde.[208] Als die Leihmutter in der Folgezeit in finanzielle Schwierigkeiten geriet, verlangte sie von den Calverts noch vor der Geburt die ausstehenden Ratenzahlungen in Höhe von insgesamt 5.000 US-Dollar; andernfalls, so drohte sie, würden sie „ihr Baby nicht bekommen."[209] Nachdem Johnson am 19. September 1990 einen Jungen zur Welt brachte, den sie Matthew, die Calverts aber Christopher Michael nannten, begann der juristische Streit um das Sorgerecht. Der Prozess duchlief drei Instanzen, bis er 1993 vom Supreme Court des Bundesstaates Kalifornien endgültig entschieden wurde. Alle beteiligten Gerichte waren sich im Ergebnis einig: Die Calverts, von denen das Kind zweifelsfrei genetisch abstammte, seien als die legitimen Eltern anzusehen, während die Tragemutter Johnson keine mütterlichen Rechte geltend machen könne.

Anders als im Fall „Baby M" lautete hier die Kernfrage: Ist Mutter, wer das genetische Material eines Kindes bereitstellt, oder wer den Embryo in seinem Körper zum Menschen heranreifen lässt? Anders ausgedrückt: Ist die genetische oder die biologische Mutter die Mutter im Rechtssinne? Bis in die 1980er Jahre hinein wurde zwar zwischen biologischer und sozialer Mutterschaft unterschieden; die erst durch die Tragmutterschaft relevant gewordene Differenzierung zwischen biologischer und genetischer Mutterschaft war dagegen neu.[210] Die Anwälte der Leihmutter Johnson betonten die Prägung des Kindes in der Zeit der Schwangerschaft und verwiesen auf die Erkenntnisse der pränatalen Psychologie. Der Superior Court ließ sich davon aber nicht überzeugen und sah in der genetischen Abstammung das gewichtigere Kriterium. So hieß es in dem erstinstanzlichen Urteil, es gebe „kein organisches System des menschlichen Körpers, das nicht von der genetischen Anlage" beeinflusst werde. Die Situation der Tragemutter sei dagegen eher mit der einer Pflegemutter zu vergleichen.[211] Im Verhältnis zum Kind sei sie „Gastgeberin" und „genetischer Fremdling."[212]

207   *Spivack*, Journal of Comparative Law 2010, 97 (102).
208   *Wedemann*, S. 22; *Rose*, Critical Inquiry 1996, 613 (616).
209   *Kasindorf*, Los Angeles Times v. 20.1.1991 (abrufbar unter: http://articles.latimes. com/1991-01-20/magazine/tm-851_1_anna-johnson).
210   *Bernard*, S. 324.
211   *Rose*, Critical Inquiry 1996, 613 (617). Der Richter *Parslow* betonte, dass der „ganze Prozess der menschlichen Entwicklung durch die Gene in Gang" gesetzt werde.
212   *Voß*, FamRZ 2000, 1552 (1553).

Die dritte Instanz wich von der Rechtsprechung der Vorinstanzen ab – zumindest korrigierte sie das Argumentationsmuster: Zwar erachtete auch der Supreme Court die Calverts als legitime Eltern des Kindes, machte dies aber nicht an der genetischen Abstammung fest.[213] Vielmehr sah er in Genetik und Gestation, d.h. Schwangerschaft, zwei für die Mutterschaft im Grundsatz gleichwertige Kriterien. Mit ihrer Rechtsprechung führten die Richter eine dritte „Kategorie" ein: die Intention der Beteiligten. Während die Calverts den Wunsch hatten, das Kind nach der Geburt zu übernehmen, war Johnson einverstanden, ihnen das Kind zu überlassen. Es sei nicht das Ziel der Parteien gewesen, Anna Johnson eine befruchtete Eizelle zu spenden. Ohne die Intention der Calverts, so die Richter, würde das Kind nicht existieren. Der spätere Sinneswandel der Leihmutter ändere nichts daran, dass Crispina als Mutter anzusehen sei. Vereinigten sich genetische Verbindung und Schwangerschaft nicht in derselben Frau, so sei nach kalifornischem Recht „diejenige als natürliche Mutter anzusehen, die beabsichtigt hat, das Kind zu zeugen und aufzuziehen."[214]

Die Rechtsprechung des Supreme Courts hat bis heute hohe praktische Relevanz: In zahlreichen US-Bundesstaaten wird die Entscheidung noch immer als Präzedenzurteil betrachtet. In dem für die Belange der Reproduktionsmedizin offenen Bundesstaat Kalifornien wurde die Leihmutterschaft im Jahr 2013 – inhaltlich anknüpfend an die bisherige Rechtsprechung – ausdrücklich gesetzlich erlaubt.[215] Auch in anderen Staaten der USA wird in Fällen der Leihmutterschaft darauf abgestellt, wer die Mutterschaft beabsichtigt[216] hat – entweder weil als Reaktion auf den Fall „Calverts" entsprechende Gesetze erlassen wurden oder weil die jeweiligen Gerichte sinngemäß der damaligen Entscheidung folgen.[217] In den USA gibt es heute zwei

---

213 Die damals einzige Richterin am Supreme Court, *Joyce Kennard*, vertrat eine abweichende Auffassung und begründete diese wie folgt: „Eine schwangere Frau, die beabsichtigt, ein Kind zur Welt zu bringen, ist mehr als ein bloßer Behälter [...]. Sie ist nicht weniger als die genetische Mutter ein bewusster Akteur der Schöpfung [...]. Ihre Rolle sollte nicht abgewertet werden." Kennard plädierte anders als ihre Kollegen dafür, das Sorgerecht nach dem Kriterium des Kindeswohls zu vergeben und wollte deshalb an die vorherige Instanz zurückverweisen; *Rose*, Critical Inquiry 1996, 613 (618).

214 Supreme Court of California v. 20.5.1993, 10 f. (abrufbar unter: http://faculty.law. miami.edu/zfenton/documents/Johnsonv.Calvert.pdf). In ihrer abweichenden Meinung erklärte die Richterin Joyce Kennard die „Intention" für ein unbrauchbares Kriterium, um darüber zu entscheiden, wer das Sorgerecht innehat. Die Intention sei eine dem Urheberrecht entnommene Kategorie und könne nicht auf Fälle der Leihmutterschaft übertragen werden; das Kind sei schließlich kein Eigentum; vgl. ebd., 27.

215 *Diel*, S. 21.

216 In Amerika hat sich sogar das Kürzel „I.P." für „intended parents" durchgesetzt, *Bernard*, S. 328.

217 So etwa im Fall „Buzzanca" aus dem Jahr 1998, in dem das Gericht ebenfalls auf die Kategorie der gewollten Elternschaft abstellte; *Voß*, FamRZ 2000, 1552 (1554); *Spivack*, Journal of Comparative Law 2010, 97 (103).

Modellgesetze, welche die Bundesstaaten als Vorlage nutzen können: Eines regelt die Zulässigkeit der Leihmutterschaft, während das andere ein Verbot anordnet. Tatsächlich haben kaum Staaten auf diese Modellgesetze zurückgegriffen.[218]

Die Urteile in den Fällen „Baby M" und „Calverts", die nur mit wenigen Jahren Abstand gefällt wurden, geben Aufschluss über die bis heute sehr unterschiedliche Handhabung der Leihmutterschaft durch die amerikanischen Bundesstaaten: Während im Fall „Baby M" die Vereinbarung einer Leihmutterschaft als sittenwidrig und nichtig angesehen wurde, durften sich Wunschvater und -mutter im Fall „Calverts" als legitime Eltern bezeichnen. Angelehnt daran lässt sich in den USA heute eine „geographische Spaltung"[219] im Umgang mit der Leihmutterschaft erkennen: Die an der Ostküste gelegenen Staaten stehen dem Verfahren eher kritisch gegenüber, derweil an der Westküste liberalere Regelungen gelten.[220] In 18 von 50 US-Bundesstaaten ist die Leihmutterschaft ein legales Geschäft.[221] Heute werden Leihmutterschaften in amerikanischen Sitcoms und Talkshows regelmäßig thematisiert und dabei zumeist in einem positiven Licht dargestellt.[222]

7. „Industrialisierung" der Leihmutterschaft

Nach heftigen Diskussionen in den achtziger und neunziger Jahren des 20. Jahrhunderts stand die Surrogatmutterschaft in den Folgejahren weniger im Mittelpunkt der öffentlichen Debatte.[223] Von den Massenmedien weitgehend unbeobachtet konnte sich das Verfahren prächtig entwickeln: Wurden in den USA 1981 noch 100 Geburten jährlich gezählt, so verfünffachte sich die Zahl schon bis 1986.[224] Im Jahr 2010 ging man dort von rund 1.400 Leihmuttergeburten jährlich aus, während das für den Leihmutterschaftstourismus bekannte Indien 2009 etwa 1.500 Fälle meldete.[225] Dass all diese Zahlen als Schätzungen zu begreifen sind, verdeutlicht das Beispiel Ukraine: Im Jahr 2011 sollen dort 120 Kinder von Leihmüttern geboren worden

---

218　Dieser „Status of Children of Assisted Conception Act" wurde nur von zwei Bundesstaaten übernommen; *Henrich*, in: FS für Schwab, S. 1141 (1142); *Helms*, StAZ 2013, 114 (117).

219　So nennt es *Bernard*, S. 329.

220　Ein Überblick zu der Rechtslage in den einzelnen US-Bundesstaaten findet sich auf: http://www.selectsurrogate.com/surrogacy-laws-by-state.html.

221　*Oberhuber*, zeit.de v. 17.8.2014 (abrufbar unter: http://www.zeit.de/wirtschaft/2014-08/leihmutter-kinder-schangerschaft).

222　*Albrecht*, FAS v. 10.8.2014, 45.

223　*Coester*, in: FS für Jayme, S. 1243.

224　*Patton*, University of Missouri Kansas City Law Review 2010, 507 (510).

225　*Mohapatra*, Annals of Health Law 2012, 191 (197). Genaue Zahlen, wie viele der Fälle ausländischen Bezug haben, gibt es nicht. Eine große US-Agentur, das Center for Surrogate Parenting, gibt an, dass etwa 50 Prozent der Kunden aus dem Ausland stammen. Von mehr als 1.000 Fällen jährlich in den USA geht auch *Albrecht*, FAS v. 10.8.2014, 45 aus.

sein.[226] 2012 meldete dagegen allein eines der rund 60 Reproduktionszentren des Landes 140 Geburten.[227] Die steigende Zahl von Leihmutter-Arrangements lässt sich jedenfalls nicht leugnen: In den letzten dreißig Jahren ist wohl eine fünfstellige Zahl von Menschen von Leihmüttern geboren worden. Das Volumen des Marktes wird auf rund vier Milliarden Euro geschätzt – Agenturen, Kliniken und Ärzte verdienen dabei kräftig mit.[228] Die Leihmutterschaft hat als medizinisch inzwischen weitgehend beherrschbares Verfahren das „Versuchsstadium" längst verlassen und heute zumindest in einigen Ländern eine Art „Industriezweig"[229] entstehen lassen. Mit der „Industrialisierung" geht auch eine Professionalisierung einher: Konflikten, wie sie in der Vergangenheit aufgetreten sind, soll vorgebeugt werden. So ist es heute üblich, dass Leihmütter ihr Honorar nicht als Einmalzahlung, sondern in Raten erhalten. Derart soll der Eindruck vermieden werden, die Frau erzeuge ein „Produkt". Vielmehr soll ihre Tätigkeit als Dienstleistung verstanden werden.[230] Der Blick auf die Geschichte der Leihmutterschaft lässt am Ende auch die Erkenntnis reifen, dass die für eine andere übernommene Mutterschaft von einem eher exotischen zu einem inzwischen gesamtgesellschaftlich relevanten Phänomen geworden ist.[231]

III. Religiöse Positionen

Die geltenden gesetzlichen Regelungen zur Leihmutterschaft sind das Ergebnis eines gesellschaftlichen Willensbildungsprozesses, auf den die Religionsgemeinschaften jedenfalls in der Vergangenheit einen nicht unerheblichen Einfluss hatten. Darüber vermag auch ihr Bedeutungsverlust in jüngerer Zeit nicht hinwegzutäuschen.

1. Christentum

Zwar wird die Leihmutterschaft – in Gestalt der Ersatzmutterschaft – schon in der Bibel erwähnt. Dennoch stehen die großen christlichen Glaubensgemeinschaften dem Verfahren äußerst kritisch gegenüber.

a) Römisch-katholische Kirche

Für die römisch-katholische Kirche hat die Ehe einen doppelten Zweck: Sie soll dem Wohl der Ehegatten selbst sowie der Weitergabe des Lebens dienen, wobei beides für sie untrennbar zusammenhängt. Damit geht eine sehr restriktive Haltung

---

226 *Mohapatra*, Annals of Health Law 2012, 191 (195).
227 *Bernard*, S. 367.
228 *Oberhuber*, zeit.de v. 17.8.2014 (abrufbar unter: http://www.zeit.de/wirtschaft/2014-08/leihmutter-kinder-schangerschaft).
229 Vgl. *Bernard*, S. 354, der einen solchen bspw. in Indien und der Ukraine zu erkennen vermag.
230 *Bernard*, S. 315.
231 *Coester*, in: FS für Jayme, S. 1243.

gegenüber sämtlichen Verfahren der Fortpflanzungsmedizin einher.[232] So steht die katholische Morallehre schon der homologen Insemination, also der künstlichen Befruchtung unter Ehepartnern, kritisch gegenüber, weil derartige Techniken „den Geschlechtsakt von der Zeugung" trennten und so eine „Herrschaft der Technik über Ursprung und Bestimmung der menschlichen Person" errichtet werde. Menschliche Vermehrung sei ihrer „eigenen Vollkommenheit beraubt, wenn sie nicht als Frucht des ehelichen Aktes" angestrebt werde.[233] Die Fortpflanzung und die sexuelle Beziehung zwischen den Ehepartnern dürften nicht entkoppelt werden.[234] Abseits der Lehrmeinung vertreten einige Theologen dagegen leicht abweichende Auffassungen und wollen zumindest die homologe Insemination unter Ehepartnern als ultima ratio akzeptieren.[235] Doch nach der offiziellen Haltung der römisch-katholischen Kirche manipulieren die Fortpflanzungstechnologien den ehelichen Akt und gefährden damit „unverzichtbare anthropologische Voraussetzungen."[236]

Dieser Gedanke liegt auch der strikten Ablehnung der Leihmutterschaft durch die katholische Kirche zu Grunde. Techniken, die durch das Einschalten einer dritten Person (gemeint sind Eizellspende, Samenspende und Leihmutterschaft) zu einer gespaltenen Elternschaft führen, gelten als „äußerst verwerflich", verletzten sie doch das Recht des Kindes, „von einem Vater und einer Mutter abzustammen, die es kennt und die miteinander ehelich verbunden sind." Der Zulässigkeit solcher Verfahren stehe ebenso das Recht beider Eheleute entgegen, „dass der eine durch den anderen Vater und Mutter wird".[237] Die Leihmutterschaft sei mit dem Verständnis von der Einheit der Ehe unvereinbar.[238] Nicht zuletzt werde das Kindeswohl dadurch gefährdet, dass das Neugeborene unmittelbar nach der Geburt von der Leihmutter getrennt

---

232 *Von Rauchhaupt*, faz.net v. 21.7.2008 (abrufbar unter: http://www.faz.net/aktuell/wissen/reproduktionsmedizin-die-haltung-der-kirche-1670221.html); *Eckart*, Geschichte der Medizin, S. 314 für die extrakorporale Befruchtung.

233 Weiter heißt es dazu im Katechismus der Katholischen Kirche, die homologe Insemination sei zwar „weniger verwerflich" als Techniken, die Dritte in den Fortpflanzungsprozess einschalten, aber „dennoch moralisch unannehmbar"; KKK, 3. Teil, 2. Abschn., 2. Kap., Art. 6 III, 2377.

234 *Rey-Stocker*, Anfang und Ende des menschlichen Lebens usw., S. 158 f.

235 *Böckle*, in: Ständige Deputation des Deutschen Juristentages, Verhandlungen des 56. Deutschen Juristentages, Bd. 2, K 29 (K 41) vermag in dem Eingriff in den natürlichen Vorgang der Zeugung zur Überwindung der Sterilität „nicht bereits eine widersittliche Handlung" zu erkennen, betont jedoch, zuvor müssten „alle anderen Möglichkeiten, den Kinderwunsch zu erfüllen, geklärt" worden sein. Die Leihmutterschaft verstößt nach *Böckle* aufgrund ihrer „Verdinglichung elementarer Funktionen der Persönlichkeit" gegen die Menschenwürde; ebd., K 44.

236 So formulierte es in einer Stellungnahme Papst Johannes *Paul II*, zit. nach Diefenbach, Leihmutterschaft – Rechtliche Probleme der für andere übernommenen Mutterschaft, S. 46.

237 *Deutsche Bischofskonferenz*, Kongregation für die Glaubenslehre, 25; KKK, 3. Teil, 2. Abschn., 2. Kap., Art. 6 III, 2376.

238 *Schenker*, Journal of Assisted Reproduction and Genetics 9/1992, 3 (6).

wird. Diese „Urverletzung" durchtrenne das für die Persönlichkeitsentwicklung wichtige Band, das sich während der Schwangerschaft zwischen Leihmuttter und Kind gebildet habe.[239]

b) Evangelische Kirche

Die evangelische Kirche bezieht gegenüber den Techniken der Reproduktionsmedizin eine nur unwesentlich tolerantere Position. In einer gemeinsamen Erklärung des Rates der Evangelischen Kirche in Deutschland und der Katholischen Deutschen Bischofkonferenz rät sie von der In-vitro-Fertilisation ab, da mit ihr eine Verletzung der Menschenwürde des frühen Embryos einhergehe.[240] Durch die heterologe Insemination, Samenspende und Eizellspende würde die „familiäre Geborgenheit des Kindes" gefährdet; sie werden deshalb nachdrücklich abgelehnt. Für alle Formen der Leihmutterschaft forderte die Synode der Evangelischen Kirche Deutschlands schon 1987 ein gesetzliches Verbot.[241] Ganz ähnlich wie die katholische Lehre argumentiert die evangelische Kirche damit, Zeugung und Geburt gehörten nach dem christlichen Verständnis in den Zusammenhang von Liebe und Ehe. Das Verfahren der Leihmutterschaft sei mit dem Recht des Kindes auf eine einheitliche Elternschaft unvereinbar. Zwar stelle ungewollte Kinderlosigkeit ein hartes Schicksal dar, könne jedoch auch Wege zu einem anderen erfüllten Leben aufzeigen. Dass schon die Bibel frühe Fälle der Ersatzmutterschaft kenne, sei von geringer Bedeutung, da sich die Strukturen von Ehe und Familie fortentwickelt hätten.[242] Die Leihmutterschaft begegne insbesondere bei Entgeltlichkeit noch größeren Bedenken als die Prostitution, da sie sogar das intime Verhältnis zwischen Mutter und Kind einem Gewinnstreben opfere.[243]

2. Judentum

Der Zentralrat der Juden in Deutschland zählt rund 100.000 Mitglieder.[244] Vor dem Hintergrund der deutschen Geschichte hat der jüdische Glaube über diese abstrakte

---

239 *Diel*, S. 36.
240 *Brandes*, deutschlandfunk.de v. 29.12.2011 (abrufbar unter: http://www.deutsch-landfunk.de/kuenstliche-befruchtung-aus-katholischer-und-evangelischer.886. de.html?dram:article_id=127722). Anders noch *Böckle*, Referat zum 56. Deutschen Juristentag, in: Verhandlungen des 56. Deutschen Juristentages, Bd. 2, K 29 (K 39), der – im Jahr 1986 und damit noch vor den Beschlüssen der EKD-Synode – in der evangelischen Kirche und Theologie „keine prinzipiellen ethischen Einwände" gegen die künstliche Befruchtung zu erkennen vermochte.
241 Kundgebung der Synode der EKD von aus dem Jahr 1987 (abrufbar unter: http://www.ekd.de/EKD-Texte/achtungvordemleben_1987.html).
242 *Diefenbach*, S. 54 ff.
243 *Diel*, S. 37.
244 Nach Stand Dezember 2013 (http://www.zentralratdjuden.de/de/topic/5.mitglieder. html). Zu bedenken ist, dass in Deutschland auch noch zahlreiche nicht mitgliedschaftlich organisierte Juden leben.

Zahl hinaus eine weitreichende gesellschaftspolitische Bedeutung.[245] Die Antworten, die das Judentum auf die Fragen der modernen Fortpflanzungsmedizin gibt, gründen noch heute auf dem der Bibel entnommenen Ausspruch: „Seid fruchtbar und mehret Euch, füllet die Erde und bezwinget sie!"[246] Ihn interpretieren Juden als Aufforderung, Nachkommen zu zeugen und die Erde mit den eigenen Fähigkeiten zu beherrschen. Kinder in die Welt zu setzen ist ein religiöses Gebot.[247] Um diese biblische Forderung zu erfüllen, ist es auch gestattet, auf Hilfsmaßnahmen zurückzugreifen. Das Judentum steht den Techniken der Reproduktionsmedizin daher eher offen gegenüber.[248] Auch die Leihmutterschaft akzeptiert es grundsätzlich – allerdings nur, wenn auf sie nicht aus Bequemlichkeit oder ästhetischen Gründen zurückgegriffen wird.[249] Die wohl überwiegende Auffassung erachtet die Geburtsmutter und nicht die genetische Mutter als natürliche Mutter. Hier herrscht unter den jüdischen Theologen aber Uneinigkeit. Vereinzelt wird sogar eine Mutterschaft beider Frauen favorisiert.[250] Während das Christentum die sexuelle Beziehung und die Fortpflanzung als Einheit versteht, betont die jüdische Morallehre das sexuelle Verlangen jedes Ehepartners. Ihr liegt insofern ein natürliches Verständnis menschlicher Bedürfnisse zugrunde. Auch deshalb geht das israelische Recht nicht davon aus, dass Kinder auf legitime Weise nur natürlich zwischen Mann und Frau gezeugt werden können.[251] In der jüdischen Tradition wird es als zulässig erachtet, dass sich kinderlose verheiratete Paare, solange dabei niemand verletzt wird, aller Hilfsmöglichkeiten bedienen, um die familiäre Eintracht zu bewahren.[252] Nach einer etwas pauschalen, aber doch pointierten Aussage von *Leo Latsch*, einem jüdischen Vertreter im Deutschen Ethikrat, gestattet das Judentum „im Grunde alles [zu] tun, um einer Frau zum Kinderwunsch zu verhelfen."[253]

---

245 Was zuletzt etwa in der Diskussion um die Beschneidung Minderjähriger zum Ausdruck kam. Diese mündete im Erlass des § 1631 d BGB, der in seinem Abs. 2 insbesondere den jüdischen Traditionen Rechnung trägt; vgl. Gesetz über den Umfang der Personensorge bei einer Beschneidung des männlichen Kindes, BGBl. I 2012, 2749.

246 Die Bibel, 1. Buch Mose 1, 28.

247 *Rey-Stocker*, S. 158; *Ederberg*, juedische-allgemeine.de v. 9.1.2014 (abrufbar unter: http://www.juedische-allgemeine.de/article/view/id/17999).

248 *Levinson*, in: Levinson/Büchner, 77 Fragen zwischen Christen und Juden, S. 100; *Rey-Stocker*, S. 234.

249 *Schenker*, Journal of Assisted Reproduction and Genetics 9/1992, 3 (6); *Schenker*, Reproductive BioMedicine Online 2005, 310 (315).

250 *Von Daniels*, Religiöses Recht als Referenz, S. 63 ff.

251 *Lee*, Hastings Women's Law Journal 2009, 275 (294).

252 *Schenker*, in: Cook/Sclater/Kaganas, Surrogate Motherhood – International Perspectives, S. 259.

253 Zit. nach Hollenbach, deutschlandfunk.de v. 15.11.2013 (abrufbar unter: http://www.deutschlandfunk.de/medizinethik-religioese-vorschriften-und-das-wohl-des.886.de.html?dram:article_id=268964).

Die Knesset – das israelische Parlament – hat die Leihmutterschaft mit Gesetz vom März 1996 erlaubt, dabei aber spezielle, an die jüdische Tradition angelehnte Voraussetzungen geschaffen. So muss die Leihmutter derselben Religion angehören wie die Wunschmutter. Andernfalls ist eine Ausnahmegenehmigung einzuholen. Diese Vorgabe geht zurück auf den jüdischen Glaubensgrundsatz, dass die Religion des Kindes durch seine Mutter bestimmt wird. Das israelische System fällt indes durch die detaillierte Organisation des Verfahrens auf: Von Rechts wegen werden eine hinreichende Beratung der Beteiligten, die künstliche Befruchtung in geprüften IVF-Zentren, die Betreuung durch einen Sozialarbeiter sowie die Einbindung einer interdisziplinär besetzten Kommission, die jeden einzelnen Fall der Leihmutterschaft genehmigen muss, gefordert.[254] In Israel ist einzig die „full surrogacy", d.h. die Tragemutterschaft gestattet – und auch diese nur, sofern die Leihmutter keine über die Kostenerstattung hinausgehenden Zahlungen erhält. Das Gesetz ist das Ergebnis einer Kompromissfindung zwischen dem auf reproduktionsmedizinische Zurückhaltung bedachten orthodoxen und dem liberaleren Teil der Bevölkerung.[255] Hohe Geburtenraten sind ein erkennbares Ziel israelischer Politik, die für die Entwicklung von Fortpflanzungstechniken beträchtliche Ressourcen bereitstellt. Nicht ohne Grund weist Israel im weltweiten Vergleich die höchste Zahl an Fertilitätskliniken pro Kopf auf.[256]

3. Islam

Schätzungen zufolge leben in Deutschland zwischen 3,3 und 4,3 Millionen Muslime. Das entspricht etwa vier bis fünf Prozent der Gesamtbevölkerung.[257] Muslimische Mitbürger und Mitbürgerinnen haben einen nicht außer Acht zu lassenden Einfluss auf den gesellschaftlichen Willensbildungsprozess. Der Islam bewertet die Techniken der Reproduktionsmedizin eher positiv. Für das Familien- und Gesellschaftsleben ist der Nachwuchs von enormer Bedeutung. Die soziale Stigmatisierung ungewollter Kinderlosigkeit drängt Ehepaare dazu, Nachkommen zu zeugen.[258] Das im islamischen Rechtskreis geltende Adoptionsverbot[259] verstärkt

---

254 *Kreß*, FPR 2013, 240 (242); *Lee*, Hastings Women's Law Journal 2009, 275 (296); *Bokelmann/Bokelmann*, S. 175 f., die in der Zusammensetzung des Gremiums einen Grund dafür sehen, weshalb Leihmutterschaften in Israel „ohne größere Probleme ablaufen."

255 *Benshushan/Schenker*, Human Reproduction 1997, 1832 ff.

256 *Teman*, in: Cook/Sclater/Kaganas, Surrogate Motherhood – International Perspectives, S. 261 f.; *Lee*, Hastings Women's Law Journal 2009, 275 (295).

257 *Duthel*, Der Islam in Deutschland usw., S. 17.

258 *Spuler-Stegemann*, Die 101 wichtigsten Fragen – Islam, S. 101.

259 Dieses Verbot gilt in den meisten islamischen Ländern. Ausgenommen sind die Türkei und Tunesien; *Kienzler/Riedl/Schiefer Ferrari*, Islam und Christentum usw., S. 135.

das Bedürfnis nach medizinscher Fortpflanzungshilfe noch zusätzlich.[260] Darüber, ob die Leihmutterschaft ein legitimes Mittel zur Kinderwunscherfüllung ist, sind sich die islamischen Lehren allerdings nicht einig: Die Sunniten, welche die größte Glaubensrichtung im Islam bilden, lehnen die Leihmutterschaft kategorisch ab. Sie qualifizieren die Befruchtung in vitro, sofern Eizelle oder Sperma nicht vom Ehepartner stammen, als Ehebruch.[261] Aber auch die Tragemutterschaft hält der sunnitische Glaube für unzulässig: Die Gebärmutter der Frau sei im islamischen Recht nicht tausch- oder ausleihbar. Das Eindringen von Sperma in die Gebärmutter einer Frau, die mit dem Samenspender nicht verheiratet ist, sei unabhängig davon, ob das Spermium alleine oder zusammen mit einer von ihm befruchteten Eizelle eingebracht wird, unerlaubt. Zudem drohten bei der Inanspruchnahme einer Leihmutter erhebliche soziale Konflikte zwischen allen Beteiligten. Ziel der Scharia sei es aber, Zwist zwischen den Individuen der Gesellschaft zu vermeiden.[262] Für Muslime und Muslima ist die familiäre Abstammung von enormer Bedeutung. Der Surrogatmutterschaft halten sie deshalb ein genealogisches Argument entgegen: Sie erzeuge Unklarheit darüber, wer die wahre Mutter ist.[263] Eine andere Beurteilung erfährt die Fremdschwangerschaft dagegen durch die zweite große Glaubensrichtung des Islams, die Shia. Die Schiiten kennen das Institut einer „Ehe auf Zeit", die es Männern ermöglicht, mit einer nicht verheirateten Frau für begrenzte Zeit eine (zusätzliche) Ehe einzugehen. In diesem Rahmen gestattet der schiitische Glaube Leihmüttern, Kinder für eine andere Frau auszutragen.[264]

4. Hinduismus

Der Hinduismus spielt für die gesellschaftliche Wirklichkeit in Deutschland zwar nur eine untergeordnete Rolle.[265] Dennoch ist es lohnenswert, sich seine Position zum Phänomen Leihmutterschaft vor Augen zu halten, gilt das Land Indien, in dem

---

260 *Ilkilic*, Journal für Reproduktionsmedizin und Endokrinologie, Sonderheft 2/2011, 10 (12).

261 *Kreß*, FPR 2013, 240 (242).

262 *Uthmân*, in: Eich, Moderne Medizin und Islamische Ethik, S. 53 (56 f.).

263 *Ilkilic* in der ZDF-Sendung „Forum am Freitag" v. 3.8.2012 (Beitrag abrufbar unter: http://www.zdf.de/forum-am-freitag/medizinische-ethik-im-islam-23681744. html).

264 *Ilkilic*, Journal für Reproduktionsmedizin und Endokrinologie, Sonderheft 2/2011, 10 (13).

265 Der Zensus 2011 weist etwa 0,1 Prozent der Gesamtbevölkerung als Anhänger des Hinduismus' aus, wobei die Statistiker davon ausgehen, dass gerade die Anhänger der in Deutschland weniger präsenten Glaubensrichtungen von der Möglichkeit Gebrauch gemacht haben, ihre Religionszugehörigkeit nicht anzugeben; *Egeler*, Pressekonferenz Zensus 2011 – Fakten zur Bevölkerung in Deutschland (abrufbar unter: https://www.destatis.de/DE/PresseService/Presse/Pressekonferenzen/2013/ Zensus2011/Statement_Egeler_zensus_PDF.pdf?__blob=publicationFile).

der Hinduismus die verbreitetste Religion ist[266], doch als Anlaufstelle ungewollt kinderloser Paare aus ganz Europa – und damit auch aus Deutschland. Für gläubige Hindus und Hinduistinnen stellt es eine religiöse Verpflichtung dar, einen männlichen Abkömmling zu zeugen. Um diese zu erfüllen, ist es der Frau eines sterilen Mannes erlaubt, Geschlechtsverkehr mit einem anderen Mitglied der Familie des Ehemannes zu haben, oder aber eine künstliche Befruchtung mit dessen Samen vornehmen zu lassen.[267] Gebiert eine Leihmutter ein Mädchen und keinen Jungen, kann dies angesichts der ebenso wie im Buddhismus bestehenden Pflicht zur Zeugung eines Sohnes zu Problemen führen – insbesondere, wenn die Wunscheltern selbst dieser Glaubensrichtung angehören. Grundsätzlich kennt die hinduistische Glaubenslehre aber kein Verbot der Leihmutterschaft.[268] Diese Tatsache mag dazu beigetragen haben, dass das indische Recht kaum Restriktionen vorsieht.[269] Vielmehr sind Leihmutterschaften dort seit 2002 explizit erlaubt. Allein durch diese setzen in Indien Ärzte, Kliniken, Vermittler und interessierte Paare schätzungsweise rund 450 Millionen Dollar jährlich um.[270] Die kulturelle Akzeptanz der Leihmutterschaft wurzelt zum einen in der indischen Mythologie[271], zum anderen aber auch in der traditionell recht liberalen Haltung, die das Land gegenüber den Techniken der künstlichen Befruchtung einnimmt.[272]

5. Zum Einfluss religiöser Anschauungen auf das Recht

Die hier ausgewählten großen Weltreligionen geben ganz unterschiedliche Antworten auf die Fragen der modernen Reproduktionsmedizin. Keine von ihnen nimmt eine gänzlich unkritische Haltung ein, obgleich mit dem Judentum und dem Hinduismus zwei große Religionen die Leihmutterschaft für eine – unter bestimmten Voraussetzungen – legitime Möglichkeit halten, ungewollte Kinderlosigkeit zu überwinden. Mit Blick auf Deutschland lässt sich sagen: Das geltende Verbot der Leihmutterschaft spiegelt auch die Positionen der größten beiden Kirchen wider. Etwa 62 Prozent der Bevölkerung gehören hierzulande der römisch-katholischen oder der evangelischen

---

266 Statistisches Bundesamt, Statistisches Jahrbuch 2010, S. 687.
267 *Schenker*, Journal of Assisted Reproduction and Genetics 9/1992, 3 (5). Dies wird ihr aber erst nach achtjähriger Infertilität des Mannes oder, wenn die Frau mindestens elf Jahre lang nur Mädchen geboren hat, gestattet.
268 *Schenker*, Journal of Assisted Reproduction and Genetics 9/1992, 3 (6).
269 So vermutet es auch *Diel*, S. 38.
270 *Mohapatra*, Annals of Health Law 2012, 191 (193).
271 Der Hindu-Mythologie zufolge ist der Gott Krishna vor seiner Geburt von der Göttin Devaki in den Schoß einer anderen Göttin gegeben worden; *Mitra/Hansen*, Ethik in der Medizin 2014, S. 1437 (1438).
272 So wurde das erste indische IVF-Kind nur zwei Monate nach Louise Brown geboren; *Kamini/Carp/Fischer/Decherney*, Principles and Practice of Assisted Reproductive Technology, Vol. 1, 878.

Kirche an[273], welche die für eine andere übernommene Mutterschaft grundsätzlich ablehnen. Das lässt vermuten, dass die restriktive Haltung des Gesetzgebers zumindest teilweise eine Rückbindung an die soziale Wirklichkeit erfährt. Schließlich werden Rechtsordnungen ungeachtet des Bedeutungsverlustes der Kirchen noch immer durch die jeweils dominierenden Religionsgruppen einer Gesellschaft geprägt. Glaubensverbunde bilden sich (auch) auf der Grundlage gemeinsamer ethischer Vorstellungen ihrer Mitglieder. Wenn also das Recht das Ergebnis eines ethischen Konsenses ist[274], dann lässt sich der Einfluss der Religionen darauf, welche verbindlichen Regeln eine Gesellschaft setzt, nicht leugnen. Diese Hypothese erfährt hier offenbar ihre Bestätigung: Während das christlich geprägte Deutschland die Leihmutterschaft streng untersagt, wählt das vorwiegend hinduistische Indien ein wesentlich liberaleres Regelungsmodell.

IV. Gesellschaftliche Akzeptanz in Deutschland

Vielfach lässt die mediale Berichterstattung vermuten, das Verbot der Leihmutterschaft treffe hierzulande ganz überwiegend auf Zustimmung. Eine umfangreichere Studie aus dem Jahr 2009 stützt diese Annahme nicht[275]: Von den über 2.100 Befragten, die einen Querschnitt der deutschen Bevölkerung bildeten, sprachen sich ebenso viele für eine (wie auch immer ausgestaltete) Legalisierung der Leihmutterschaft (43,7 Prozent) wie für eine Aufrechterhaltung des Verbotes (43,6 Prozent) aus. Nur 10 Prozent wollten Leihmutterarrangements voraussetzungslos erlauben. Die medizinische Notwendigkeit, d.h. die Unfähigkeit des Wunschelternpaares, auf natürlichem Wege ein Kind zu bekommen, ist selbst für jene, die dieser neuen Reproduktionstechnik offen gegenüber stehen, unabdingbar. Der Umfrage zufolge ist die generelle Zustimmung bei unter 35-Jährigen besonders groß, bei über 46-Jährigen dagegen besonders klein. Von den Deutschen werden Fremdschwangerschaften also weder in der Breite gebilligt noch mehrheitlich abgelehnt.

Dass sich auf den Themenfeldern der modernen Fortpflanzungsmedizin selbst in Fachkreisen oftmals keine klaren Mehrheiten für eine Position bilden, zeigen die Ergebnisse einer öffentlichen Befragung des Deutschen Ethikrates aus dem Jahr 2014. Eine an der Reproduktionsmedizin interessierte Öffentlichkeit sollte Stellung zur Surrogatmutterschaft beziehen. Das Ergebnis der insoweit nicht repräsentativen Umfage: 43 Prozent der Befragten sprachen sich gegen die Zulässigkeit der Leihmutterschaft

---

273 Statistisches Bundesamt, Zensus 2011. Dabei sinkt die Zahl der Christen in Deutschland seit Jahren; *Eicken/Schmitz-Veltin*, Statistisches Bundesamt – Wirtschaft und Statistik 6/2010, 576 (578).

274 Wenngleich das Recht immer nur einen Ausschnitt gesellschaftlicher Ethik darstellt. Oder wie es *Böckle* ausdrückt: „[Der] Wertbereich des Sittlichen [ist] immer umfassender als der des Rechts"; Referat zum 56. Deutschen Juristentag, in: Verhandlungen des 56. Deutschen Juristentages, Bd. 2, K 29 (K 33).

275 Die Ergebnisse sind *Stöbel-Richter/Goldschmidt/Brähler/Weidner/Beutel*, Fertility and Sterility 2009, 124 ff. entnommen.

in Deutschland aus, während 39 Prozent ihre Legalisierung forderten. 18 Prozent der Befragten konnten keine Entscheidung treffen.[276] Es scheint, als nehme die Gesellschaft bei dem Thema Leihmutterschaft zurzeit eine antagonistische Haltung ein, worauf die Gesetzeslage allein jedenfalls nicht schließen ließe. Sozialwissenschaftliche Studien legen nahe, dass die Deutschen die Reproduktionsmedizin entgegen der gängigen Vermutung nicht prinzipiell kritischer beurteilen als etwa die in dieser Beziehung als liberal geltendenen Briten. Skepsis wird demnach weniger durch die Allgemeinbevölkerung, sondern vielmehr durch die gesetzgebenden Organe, die Medienöffentlichkeit und etwaige Expertengruppen verbreitet.[277]

---

276 Ergebnisse der öffentlichen Befragung im Rahmen der Jahrestagung des Deutschen Ethikrates 2014 (abrufbar unter: http://www.ethikrat.org/dateien/pdf/jt-22-05-2014-amunts.pdf).

277 *Krones*, in: Bockenheimer-Lucius/Thorn/Wendehorst, Umwege zum eigenen Kind, S. 9 (27).

Zweiter Teil: Leihmutterschaft in der Gegenwart

A. Leihmutterschaft de lege lata

Dass die deutsche Rechtsordnung darauf ausgerichtet ist, Leihmutterschaften soweit wie möglich zu unterbinden, ist bereits hinreichend deutlich geworden. In diesem Teil der Arbeit soll genauer auf die geltenden rechtlichen Regelungen eingegangen werden: Welches Verhalten wird pönalisiert, welches gesetzlich nicht erfasst? Wie verhält es sich mit der Wirksamkeit von Leihmutterschaftsvereinbarungen? Und wie ist die Rechtslage in Fällen mit Auslandsbezug?

I. Restriktionen des Adoptionsvermittlungsgesetzes

Nachdem Mitte der 1980er Jahre auch in Deutschland die Diskussion über die Zulässigkeit der Leihmutterschaft begann und nicht zuletzt durch die zeitweilige Tätigkeit des Vermittlers Noel Keane in Frankfurt angeheizt wurde, sah sich der Gesetzgeber gezwungen, zu reagieren. Im Jahr 1987 stellte die damalige Bundesregierung in einer Antwort auf eine Kleine Anfrage der Fraktion Die Grünen klar, dass sie jede Form der Leihmuttervermittlung nachdrücklich verurteile.[278] Zwar untersagte das Gesetz im Grundsatz schon damals die Adoptionsvermittlung durch nichtstaatliche Stellen (vgl. auch noch heute: §§ 5 Abs. 1 i.V.m. 14 Abs. 1 Nr. 1, Abs. 3 AdVermiG). Die Tätigkeit wurde jedoch nur als Ordnungswidrigkeit verfolgt und die angedrohten Bußgelder von bis zu 10.000 D-Mark waren gegen die wachsende Zahl von Leihmuttervermittlungen weitgehend wirkungslos.[279] Bevor die Bundesregierung ihren Entwurf zur Änderung des AdVermiG präsentierte, wartete sie die Ergebnisse der damaligen Bund-Länder-Arbeitsgruppe „Fortpflanzungsmedizin" ab. Sie war sich dabei aber schon 1987 sicher, dass strafrechtliche Sanktionen im Bereich der Leihmuttervermittlung ein „geeignetes Mittel" seien, „um die danach verbotenen Verhaltensweisen zu ahnden und zu unterbinden." Zugleich nahm sie sich vor, Ehepaare verstärkt über die „vielfältigen Probleme", die mit der Leihmutterschaft einhergehen, zu informieren.[280] Inhaltlich bewegte sich die Bundesregierung dabei auf einer Linie mit den Beschlüssen des 56. Deutschen Juristentages aus dem Jahr 1986. Dieser sprach sich eindeutig (123:2 Stimmen bei vier Enthaltungen) für eine Sanktionierung geschäftsmäßiger Vermittlungen von Leihmüttern aus. Erstaunlicherweise wurde der Antrag, die Leihmutterschaft wegen der Risiken für das Kind und der Instrumentalisierung der Frau

---

278 BT-Drs. 11/1009, 1.
279 *Bernard*, S. 286.
280 BT-Drs. 11/1009, 3.

abzulehnen, denkbar knapp verworfen (59:59 Stimmen bei 13 Enthaltungen).[281] Die gewerbliche Vermittlung von Leihmüttern, die Mitte der 1980er Jahre noch im Zentrum des Diskurses stand, erachtete man also ganz überwiegend als strafwürdig. Das Verfahren der Leihmutterschaft als solches hatte aber durchaus seine Befürworter.

Am 28. November 1989 trat schließlich die angekündigte Änderung des AdVermiG, das zugleich als „Gesetz über die Vermittlung der Annahme als Kind und über das Verbot der Vermittlung von Ersatzmüttern" neu bekannt gemacht wurde, in Kraft.[282] Es wurde um einen Abschnitt „Ersatzmutterschaft" erweitert (§§ 13 a – 13 d AdVermiG), der gleich zu Anfang definiert: „Ersatzmutter ist eine Frau, die auf Grund einer Vereinbarung bereit ist, sich einer künstlichen oder natürlichen Befruchtung zu unterziehen oder einen nicht von ihr stammenden Embryo auf sich übertragen zu lassen oder sonst auszutragen und das Kind nach der Geburt Dritten zur Annahme als Kind oder zur sonstigen Aufnahme auf Dauer zu überlassen" (§ 13 a AdVermiG). Der Gesetzgeber verwendet den damals noch üblichen (Ober-)Begriff der Ersatzmutterschaft, erfasst mit dieser weiten Definition aber alle Formen der Leihmutterschaft, also auch die heutige Tragemutterschaft.[283] Die „Vereinbarung" ist dabei nicht rechtstechnisch zu verstehen. Denn die Zusage, sich befruchten zu lassen, kann, weil es sich um eine höchstpersönliche, jederzeit widerrufbare Entscheidung handelt, nach geltendem Recht nicht verbindlich gegeben werden. Es kommt vielmehr darauf an, dass die Ersatzmutter ihr tatsächliches Einverständnis zeigt.[284] § 13 b AdVermiG konkretisiert die Ersatzmuttervermittlung als das „Zusammenführen von Personen, die das aus einer Ersatzmutterschaft entstandene Kind annehmen oder in sonstiger Weise auf Dauer bei sich aufnehmen wollen (Bestelleltern), mit einer Frau, die zur Übernahme einer Ersatzmutterschaft bereit ist." Jede Vermittlung – und damit auch die von Privatleuten[285] – wird durch § 13 c AdVermiG, das Suchen und Anbieten von Leihmüttern oder Bestelleltern durch § 13 d AdVermiG untersagt. Der Verstoß gegen das Vermittlungsverbot stellt eine Straftat dar und kann mit einer Geldstrafe oder einer Freiheitsstrafe von bis zu einem Jahr geahndet werden (§ 14 b Abs. 1 AdVermiG). Wird eine Leihmutterschaft gegen Entgelt vermittelt, so kann dies eine Freiheitsstrafe von bis zu zwei Jahren zur Folge haben. Wer dabei geschäfts- oder gewerbsmäßig handelt, muss sogar mit einem Freiheitsentzug von bis zu drei Jahren

---

281 Beschlüsse des 56. DJT, in: Verhandlungen des 56. Deutschen Juristentages, Bd. 2, K 233 (K 237).

282 BGBl. I 1989, 2016. Dabei hat der Gesetzgeber dieses Gesetz verhältnismäßig schnell auf den Weg gebracht. Zwischen dem Einbringen des Regierungsentwurfes in den Bundesrat und der Verkündung verging weniger als ein Jahr; *Lüderitz*, NJW 1990, 1633 (1636).

283 Davon ging der Gesetzgeber selber aus; vgl. BT-Drs. 11/4154, 7.

284 *Coester*, in: FS für Jayme, S. 1243 (1244); *Lüderitz*, NJW 1990, 1633 (1635), der festhält, dass hier nicht „rechtlicher Schein, sondern tatsächliches Tun und Reden" den Gesetzeszweck erfüllen.

285 *Coester-Waltjen*, FamRZ 1992, 369 (370); *Gerecke/Valentin*, in: GS für Eckert, S. 233 (237).

rechnen (§ 14 b Abs. 2 AdVermiG). Die Leihmutter sowie die Bestelleltern sind dabei von jeder Strafbarkeit ausgenommen (§ 14 b Abs. 3 AdVermiG). Weil die Tat schon mit dem Nachweis der Gelegenheit zur Vereinbarung einer Ersatzmutterschaft vollendet ist, nahm der Gesetzgeber von einer Versuchsstrafbarkeit bewusst Abstand.[286] Das Adoptionsvermittlungsgesetz gilt heute gemäß § 68 Nr. 12 SGB I als besonderer Bestandteil des ersten Sozialgesetzbuches und soll auf lange Sicht dort eingefügt werden.[287]

Die Bundesregierung verfolgte mit dieser Gesetzesänderung nicht nur das Ziel, Leihmuttervermittlungen zu unterbinden. Vielmehr wollte sie – das stellte sie in der Entwurfsbegründung unmissverständlich klar – ganz generell der Durchführung von Leihmutterschaften entgegenwirken. Die Übernahme einer Mutterschaft für eine andere Frau störe die pränatale Entwicklung und führe zu menschenunwürdigen Konflikten bei den betroffenen Frauen und Kindern. Unter Heranziehung der Ergebnisse der „Benda-Kommission" sowie der Bund-Länder-Arbeitsgruppe „Fortpflanzungsmedizin" nahm sie an, dass die Vereinbarung einer Leihmutterschaft wesentliche Belange der entstehenden Kinder missachte. Der bedeutende Beitrag der biologischen und psychischen Beziehung zwischen der Schwangeren und dem Kind erfordere es, einer gespaltenen Mutterschaft entgegen zu wirken. Denn werde die Gebärfähigkeit als eine Art Dienstleistung übernommen, könne eine für die Entwicklung wesentliche enge Beziehung zwischen dem Kind und der Schwangeren „kaum zustande kommen." Der Gesetzgeber sah sich in der Pflicht, gesundheitlichen und psychischen Gefährdungen nach der Geburt vorzubeugen: Den Kindern drohe eine gestörte Identitätsfindung, den Leihmüttern dagegen menschenunwürdige Konflikte, wenn es darum gehe, das Kind herauszugeben. Zwar erkannte der Gesetzgeber die „billigenswerten Interessen kinderloser Paare" und zeigte „Verständnis für die möglichen tiefgreifenden persönlichen Belastungen aus der ungewollten Kinderlosigkeit", erachtete die mit der Leihmutterschaft verbundenen Risiken aber als zu groß, um dieses Verfahren staatlicherseits zu erlauben.[288]

Die Pönalisierung der Leihmuttervermittlung stieß in der juristischen Literatur grundsätzlich auf Zustimmung. Auch die Entscheidung des Gesetzgebers, diese Regelungen im AdVermiG zu treffen, wurde angesichts der Sachnähe der Leihmutterschaft zur Adoption überwiegend begrüßt und nur sehr vereinzelt kritisiert[289]. Dagegen wurde der festgelegte Strafrahmen, welcher die Ersatzmuttervermittlung in die Nähe

---

286 BT-Drs. 11/4154, 9.
287 *Baier*, in: Krauskopf, Soziale Krankenversicherung und Pflegeversicherung, § 68 SGB I Rn. 1 ff.
288 BT-Drs. 11/4154, 6 f.
289 So wurde eingewandt, die Inkorporierung der Strafnormen in das AdVermiG könne den fachlichen Ruf seriöser Adoptionsvermittlungen gefährden. Die Bundesregierung hielt dem entgegen, es handele sich um „klar trennbare Sachkomplexe, die auch in der Verantwortung ganz verschiedener Institutionen" stünden (BT-Drs. 11/4154, 7 f.).

etwa der Zuhälterei (§ 181 a StGB) rückte, durchaus in Frage gestellt – insbesondere vor dem Hintergrund, dass es zur Leihmutterschaft bis dato nur wenige empirische Erkenntnisse gab.[290]

II. Restriktionen des Embryonenschutzgesetzes

Schon in der Begründung zur Änderung des AdVermiG aus dem Jahr 1989 stellte die Bundesregierung klar, dass sie auch die medizinischen und diese ergänzenden Tätigkeiten im Umfeld der Leihmutterschaft pönalisieren würde. Aufgrund der inhaltlichen Nähe zur Fortpflanzungsmedizin sollten diese Strafnormen jedoch Teil eines Embryonenschutzgesetzes werden.[291] Obwohl man in der juristischen Literatur gegen Ende der 1980er Jahre noch für eine legislatorische Zurückhaltung auf dem Gebiet der Fortpflanzungsmedizin plädierte[292], sah sich der historische Gesetzgeber in der Pflicht, Grenzen des rechtlich Zulässigen zu ziehen.[293] Das am 13. Dezember 1990 verkündete und am 1. Januar 1991 in Kraft getretene ESchG stellte das erste umfassende gesetzgeberische Werk auf dem Gebiet der Fortpflanzungsmedizin dar. Der Bundesrat hatte in seiner damaligen Stellungnahme eine abschließende Regelung der Leihmutterschaft in diesem neuen Gesetz vorgeschlagen und sich gegen eine Aufspaltung ihrer normativen Behandlung auf Vorschriften des AdVermiG und des ESchG ausgesprochen.[294] Die Bundesregierung lehnte diesen Vorschlag jedoch ab[295] mit der Folge, dass sich die wesentlichen Vorschriften zur Leihmutterschaft auch heute noch auf zwei Gesetze verteilen.

---

290 *Lüderitz*, NJW 1990, 1633 (1636), der sich kreativere Sanktionen gewünscht hätte, etwa eine „Unterhaltsgarantie" des Vermittlers für „provozierte", aber nicht „untergebrachte" Kinder.

291 BT-Drs. 11/4154, 6.

292 So etwa *Harder*, JuS 1986, 505 (512), der dazu anhielt, auf die Selbstbeschränkung der Ärzte zu vertrauen und nicht unter Berufung auf die Wesentlichkeitstheorie des BVerfG ein Einschreiten des Gesetzgebers zu fordern. Vgl. auch *Deutsch*, MDR 1985, 177 (181) und *Hofmann*, JZ 1986, 253 (257). *Koch*, MedR 1986, 259 (265) glaubte, Leihmutterschaften würden nicht „zu einem Massenphänomen auswachsen", weshalb das Problem mit Regelungen im Adoptionsvermittlungsgesetz zu bewältigen sei.

293 Dies diene, so die Begründung, auch „dem Schutz des verantwortungsbewussten Naturwissenschaftlers und Arztes", der so auf Forderungen von Patienten, problematische Fortpflanzungstechniken anzuwenden mit dem Verweis auf die Rechtslage reagieren könne; BT-Drs. 11/5460, 6.

294 BT-Drs. 11/5460, 15.

295 Sie vertrat die Auffassung, die Regelungen zur Surrogatmutterschaft sollten im AdVermiG getroffen werden, weil die Rechtsprechung dieses Gesetz auch vorher schon auf Fälle der Vermittlung von Leihmüttern angewandt hatte; BT-Drs. 11/5460, 18 mit Verweis auf BT-Drs. 11/4154, 12.

§ 1 Abs. 1 Nr. 7 ESchG (damals noch Nr. 5) untersagt die reproduktionsmedizinische Assistenz in Fällen der Leihmutterschaft. Wer bei einer Frau, die sich bereit erklärt, ihr Kind nach der Geburt Dritten auf Dauer zu überlassen, eine künstliche Befruchtung durchführt oder einen menschlichen Embryo auf sie übertragt, wird mit Freiheitsstrafe bis zu drei Jahren oder mit Geldstrafe bestraft. Die gleiche Strafandrohung trifft denjenigen, der eine Eizelle zu einem anderen Zweck künstlich befruchtet, als eine Schwangerschaft bei der Frau durchzuführen, von der die Eizelle stammt (§ 1 Abs. 1 Nr. 2 ESchG). Letztere Vorschrift untersagt das für die Tragemutterschaft erforderliche Befruchten einer Eizelle, die nicht von der Tragemutter, sondern von der Wunschmutter oder einer Spenderin stammt. Parallel zu den Vorschriften des AdVermiG befreit auch das ESchG die Leihmutter sowie die Wunscheltern von jeder Strafbarkeit (§ 1 Abs. 3 Nr. 1 und 2 ESchG).

Der historische Gesetzgeber wollte mit dem Erlass des ESchG strafrechtliche Verbote nur dort einführen, „wo sie zum Schutz besonders hochrangiger Rechtsgüter unverzichtbar erscheinen." Zur Begründung wiederholte er im Wesentlichen die Argumente, derer er sich schon bei der Änderung des AdVermiG bemüht hatte: Der Abbruch der während der Schwangerschaft entstandenen Bindung zwischen der Austragenden und dem Kind provoziere Konflikte, die rechtlich nicht hinnehmbar seien. Zu befürchten seien Schwierigkeiten bei der Selbstfindung des Kindes sowie negative Auswirkungen auf dessen seelische Entwicklungen. Diese Risiken der gespaltenen Mutterschaft könnten „nicht in Kauf genommen werden." Sei eine genetische Mutter nicht in der Lage, einen Embryo auszutragen, so solle es das Strafrecht zwar nicht verbieten, diesen Embryo einer anderen Frau zu überlassen. Das dürfe jedoch nur für den Fall gelten, dass diese das Kind schließlich auch aufzunehmen bereit ist; Leihmutterschaften mit den damit verbundenen Komplikationen sollten jedoch vereitelt werden.[296]

Erstmals begründet der Gesetzgeber seinen bedeutsamen Entschluss, Leihmütter und Wunscheltern von jeder Strafbarkeit auszunehmen: Im Interesse des Rechtsgüterschutzes genüge es, nur diejenigen strafrechtlich zur Verantwortung zu ziehen, die als Ärzte, Biologen oder Angehörige der Heilhilfsberufe die neuen Techniken der Fortpflanzungsmedizin anwenden. Nur sie seien in der Lage, die negativen Folgen eines Missbrauchs dieser Techniken in ihrer vollen Tragweite zu erkennen. Dagegen überblicke die Leihmutter regelmäßig nicht, in welche Konfliktsituationen sie selbst geraten könne, sollte sie während der Schwangerschaft eine unerwartet enge Bindung zu dem Kind aufbauen. Entscheidet sie sich, das Kind nicht an die Wunscheltern herauszugeben, liege es schon im Interesse des Kindes, kein Strafverfahren gegen die Leihmutter zu eröffnen. Auch eine Pönalisierung des Handelns der Wunscheltern laufe Kindeswohlinteressen zuwider: Komme es im Einzelfall zur gewünschten Adoption, gefährde ein gegen die Eltern laufendes Strafverfahren die Entwicklung des Kindes. Das Verhalten der Wunscheltern ist für den Gesetzgeber auch deshalb nicht strafwürdig, weil die Inanspruchnahme einer Leihmutter das

---

296 BT-Drs. 11/5460, 7 ff.

Resultat eines „in dieser Form zwar nicht billigenswerten, aber zumindest doch verständlichen Wunsches" nach einem eigenen Kind ist.[297] Die gleichen Beweggründe dürften zum Erlass des § 14 b Abs. 3 AdVermiG geführt haben, der die Straffreiheit der Leihmutter und der Wunscheltern im Adoptionsvermittlungsrecht garantiert. Die herrschende Rechtsauffassung nahm schon vor dem Einschreiten des Gesetzgebers an, eine Strafnorm zulasten der Surrogatmutter, die sich mit der Schaffung neuen menschlichen Lebens an einem „schutzbedürftigen und gerade nicht sanktionswürdigen Vorgang" beteilige, sei nicht angemessen.[298]

III. Wer ist die rechtliche Mutter?

Wird eine Leihmutterschaft trotz der bestehenden Strafvorschriften erfolgreich durchgeführt, wirft das die Frage auf, wer die Eltern des Kindes sind und insbesondere, ob es den Wunscheltern möglich ist, in die Elternstellung einzurücken. Die Frage, wer die rechtliche Mutter eines Kindes ist, stellte sich bei Inkrafttreten des Bürgerlichen Gesetzbuches[299] nicht. Schließlich spielten reproduktionsmedizinische Verfahren, die zur Aufspaltung der Mutterschaft führen, gegen Ende des 19. Jahrhunderts keine Rolle. Vielmehr konnten die Verfasser des BGB noch davon ausgehen, dass die Mutterschaft durch Schwangerschaft und Geburt eindeutig bestimmt wird[300] – getreu dem römischen Rechtsgrundsatz „mater semper certa est"[301] („Die Mutter ist immer sicher"). Die modernen Methoden der Fortpflanzungsmedizin haben diesen Rechtsgrundsatz jedoch aufgeweicht. Nunmehr steht die Gesellschaft vor der Beantwortung der Frage: Wer soll die rechtliche Mutter sein? Diejenige, die das genetische Material bereitstellt? Die Frau, die das Kind austrägt? Oder doch die Wunschmutter, die ohne biologische Verbindung die Rolle der sozialen Mutter übernehmen möchte?

Schon vor Erlass einer klärenden Norm war nach überwiegender Auffassung die Geburtsmutter unanfechtbar die rechtliche Mutter[302], wenngleich auch abweichende Auffassungen vertreten wurden.[303] Der deutsche Gesetzgeber beseitigte verbliebene

---

297 BT-Drs. 11/5460, 9 f.

298 *Deutsch*, in: Krolzik/Salzmann, Kind um jeden Preis?, S. 100 (127).

299 Das Bürgerliche Gesetzbuch (BGB) wurde 1896 im Reichsgesetzblatt veröffentlicht und trat am 1. Januar 1900 in Kraft; RGBl. 1986, 195.

300 *Seidel*, in: Münchener Kommentar, Bd. 8, § 1591 Rn. 9; *Gaul*, FamRZ 1997, 1441 (1463).

301 *Paulus*, Digesten 2.4.5.

302 *Deutsch*, NJW 1986, 1971 (1974); *Mutschler*, FamRZ 1994, 65 (69); *Helms*, FuR 1996, 178 (180); *Edenfeld*, FuR 1996, 190 (191); *Hohloch*, StAZ 1986, 153 (157), *Diefenbach*, 73; *Püttner/Brühl*, JZ 1987, 529 (533); *Wanitzek*, Rechtliche Elternschaft bei medizinisch unterstützter Fortpflanzung, S. 223.

303 *Ostendorf*, JZ 1984, 595 und *Bilsdorfer*, MDR 1984, 803 (806), welche die genetische Mutter als rechtliche Mutter ansahen. *Knöpfel*, FamRZ 1983, 317 (322) und *Kollhosser*, JA 1985, 553 (555) wollten der Leihmutter zumindest ein Anfechtungsrecht analog den Vorschriften über die Anfechtung der Vaterschaft zugestehen. Vgl. auch

Rechtsunklarheiten mit dem Gesetz zur Reform des Kindschaftsrechts (KindRG) vom 16. Dezember 1997. Dieses umfangreiche Änderungsgesetz erweiterte das BGB zum 1. Juli 1998 um einen neuen § 1591, der bis heute lautet: „Mutter eines Kindes ist die Frau, die es geboren hat." Damit stellte der historische Gesetzgeber klar, dass einzig die Geburt die Mutterschaft begründen kann. Diese Entscheidung sei „im Interesse der Vermeidung einer gespaltenen Mutterschaft, insbesondere von Leihmutterschaften in Form der Ammenmutterschaft", gefallen.[304] Das Phänomen der Ei- und Embryonenspende habe eine Regelungslücke offenbart. Der Streit, ob nun die genetische oder die biologische Mutterschaft familienrechtlich ausschlaggebend sei, könne nur zugunsten letzterer gelöst werden. Denn die gebärende Mutter entwickle während sowie unmittelbar nach der Geburt eine körperliche und psychosoziale Beziehung zu dem Kind. Ihre Mutterschaft dürfe keine „bloße Scheinmutterschaft sein, die durch Anfechtung beseitigt" werden kann. Die Mutterschaft der gebärenden Frau solle „von vornherein unverrückbar" feststehen.[305] Die Leihmutter ist also mit Wirkung für alle Rechtsgebiete und Geltung auch für die Verwandten die rechtliche Mutter.[306]

Die Frage, weshalb es neben den damals schon bestehenden Verboten des ESchG und des AdVermiG noch einer weiteren, zivilrechtlichen Norm bedurfte, drängt sich auf. Der Gesetzgeber beantwortet sie mit einem Verweis auf die Versuche, die bestehenden Verbote zu umgehen: Im Hinblick auf Fälle, in denen Eizellspenden oder Leihmutterschaften im Ausland oder verbotenerweise im Inland vorgenommen werden, sei eine zivilrechtliche Klarstellung anzeigt. Denn selbst wenn gegen Vorschriften des öffentlichen Rechts verstoßen wird: Ist das Kind erst einmal geboren, so dürfe auch zu seinem Wohle nicht unklar bleiben, wer in die Position der rechtlichen Mutter einrückt. Dabei wollte der historische Gesetzgeber § 1591 BGB als eine „reine Konfliktregelung" verstanden wissen, die keinesfalls eine öffentlich-rechtlich verbotene Maßnahme der künstlichen Befruchtung zivilrechtlich „billigt oder gar praktikabel macht."[307] Die legislatorische Entscheidung, die Mutterschaft streng an Schwangerschaft und Geburt zu binden, ist der nächste Schritt auf dem eingeschlagenen Weg, jede Form der gespaltenen Mutterschaft – und damit auch die Leihmutterschaft – zu unterbinden. Dabei führt § 1591 BGB in dem Fall, in welchem das Kind zu der Gebärenden keine genetische Verbindung aufweist, eine Ausnahmekonstellation im Verwandtschaftssystem des BGB herbei[308]: Dieses macht die Verwandtschaft in

---

Coester-Waltjen, FamRZ 1992, 369 (371), die dies als „recht schwierig zu ziehenden Analogieschluss" bezeichnete.

304 BT-Drs. 13/4899, 52.

305 BT-Drs. 13/4899, 82. Der Normgeber wollte nicht an der „Zerstörung" der Bindung zwischen Geburtsmutter und Kind mitwirken; *Kemper*, in: Schulze/Dörner usw., Handkommentar BGB, § 1592 Rn. 1.

306 *Gerecke/Valentin*, in: GS für Eckert, S. 233 (238).

307 BT-Drs. 13/4899, 82 f.

308 Auch wenn eine genetische Verbindung offensichtlich fehlt, wird die Abstammung durch das Gesetz fingiert; *Seidel*, in: Münchener Kommentar, Bd. 8, Vorbem. § 1591

der Regel von einer genetischen Verbindung abhängig (§ 1589 S. 1 BGB). Bei der Tragemutterschaft stammt das Kind dagegen nicht von den geburtsmütterlichen Keimzellen ab, die dennoch ipso iure zur Mutter im Rechtssinne wird. § 1591 BGB soll einer Umgehung der im EschG und AdVermiG normierten Verbote vorbeugen: Wunschmütter, die Kinder im Ausland oder unbemerkt im Inland von einer Leihmutter austragen lassen, machen sich zwar nicht strafbar. Ihnen soll aber bewusst sein, dass sie nach deutschem Recht nicht in die Elternstellung einrücken.

Die Anfechtung einer auf diese Weise begründeten Mutterschaft ist ausgeschlossen.[309] Zwar kann unter den Voraussetzungen des § 1598 a Abs. 1 BGB ermittelt werden, ob die Mutter im Rechtssinne auch die genetische Mutter ist.[310] Diese Norm wurde jedoch eingeführt, um das Recht des Kindes auf die Kenntnis der eigenen Abstammung zu verwirklichen.[311] Eine Änderung des familienrechtlichen Status' kann auf ihrer Grundlage nicht herbeigeführt werden.[312] Zudem ermöglicht es § 1598 a Abs. 1 BGB allenfalls, die fehlende genetische Verbindung zur rechtlichen Mutter, nicht jedoch positiv die genetische Abstammung von einer anderen Frau zu ermitteln.[313] Nach dem eindeutigen Wortsinn haben nur die (rechtlichen) Elternteile die Entnahme einer genetischen Probe zu dulden.[314] Auch die allgemeine Feststellungklage nach § 256 ZPO eignet sich nicht, um eine Änderung des Mutterschaftsstatus' herbeizuführen. Denn diese Klage ist auf die Feststellung des Bestehens oder Nichtbestehens eines Rechtsverhältnisses gerichtet. Zwischen dem Kind und der genetischen Wunschmutter existiert jedoch kein feststellungsfähiges Rechtsverhältnis. Ob die beiden eine genetische Beziehung aufweisen, ist eine Tatsachenfrage.

Rn. 22; *Kopper-Reifenberg*, Kindschaftsrechtsreform und Schutz des Familienlebens nach Art. 8 EMRK, S. 193; ähnlich *Gaul*, FamRZ 1997, 1441 (1463).

309 *Beger/Mansel*, in: Jauernig, BGB, § 1591 Rn. 2; *Seidel*, in: Münchener Kommentar, Bd. 8, § 1591 Rn. 16; *Diederichsen*, NJW 1998, 1977 (1979); *Gaul*, FamRZ 1997, 1441 (1464); *Friederici*, in: Prütting/Wegen/Weinreich, BGB, § 1591 Rn. 3; OLG Stuttgart, NJW-RR 2012, 389 (390). *Coester*, in: FS für Jayme, S. 1243 (1247) äußerte verfassungsrechtliche Bedenken an der Unanfechtbarkeit der Mutterschaft und forderte eine den familienrechtlichen Status nicht verändernde isolierte Feststellungsklage, die mit § 1598 a BGB im Jahr 2008 schließlich eingeführt wurde; BGBl. I 2008, 441.

310 Obwohl die Norm inmitten der Vorschriften über die Vaterschaft platziert wurde, kann auf ihrer Grundlage – anknüpfend an den insoweit neutralen Wortlaut – auch die Abstammung von der Mutter geklärt werden; *Stößer*, FamRZ 2009, 923 (924); *Borth*, FPR 2007, 381 (382).

311 BT-Drs. 16/6561, 12. Der Gesetzgeber hat mit dem Erlass des § 1598 a Abs. 1 BGB auf die Forderung des BVerfG, ein geeignetes Verfahren zur Feststellung der Abstammung bereitzustellen, reagiert; vgl. BVerfG FamRZ 2007, 441.

312 *Klinkhammer*, in: Schnitzler, Münchener Anwaltshandbuch Familienrecht, § 30 Rn. 4. Deshalb wird in diesem Kontext auch von einer „rechtsfolgenlosen Abstammungsfeststellung" gesprochen; *Schmidt-Recla*, in: Soergel, BGB, § 1598 a Rn. 1.

313 *Wellenhofer*, in: Münchener Kommentar, Bd. 8, § 1591 Rn. 31.

314 *Brudermüller*, in: Palandt, BGB, § 1598 a Rn. 6; *Gernhuber/Coester-Waltjen*, Familienrecht, § 51 Rn. 7.

Aus dem Bestehen oder Nichtbestehen dieser Beziehung folgen keine rechtlichen Konsequenzen.[315] Deshalb ist eine Klage nach § 256 ZPO gerichtet auf die Feststellung einer genetischen Verbindung zwischen dem Kind und der Wunschmutter – ungeachtet der Tatsache, dass auch diese keine Statusänderung herbeiführen könnte[316] – nach überwiegender Ansicht schon unzulässig.[317] Vorbehaltlich einer in Fällen der Leihmutterschaft umso schwerer zu realisierenden[318] und stets von der Einwilligung der Leihmutter abhängigen Adoption nach §§ 1741 ff. BGB ist die in § 1591 BGB getroffene Zuordnung der Mutterschaft, für welche die genetische Abstammung völlig unerheblich ist, also unveränderlich. Oder anders ausgedrückt: Während dem genetischen Vater durch das Gesetz Möglichkeiten zur Hand gegeben werden, in die rechtliche Elternposition einzurücken, kann eine genetisch falsche, aber einmal rechtlich fixierte Mutterschaft nicht korrigiert werden. Die Unanfechtbarkeit der Mutterschaft hat auch dann Bestand, wenn eine Frau durch Gewalt oder Drohung zu einer Tragemutterschaft gezwungen wurde.[319]

Obwohl die genetische Abstammung für die Zuordnung nach § 1591 BGB unbeachtlich ist, hat sie dort, wo es vom Normzweck her gerade auf diese ankommt, durchaus Bedeutung.[320] So steht etwa einer Ehe zwischen einem durch heterologe Fertilisation gezeugten Mann und der Eizellspenderin das in § 1307 BGB normierte verwandtschaftliche Eheverbot entgegen, obwohl die Spenderin nicht die rechtliche Mutter des Mannes ist.[321] Im Schrifttum nicht einheitlich beantwortet wird die Frage, ob ein Sohn seine Leihmutter heiraten darf, sofern diese die Eizelle einer fremden Frau ausgetragen hat (also die Rolle einer Tragemutter eingenommen hat). Die gesetzgeberische Intention, mit § 1307 BGB die eugenische Gesundheit spätere Generation zu schützen[322], spricht dafür, das Eheverbot nicht zwischen der Tragemutter

---

315 *Keller*, NJ 1998, 234; *Gaul*, FamRZ 2000, 1461 (1474); *Rauscher*, Familienrecht, Rn. 756; *Kopper-Reifenberg*, S. 198.

316 *Rauscher*, Familienrecht, Rn. 756; *Diel*, S. 89.

317 *Wellenhofer*, in: Münchener Kommentar, Bd. 8, § 1591 Rn. 15; *Helms*, FuR 1996, 178 (188); *Gaul*, FamRZ 1997, 1441 (1464); *Schwab/Wagenitz*, FamRZ 1997, 1377 (1378); Für grundsätzlich zulässig halten eine solche Klage dagegen: *Lee*, S. 107; *Edenfeld*, FuR 1996, 190 (192); *Seidl*, FPR 2002, 402 (403); *Quantius*, FamRZ 1998, 1145 (1150) und auch der Gesetzgeber selber; BT-Drs. 13/4899, 83.

318 Dazu Zweiter Teil, A., V.

319 *Rauscher*, Familienrecht, Rn. 764.

320 *Muscheler*, Familienrecht, § 31 Rn. 528; *Rauscher*, Familienrecht, Rn. 766; *Coester*, in: FS für Jayme, S. 1243 (1246): *Gerecke/Valentin*, in: GS für Eckert, S. 233 (238); *Keller*, NJ 1998, 234; BT-Drs. 13/4899, 83.

321 *Hahn*, in: Bamberger/Roth, BGB, Bd. 3, § 1307 Rn. 7.

322 *Rauscher*, in: Staudinger, BGB, § 1591 Rn. 19; BVerfG, NJW 1974, 545 (547), das als Begründung für das Eheverbot der Verwandtschaft medizinische und erbbiologische Gesichtspunkte anführt.

und dem von ihr geborenen Kind gelten zu lassen.[323] Dagegen wird eingewandt, Schwangerschaft und Geburt begründeten zwischen der Tragemutter und ihrem Sohn eine körperliche und psychosoziale Bindung, welche der auf Abstammung beruhenden Verwandtschaft gleichzustellen sei.[324]

Ebenso wenig geklärt ist, ob die Tragemutter den Beischlaf mit dem durch sie geborenen, aber von ihr nicht genetisch abstammenden Sohn vollziehen darf, oder dieses Verhalten unter den Tatbestand des § 173 StGB fällt. Weil § 173 StGB, den das Bundesverfassungsgericht (noch) für grundgesetzkonform hält[325], rechtspolitisch sehr umstritten ist, wird in der Literatur eine enge Auslegung der Vorschrift angeraten. Andernfalls könnten sich mit der Tragemutter und der genetischen Mutter gleich zwei „Mütter" nach § 173 StGB strafbar machen.[326] Würde § 173 StGB auch im Verhältnis zwischen der Tragemutter und dem von ihr geborenen, genetisch aber fremden Kind angewandt, so erwies sich das schon deshalb als eine unverhältnismäßige Verkürzung ihres Rechts auf sexuelle Selbstbestimmung (Art. 2 Abs. 1 GG i.V.m. Art. 1 Abs. 1 GG), weil so gerade nicht dem legitimen Zweck der Verbotsnorm, den das BVerfG in der Vorbeugung von Erbschäden sieht[327], gedient wäre. Auch das daneben verfolgte Ziel des Schutzes des Familienlebens (Art. 6 Abs. 1 GG)[328] würde, da die Leihmutter und das Kind (bis dahin) meist nicht in einer Familie leben dürften, verfehlt. Bei verfassungskonformer Auslegung des § 173 StGB und des § 1307 BGB sollten diese Normen deshalb in dieser Konstellation richtigerweise keine Anwendung finden.

---

323 So *Seidel*, in: Münchener Kommentar, Bd. 8, § 1591, Rn. 6; *Diederichsen*, NJW 1998, 1977 (1979), der anmerkt, dass die Gesetzesmaterialien zu dieser Frage schweigen und der de lege ferenda eine Erweiterung des § 1307 BGB auf die reine Gebärverwandtschaft anregt.

324 *Hahn*, in: Bamberger/Roth, BGB, Bd. 3, § 1307 Rn. 6; *Heintzmann*, in: Soergel, BGB, Bd. 17/1, § 1307 Rn. 6; *Brudermüller*, in: Palandt, BGB, § 1307 Rn. 5; *Roth*, in: Westermann, Erman BGB, Bd. 2, § 1307 Rn. 2, mit dem Hinweis, dass die Norm bei dieser Auslegung – vor dem Hintergrund eines Eingriffes in die Eheschließungsfreiheit der Tragemutter sowie (vor allem) ihrer anderen Kinder – verfassungsrechtlichen Bedenken unterliegt.

325 BVerfG, NJW 2008, 1137.

326 *Spickhoff*, in: Spickhoff, Medizinrecht, § 1591 BGB Rn. 2.

327 BVerfG, NJW 2008, 1137 (1140) mit Verweis auf BT-Drs. 6/3521, 17. Ob der Inzest tatsächlich solche Gefahren birgt, ist heute umstritten; vgl. *Karkatsoulis*, Inzest und Strafrecht, S. 10, der die biologische Schädigung des Nachkommenschaft als „wissenschaftlich nicht nachweisbar" bezeichnet. *Duttge*, in: FS für Roxin II, Bd. 1, S. 227 (241 f.) erachtet das Inzestverbot als „Tabu-Schutz", der „nicht mehr zweckrational begründet und insbesondere nicht mehr auf den Schutz der Rechte anderer zurückgeführt werden kann." Zum Pro und Contra s. auch *Mertin/Höfling*, RuP 2014, 204.

328 Auch mit dieser Zielsetzung habe sich der Gesetzgeber, so das BVerfG (bzgl. des Geschwisterinzests), innerhalb seines Einschätzungsspielraumes bewegt; BVerfG, NJW 2008, 1137 (1139).

IV. Wer ist der rechtliche Vater?

Für den Wunschvater ist es einfacher, die rechtliche Elternrolle einzunehmen als für die Wunschmutter. Zunächst einmal ist maßgeblich, ob die von dem Wunschelternpaar engagierte Leihmutter verheiratet oder ledig ist. Im ersteren Fall gilt ab der Geburt des Kindes gemäß § 1592 Nr. 1 BGB ihr Ehemann als Vater. Diese gesetzliche Vermutung, die unabhängig davon gilt, ob das Kind tatsächlich vom Ehemann empfangen worden ist, geht auf den römisch-rechtlichen Grundsatz „pater vero est, quem nuptiae demonstrant" („Vater ist, wer durch die Heirat als solcher erwiesen ist") zurück.[329] Die Vaterschaft kann grundsätzlich nach den §§ 1600 ff. BGB angefochten werden. Bei einer einvernehmlichen heterologen Insemination ist nach § 1600 Abs. 5 BGB allerdings das Anfechtungsrecht der Mutter und ihres Partners ausgeschlossen.[330] Auch wenn der Gesetzgeber bei dem Erlass des § 1600 Abs. 5 BGB die Fälle der für eine andere übernommenen Mutterschaft nicht im Blickfeld hatte[331], ist wohl auch das Anfechtungsrecht der Leihmutter und ihres Ehemannes ausgeschlossen, wenn es zu einer künstlichen Befruchtung mit dem Samen des Wunschvaters kommt, in die alle Parteien einwilligen.[332]

Fraglich ist, ob der genetische Wunschvater die in der Person eines anderen – etwa des Ehemannes der Leihmutter[333] – bestehende rechtliche Vaterschaft nach § 1600 Abs. 1 S. 2 BGB anfechten kann. Gemäß § 1600 Abs. 1 Nr. 2 BGB hat ein Anfechtungsrecht nur, wer an Eides statt versichert, der Mutter des Kindes während der Empfängniszeit beigewohnt zu haben. Eine solche eidesstattliche Kopulationsversicherung kann der Wunschvater im Falle der Leihmutterschaft, in dem die Befruchtung regelmäßig künstlich herbeigeführt wird, nicht abgeben. In der juristischen Literatur herrscht zunächst einmal Uneinigkeit darüber, ob dem Samenspender, der bei der Spende nicht beabsichtigt, in die Vaterstellung einzurücken, ein Anfechtungsrecht zusteht. An den engen Wortsinn anknüpfend werden

---

329 *Paulus*, Dig. 2.4.5; *Wellenhofer*, in: Münchener Kommentar, Bd. 8, § 1592 Rn. 6.
330 *Coester*, in: FS für Jayme, S. 1243 (1248).
331 Zumindest werden Leihmutterschaften in der Gesetzesbegründung nicht erwähnt; BT-Drs. 14/8131, 7 f.
332 Die Anwendung von § 1600 Abs. 5 BGB in Leihmutterschaftskonstellationen wird in der juristischen Literatur bisher kaum diskutiert. Bei Leihmutterschaften findet eine heterologe Insemination statt, in welche neben der Leihmutter – soweit vorhanden – zumeist auch ihr Ehemann einwilligt. Damit ist der Tatbestand des § 1600 Abs. 5 BGB erfüllt, unabhängig davon, dass der Wunschvater den Samen spendet, um später selbst Vater des Kindes zu werden. Es ist daher nur konsequent, auch das Anfechtungsrecht der Leihmutter und ihres Ehemannes bei vorhandener Einwilligung auszuschließen. Auch *Diel*, S. 94 hält es für „angebracht, den rechtlichen Vater aus [der] Verantwortung nur zu entlassen, soweit der Wunschvater seine ursprünglich beabsichtigte Verantwortungsübernahme durch Anfechtung [...] in die Tat umsetzt." A.A. dagegen *Wellenhofer*, in: Münchener Kommentar, Bd. 8, § 1591 Rn. 13, der der Leihmutter und ihrem Ehemann ein Anfechtungsrecht einräumt.
333 Oder jemandes Vaterschaft, die nach § 1592 Nr. 2 BGB anerkannt wurde.

Samenspender überwiegend von der Anfechtung der Vaterschaft ausgenommen.[334] Schließlich trifft es, so auch der BGH, regelmäßig nicht zu, dass der Samenspender der Mutter während der Empfängniszeit beigewohnt hat.[335] Es wird aber auch erwogen, die künstliche Befruchtung der Beiwohnung i.S.d. § 1600 Abs. 1 Nr. 2 BGB entweder mittels einer extensiven Auslegung des Wortsinns oder durch eine Analogie gleichzustellen und so dem Samenspender zumindest die theoretische Möglichkeit[336] einer Anfechtung zu ermöglichen.[337]

Wirft man einen Blick in die Gesetzgebungsmaterialen, führt dies zu der Annahme, dass der Gesetzgeber eine Anfechtung der Vaterschaft durch einen samenspendenden Dritten grundsätzlich unterbinden wollte.[338] Anders verhält es sich dagegen mit dem genetischen Wunschvater, dessen Samen zur Befruchtung der Leihmutter eingesetzt wird. Da § 1600 Abs. 1 Nr. 2 BGB ein Anfechtungsrecht nur für den Samenspender ausschließen soll, der in der Intention spendet, nicht der rechtliche Vater zu werden, verfehlt man den Normzweck der Vorschrift, wenn man mit ihr auch die Anfechtung durch den genetischen Wunschvater unterbindet. Die Vorschrift hat

---

334 *Wellenhofer*, in: Münchener Kommentar, Bd. 8, § 1600 Rn. 7; *Hahn*, in: Bamberger/Roth, BGB, § 1600 Rn. 3; *Höfelmann*, FamRZ 2004, 745 (749); *Meier*, NZFam 2014, 337 (338). *Schmidt-Recla*, in: Soergel, BGB, § 1600 Rn. 17 hält ein Ausschluss des Anfechtungsrechts für Samenspender, die „lediglich einen kommerziell motivierten Kontakt mit einer Samenbank" haben, für legitim. Diese offenbaren, dass ihnen „die Kenntnis von der eigenen Nachkommenschaft gleichgültig" sei.

335 BGH, NJW 2005, 1428 (1429), der dem bloßen Samenspender kein Anfechtungsrecht einräumt.

336 Theoretisch deshalb, weil zwischen dem rechtlichen Vater und dem Kind zumeist eine sozial-familiäre Beziehung bestehen dürfte, die nach § 1600 Abs. 2 BGB einer erfolgreichen Anfechtung durch den Samenspender entgegen steht; dazu *Rauscher*, in: Staudinger, BGB, § 1600 Rn. 40.

337 *Gernhuber/Coester-Waltjen*, Familienrecht, § 53 Rn. 15; *Spickhoff*, in: Spickhoff, Medizinrecht, § 1600 Rn. 2, für den der Begriff der Beiwohnung nicht ausschließt, dass sich die Anfechtungsberechtigung auch auf die Samenspende erstreckt. Ähnlich das OLG Köln v. 17.05.2011 Akz. 14 UF 160/10 (juris), welches das „beigewohnt hat" in § 1600 Abs. 2 BGB verfassungskonform dahingehend auslegt, dass auch „Fälle der Samenübertragung ohne unmittelbaren Körperkontakt davon erfasst werden." Vgl. *Gutzeit*, in: Kaiser/Schnitzler/Friederici, BGB, Bd. 4, § 1600 Rn. 28, der verfassungsrechtliche Zweifel an einer engen Auslegung der Norm hegt.

338 Im Gesetzgebungsverfahren regte der Bundesrat eben dies an. Er beschloss einen abweichenden (heutigen) § 1600 Abs. 5 BGB, der auch die Anfechtung der Vaterschaft durch „den Dritten" ausschließen sollte; BR-Drs. 751/03, 3. Die Bundesregierung folgte diesem Vorschlag nicht, weil sie befürchtete, ein Ausschluss der Anfechtung durch den Samenspender könne mit Verfassungsrecht kollidieren; BT-Drs. 15/2253, 20. Der Rechtsausschuss des Bundestages wies später darauf hin, mit dem Erfordernis der eidesstattlichen Versicherung, die sich auf die Tatsache der Beiwohnung erstrecken muss, sei ausgeschlossen, dass ein samenspendender Dritter ein Anfechtungsrecht erhält. Das sei auch mit dem Verfassungsrecht vereinbar; BT-Drs. 15/2492, 9.

den Sinn, Anfechtungen „ins Blaue hinein" zu verhindern.[339] Wenn man in Leihmutterschaftsfällen dem Wunschvater ein Anfechtungsrecht einräumt, hat dies keine massenhaften Anfechtungsklagen zur Folge.[340] Der BGH nimmt an, dass sowohl Sinn und Zweck des § 1600 Abs. 1 Nr. 2 BGB als auch seine Stellung im System des Abstammungsrechts eine Anwendung der Vorschrift auch auf eine ohne Geschlechtsverkehr mögliche genetische Vaterschaft gebieten, sofern bei der Zeugung des Kindes nicht eine Vereinbarung i.S.d. § 1600 Abs. 5 BGB getroffen worden ist.[341] Das bedeutet: Liegt der Samenspende nicht die übereinstimmende Annahme aller Parteien zugrunde, dass der Spender keine väterlichen Rechte und Pflichten übernehmen soll, kann dessen Anfechtung der Vaterschaft nach dem Zweck der Norm auch nicht ausgeschlossen sein. § 1600 Abs. 1 Nr. 2 BGB ist seinem Telos entsprechend weit auszulegen, sodass auf seiner Grundlage auch dem genetischen Wunschvater die Anfechtung einer bereits bestehenden rechtlichen Vaterschaft ermöglicht wird.[342]

§ 1600 Abs. 2 BGB knüpft eine zusätzliche Voraussetzung an die Vaterschaftsanfechtung: Soll sie Erfolg haben, so setzt das voraus, dass zwischen dem Kind und dem rechtlichen Vater (noch) keine sozial-familiäre Beziehung existiert. Eine sozial-familiäre Beziehung besteht, wenn der gesetzliche Vater die tatsächliche Elternverantwortung für das Kind trägt (vgl. auch die Definition in § 1600 Abs. 4 BGB).[343] Während die Anfechtung in den typischen Fällen der Samenspende hieran regelmäßig scheitern dürfte[344], steht die Norm einer Anfechtung durch den Wunschvater in Leihmutterschaftskonstellationen zumeist nicht im Wege. Denn üblicherweise wollen die Leihmutter und ihr Ehemann das Kind nicht in ihrer Familie aufnehmen, sondern es den Wunscheltern überlassen. Dann besteht zwischen dem rechtlichen Vater und dem Kind im Zeitpunkt der Anfechtung aber auch keine sozial-familiäre Beziehung i.S.d. § 1600 Abs. 2 BGB.[345]

---

339 BT-Drs. 15/2492, 9.
340 *Diel*, S. 92, der zumindest ein Anfechtungsrecht des Wunschvaters analog § 1600 Abs. 1 Nr. 2 BGB gewährt.
341 BGH, FamRZ 2013, 1209 (1210). Mit diesem Judikat hat sich der BGH über das enge Verständnis des Gesetzgebers von dem Begriff der Beiwohnung hinweggesetzt; *Löhnig/Preisner*, FamFR 2013, 340.
342 *Helms*, StAZ 2013, 114 (115); *Mayer*, RabelsZ 2014, 551 (566); vgl. *Coester*, in: FS für Jayme, S. 1243 (1248), der schon vor der Einfügung des § 1600 Abs. 1 Nr. 2 BGB auf den verfassungsrechtlichen Elternschutz des Wunschvaters hingewiesen hat; a.A. *Wellenhofer*, in: Münchener Kommentar, Bd. 8, § 1591 Rn. 13; *Friederici*, in: Weinreich/Klein, Fachanwaltskommentar Familienrecht, § 1591 Rn. 8 und auch das AG Köln v. 11.8.2010 Akz. 315 F 226/09 (juris), dessen Entscheidung später durch den BGH, FamRZ 2013, 1209 aufgehoben wurde.
343 *Spickhoff*, in: Spickhoff, Medizinrecht, § 1600 Rn. 5; *Hahn*, in: Bamberger/Roth, Beck'scher Online-Kommentar BGB, Edition 40, 01.08.2016, § 1600 Rn. 3.
344 Dazu Fn. 336.
345 So auch *Diel*, S. 92.

Wenn eine zuvor bestehende rechtliche Vaterschaft etwa des Ehemannes der Leihmutter erfolgreich angefochten wurde, dann ist die Rechtslage die gleiche wie in dem Fall, in dem die Leihmutter ledig ist. Der Wunschvater kann durch Anerkennung (§ 1592 Nr. 2 BGB) oder durch gerichtliche Feststellung (§ 1592 Nr. 3 BGB) die rechtliche Vaterrolle einnehmen.[346] Die Anerkennung, die gemäß § 1594 Abs. 4 BGB auch schon vorgeburtlich zulässig ist, führt selbst dann zur Vaterschaft, wenn das Kind mit dem Sperma eines Spenders gezeugt wurde. Sie kann also auch bewusst wahrheitswidrig erfolgen.[347] Wirksam ist sie aber nur dann, wenn im Zeitpunkt ihrer Erklärung kein anderer Mann Vater des Kindes ist (§ 1594 Abs. 2 BGB) und die Leihmutter ihr zustimmt (§ 1595 Abs. 1 BGB). Mit der gerichtlichen Feststellung wird der Wunschvater dagegen nur rechtlicher Vater, wenn er eine genetische Verbindung zu dem Kind aufweist. Denn die gerichtliche Feststellung erfolgt bloß, wenn gesichert ist, dass der Mann der genetische Vater des Kindes ist. Dies wird regelmäßig durch ein Abstammungsgutachten ermittelt.[348]

V. Adoptionsvoraussetzungen bei Leihmutterschaft

Die durch Geburt begründete Mutterschaft ist unanfechtbar. Im Falle der Leihmutterschaft verbleibt der Wunschmutter nur eine Möglichkeit, in die Elternstellung einzurücken: die Adoption nach den Vorschriften über die Annahme als Kind (§§ 1741 ff. BGB). Sollte der Wunschvater auf einen der vorstehend dargestellten Wege bereits in die rechtliche Vaterstellung eingerückt sein (also durch Anerkennung oder Feststellung), eröffnet sich für die Wunschmutter, sofern der Wunschvater ihr Ehemann ist, die Option einer Stiefkindadoption nach § 1741 Abs. 2 S. 3 BGB. Ist auch der Wunschvater noch kein rechtliches Elternteil, so kommt für beide die gemeinschaftliche Adoption in Betracht. Die Annahme als Kind bedarf zunächst eines notariell beurkundeten Antrags (§ 1752 BGB) sowie der erforderlichen Einwilligungen des Kindes und der rechtlichen Eltern.[349] Darüber hinaus ist die Adoption nur zulässig, wenn sie dem Wohl des Kindes dient und zu erwarten ist, dass zwischen dem Annehmenden und dem Kind ein Eltern-Kind-Verhältnis entsteht (§ 1741 Abs. 1 S. 1 BGB).

---

346 *Gerecke/Valentin*, in: GS für Eckert, S. 233 (238).
347 *Rauscher*, in: Staudinger, BGB, § 1592 Rn. 53; *Wellenhofer*, in: Münchener Kommentar, Bd. 8, § 1592 Rn. 14.
348 *Rauscher*, Familienrecht, Rn. 818; *Wellenhofer*, in: Münchener Kommentar, Bd. 8, § 1592 Rn. 17.
349 *Schwab*, Familienrecht, § 69 Rn. 815 ff. Bei der Leihmutterschaft ist das Kind, das angenommen werden soll, regelmäßig nicht geschäftsfähig. Die Einwilligung erteilt dann nach § 1746 Abs. 1 S. 2 BGB der gesetzliche Vertreter, also die sorgeberechtigten Eltern.

1. Erschwerung der Adoption

Durch das Kindschaftsrechtsreformgesetz (KindRG)[350] vom 16. Dezember 1997 wurde der vom damaligen Rechtsausschuss empfohlene[351] § 1741 Abs. 1 S. 2 BGB eingefügt. Nach dieser Norm soll derjenige, der an einer gesetzes- oder sittenwidrigen Vermittlung oder Verbringung eines Kindes zum Zwecke der Annahme mitgewirkt oder einen Dritten hiermit beauftragt oder hierfür belohnt hat, ein Kind nur dann adoptieren können, wenn dies zum Wohl des Kindes erforderlich ist. Ob und inwieweit § 1741 Abs. 1 S. 2 BGB auf Leihmutterschaften Anwendung findet, ist umstritten.[352]

a) Weite Auslegung des § 1741 Abs. 1 S. 2 BGB

Die herrschende Auffassung greift bei verbotswidrig durchgeführten Leihmutterschaften stets auf den Prüfungsmaßstab des § 1741 Abs. 1 S. 2 BGB zurück.[353] Unproblematisch ist die Anwendung der Norm bei einem vorherigen Verstoß gegen das AdVermiG. Denn wenn eine Leihmutter vermittelt wird, dann bedeutet das zugleich, dass die Wunscheltern an dieser Vermittlung zumindest mitwirken müssen. Eben dieses „Mitwirken" genügt für die Anwendung der Norm. Die Annehmenden müssen nicht selbst gegen das AdVermiG verstoßen, um bei der späteren Adoption dem strengeren Prüfungsmaßstab zu unterliegen. Da die h.M. die Leihmutterschaft generell für sittenwidrig hält, wendet sie § 1741 Abs. 1 S. 2 BGB aber auch dann an, wenn nicht gegen das AdVermiG verstoßen wird.[354] Dabei lassen sich jene Fälle, in denen die Leihmutter nicht vermittelt wird, nur mühsam unter den Tatbestand des § 1741 Abs. 1 S. 2 BGB subsumieren. Denn die Inanspruchnahme einer Leihmutter stellt für sich genommen keine Mitwirkung an der Vermittlung eines Kindes dar.[355] Engagieren die Wunscheltern eine Leihmutter, ohne sich einer Vermittlung zu bedienen, so kann das aber eine Mitwirkung an der sittenwidrigen Verbringung eines

---

350   Das KindRG ist am 1. Juli 1998 in Kraft getreten; BGBl. I 1997, 2942.

351   *Frank*, FamRZ 1998, 393 (397); *Baltz*, NDV 1997, 341 (344).

352   *Gernhuber/Coester-Waltjen*, Familienrecht, § 68 Rn. 36; *Botthoff/Diel*, StAZ 2013, 211 (212).

353   *Coester*, in: FS für Jayme, S. 1243 (1250); *Benicke*, StAZ 2013, 101 (112); *Helms*, StAZ 2013, 114 (115); *Friederici*, FamFR 2011, 551; *Maurer*, in: Münchener Kommentar, Bd. 8, § 1741 Rn. 31; *Frank*, in: Staudinger, BGB, § 1741 Rn. 19; *Liermann*, in: Soergel, BGB, Bd. 20, § 1741 Rn. 20; *Kaiser*, in: FS für Brudermüller, S. 357 (361).

354   *Wellenhofer*, in: Münchener Kommentar, Bd. 8, § 1591 Rn. 11; *Benicke*, StAZ 2013, 101 (113). Dagegen erachten einige die altruistisch motivierte Leihmutterschaft auch als sittenkonform; vgl. etwa *Harder*, JuS 1986, 505 (510); *Coester-Waltjen*, NJW 1982, 2528 (2532); *Diefenbach*, S. 170 für die unentgeltliche Ersatzmutterschaft. Folgt man dieser Auffassung, so darf man nach unentgeltlicher Leihmutterschaft im Adoptionsverfahren konsequenterweise nicht den strengeren Prüfungsmaßstab des § 1741 Abs. 1 S. 2 BGB anwenden.

355   LG Frankfurt a.M., NJW 2012, 3111. Auch die Vermittlung einer Eizelle ist keine Vermittlung eines Kindes.

Kindes zum Zwecke der Annahme darstellen. Denn schon die Übergabe eines von einer Leihmutter geborenen Kindes an die Wunscheltern an deren Aufenthaltsort lässt sich als „Verbringung" verstehen.[356] Die Verbringung setzt damit nicht zwangsläufig voraus, dass das Kind aus dem Ausland in das Inland gebracht wird.[357] Zum Zwecke der Annahme als Kind erfolgt die Verbringung schon dann, wenn sie nicht das einzige oder ursprüngliche Ziel ist.[358] Für die Anwendung des verschärften Prüfungsmaßstabes in allen Fällen der Leihmutterschaft spricht der durch den Gesetzgeber mehrfach zum Ausdruck gebrachte Wille, eine Umgehung des Verbots zu verhindern.

b) Enge Auslegung des § 1741 Abs. 1 S. 2 BGB

Eine deutlich engere Auslegung der Norm legt dagegen das LG Frankfurt a.M., das den strengen Prüfungsmaßstab nicht grundsätzlich auf die Fälle der Leihmutterschaft anwendet, zugrunde. Es sei, so die Begründung der Kammer, nicht Sinn und Zweck der Norm, derartige reproduktionstechnische Maßnahmen zu sanktionieren. Die Rechtsauffassung, nach der bei Leihmutterschaften stets der strengere Prüfungsmaßstab zu wählen sei, kollidiere mit dem Gleichheitsgrundsatz aus Art. 3 Abs. 1 GG. Denn zwischen Kindern, bei deren Annahme § 1741 Abs. 1 S. 1 BGB angewendet wird und jenen, die durch eine Leihmutter geboren werden, bestehe kein solch gewichtiger Unterschied, der eine Ungleichbehandlung im Rahmen der Adoption rechtfertigen könne. Insbesondere der Präventivcharakter des § 1741 Abs. 1 S. 2 BGB sei zur Rechtfertigung ungeeignet, werde andernfalls doch „das an seiner Entstehung völlig unbeteiligte Kind für Rechtsverstöße seiner Eltern in Anspruch genommen."[359] Bei einer Anwendung der Norm auf Leihmutterschaften wird zudem ein Konflikt mit der EMRK angemahnt.[360] Art. 8 Abs. 1 EMRK garantiere, dass eine Adoptionsentscheidung ausschließlich Kindeswohlinteressen verfolge. Der generalpräventive Charakter des § 1741 Abs. 1 S. 2 BGB kollidiere mit den Vorgaben der Europäischen Menschenrechtskonvention; die höheren Anforderungen der Norm müssten unberücksichtigt bleiben.[361] Der Gesetzgeber habe die Adoption in Fällen des Kinderhandels oder vergleichbarer Praktiken erschweren wollen. Jedenfalls eine im Ausland rechtmäßig vorgenommene Leihmutterschaft könne nicht auf eine Stufe

---

356 *Diel*, S. 101, für den der Wortlaut des § 1741 Abs. 1 S. 2 BGB weder eindeutig für noch gegen die Anwendbarkeit spricht.

357 *Frank*, in: Staudinger, BGB, § 1741 Rn. 31.

358 *Maurer*, in: Münchener Kommentar, Bd. 8, § 1741 Rn. 32.

359 LG Frankfurt a.M., NJW 2012, 3111 (3112). Die Kammer legte § 1741 Abs. 1 S. 2 BGB als Ausnahmevorschrift eng aus. Andernfalls hätte sie die Norm nach der eigenen Rechtsauffassung gemäß Art. 100 Abs. 1 GG durch das BVerfG kontrollieren lassen müssen.

360 *Enders*, in: Bamberger/Roth, Beck'scher Online-Kommentar BGB, Edition 40, 01.08.2016, § 1741 Rn. 25; *Diel*, S. 113 ff.

361 *Botthoff/Diel*, StAZ 2013, 211 (216).

mit dem international verurteilten Kinderhandel gestellt werden. Mithin spreche die Entstehungsgeschichte gegen eine Anwendung des § 1741 Abs. 1 S. 2 BGB.[362]

c) Kritik und Stellungnahme

§ 1741 Abs. 1 S. 2 BGB wird nicht nur wegen seines ungenauen Wortlautes[363], sondern darüber hinaus auch inhaltlich kritisiert: Der Norm, so lautet der Vorwurf, lägen generalpräventive Erwägungen zugrunde, wenngleich es im Rahmen eines Adoptionsverfahrens doch ausschließlich auf das Wohl des konkreten Kindes ankomme. Eine zivilrechtliche Vorschrift, die mit strafrechtlichem Charakter[364] bestimmte Personengruppen von der Adoption ausnehme, sei dort, wo das Gericht einzig die voraussichtliche Entwicklung des Kindes zu beurteilen habe, deplatziert.[365] Sofern in einem Verfahren Kenntnis von einer gesetzes- oder sittenwidrigen Vermittlung erlangt werde, sei ohnehin umso genauer darauf zu achten, ob eine Annahme als Kind dessen Wohl dient.[366] § 1741 Abs. 1 S. 2 BGB steht deshalb unter dem Verdacht, jedenfalls im Hinblick auf das Adoptionsverfahren an sich eine überflüssige Norm darzustellen.[367]

Bei der rechtlichen Zuordnung eines Kindes sollte das Gericht einzig dessen Interessen im Blick haben. Es ist das Grundanliegen jeder Adoption, das Kindeswohl zu fördern. Die Annahme als Kind erfordert die nachgeburtliche Einwilligung der Leihmutter. Sie gibt ihr Kind also zur Adoption frei, weil sie es nicht (mehr) aufziehen möchte. Da die Leihmutter de lege lata keinerlei Rechtspflicht zu einer solchen Freigabe trifft und sie dafür auch nicht bezahlt werden darf, bestehen gegenwärtig kaum Zweifel an der Freiwilligkeit einer solchen Adoptionseinwilligung. Wenn die Leihmutter die Verantwortung für das Kind aber gerade nicht tragen möchte, ist es unbillig, die in diesen Fällen zumeist im Interesse des Kindes liegende Annahme durch die aufnahmebereiten Wunscheltern aufgrund eines rechtlich missbilligten

---

362 *Dethloff,* JZ 2014, 922 (930).

363 In § 1741 Abs. 1 S. 2 BGB heißt es, dass derjenige, der an einer gesetzes- oder sittenwidrigen Vermittlung mitwirkt, „ein Kind" nur unter den genannten Voraussetzungen annehmen „soll." Die Norm meint aber, dass der Adoptionswillige gerade „das" von dieser Vermittlung betroffene Kind nur annehmen „darf", wenn dies zum Wohle dieses Kindes erforderlich ist; *Liermann,* in: Soergel, BGB, Bd. 20, § 1741 Rn. 23. Davon geht der Gesetzgeber in seiner Entwurfsbegründung auch selber aus; BT-Drs, 13/8511, 75. Eine ähnliche Kritik äußern *Saar,* in: Westermann, Erman BGB, § 1741 Rn. 15 und *Gernhuber/Coester-Waltjen,* Familienrecht, § 68 Rn. 36.

364 Die Vorschrift hat gewissermaßen strafrechtlichen Charakter, weil sie das Verhalten der Wunscheltern dadurch zu sanktionieren versucht, dass sie eben diesen die Adoption des Leihmutterkindes erheblich erschwert.

365 *Baltz,* NDV 1997, 341 (344). Für *Botthoff/Diel,* StAZ 2013, 211 (216) schafft der von dem Gesetzgeber in § 1741 Abs. 1 S. 2 BGB unternommene „Spagat" zwischen Kindeswohl und Generalprävention „mehr Probleme, als er löst."

366 *Liermann,* in: Soergel, BGB, Bd. 20, § 1741 Rn. 23.

367 *Frank,* FamRZ 1998, 393 (397).

Verhaltens eben dieser in der Vergangenheit zu erschweren. Dem Anliegen des Gesetzgebers, das Handeln der Wunscheltern zu sanktionieren, wird § 1741 Abs. 1 S. 2 BGB, der vor allem die Rechtsstellung des Kindes verschlechtert, nicht gerecht. Denn es liegt auf der Hand, dass dem Kindeswohl – unabhängig von jeder pränatalen Bindung – vor allem dann gedient ist, wenn das Kind nicht in einer Familie aufwächst, in der es nicht gewünscht ist.

Eine nicht vermittelte Leihmutterschaft unter den Tatbestand des § 1741 Abs. 1 S. 2 BGB zu subsumieren, bedarf angesichts des unklaren Wortlauts zudem großer Kreativität.[368] Die Auslegung der h.M. ist erkennbar von der Intention getragen, die rechtliche Missbilligung der Leihmutterschaft um den Preis des Kindeswohls auch im Adoptionsrecht zum Ausdruck zu bringen. Der Sanktionswille des Gesetzgebers darf sich aber nicht gegen die an der Art und Weise ihrer Zeugung und Geburt unbeteiligten Kinder richten. Eine familienrechtliche Schlechterstellung der Kinder, die von Leihmüttern geboren werden, lässt sich angesichts der grundgesetzlich garantierten Gleichbehandlung durch den Staat nicht erklären. Da es sich um eine Ungleichbehandlung von Personen handelt, ist für die Rechtfertigung im Rahmen des Art. 3 Abs. 1 GG die Anwendung der von dem BVerfG entwickelten strengeren Maßstäben der „neuen Formel"[369] angezeigt. Die Erschwerung der Adoption von Kindern, die aufgrund der besonderen Umstände ihrer Zeugung außerordentlich schutzbedürftig sind und gerade deshalb zeitnah in behütete Familienverhältnisse aufgenommen werden sollten, steht außer Verhältnis zu dem (schließlich auch schon in anderen Gesetzen) verfolgten Zweck, Leihmutterschaften unattraktiver[370] zu machen. Insofern überzeugt die verfassungsrechtliche Kritik an der von der h.M. vorgenommenen weiten Auslegung des § 1741 Abs. 1 S. 2 BGB.

Ohne Rücksicht darauf bleibt zu konstatieren, dass die (meisten) Gerichte[371] den strengeren Prüfungsmaßstab auf Leihmutterschaftskonstellationen anwenden. Um die Erfolgsaussichten eines Adoptionsantrags beurteilen zu können, ist

---

368   So auch *Botthoff/Diel*, StAZ 2013, 211 (212), für die Wortsinn und Historie der Norm „bestenfalls indiziell" für die h.M. sprechen. Für *Engel*, ZEuP 2014, 538 (559) ist die Norm ihrem Wortlaut nach nicht auf Leihmutterschaften anwendbar.

369   Nach der „neuen Formel" erfolgt eine umfassende Verhältnismäßigkeitsprüfung, wohingegen das BVerfG nach der „Willkürformel" nur sicherstellt, dass die Ungleichbehandlung auf einem vernünftigen, plausiblen Grund beruht; vgl. *Britz*, NJW 2014, 346 (351); BVerfG, NJW 1993, 1517.

370   Wobei sich der historische Gesetzgeber in der Begründung zu § 1741 Abs. 1 S. 2 BGB diesbezüglich gar nicht eindeutig geäußert hat. Vielmehr bleibt unklar, ob er Leihmutterschaften davon erfasst sehen wollte. Mit der Norm wollte man primär den internationalen Kinderhandel sowie „vergleichbare Praktiken" bekämpfen; BT-Drs. 13/8511, 75.

371   LG Düsseldorf v. 15.3.2012 Akz. 25 T 758/10 (juris); AG Hamm v. 22.02.2011 Akz. XVI 192/08 (juris); AG Düsseldorf v. 19.11.2010 Akz. 96 XVI 21/09 (juris); anders aber das LG Frankfurt a.M., NJW 2012, 3111.

es für Wunscheltern deshalb von großer Bedeutung, wann eine Annahme als Kind „erforderlich" i.S.d. § 1741 Abs. 1 S. 2 BGB ist.

2. „Erforderlichkeit" i.S.d. § 1741 Abs. 1 S. 2 BGB

Anders als im Normalfall des § 1741 Abs. 1 S. 1 BGB muss die Annahme als Kind dem Wohl des Kindes nicht (nur) dienen. Vielmehr ist nach § 1741 Abs. 1 S. 2 BGB Voraussetzung einer Adoption, dass diese für das Wohl des Kindes „erforderlich" ist. Dienlich ist eine Adoption nach dem sog. Förderungsprinzip dann, wenn sie die Lebensbedingungen des Kindes im Vergleich zu seiner gegenwärtigen Lage so ändert, dass eine merklich bessere Entwicklung der Persönlichkeit des Kindes zu erwarten ist.[372] Die Frage, wann eine Adoption dagegen erforderlich ist, wird sehr unterschiedlich beantwortet. Die Annahme als Kind schon dann für erforderlich zu halten, wenn das Kind von den Wunscheltern oder einem Wunschelternteil genetisch abstammt und diese willens und bereit sind, die Elternrolle einzunehmen, stellt sicherlich eher geringe Anforderungen an die Adoption.[373] Strenger ist die Auffassung, dass die Annahme das Kindeswohl nicht nur fördern, sondern das Kindeswohl ohne die Annahme vielmehr bedroht sein muss.[374] Ein besonders restriktives Verständnis liegt der Annahme zugrunde, die Adoption sei nur dann erforderlich, wenn das Kind andernfalls bei Dritten (z.B. in einem Kinderheim) untergebracht werden müsste.[375] Überwiegend wird eine Adoption dagegen für erforderlich gehalten, wenn sie im Vergleich zur Rückführung oder Inpflegegabe in eine andere Familie nicht nur die bessere, sondern insgesamt deutlich bessere Lösung darstellt. Erforderlich ist die Annahme eines Kindes insbesondere, wenn damit einer bereits bestehenden besonderen emotionalen Verbundenheit Rechnung getragen wird, deren Störung trotz der gesetzes- oder sittenwidrigen Anbahnung der Adoption dem Kindeswohl zuwiderliefe.[376] Die Adoption muss auf einer tatsächlichen und nicht nur einer genetischen Verbundenheit beruhen.[377] Grundsätzlich trifft die Wunscheltern die Beweislast dafür, dass die Adoption trotz des Gesetzesverstoßes im Interesse des Kindes liegt.[378] Die Erschwerung der Adoption dient dazu, den nach § 14 Abs. 3

---

372 BGH, FamRZ 1985, 169; BayObLG, FamRZ 1983, 532 (533); *Diederichsen*, in: Palandt, BGB, § 1741 Rn. 3; *Liermann*, in: Soergel, BGB, Bd. 20, § 1741 Rn. 7; *Berger/ Mansel*, in: Jauernig, BGB, § 1750 Rn. 2; *Dethloff*, Familienrecht, § 15 Rn. 9; *Wörlen*, Familienrecht, S. 171.

373 *Benicke*, StAZ 2013, 101 (113).

374 *Kemper*, in: Schulz/Hauß, Familienrecht, § 1741 Rn. 13, der glaubt, dass diese Voraussetzungen wohl „kaum einmal anzunehmen" sein würden.

375 *Motzer/Kugler*, Kindschaftsrecht mit Auslandsbezug, S. 43.

376 *Maurer*, in: Münchener Kommentar, Bd. 8, § 1741 Rn. 36; *Diederichsen*, in: Palandt, BGB, § 1741 Rn. 6; *Enders*, in: Bamberger/Roth, BGB, § 1741 Rn. 27; BT-Drs. 13/8511, 75.

377 *Frank*, in: Staudinger, BGB, § 1741 Rn. 29; *Götz*, in: Palandt, BGB, § 1741 Rn. 6.

378 *Friederici*, in: Prüttung/Wegen/Weinreich, BGB, § 1742 Rn. 2.

AdVermiG straffrei gestellten Wunscheltern mit einer zivilrechtlichen Sanktion zu begegnen.[379] Sie soll dem Anreiz entgegenwirken, der in der Aussicht liegt, eine gesetzes- oder sittenwidrig angebahnte Adoption „schließlich auch rechtlich verwirklichen zu können."[380]

3. Erfolgsaussichten einer Adoption nach Leihmutterschaft

Bei der Entscheidung, ob die Adoption für das Wohl des Kindes erforderlich ist und ob zu erwarten ist, dass zwischen dem Aufnehmenden und dem Kind ein Eltern-Kind-Verhältnis entsteht, hat das zuständige Gericht eine zuvor erfolgte Leihmuttervereinbarung besonders zu berücksichtigen. Vereinzelt wird angenommen, eine Adoption durch die Wunscheltern komme in diesen Konstellationen per se nicht in Betracht. Wer eine Leihmuttervereinbarung eingegangen sei, weise regelmäßig nicht die Fähigkeit auf, die Elternrolle auszufüllen.[381] Die Bereitschaft, durch die Geburt einer außenstehenden Frau zu einem Kind zu kommen, zeuge von einer „Objektbezogenheit auf ein eigenes Kind", die an der Geeignetheit der Wunscheltern zweifeln lasse.[382] Überwiegend wird eine Adoption durch die Wunscheltern jedoch nicht grundsätzlich ausgeschlossen. Trotz der bestehenden Bedenken soll es auf eine Einzelfallentscheidung ankommen.[383] Der Adoptionsantrag der Wunscheltern dürfe nicht von vornherein abgelehnt, jedoch ebenso wenig vorrangig vor den Anträgen anderer Adoptionsbewerber berücksichtigt werden.[384] Im Rahmen des Adoptionsverfahrens seien nicht sittliche Höchstmaßstäbe, sondern einzig das Kindeswohl maßgeblich. Die Eignung der Wunscheltern müsse anhand allgemeiner Kriterien ermittelt werden. Die Tatsache, dass eine Leihmutter engagiert wurde, genüge nicht, um die Adoption gerichtlich abzulehnen.[385] Auch für die Gerichte widerspricht in diesen bisher selten entschiedenen Fällen die Annahme des Kindes nicht schon deshalb seinem Wohl, weil es von einer von den Wunscheltern beauftragten Leihmutter empfangen wurde. Dieser Umstand, so etwa das AG Gütersloh, solle unberücksichtigt bleiben, weil es ansonsten zu einer „unzulässigen Verquickung rechtspolitischer

---

379 *Liermann*, in: Soergel, BGB, Bd. 20, § 1741 Rn. 22.

380 BT-Drs. 13/8511, 75.

381 *Giesen*, JZ 1985, 1055 (1057).

382 *Mansees*, ZfJ 1986, 496 (498), der die Annahme des Kindes durch ein fremdes Adoptionsbewerberpaar für dem Kindeswohl dienlicher hält.

383 *Dietrich*, S. 416; *Deutsch*, NJW 1991, 721 (725); *Coester-Waltjen*, FamRZ 1992, 369 (371). Auch für das VG Hamburg, JAmt 2006, 367 (370) ist eine Adoption nach § 1741 Abs. 1 S. 2 BGB „bei einem Fehlverhalten der Adoptionsbewerber möglich."

384 *Lee*, S. 147.

385 *Coester-Waltjen*, NJW 1982, 2528 (2531); *Gernhuber/Coester-Waltjen*, Familienrecht, § 68 Rn. 36; *Frank*, in: Staudinger, BGB, § 1741 Rn. 35.

und sittlicher Überlegungen mit dem für die zu treffende Entscheidung allein maßgeblichen Maßstab des Kindeswohls" komme.[386]

Dennoch wird eine Adoption durch die Wunscheltern stets schwieriger zu realisieren sein, als in anderen, üblichen Adoptionsverfahren. Erfährt das Kind später von seiner besonderen Herkunft oder hat die Familie – etwa wenn die Leihmutter einen „Freundschaftsdienst" erweisen wollte – noch weiteren Kontakt zu dieser, sind Beziehungskonflikte wohl unvermeidbar. Deshalb kann im Einzelfall durchaus die Annahme des Kindes durch fremde Dritte angezeigt sein.[387] Möchten Wunscheltern das von einer Leihmutter geborene Kind annehmen, so sollten sie sich über die ungewissen Erfolgsaussichten eines solchen Verfahrens im Klaren sein. Denn die engen Voraussetzungen des § 1741 Abs. 1 S. 2 BGB erschweren die Annahme als Kind im Vergleich zu „üblichen" Adoptionsverfahren deutlich. Das bestätigen auch die Erfahrungen aus der gerichtlichen Praxis: So hat etwa das AG Hamm in einem Fall, in dem der Wunschvater als genetischer Vater die Vaterschaft wirksam anerkannt hatte, den Antrag auf eine (Stiefkind-)Adoption durch die Wunschmutter zurückgewiesen. Das von einer Leihmutter geborene Kind wuchs wohlbehütet in der Familie der Wunscheltern auf. Auch ohne eine formelle Adoption, so die Auffassung des Gerichts, sei kein Schaden für das Kind zu befürchten. Da ein „optimaler Lebenszuschnitt für das Kind bereits erreicht" worden sei, lasse sich das Verhältnis zwischen den Eheleuten und dem Kind durch eine Adoption nicht weiter verbessern. Mit der Inanspruchnahme einer Leihmutter habe das Paar sich bewusst rechtlichen Unsicherheiten ausgesetzt und in Kauf genommen, dass das Kind „nur zu dem Vater ein rechtliches Band besitzt."[388]

---

386 AG Gütersloh, FamRZ 1986, 718 (719). Ähnlich das KG Berlin, JZ 1985, 1053 (1054), für das sich nicht schon „aus der Art und Weise der Zeugung des Kindes und der bloßen Absicht, es in eine bestimmte Familie zu geben, entsprechende negative Rückschlüsse für das Wohl des Kindes ziehen lassen." Diese beiden Gerichtsentscheidungen stammen jedoch aus der Zeit vor dem Erlass der Verbote im AdVermiG und ESchG. In diese Richtung gehend aber auch das OLG Stuttgart, NJW-RR 2012, 389 (390), das eine Adoption der Wunscheltern zwar nicht zu prüfen hatte, sie aber nicht für aussichtslos hielt.

387 *Maurer*, in: Münchener Kommentar, Bd. 8, § 1741 Rn. 25. Dabei ist die Leihmutter aber in der Lage, die Adoption durch Dritte zu verhindern, indem sie ihre Einwilligung verweigert. Dann verbleibt nur noch die Möglichkeit, die Einwilligung gerichtlich zu ersetzen. Die besonderen Voraussetzungen, die § 1748 BGB an eine Ersetzung knüpft, werden zumeist aber nicht vorliegen. Denn dazu müsste die Leihmutter ihre elterlichen Pflichten gröblich verletzen oder zum Ausdruck gebracht haben, dass ihr das Kind gleichgültig ist.

388 AG Hamm v. 22.02.2011 Akz. XVI 192/08 (juris). Das Gericht wies auf die Möglichkeit hin, der Wunschmutter nach § 1687 b Abs. 1 BGB das „kleine Sorgerecht" verschaffen. Erbrechtlich bestehe die Möglichkeit, das Kind durch entsprechende testamentarische Verfügungen zu bedenken. Kritik erfährt dieses Urteil durch *Benicke*, StAZ 2013, 101 (113), der das Interesse des Kindes, dass „die soziale Mutter auch die rechtliche Mutter ist", nicht hinreichend berücksichtigt sieht; vgl. ebenso

VI. Existiert ein förmliches Verbot der Leihmutterschaft?

Auch wenn bisher immer wie selbstverständlich von einem Verbot der Leihmutterschaft gesprochen wurde: Eine Norm, die dieses Verfahren unmissverständlich untersagt, gibt es in der deutschen Rechtsordnung nicht. Deshalb wird in der juristischen Literatur teilweise angenommen, es existiere gar kein Verbot der Leihmutterschaft.[389] Ein Verbot wird als ein Befehl, durch den etwas untersagt wird, definiert.[390] Das deutsche Recht kennt gerade keine Vorschrift, die es untersagt, eine Mutterschaft für eine andere Frau zu übernehmen und enthält damit auch kein förmliches Verbot der Leihmutterschaft. Der Gesetzgeber pönalisiert nur die notwendigen Vorbereitungs- und Unterstützungshandlungen. Sähe er die Leihmutterschaft an sich als rechtskonform an, so hätte er damit aber – wenig plausibel – Teilnahmehandlungen an einem erlaubten Tun verboten.[391] Schließlich fällt auch das Handeln der Leihmutter sowie der Wunscheltern unter die tatbestandlichen Verbote des ESchG und des AdVermiG. Der Entschluss des Gesetzgebers, die Straffreiheit dieser Personen zu normieren, zeigt gerade, dass er ihr Verhalten grundsätzlich als rechtswidrig einstuft und nur zugunsten des Kindeswohls von einer Strafverfolgung absieht. Insofern kann man die Leihmutterschaft in Deutschland wohl als indirekt verboten betrachten.[392]

Gegenwärtig verbleiben rechtliche Spielräume: Während die medizinische Assistenz bei der Herbeiführung einer Leihmutterschaft verboten ist, unterliegt die Leihmutterschaft, die durch eine natürliche Befruchtung begründet wird, keinen Restriktionen.[393] Strafrechtlich folgenlos bleibt die für eine andere übernommene Mutterschaft auch dann, wenn die Leihmutter die künstliche Befruchtung selbst vornimmt, da ein Verstoß gegen den in § 9 ESchG normierten Arztvorbehalt für sie nach § 11 Abs. 2 ESchG keine Konsequenzen hat.[394] Weil aber die natürliche Herbeiführung der Schwangerschaft sowie die künstliche Befruchtung durch die

---

Dethloff, JZ 2014, 922 (931). Ganz ähnlich wie das AG Hamm entschied für den Fall zweier in einer Lebenspartnerschaft lebender Männer das AG Düsseldorf v. 19.11.2010 Akz. 96 XVI 21/09 (juris).

389   *Gerecke/Valentin*, in: GS für Eckert, S. 233 (236); *Schlegel*, FuR 1996, 116; *Liermann*, MDR 1990, 857.

390   Eintrag in: *Grimm/Grimm*, Deutsches Wörterbuch (abrufbar unter: http://dwb. uni-trier.de/de/).

391   *Diel*, S. 67.

392   So etwa *Coester*, in: FS für Jayme, S. 1243 (1245), der die Leihmutterschaft nicht „direkt und generell" verboten sieht, aber erkennt, dass der Gesetzgeber sie „auf mehreren Wegen zu verhindern" versucht; ähnlich *Coester-Waltjen*, FamRZ 1992, 369 (371).

393   Das gilt nur in den Fällen, in denen nicht gegen Normen des AdVermiG verstoßen wird, also dann, wenn Leihmutter und Wunscheltern privat und ohne die Vermittlung Dritter zusammenfinden; *Coester*, in: FS für Jayme, S. 1243 (1245); *Spickhoff*, in: Spickhoff, Medizinrecht, Vorbem. § 1591 Rn. 12.

394   *Coester-Waltjen*, FamRZ 1992, 369 (370).

Leihmutter selbst für die beteiligten Parteien regelmäßig keine Option ist[395], entfalten die bestehenden „Umfeldregelungen"[396] letztlich doch ihre intendierte verbotsähnliche Wirkung. Leihmütter und Wunscheltern finden ohne eine entsprechende Vermittlung zumeist nicht zusammen. Die reproduktionsmedizinischen Vorgänge erfordern besondere Fähigkeiten, die regelmäßig nur Ärzte aufweisen. Indem das Gesetz Vermittlern und Ärzten mit Strafen droht, macht es die Durchführung von Leihmutterschaften in Deutschland faktisch unmöglich.[397] Immer dann, wenn in dieser Arbeit von dem Verbot der Leihmutterschaft die Rede ist, gilt es im Gedächtnis zu behalten, dass ein solches in förmlicher Hinsicht gegenwärtig gar nicht existiert.

VII. Wirksamkeit von Leihmutterschafsvereinbarungen

Abseits der öffentlich-rechtlichen Verbotsnormen im Kontext der Leihmutterschaft ist die Frage nach der zivilrechtlichen Wirksamkeit etwaiger von den betroffenen Parteien getroffener Vereinbarungen von besonderer Bedeutung. Soweit geschlossene Verträge rechtliche Wirkung entfalten, ergeben sich aus ihnen vollstreckbare Rechtspflichten und unter Umständen auch vertragliche Sekundäransprüche. Dann stellen sich ganz konkrete Fragen wie etwa: Bestehen Schadensersatzansprüche gegen die Leihmutter, wenn diese fahrlässig die Gesundheit des Babys schädigt? Muss die Leihmutter, die sich zur Übernahme der Schwangerschaft bereiterklärt, das geborene Kind auch übergeben? Spezielle Normen, die Aussagen über die Wirksamkeit solcher Absprachen treffen, existieren nicht. Deshalb muss auf die allgemeinen Vorschriften des BGB zurückgegriffen werden.

1. Nichtigkeit nach § 134 BGB

Da das deutsche Recht verschiedene Handlungsweisen im Kontext der Leihmutterschaft verbietet, liegt zunächst einmal eine Nichtigkeit der getroffenen Vereinbarungen wegen eines Verstoßes gegen ein gesetzliches Verbot nahe. Nach § 134 BGB ist ein Rechtsgeschäft nichtig, wenn es gegen ein gesetzliches Verbot verstößt, sofern sich aus dem Gesetz nicht ein anderes ergibt. Die Norm stellt eine Auslegungsregel zugunsten der Nichtigkeitsfolge dar[398]: Sofern sich die Wirksamkeit des Rechtsgeschäfts nicht mit hinreichender Sicherheit aus dem Verbotsgesetz begründen lässt,

---

395 Zu einem seltenen Beispiel aus der juristischen Praxis: LG Freiburg, NJW 1987, 1486. In diesem Fall lehnten die Wunscheltern eine künstliche Befruchtung ab, sodass der Wunschvater insgesamt vier Mal den Beischlaf mit der Leihmutter vollzog.

396 Der historische Gesetzgeber hat bewusst den Ansatz gewählt, die „erwünschte Verhinderung der Ersatzmutterschaft vom Umfeld her anzusteuern"; BT-Drs. 11/4154, 8.

397 *Engel*, ZEuP 2014, 538 (541); *Coester-Waltjen*, FamRZ 1992, 369.

398 BGH, NJW 1992, 1159 (1160); *Armbrüster*, in: Münchener Kommentar, Bd. 1, § 134 Rn. 103.

ist von seiner Nichtigkeit auszugehen. § 134 BGB beschränkt die Privatautonomie und dient dem Schutz der Allgemeinheit.[399] Ein Gesetz i.S.d. § 134 BGB ist jede Rechtsnorm (vgl. Art. 2 EGBGB)[400], die ein Rechtsgeschäft wegen seines Inhalts, des bezweckten Erfolgs oder besonderer Umstände bei seiner Vornahme verbietet.[401] Das Verbot muss sich nicht direkt aus der Norm ergeben, vielmehr genügt es, wenn der Regelung das Verbot durch Auslegung zu entnehmen ist. Ausschlaggebend ist, dass sich die Vorschrift nach ihrem Sinn und Zweck nicht nur gegen die Vornahme des Rechtsgeschäfts, sondern gegen seine privatrechtliche Wirksamkeit und seinen wirtschaftlichen Erfolg richtet. Zwar wollte der historische Gesetzgeber insbesondere Rechtsgeschäfte, die mit Normen des Strafrechts kollidieren, unterbinden.[402] Ein Verstoß gegen ein Strafgesetz begründet dennoch nicht immer die Nichtigkeit des Rechtsgeschäfts. Vielmehr muss auch ein Strafgesetz gerade den privatwirtschaftlichen Erfolg zu verhindern suchen. Im Zweifel ist aber davon auszugehen, dass es sich bei Strafnormen um Verbotsgesetze i.S.d. § 134 BGB handelt. Es genügt dann die Verwirklichung des objektiven Straftatbestandes.[403]

Nach diesen Grundsätzen werden von der ganz h.M. Rechtsgeschäfte, die mit den im AdVermiG und ESchG normierten Verboten kollidieren, als nichtig angesehen. Ein Vertrag, in dem sich ein Arzt oder Dritter zur künstlichen Befruchtung einer Leihmutter verpflichtet, ist nach § 134 BGB i.V.m. § 1 Abs. 1 Nr. 7 ESchG nichtig. Auch Leihmutterschaftsvermittlungsverträge entfalten wegen des Verstoßes gegen ein gesetzliches Verbot keine Rechtswirkung. Einigen sich etwa die Wunscheltern und eine Agentur auf die Vermittlung einer Leihmutter, so ist diese Abrede nach § 134 BGB i.V.m. § 13c AdVermiG nichtig.[404] Fraglich ist dagegen, wie es sich mit dem Vertrag zwischen der Leihmutter und den Wunscheltern selbst verhält. Es wird vertreten, dass dessen Nichtigkeit nicht aus § 134 BGB folgt. Denn wie festgestellt verbieten weder das ESchG noch das AdVermiG die Leihmutterschaft als solche. Zwar bestehe, so die Argumentation, ein gesetzliches Verbot der medizinischen Assistenz sowie der Vermittlung. Eine Verbotsnorm, die i.S.d. § 134 BGB zur Nichtigkeit eines Leihmuttervertrags führt, existiere dagegen gerade nicht.[405] Dem wird

---

399 BGHZ 13, 179 (182); *Ellenberger*, in: Palandt, BGB, § 134 Rn. 1.

400 *Leipold*, BGB AT, § 20 Rn. 2.

401 BGHZ 46, 25; BGH NJW 1994, 728 (729); *Sack*, in: Staudinger, BGB, § 134 Rn. 2.

402 Motive zu dem Entwurfe eines Bürgerlichen Gesetzbuches für das Deutsche Reich, Bd. 1, S. 210. Darin heißt es, die Vorschrift habe „namentlich die gegen Rechtsgeschäfte gerichteten Verbotsgesetze des öffentlichen Rechts, insbesondere des Strafrechts, im Auge."

403 BGHZ 53, 152 (157); BGHZ 115, 123 (125).

404 *Schlegel*, FuR 1996, 116; *Coester-Waltjen*, FamRZ 1992, 369 (371); *Ahrens*, in: Prütting/Wegen/Weinreich, BGB, § 138 Rn. 104; *Sack*, in: Staudinger, BGB, § 134 Rn. 194.

405 *Coester*, in: FS für Jayme, S. 1243 (1251); *Schlegel*, FuR 1996, 116; Coester-Waltjen, FamRZ 1992, 369 (371); *Dietrich*, S. 441; *Taupitz*, in: Günther/Taupitz/Kaiser, ESchG, § 1 Abs. 1 Nr. 7 Rn. 4; *Sack*, in: Staudinger, BGB, § 138 Rn. 450; vgl. auch *Diefenbach*,

entgegengehalten, dass sich auch die Nichtigkeit des Vertrags zwischen Leihmutter und Wunscheltern aus § 134 BGB ergibt.[406] Begründen lässt sich das damit, dass ein Verbot im Rahmen des § 134 BGB das Rechtsgeschäft nicht ausdrücklich untersagen muss, sondern sich die rechtliche Missbilligung auch aus dem Kontext der Norm ergeben kann.[407] Der Schutzzweck des § 13c AdVermiG verlange als Sanktion gerade auch die Nichtigkeit dieser Abrede. Andernfalls könnte das Zustandekommen von Leihmutterschaften nicht effektiv verhindert werden.[408] Nach gegenwärtiger Rechtslage wird man auch diese Vereinbarung gemäß § 134 BGB für nichtig erklären müssen. Denn der Gesetzgeber bestraft das Verhalten der Wunscheltern und Leihmütter nur deshalb nicht, weil er Kriminalsanktionen insoweit für kindeswohlschädlich hält. Aus der Gesamtschau der Verbotsnormen und deren legislativer Begründung ergibt sich aber, dass er das Handeln von Wunscheltern und Leihmüttern gleichwohl als rechtswidrig einstuft und die Wirksamkeit etwaiger privatrechtlicher Absprachen gerade zu verhindern sucht. Das indirekte Verbot der Leihmutterschaft als solcher[409] genügt für die Anwendung des § 134 BGB.

2. Nichtigkeit nach § 138 BGB

Nimmt man hingegen an, dass der Vertrag zwischen der Leihmutter und den Wunscheltern nicht schon wegen des Verstoßes gegen ein gesetzliches Verbot nichtig ist, bleibt zu klären, ob die Abrede sittenwidrig und damit gemäß des im Verhältnis zu § 134 BGB subsidiären § 138 BGB[410] keine Rechtswirkung entfaltet. Nach § 138 Abs. 1 BGB ist ein Rechtsgeschäft, das gegen die guten Sitten verstößt, nichtig. Diese Generalklausel ermöglicht es, den Wandel der Lebensverhältnisse und Wertvorstellungen einer Gesellschaft bei der bürgerlichen Ausübung der Privatautonomie zu berücksichtigen. Dabei verfolgt § 138 BGB nicht den Zweck, die Rechts- der Sittenordnung anzupassen.[411] Die Norm soll lediglich Rechtsgeschäfte, die gegen die ganz überwiegend anerkannten Werte verstoßen, mit den Mitteln des Rechts

---

S. 108, für die der Leihmuttervertrag als solcher „nicht gegen ein gem. § 134 BGB zur Nichtigkeit der Vereinbarung führendes Verbotsgesetz" verstößt. Dabei prüft Diefenbach aber nur § 13c AdVermiG, weil die Verbotsnormen des ESchG damals noch nicht existierten.

406 *Gerecke/Valentin*, in: GS für Eckert, S. 233 (239); *Jauernig*, in: Jauernig, BGB, § 134 Rn. 12; *Brudermüller*, in: Palandt, Einf v § 1591 Rn. 22; *Liermann*, FamRZ 1991, 1403; *Liermann*, MDR 1990, 859 (861); *Giesen*, JZ 1985, 1055 (1057); *Merkel-Walther*, S. 132; AG Hamm v. 22.02.2011 Akz. XVI 192/08 (juris).

407 *Diel*, S. 85. Vgl. dazu allgemein: *Ellenberger*, in: Palandt, BGB, § 134 Rn. 2.

408 *Liermann*, MDR 1990, 859 (861).

409 Dazu Zweiter Teil, A., VI.

410 § 134 BGB ist gegenüber § 138 BGB das lex specialis; BGH, NJW 1983, 868 (869); BAG, NJW 1993, 2701 (2703); *Armbrüster*, in: Münchener Kommentar, Bd. 1, § 134 Rn. 4; *Ellenberger*, in: Palandt, BGB, § 138 Rn. 13.

411 Vgl. Motive zu dem Entwurfe eines Bürgerlichen Gesetzbuches für das Deutsche Reich, Bd. 1, S. 211 in denen es heißt, dass sich „das Gebiet der Sittenpflichten mit

unterbinden.[412] Ein Rechtsgeschäft ist sittenwidrig, wenn es gegen das Anstandsgefühl aller billig und gerecht Denkenden verstößt.[413] Bei der Anwendung des § 138 BGB ist insbesondere das durch das Grundgesetz verkörperte Wertesystem zu berücksichtigen, das über den unbestimmten Rechtsbegriff der Sittenwidrigkeit in das Privatrecht hineinwirkt (sog. mittelbare Drittwirkung der Grundrechte).[414]

Die Rechtsprechung erachtet Verträge über eine Leihmutterschaft als sittenwidrig und bezieht sich dabei noch heute gerne[415] auf ein bedeutsames Urteil des OLG Hamm aus dem Jahr 1985: In der Öffentlichkeit, so führten die Richter damals aus, zeichne sich „die Tendenz ab, Leihmutterschaften [...] grundsätzlich zu verwerfen." Verträge über die entgeltliche Übernahme der Schwangerschaft für eine andere Frau erhielten ihr „sittenwidriges Gepräge vor allem dadurch, dass das gewünschte Kind zum Gegenstand eines Geschäfts gemacht und dadurch sozusagen zu einer Handelsware degradiert" werde. Die Bedenken, dass das Kind auch nach erfolgter Übergabe den Charakter einer Ware behält, könnten nicht ausgeräumt werden. Echte menschliche Zuwendung, auf die das Kleinkind angewiesen sei, könne die Leihmutter nicht garantieren. Bei Abschluss eines solchen Vertrages bestehe die Gefahr, dass das Kind „Gegenstand eines Preis-Leistungs-Vergleichs" werde.[416] Sofern entgeltliche Verträge zwischen Leihmutter und Wuscheltern nicht schon nach § 134 BGB als nichtig angesehen werden, stuft die weit überwiegende Auffassung[417] sie – argumentativ auf einer Linie mit dem Urteil des OLG Hamm – als sittenwidrig ein. So heißt es beispielsweise, der Leihmuttervertrag habe vorhersehbare Wirkungen zu Lasten des Kindes und sei deshalb unwirksam. Er stehe auch im Widerspruch zu den Wertungen des Art. 6 GG und des geltenden Familienrechts.[418]

---

demjenigen der Rechtspflichten [...] nicht deckt" und „nicht jedes vom Standpunkte der Sittlichkeit verwerfliche Rechtsgeschäft nichtig sein kann."

412 *Ahrens*, in: Prüttung/Wegen/Weinreich, BGB, § 138 Rn. 2.

413 Die Definition der Sittenwidrigkeit geht auf die Rechtsprechung des Reichsgerichts zurück; RGZ 48, 114 (124). Sie wird von dem BGH noch heute verwendet; BGHZ 141, 357 (361). Aufgrund ihrer Allgemeinheit hat die Definition nur eine geringe Aussagekraft. Ihr ist aber jedenfalls zu entnehmen, dass es bei der Beurteilung des Rechtsgeschäfts nicht auf subjektive Vorstellungen des Richters ankommt; *Leipold*, BGB AT, § 20 Rn. 20.

414 BVerfGE 7, 198 (206); BGHZ 70, 313 (324); *Medicus*, BGB AT, § 46 Rn. 694; *Di Fabio*, JZ 2004, 1.

415 *Bokelmann/Bokelmann*, S. 30 merken kritisch an, dass die Entscheidung des OLG Hamm in der wissenschaftlichen Diskussion oftmals „pauschal als Beleg" für die Sittenwidrigkeit der Leihmutterschaft angeführt werde.

416 OLG Hamm, NJW 1986, 781 ff.; bezugnehmend darauf etwa auch das LG Freiburg, NJW 1987, 1486 (1488).

417 Nach *Schlegel*, FuR 1996, 116 gilt die entgeltliche Vereinbarung „allgemein als sittenwidrig."

418 *Sack*, in: Staudinger, BGB, § 138 Rn. 450; *Hefermehl*, in: Soergel, § 138 Rn. 214; *Deutsch*, NJW 1986, 1971 (1974); *Lauff/Arnold*, ZRP 1984, 279 (284); *Kollhosser*, JA

Es gibt in der Literatur dennoch – wenn auch eher vereinzelt – Stimmen, die sogar die entgeltliche Abrede zwischen Wunscheltern und Leihmutter für sittenkonform halten. So vermag etwa *Fechner* nicht zu erkennen, weshalb die „Umhegung eines werdenden Menschen nicht auch ihres Lohnes wert" sein soll. Die Leihmutter werde körperlich und seelisch stark belastet. Der Staat toleriere mit der Prostitution das „Hinhalten des menschlichen Leibes zum bloßen Lustgebrauch". Vor diesem Hintergrund sei nicht verständlich, weshalb die Vereinbarung einer geldlichen Entschädigung für die Leihmutter unvereinbar mit den guten Sitten sein soll.[419] Die Prostitution sei eine „primitive Form der Triebbefriedigung in Gestalt des Objektgebrauchs von Frauen", die Leihmutterschaft dagegen ein „Dienst an werdendem Leben, an den zukünftigen Eltern und der Allgemeinheit."[420] Auch andere Autoren sind der Auffassung, eine Vergütungsvereinbarung, welche die Aufwendungen der Leihmutter in Maßen überschreite, sei von der Rechtsordnung noch hinzunehmen.[421] *Bokelmann* und *Bokelmann* sprechen sich gerade für eine hohe Entlohnung aus, um damit einer Ausbeutung entgegenzuwirken. Die Leihmutter habe während der Schwangerschaft die Möglichkeit, Hausfrau zu sein und gleichzeitig Geld zu verdienen. Darum erscheine die Leihmutterschaft, so ihre erstaunliche Argumentation, „geradezu familienfreundlich."[422] Wenn die Rechtsprechung eine Zahlung von Entgelt an die Mutter zum Zwecke der Freigabe des Kindes zur Adoption nur dann für sittenwidrig hält, wenn besondere Umstände hinzutreten[423], dann dürfe auch eine Entgeltabrede mit einer Leihmutter nicht schlechterdings als unvereinbar mit den guten Sitten gelten[424], so ein weiterer Einwand.

3. Zum Kriterium der Entgeltlichkeit

Wann ein Rechtsgeschäft nicht mehr sittenkonform ist, lässt sich in der heutigen Gesellschaft, die sich durch ihren Wertepluralismus auszeichnet, nur schwer beantworten.[425] Das zeigt sich etwa in der Diskussion darüber, ob auch Vereinbarungen über die Übernahme einer Schwangerschaft ohne ein zu zahlendes Entgelt,

---

1985, 553 (556); *Kühl-Meyer*, ZblJugR 1982, 763 (766); *Brox/Walker*, BGB AT, § 14 Rn. 329.

419 *Fechner*, JZ 1986, 653 (663).

420 *Fechner*, in: Günther/Keller, Fortpflanzungsmedizin und Humangenetik, S. 37 (55).

421 *Medicus*, Zivilrecht und werdendes Leben, S. 18 f., der darin auch keinen Handel mit menschlichem Leben zu erkennen vermag. Schließlich sei das Kind bei dem Abschluss des Vertrages noch gar nicht geboren. Es gehe den Parteien vielmehr um die Schaffung menschlichen Lebens.

422 *Bokelmann/Bokelmann*, S. 50, die es nicht als Aufgabe des Staates ansehen, „Hüter der Sitte und der Tradition zu sein und regelnd in das Intimleben der Eheleute einzugreifen."

423 OLG Kiel, OLGZ 46, 187; vgl. dazu *Schnitzerling*, StAZ 1961, 225 (226).

424 *Hohloch*, StAZ 1986, 153 (159).

425 So auch *Medicus*, BGB AT, § 46 Rn. 681.

d.h. Leihmutterschaften in altruistischer Form, sittenwidrig sind. Basierend auf der Annahme, die Aufspaltung der Mutterschaft rufe unüberwindbare psychosoziale Konflikte bei allen Beteiligten hervor, wird vertreten, dass jeder Leihmuttervertrag, also auch jener, der keine Entgeltzahlung vorsieht, gegen die guten Sitten verstößt.[426]

Viel Zuspruch erhält dagegen ein differenzierender Ansatz: Während die Entgeltabrede menschliches Leben zur Handelsware degradiere, sei an dem unentgeltlichen Austragen eines Kindes für ein an Kinderlosigkeit leidendes Paar „nichts Sittenwidriges zu erkennen." Das Handeln aller Beteiligten werde vielmehr durch „positive Gefühle der Nächstenliebe und der Hilfsbereitschaft" bestimmt.[427] Der Entschluss der Wunscheltern für eigenen Nachwuchs könne ebenso wenig als sittenwidrig eingestuft werden. Künstlichen Befruchtungsmethoden stehe die Rechtsordnung schließlich nur dann kritisch gegenüber, wenn das Recht des Kindes auf die Kenntnis der eigenen Abstammung nicht gewahrt würde. Eine anonyme Leihmutterschaft sei aber nicht denkbar. Ob eine Surrogatmutter in die Rolle einer „Gebärmaschine" gedrängt werde oder sich als mit Menschenwürde ausgestattetes Individuum verstehe, hänge vor allem davon ab, wie man ihre Rechtspositionen gestaltet; das „generelle Verdikt der Sittenwidrigkeit" sei in diesem Kontext weder erforderlich noch dienlich. Weil die Sittenwidrigkeit anhand der Minimalstandards der Sozialethik zu bestimmen sei, könne man die Leihmutterschaft nicht umfassend verurteilen.[428] Vereinbarungen über eine aus altruistischen Motiven übernommene Fremdschwangerschaft werden also, selbst wenn die Wunscheltern die mit der Schwangerschaft selbst verbundenen Kosten übernehmen[429], teilweise als sittenkonform erachtet.[430] Vereinzelt

---

426 *Liermann*, FamRZ 1991, 1403; *Laufs*, JZ 1986, 769 (775); *Benda*, NJW 1985, 1730, (1733). Ebenso *Kollhosser*, JZ 1986, 441 (446), der unentgeltliche Leihmutterverträge in JA 1985, 553 (556) noch als sittenkonform bezeichnete.

427 *Kollhosser*, JA 1985, 553 (556).

428 *Coester-Waltjen*, NJW 1982, 2528 (2531 ff.), die vor dem Hintergrund, dass Verträge über Sterilisationen oder Schwangerschaftsabbrüche Rechtswirkung entfalten, die Leihmutterschaft als „positive Entscheidung für das Leben" für nicht weniger akzeptabel hält.

429 Eine Unentgeltlichkeit liegt vor, wenn die Leihmutter für ihre Tätigkeit kein Honorar erhält. Durch Schwangerschaft und Entbindung entstehenden Aufwendungen können davon unabhängig durch die Wunscheltern ersetzt werden. Vgl. *Coester-Waltjen*, NJW 1982, 2528 (2533) mit dem Hinweis, dass sich ein solcher Aufwendungsersatzanspruch der Mutter gegen den Vater schon aus § 1615 l Abs. 1 BGB ergibt. Erklärt die Wunschmutter, sich an den Kosten zu beteiligen, so ist darin eine Schuld(mit-)übernahme zu sehen. Für *Dietrich*, S. 458 dürfen die Wunscheltern „Spesen und schwangerschaftsbedingte Mehrkosten" ersetzen, solange die Gegenleistung „nicht als Vergütung für eine Dienst- bzw. Werkleistung zu qualifizieren ist." Zum Umfang des Anspruchs der Leihmutter aus § 1615 l Abs. 1 BGB: *Lee*, S. 158.

430 So auch *Dietrich*, S. 463; *Harder*, JuS 1986, 505 (510); *Deutsch/Spickhoff*, Medizinrecht, Rn. 1101; *Backmann*, Künstliche Fortpflanzung und Internationales Privatrecht, S. 176.

lässt sich lesen, nur unentgeltliche Verträge über eine Trage-, nicht jedoch über eine Ersatzmutterschaft seien sittenwidrig. Bei der unentgeltlichen Ersatzmutterschaft, so das Argument, bestünden für das Kind nur die Risiken, die auch eine herkömmliche Adoption beherberge.[431]

4. Unvollkommenheit der Verbindlichkeiten

Diejenigen Stimmen in der juristischen Literatur, welche unentgeltliche Leihmutterverträge nicht per se für sittenwidrig halten, verkennen dennoch nicht, dass zumindest nicht alle übernommenen Verpflichtungen rechtswirksam sein können. Die vor der Geburt vereinbarte Pflicht der Leihmutter, das Kind später herauszugeben, ist mit dem derzeitigen Adoptionsrecht unvereinbar. Gemäß § 1747 Abs. 2 BGB kann die Einwilligung zur Adoption frühestens acht Wochen nach der Geburt erteilt werden. Hätte eine vor der Geburt eingegangene Verpflichtung zur Einwilligung Rechtsgültigkeit, wäre der dem Schutz der Geburtsmutter dienende § 1747 Abs. 2 BGB gegenstandslos.[432] Auch der vorweggenommenen Erklärung der Wunscheltern, das Kind später zu adoptieren, ist keine Rechtspflicht zur Annahme zu entnehmen. Es verbleibt ihnen – etwa nach der in § 1744 BGB grundsätzlich vorgesehenen angemessenen Pflegezeit – stets die Möglichkeit, die Annahmebereitschaft zu widerrufen.[433] Während in der Sache weitgehende Einigkeit besteht, fällt die dogmatische Einordnung dieser Abreden unterschiedlich aus: Wo teilweise angenommen wird, dass diese Vertragsbestandteile schon keine Rechtswirkung entfalten[434], heißt es an anderer Stelle, den rechtlich grundsätzlich wirksamen Vereinbarungen fehle es nur an der Erzwingbarkeit[435].

5. Rückforderung eines gezahlten Leihmutterhonorars

Wenn auf der Grundlage eines nichtigen Vertrages bereits ein Honorar ausgezahlt wurde, dann besteht grundsätzlich ein bereicherungsrechtlicher Rückzahlungsanspruch aus § 812 Abs. 1 S. 1 Var. 1 BGB. Diesem Anspruch steht in den Fällen der

---

431 *Diefenbach*, S. 163, die meint, die Erkenntnis, von einer Ersatzmutter geboren worden zu sein, werde für das Kind „ähnliche Auswirkungen haben wie das Wissen, ein Adoptivkind im üblichen Sinne zu sein."

432 Obwohl *Kollhosser*, JA 1985, 553 (557) unentgeltliche Leihmutterabreden für sittenkonform hält, stuft er sie dennoch als „unverbindliche Absichtserklärung" ein. Ähnlich *Coester-Waltjen*, NJW 1982, 2528 (2533); *Coester*, in: FS für Jayme, S. 1243 (1251); *Dietrich*, S. 418; *Harder*, JuS 1986, 505 (510).

433 *Kollhosser*, JA 1985, 553 (556); *Kühl-Meyer*, ZblJugR 1982, 763 (765); *Medicus*, Zivilrecht und werdendes Leben, S. 19.

434 Ebd.

435 *Coester*, in: FS für Jayme, S. 1243 (1251); *Coester-Waltjen*, NJW 1982, 2528 (2533), für die ein wirksamer schuldrechtlicher Vertrag besteht, der letztlich aber „unvollkommene Verbindlichkeiten" begründet, die gerichtlich nicht voll durchsetzbar sind.

Leihmutterschaft jedoch regelmäßig die in § 817 S. 2 BGB normierte Kondiktions-sperre entgegen. Nach dieser Vorschrift ist die Rückforderung ausgeschlossen, wenn der Leistende mit der Vornahme der Leistungshandlung gegen die guten Sitten verstoßen hat. Umstritten ist, ob ein objektiver Sittenverstoß ausreicht[436] oder ob – wie überwiegend gefordert – ein subjektives Bewusstsein des Leistenden für die Sittenwidrigkeit hinzukommen muss[437]. Das OLG Hamm hat in seinem Urteil aus dem Jahr 1985, in dem es über die Anwendung des § 817 S. 2 BGB zu entscheiden hatte, bei dem Wunschvater kein solches Bewusstsein der Sittenwidrigkeit nach-weisen können. Für den Zeitpunkt des Vertragsschlusses sowie der Auszahlung des Honorars vermochte das Gericht noch keine allgemeine Rechtsüberzeugung, die Leihmutterschaftsverträge für sittenwidrig hielt, zu erkennen.[438] Folgte man dem in der juristischen Literatur zu findenden Vorschlag, § 817 S. 2 BGB teleolo-gisch zu reduzieren, wenn die Wunscheltern in Vorleistung getreten sind, d.h. der Leihmutter das Geld gezahlt haben, diese das Kind aber nicht zur Adoption frei gibt[439], führte das dazu, dass der Kondiktionsanspruch gegen die Leihmutter trotz des Verstoßes der Wunscheltern gegen die guten Sitten bestehen bliebe. Zwar wird auch in anderen Fällen der Rückabwicklung sittenwidriger oder gegen gesetzliche Verbotsnormen verstoßender Verträge § 817 S. 2 BGB aus Billigkeitserwägungen heraus teleologisch reduziert (so etwa im bekannten „Schwarzarbeiterfall"[440]).[441] Aus diesen Einzelfällen lässt sich aber nicht der Schluss ziehen, § 817 S. 2 BGB sei bei beidseitiger Sittenwidrigkeit stets teleologisch zu reduzieren. Denn für den Fall, dass Kondiktionsschuldner und -gläubiger gleichermaßen gegen die guten Sitten versto-ßen, hat der Gesetzgeber mit § 817 BGB gerade eine Entscheidung zugunsten des

---

436 So etwa *Emmerich*, Schuldrecht BT, § 17 Rn. 39.

437 So die h.M.; *Looschelders*, Schuldrecht BT, § 52 Rn. 1052; BGHZ 75, 299 (302).

438 OLG Hamm, NJW 1986, 781 (783). Kritisch dazu: *Bokelmann/Bokelmann*, S. 36; *Bork*, JA 1986, 261 (265), der im Rahmen des § 817 BGB kein Bewusstsein für die Sittenwidrigkeit der Handlung fordert. *Kollhosser*, JZ 1986, 441 (447) nimmt an, dass sich die Wunscheltern, die zweifelsohne juristisch beraten wurden, darüber hätten im Klaren sein müssen, dass die Leihmutterschaft auch 1982 schon „weit außerhalb der Werteordnung" gelegen habe.

439 So *Liermann*, MDR 1990, 857 (862); *Goeldel*, S. 207, Coester-Waltjen, Jura 1987, 629 (640) und *Hesral*, Inhalt und Wirksamkeit von Leihmutterschafts- und Eizell-spendeverträgen, S. 155 f., die eine teleologische Reduktion des § 817 S. 2 BGB für notwendig halten, um Unbilligkeiten zu vermeiden.

440 Zum „Schwarzarbeiterfall": BGHZ 111, 308 (312). Damals war der BGH der Auf-fassung, die Anwendung von § 817 S. 2 BGB verstoße gegen die Grundsätze von Treu und Glauben. Erst kürzlich wich der BGH jedoch von seiner bisherigen Rechtsprechung ab und wandte § 817 S. 2 BGB auch bei der Rückabwicklung eines mit den Bestimmungen des SchwarzArbG kollidierenden Vertrages an; BGH, NZA 2014, 784 (785).

441 BGH, VersR 2006, 419; BGH, NJW 1961, 1458 (1459); *Stadler*, in: Jauernig, BGB, § 817 Rn. 14.

Leistungsempfängers getroffen.[442] Es ist deshalb angemessen, wenn einmal getätigte Zahlungen an die Leihmutter bei dieser verbleiben.[443] Nachdem die Sittenwidrigkeit von Leihmutterschaftsverträgen nunmehr durch die juristische Literatur sowie die gerichtliche Praxis über Jahre hinweg bestätigt wurde, wird das im Rahmen des § 817 S. 2 BGB erforderliche Bewusstsein für den Sittenverstoß bei den Wunscheltern regelmäßig anzunehmen sein.[444] Deshalb scheitert eine Rückzahlung des einmal an die Leihmutter gezahlten Honorars heute wohl an der Kondiktionssperre.[445] Dieses finanziellen Risikos sollten sich Wunscheltern bewusst sein.

VIII. Die künstliche Befruchtung als Körperverletzung?

Einem strafrechtlichen Risiko setzen sich dagegen die behandelnden Ärzte aus, indem sie nicht nur gegen Normen des ESchG verstoßen, sondern möglicherweise auch Körperverletzungsdelikte begehen, wenn sie eine Leihmutter künstlich befruchten. Denn ärztliche Eingriffe in die körperliche Sphäre ihrer Patienten können eine Körperverletzung nach den §§ 223 ff. StGB darstellen. Dafür ist zunächst maßgeblich, wann ein ärztlicher Eingriff überhaupt nach den §§ 223 ff. StGB strafbar ist. Diese Frage wird nicht einheitlich beantwortet: Die Vertreter der Erfolgstheorie sehen den Tatbestand der Körperverletzung durch ärztliches Handeln erst dann erfüllt, wenn der Heilungsversuch fehlgeht, d.h. sich der Gesundheitszustand des Patienten dadurch verschlechtert.[446] Abweichend soll nach der Theorie des regelgerechten Eingriffs eine tatbestandliche Körperverletzung erst vorliegen, wenn das Handeln des Arztes nicht lege artis, d.h. den Regeln der ärztlichen Kunst entsprechend erfolgt.[447] Die Rechtsprechung sieht dagegen in jedem ärztlichen Heileingriff zunächst eine tatbestandliche Körperverletzung, sodass eine Strafbarkeit des Arztes nur bei einer Einwilligung in die Behandlung, deren Wirksamkeit wiederum an eine angemessene Aufklärung genknüpft ist, entfällt.[448] Weil nur so das Selbstbestimmungsrecht hinreichend gewahrt

---

442 *Stadler*, in: Jauernig, BGB, § 817 Rn. 8; *Sprau*, in: Palandt, BGB, § 817 Rn. 11. Der BGH bezeichnet § 817 S. 2 BGB deshalb auch als eine den Bereicherungsgläubiger „hart belastende Vorschrift"; BGHZ 50, 90 (92).

443 So etwa *Diefenbach*, S. 231, für die das Handeln der Leihmutter „sittlich ebenso zu beurteilen [ist] wie das Verhalten der Wunscheltern" und die deshalb eine teleologische Reduktion des § 817 S. 2 BGB ablehnt.

444 Insbesondere, da die h.M. es schon als ausreichend erachtet, wenn sich der Leistende der Einsicht in die Sittenwidrigkeit leichtfertig verschließt; BGH, NJW 2011, 373 (374); BGH, NJW 1993, 2108 (2109).

445 So auch *Kohlhosser*, JZ 1986, 446 (447); *Eberbach*, MedR 1986, 253 (257); *Deutsch/Spickhoff*, Medizinrecht, Rn. 1101; *Diel*, S. 87.

446 *Bockelmann*, Strafrecht des Arztes, S. 66; *Gössel/Dölling*, Strafrecht BT 1, § 12 Rn. 73; *Hardwig*, GA 1965, 161 (163).

447 *Lackner/Kühl*, StGB, § 223 Rn. 8; *Eser*, in: Schönke/Schröder, StGB, § 223 Rn. 29 ff.; *Engisch*, ZStW 1939, 1 (7).

448 Zur sog. Rechtfertigungslösung: RGSt 25, 375 (378); BGHZ 29, 46 (49); BGH, NJW 2000, 885 (886); BGH, NJW 2011, 1088 (1089). Zustimmend *Dölling*, in: Dölling/

und der Patient vor zwar indizierten, aber durch ihn nicht gewünschten Heilbehandlungen geschützt wird, verdient letztere Auffassung Zustimmung.[449]

Die Einwilligung der Leihmutter in die künstliche Befruchtung führte aber gemäß § 228 StGB nicht zur Rechtmäßigkeit des ärztlichen Handelns, wenn die Tat trotz der Einwilligung gegen die guten Sitten verstieße. Nun könnte man annehmen, dass, wenn nach der dargestellten h.M. vertragliche Vereinbarungen im Kontext der Leihmutterschaft sittenwidrig sind, dies auch i.R.d. § 228 StGB zu gelten hat. Dann würde man aber verkennen, dass die hier in Rede stehende Einwilligung nicht rechtsgeschäftlicher Natur ist, sondern im Rahmen eines Verzichts auf ein höchstpersönliches Rechtsgut erfolgt. Die Auslegung des Sittenwidrigkeitsbegriffs in § 228 StGB ist deshalb nicht identisch mit jener im Zivilrecht.[450] Bei den Körperverletzungsdelikten kommt es in erster Linie auf die Intensität des Eingriffs und erst in zweiter Linie auf die Motive an: Regelmäßig, aber nicht zwangsläufig, ist die Tat sittenwidrig, wenn sie bei vorausschauender objektiver Betrachtung aller Umstände eine konkrete Todesgefahr hervorruft.[451] Der Zweck der Tat findet dabei durchaus Berücksichtigung[452]: Zum einen können Handlungen, die keine konkrete Todesgefahr begründen, aufgrund ihrer Begleitumstände sittenwidrig sein. Zum anderen kann in lebensgefährliche Taten wirksam eingewilligt werden, wenn bei ihnen ein positiv-kompensierender Zweck hinzutritt.[453]

§ 228 StGB vermag das Selbstbestimmungsrecht nur bei massiven Verletzungen zu beschränken[454], wenn es sich also um schlechthin inakzeptable Eingriffe in der körperliche Unversehrtheit handelt.[455] Die künstliche Befruchtung stellt trotz der Belastungen im Rahmen der ovariellen Hyperstimulation[456] einen vergleichsweise

---

Duttge/Rössner, Gesamtes Strafrecht, § 223 Rn. 9; *Rengier*, Strafrecht BT II, § 13 Rn. 17.

449 Vgl. *Duttge*, in: Prütting, Fachanwaltskommentar Medizinrecht, § 223 StGB Rn. 13, der anmahnt, den Patienten „nicht zum Objekt ärztlicher Vernunft oder des Gemeinschaftsinteresses an der Gesunderhaltung" werden zu lassen.

450 BGHZ 29, 33 (36); BGHZ 105, 45 (47 f.); *Deutsch/Spickhoff*, Medizinrecht, Rn. 255; *Stree/Sternberg-Lieben*, in: Schönke/Schröder, StGB, § 228 Rn. 19.

451 BGHSt 49, 34 (44).

452 BGHSt 49, 166 (171); *Bott/Volz*, JA 2009, 421 (423); *Lackner/Kühl*, StGB, § 228 Rn. 10; a.A. Otto, in: FS für Tröndle, 157 (168). *Duttge*, NJW 2005, 260 (262) warnt davor, sich hier ethisch-moralischer Kategorien zu bedienen.

453 BGHSt 49, 166 (171). Vgl. zuletzt BGH, NJW 2015, 1540 (1542), wonach bei verabredeten Bandenschlägereien mit erheblicher Eskalationsgefahr die Einwilligungen in die Körperverletzung unwirksam sind, selbst wenn mit den einzelnen Körperverletzungserfolgen keine konkrete Todesgefahr verbunden ist.

454 *Fischer*, StGB, § 228 Rn. 9a; *Weigend*, ZStW 1986, 44 (65). Für Beispielsfälle s. *Stree/Sternberg-Lieben*, in: Schönke/Schröder, StGB, § 228 Rn. 21.

455 *Duttge*, in: Prütting, Fachanwaltskommentar Medizinrecht, § 228 StGB Rn. 19.

456 Die Hyperstimulation stellt den intensivsten Teil der gesamten Behandlung dar. Sie wird aber nur dann bei der Leihmutter selbst durchgeführt, wenn diese als Ersatzmutter fungiert, d.h. die Produktion ihrer Eizellen angeregt werden soll. Nimmt

leichten Eingriff in die körperliche Sphäre der Patientin dar.[457] Eine Kontrolle hinsichtlich der Vernünftigkeit solcher medizinischer Eingriffe findet zum Schutze der Patientenautonomie nicht statt.[458] Selbst wenn man zur Bestimmung des Sittenwidrigkeitsmaßstabs nicht allein die Verletzungsintensität, sondern auch den Zweck der Tat heranzieht, bleibt zu konstatieren, dass die künstliche Befruchtung zunächst einmal der Schaffung neuen Lebens dient, also von einer positiven Intention begleitet wird. Ferner haften die Zwecke, die man hier überhaupt für unsittlich halten könnte, nicht der künstlichen Befruchtung durch den Arzt an, sondern dem Entschluss der Leihmutter, das eigens geborene Kind abzugeben. Deshalb, und weil § 228 StGB zur Wahrung des Selbstbestimmungsrechts des Einzelnen heute nur noch Fälle krasser Körperverletzungen verhindern soll[459], ist die artifizielle Insemination zum Zwecke der Herbeiführung einer Leihmutterschaft keine sittenwidrige Tathandlung, in die nicht wirksam eingewilligt werden könnte. Erfolgt sie entsprechend den medizinisch-naturwissenschaftlichen Standards und nach einer hinreichenden Aufklärung, rechtfertigt die Einwilligung der Leihmutter die tatbestandliche Körperverletzung[460], sodass der Arzt – von einer Bestrafung nach den Vorschriften des ESchG einmal abgesehen – keine weitere Sanktionierung gemäß den §§ 223 ff. StGB zu befürchten hat.

IX. Zusammenfassung

Zusammenfassend stellt sich die für Leihmutterschaften in Deutschland geltende Rechtslage wie folgt dar: Die vom Gesetzgeber erlassenen „Umfeldregelungen", insbesondere die Restriktionen des AdVermiG und des ESchG, machen es faktisch unmöglich, für eine andere Frau eine Schwangerschaft zu übernehmen – wenngleich ein förmliches Verbot der Leihmutterschaft nicht existiert. Kommt es auf welchem Wege auch immer zu der Geburt eines Kindes durch eine Leihmutter, so ist diese gemäß § 1591 BGB unanfechtbar die rechtliche Mutter. Der Wunschmutter verbleibt nur der seit der Einfügung von § 1741 Abs. 1 S. 2 BGB erschwerte Weg der Adoption, um in die rechtliche Elternstellung einzurücken. Zivilrechtliche Vereinbarungen mit Ärzten oder Vermittlungsstellen sind nach § 134 BGB nichtig. Für den Vertrag zwischen Wunscheltern und Leihmutter wird zum Teil dieselbe Norm herangezogen; vielfach wird diesbezüglich aber auch auf § 138 BGB abgestellt. Umstritten ist, ob altruistische Leihmuttervereinbarungen, nach denen über die Aufwendungen für die Schwangerschaft hinaus kein Entgelt gezahlt werden soll, ebenfalls sittenwidrig sind. Diese Streitfrage kann hier noch nicht abschließend beantwortet werden.

---

der Arzt (zur Herbeiführung einer Tragemutterschaft) eine Hyperstimulation bei der Wunschmutter vor, ist nach dem Gesagten natürlich auch ihre Einwilligung in diese Behandlung grundsätzlich wirksam.

457   So schon *Sternberg-Lieben*, NStZ 1988, 1 (5) für die (heute i.R.d. Eizellgewinnung kaum noch vorgenommene) eingriffsintensivere Laparoskopie.

458   *Joerden*, in: Joerden/Hilgendorf/Thiele, Menschenwürde und Medizin, S. 221 (230).

459   *Järkel*, Die wegen Sittenwidrigkeit rechtswidrige Körperverletzung, S. 271.

460   So auch *Diel*, S. 128.

Denn wann ein Rechtsgeschäft sittenwidrig ist, bestimmt sich unter Beachtung der mittelbaren Drittwirkung der Grundrechte auch anhand der grundgesetzlichen Werteentscheidungen. Wie stark (entgeltliche oder unentgeltliche) Leihmutterschaften Grundrechtspositionen tangieren, muss jedoch erst noch analysiert werden.

B. Leihmutterschaftstourismus

Ein Charakteristikum der Fortpflanzungsmedizin ist, dass sie grenzüberschreitend und weitgehend unabhängig von den rechtlichen Bestimmungen einzelner Länder betrieben wird. Wenn der Gesetzgeber Sachverhalte regeln möchte, die sich problemlos auch länderübergreifend abspielen können, dann stellt ihn das vor besondere Probleme. So ist es auch in der causa Leihmutterschaft: Plädiert man für eine Lockerung der Verbotsregeln, weil Leihmutterschaften andernfalls ohnehin im Ausland stattfinden? Oder fordert man gerade deshalb eine weitere Verschärfung, um die Inanspruchnahme von Leihmüttern im Ausland für deutsche Wunschelternpaare weniger attraktiv zu machen?[461] Bei der Beantwortung der Frage, wie die für eine andere übernommene Mutterschaft in Deutschland zukünftig zu regeln ist, kann nicht unberücksichtigt bleiben, in welchem Umfang und mit welchen sozialen Konsequenzen Paare aus Deutschland Hilfe im Ausland suchen. Werden Kinder durch ausländische Leihmütter geboren, kommt es bei der von den Wuscheltern angestrebten Einreise der Kinder regelmäßig zu Konflikten mit den deutschen Behörden. Auch daraus mögen Kindeswohlgefährdungen resultieren, die ein Einschreiten des Gesetzgebers erfordern.

I. Zunehmende Zahl von Fällen mit Auslandsbezug

Der Reproduktionstourismus und damit diejenigen Fälle, in denen Paare zur Fortpflanzung Hilfe im Ausland in Anspruch nehmen, haben in den vergangenen Jahren spürbar zugenommen.[462] Die Jugend- und Familienministerkonferenz beobachtet in vielen Ländern die Entwicklung der Leihmutterschaft zu einem „florierenden Wirtschaftszweig."[463] Weltweit stieg die Anzahl an Leihmutterschaften zwischen 2006 und 2010 etwa um das Zehnfache.[464] Das vermag in Zeiten eines

---

461 Wie etwa die Jugend- und Familienministerkonferenz der Länder, die vorschlägt, die bisherige Straffreiheit der Wunscheltern aufzuheben; Beschluss vom 6. und 7. Juni 2013 (abrufbar unter: http://www.jfmk.de/pub2013/TOP_5.1_Weiterentwicklung _des_Adoptionsvermittlungsverfahrens_(mit_Anlagen).pdf).

462 *Coester-Waltjen*, FF 2013, 48 (49).

463 Beschluss der Konferenz am 6. und 7. Juni 2013 (abrufbar unter: http://www. jfmk.de/pub2013/TOP_5.1_Weiterentwicklung_des_Adoptionsvermittlungsverfahrens_(mit_Anlagen).pdf). Vgl. auch *Mohapatra*, Annals of Health Law 2012, 191 (193), die von einem „booming business" spricht.

464 Permanent Bureau der HCCH, A Preliminary Report On The Issues Arising From International Surrogacy Arrangements, S. 8.

globalisierten Marktes, der es Bürgern ermöglicht, rechtliche Beschränkungen im eigenen Land zu umgehen, nicht zu verwundern.[465] Diese Entwicklung wird durch einen starken Informationsaustausch und eine hohe Mobilität begünstigt. Indem der deutsche Gesetzgeber Leihmutterschaften im Inland unterbindet, das Handeln der Wuscheltern selbst aber nicht unter Strafe stellt, fördert er indirekt den Leihmutterschaftstourismus. Um ihren Kinderwunsch zu erfüllen, nehmen Paare weite Reisen – etwa nach Indien oder Russland – auf sich. Die ausländischen Reproduktionskliniken nutzen dabei insbesondere das Medium Internet, über das sie intensiv für ihre Methoden werben.[466] Wer in die weltweit größte Internetsuchmaschine „Google" den Suchbegriff „Leihmutterschaft" eingibt, erhält ein breites Angebot im Ausland ansässiger Kliniken wie etwa das des Zentrums für Eizellspende und Leihmutterschaft[467], das gleich in neun europäischen Sprachen angepriesen wird. Dort wirbt eine ukrainische Infertilitätsklinik unter der Leitung von Professor Feskov für ihre Angebote wie etwa für das Servicepaket „Surrogate mother and egg donor", das die Bereitstellung einer Leihmutter sowie einer Eizellspenderin zum Preis von knapp 29.000 Euro umfasst. Das Honorar der Leihmutter beträgt dabei 8.000 Euro, zuzüglich einer Bonuszahlung von 1.000 Euro sowie einer von den Wunscheltern zu zahlenden Verpflegungspauschale für die neun Monate.[468] Schaut man sich den Werbefilm der Klinik an, könnte man meinen, die als glücklich dargestellten Wunscheltern kämen zu keinem Zeitpunkt in Kontakt mit den – überhaupt nicht erwähnten – Leihmüttern.[469]

Begehrte Ziele zur Überwindung persönlicher Infertilität sind neben der Ukraine vor allem Russland[470] und Slowenien sowie außereuropäisch die USA und Indien. Während in den USA mindestens 100.000 US-Dollar fällig werden, soll man sich die Dienste einer Leihmutter in Georgien schon für umgerechnet etwa 4.000 Euro sichern können.[471] Die Kosten für eine in Indien durchgeführte Leihmutterschaft betragen typischerweise nur rund ein Drittel dessen, was interessierte Paare in den USA bezahlen müssen.[472] Dennoch erhalten indische Leihmütter für

---

465   *Lee*, Hastings Women's Law Journal 2009, 275 (284) glaubt, dass eine staatliche Strategie, reproduktionsmedizinische Verfahren zu unterbinden, „vielleicht vor fünfzig Jahren effektiv war", heute jedoch dem Fertilitätstourismus geopfert werden müsse.

466   *Depenbusch/Schultze-Mosgau*, in: Diedrich/Ludwig/Griesinger, Reproduktionsmedizin, S. 298 f.

467   Die deutsche Version der Seite findet sich unter: http://de.mother-surrogate.com/.

468   Die verschiedenen Angebote sind abrufbar unter: http://surrogate-mother-cost.com/europe-price.html.

469   Zum gut viereinhalbminütigen Werbefilm: https://www.youtube.com/watch?v=OOQLP7mmojo.

470   Ein „run" auf die Leihmutterschaft ist in mehreren GUS-Staaten zu beobachten; *Sturm*, in: FS für Kühne, S. 919 (927).

471   *Albrecht*, FAS v. 10.8.2014, 45.

472   *Helms*, StAZ 2013, 114 (119); *Diel*, S. 22.

eine Fremdschwangerschaft das Vier- bis Fünffache eines dort durchschnittlichen Jahreseinkommens.[473] Nicht zuletzt die Tiefstpreise im asiatischen und osteuropäischen Raum haben den Leihmutterschaftstourismus befeuert.[474] Der Markt wird inzwischen sogar von international tätigen Unternehmen bedient.[475] Paaren, die reproduktionsmedizinische Hilfe im Ausland suchen, geht es in aller Regel darum, die restriktiven rechtlichen Regelungen des Heimatlandes zu umgehen. Darüber hinaus mögen auch andere Beweggründe den Entschluss, eine ausländische Leihmutter zu engagieren, tragen. So kann ausschlaggebend sein, dass Leihmutterschaften etwa in Indien oder der Ukraine kostengünstiger sind[476], es im Heimatland kulturelle Vorbehalte gegen diese Methode gibt oder dort mangels entsprechender Nachfrage nicht die notwendigen technischen Mittel bereitstehen.[477] In Europa gestatten Großbritannien, Schweden, Norwegen, Dänemark, Spanien, Griechenland und die Schweiz die altruistische Form der Leihmutterschaft[478], womit diese Länder freilich nicht zum Ziel von Reproduktionstouristen werden.

II. Leihmutterschaftstourismus am Beispiel der Ukraine

Die Ukraine hat sich in den vergangenen Jahren zu einem der für internationale Leihmutterschaften bedeutendsten Länder entwickelt. Etwa die Hälfte der ukrainischen Leihmütter trägt Kinder für ausländische Paare aus.[479] Wie sich die dortigen Kliniken auf die (auch) aus Deutschland stammenden Wunschelternpaare einstellen, schildert Andreas Bernard in seinem in Fachkreisen viel beachteten Buch mit dem Titel „Kinder machen – Neue Reproduktionstechnologien und die Ordnung der Familie." Anhand seiner Ausführungen soll nachvollzogen werden, wie internationale Fälle der Leihmutterschaft in der Ukraine gehandhabt werden.[480]

Die Ukraine bietet neben den finanziellen Annehmlichkeiten den Vorzug, dass westeuropäische Interessenten den kulturellen Unterschied zu Osteuropa verglichen mit Indien als weniger stark empfinden. Biotexcom[481] ist eines der größten Reproduktionszentren der Ukraine. Die Inanspruchnahme einer Leihmutter kostet dort

473　*Mohapatra*, Annals of Health Law 2012, 191 (195).
474　*Oberhuber*, zeit.de v. 17.8.2014 (abrufbar unter: http://www.zeit.de/wirtschaft/ 2014-08/leihmutter-kinder-schangerschaft), wonach sich allein in Indien rund 3.000 Kliniken auf das Verfahren der Leihmutterschaft spezialisiert haben.
475　Permanent Bureau der HCCH, The Desirability And Feasibility Of Further Work One The Parentage/Surrogacy Project, S. 15.
476　*Bernard*, S. 365 spricht von einer „Art Biokolonialismus".
477　*Lee*, Hastings Women's Law Journal 2009, 275 (285).
478　*Armour*, Nursing for Womens Health 2012, 231 (234).
479　*Mohapatra*, Annals of Health Law 2012, 191 (195).
480　Die folgenden Ausführungen gehen im Wesentlichen auf *Bernard*, Kinder machen – Neue Reproduktionstechnologien und die Ordnung der Familie, S. 354 ff. zurück.
481　Die deutsche Internetpräsenz von Biotexcom findet sich unter: http://www.leih-mutter-schaft.de/.

etwa 30.000 Euro. Für diesen Preis garantiert die Klinik die Geburt eines eigenen Kindes. Wenn ein Paar die Behandlung nach fünf erfolglosen Versuchen der Einnistung abbricht, erhält es, sofern es zuvor das „Success Paket"[482] gebucht hat, den gesamten gezahlten Geldbetrag zurück. Nach Aussage von Albert Totchilowski, dem Gründer von Biotexcom, kommen etwa ein Drittel seiner Klienten aus Deutschland. Die Rechtslage in der Ukraine gestattet ihm zwar die Vermittlung kommerzieller Leihmutterschaften, nicht jedoch die Vornahme reproduktionsmedizinischer Maßnahmen bei gleichgeschlechtlichen Paaren.[483] Tragemütter müssen, so sieht es die Rechtslage vor, bereits ein eigenes Kind geboren haben. Sie erhalten rund 8.000 Euro für die Geburt eines Kindes und 10.000 Euro für die Geburt von Zwillingen. Aufgrund des großen Interesses besteht für Wunschelternpaare eine Wartezeit von etwa einem halben Jahr. Dabei ist es üblich, dass sich die Leihmutter und die Auftragseltern bis zur zwölften Woche der Schwangerschaft nicht sehen. Eine mögliche Fehlgeburt im Frühstadium der Schwangerschaft soll so für alle Parteien besser zu verkraften sein. Der Verlauf der Schwangerschaft wird durch Biotexcom regelmäßig kontrolliert. Dazu erscheinen die Leihmütter einmal wöchentlich in der Klinik. In der 19. Woche nehmen die behandelnden Ärzte eine Fruchtwasseruntersuchung vor. Kommt es zu Komplikationen und wünscht das Wunschelternpaar eine Abtreibung, muss die Schwangere dieser zustimmen. Nisten sich alle drei der auf die Leihmutter übertragenen Embryonen ein, wird die Anzahl der Föten in der vierten Schwangerschaftswoche „reduziert"[484], also ein Fötus abgetrieben.

Die Wunschmutter, die mit ihrem Partner zunächst zu einer ersten medizinischen Untersuchung, später dann zur Eizellentnahme einreist, hält sich in der Zeit der Entbindung länger in der Ukraine auf, um bei der Geburt anwesend zu sein und selbst die Nabelschnur zu durchtrennen. Während ihres Aufenthalts werden die Wunscheltern in einer Wohnung von Biotexcom untergebracht. Ihre Verpflegung ist im Preis inbegriffen.[485] Kliniken wie Biotexcom haben das Verfahren der Leihmutterschaft längt perfektioniert. Möglich macht das die der Reproduktionsmedizin gegenüber liberal eingestellte Rechtsordnung des Landes. Konträr zur Aussage des § 1591 BGB im deutschen Familienrecht räumt das ukrainische Recht der Surrogatmutter keine mütterlichen Rechte ein. Als Eltern eines Kindes, das unter Anwendung reproduktionsmedizinischer Technologien geboren wurde, gelten nach Art. 123 Abs. 2

---

482   Zum sog. „Sucess Paket": http://leihmutter-schaft.de/wp-content/uploads/2013/04/paket-succes.pdf.

483   *Totchilowski* kommentiert das wie folgt: „[...] In der Ukraine und in Russland sind Homosexuelle für alle Parteien ein rotes Tuch. Ich bin ein zivilisierter Mann und bin selbstverständlich für gleiche Rechte von homosexuellen Paaren. Aber darüber spreche ich nicht laut in diesem Land"; zit. nach Bernard, S. 358.

484   Zur „Föten-Reduktion": *Haker*, in: Holderegger/Wils, Interdisziplinäre Ethik, S. 236.

485   *Bubrowski*, faz.net v. 30.5.2013 (abrufbar unter: http://www.faz.net/aktuell/politik/inland/leihmutterschaft-kaeufliches-elternglueck-12201752.html).

des ukrainischen Familiengesetzbuches unmittelbar die Wunschmutter und der Wunschvater.[486]

III. Kollision der Rechtssysteme

Dass deutsche Paare die Hilfe von Leihmüttern im Ausland in Anspruch nehmen, vermag also auch die restriktive Gesetzgebung hierzulande nicht zu verhindern. Die Kollision der Rechtsordnungen kann für die Wunscheltern nach der Geburt des Kindes zu Problemen führen, die sie so vorher nicht abgesehen haben. Kommt das Kind einer Leihmutter etwa in der Ukraine zur Welt, so erhält es dort eine Geburtsurkunde, die es als Kind der deutschen Wunscheltern ausweist. Dann stellt sich die ganz wesentliche Frage, ob die nach ausländischem Recht begründete Elternschaft auch in Deutschland anzuerkennen ist.[487] Diese Problematik soll zunächst anhand jüngerer Entscheidungen der Rechtspraxis exemplarisch verdeutlicht werden.

1. VG Berlin v. 15.4.2011

Im Jahr 2011 ging es in einem Verfahren des einstweiligen Rechtsschutzes vor dem VG Berlin um die Frage, ob ein in Indien mutmaßlich von einer Leihmutter zur Welt gebrachtes Kind einen Anspruch auf die Ausstellung eines deutschen Passes hat. Den von einem deutschen Ehepaar für das in Indien geborene Kind gestellten Antrag auf den Erhalt eines Kinderpasses lehnte die dortige deutsche Auslandsvertretung ab. Das Gericht bestätigte diese Entscheidung im Verfahren des vorläufigen Rechtsschutzes in Ermangelung eines nach § 123 Abs. 1 S. 2 VwGO erforderlichen Anordnungsanspruchs.[488] Die Anspruchsgrundlage für die Ausstellung eines Kinderpasses ist § 6 Abs. 1 S. 1 PassG. Ein Pass, als welcher nach § 1 Abs. 2 Nr. 2 PassG auch der Kinderreisepass gilt, darf gemäß § 1 Abs. 4 S. 1 PassG nur Deutschen i.S.d. Art. 116 Abs. 1 GG ausgestellt werden.[489] Gemäß § 6 Abs. 2 PassG hat der Antragssteller die Nachweise vorzulegen, die zur Feststellung seiner Eigenschaft als Deutscher erforderlich sind. Die deutsche Staatsangehörigkeit wird gemäß § 3 Abs. 1 Nr. 1 i.V.m. § 4 StAG durch Geburt[490] erworben. Deutscher ist also, wessen Mutter oder Vater Deutsche bzw. Deutscher ist. Den Nachweis der Deutscheneigenschaft konnte

486   Ein Abdruck des Art. 123 Abs. 2 des ukrainischen Familiengesetzbuches findet sich bei *von Albertini*, in: Bergmann/Ferid/Henrich, Internationales Ehe- und Kindschaftsrecht, Länderteil Ukraine, S. 75 (Stand: 181. EGL); vgl. auch *Helms*, in: Röthel/Löhnig/Helms, Ehe, Familie, Abstammung – Blicke in die Zukunft, S. 49 (69).

487   *Benicke*, StAZ 2013, 101 (102).

488   Die im Folgenden dargestellten Entscheidungsgründe sind VG Berlin, IPRax 2012, 548 ff. entnommen.

489   *Möller*, in: Hornung/Möller, PassG/PAuswG, § 1 PassG Rn. 12.

490   Die anderen in § 3 Abs. 1 StAG normierten Möglichkeiten, die deutsche Staatsangehörigkeit zu erlangen (etwa durch Adoption oder Einbürgerung), sind hier nicht von Belang.

das Kind, vertreten durch das Ehepaar[491], nicht erbringen.[492] Vielmehr sei, so das Gericht, völlig unklar, ob die Ehefrau gemäß § 1591 BGB die Mutter des Kindes sei. Dagegen spreche schon ihr hohes Alter von 55 Jahren, welches „eine Mutterschaft zwar nicht unmöglich, aber sehr unwahrscheinlich erscheinen" lasse. Eine ärztliche Bescheinigung über die Geburt sowie einen Mutterpass konnte die Frau nicht vorweisen. Träfen die Behauptungen des Paares zu, so wäre das Paar kurz vor einer zu erwartenden Entbindung nach Indien gereist. Eine Mitnahme hoch schwangerer Personen werde erfahrungsgemäß aber von Fluggesellschaften gar nicht akzeptiert. Es sei „unglaubhaft, dass eine sechswöchige Fernreise nach Indien kurz vor der Geburt eines Kindes angetreten wird, obwohl schon infolge des Alters der Mutter eine Risikoschwangerschaft besteht". Vielmehr sei überwiegend wahrscheinlich, dass das Kind von einer indischen Leihmutter zur Welt gebracht wurde.

Die Abstammung des Kindes von einem deutschen Vater konnte ebenso wenig glaubhaft gemacht werden. Bei der Beantwortung der Frage, ob das Kind i.S.d. § 4 Abs. 1 S. 1 StAG einen deutschen Elternteil hat, kommt es nicht auf die biologische, sondern auf die rechtliche Vaterschaft an.[493] Maßgeblich ist dafür die Vorschrift des Art. 19 Abs. 1 EGBGB: Dieser zufolge ist für die Abstammung eines Kindes das Recht des Staates, in dem es seinen gewöhnlichen Aufenthalt hat, maßgeblich. Alternativ kann die Abstammung gemäß Art. 19 Abs. 1 S. 2 EGBGB im Verhältnis zu jedem Elternteil auch nach dessen Heimatrecht bestimmt werden. Zwischen den beiden Anknüpfungsvarianten besteht kein Rangverhältnis; das Gesetz eröffnet hier eine freie Wahlmöglichkeit.[494] Bei einer Konkurrenz zwischen der Grund- und der Zusatzanknüpfung gilt das Günstigkeitsprinzip, d.h. es ist diejenige Alternative

---

491 Das VG Berlin hatte bereits Zweifel an der ordnungsgemäßen Vertretung des Kindes. Grundsätzlich ist die Antragsstellung nach § 6 Abs. 1 S. 4 PassG vertretungsfeindlich. Minderjährige können sich nach § 6 Abs. 1 S. 6 PassG durch den Sorgeberechtigten vertreten lassen; *Möller*, in: Hornung/Möller, PassG/PAuswG, § 6 PassG Rn. 11. Das Ehepaar konnte nach Auffassung des Gerichts aber keinen Nachweis des Sorgerechts erbringen; VG Berlin, IPRax 2012, 548 (549).

492 Im gegen die Passbehörde gerichteten Verfahren auf Ausstellung eines Passes ist durch das Gericht nur zu prüfen, ob der Antragsteller die zur Feststellung seiner Deutscheneigenschaft erforderlichen Nachweise erbracht hat, nicht jedoch, ob er tatsächlich Deutscher i.S.d. § 1 PassG ist; *Möller*, in: Hornung/Möller, PassG/PAuswG, § 6 PassG Rn. 19; VGH Kassel, NVwZ-RR 2008, 108; OVG Hamburg, DÖV 2001, 742.

493 Deshalb konnte ein von den Wunscheltern vorgelegtes DNA-Gutachten, das den Mann als genetischen Vater auswies, den Anspruch auf die Ausstellung des Passes nicht begründen.

494 BT-Drs. 13/4899, 137, wonach die Feststellung der Abstammung nach dem Heimatrecht des Elternteils neben die in Art. 19 Abs. 1 S. 1 BGB normierte Variante tritt. Zustimmend *Henrich*, in: Staudinger, BGB, Art. 19 EGBGB Rn. 23, der die Gleichrangigkeit der Anknüpfungsalternativen, die einer schnellen Feststellung der Abstammung dient, als „vernünftig" bezeichnet.

heranzuziehen, die eine positive Feststellung der Abstammung ermöglicht.[495] Der gewöhnliche Aufenthalt des Kindes ist dort, wo es seinen Daseinsmittelpunkt hat, also dort, wo besondere familiäre, berufliche und sonstige Bindungen an ein Land existieren.[496]

Für den damals viermonatigen Säugling nahm das VG Berlin an, es habe solche Bindungen noch nicht entwickeln können. Es bestünden, so das Gericht weiter, Bedenken, ob allein aufgrund seines faktischen Aufenthalts in Indien davon auszugehen sei, dass dieses Land sein gewöhnlicher Aufenthaltsort[497] sei. Sofern man den gewöhnlichen Aufenthaltsort des Kindes in Indien annähme, bestimme sich die Abstammung nach dem indischen Recht. Weil die Identität der indischen Geburtsmutter verborgen blieb, konnte das Gericht nicht klären, wer nach indischem Recht der Vater ist. Denn nach Art. 112 des Indian Evidence Acts 1872 ist für die Abstammung maßgeblich, ob das Kind von einer ledigen oder einer verheirateten Frau geboren wurde. Im letzteren Fall gilt der Ehemann der Frau als Vater des Kindes. Dies vermochte das Gericht im Verfahren des einstweiligen Rechtsschutzes nicht in Erfahrung zu bringen. Anknüpfend an das Heimatrecht des Elternteils (Art. 19 Abs. 1 S. 2 BGB) ergab sich hier ebenfalls keine Abstammung des Kindes von einem Deutschen. Denn nach deutschem Recht ist Vater, wer im Zeitpunkt der Geburt mit der Mutter des Kindes verheiratet ist, die Vaterschaft anerkannt hat oder gerichtlich als Vater festgestellt wurde (§ 1592 BGB). Für den Wunschvater, der in Indien die Aushändigung eines Kinderpasses für den Säugling erwirken wollte, war keine dieser Voraussetzungen erfüllt: Weder war er mit der (mutmaßlichen) Leihmutter verheiratet, noch war seine Vaterschaft anerkannt oder festgestellt. Das Kind hatte, so die damalige Entscheidung des VG Berlin, mangels Abstammung von einem deutschen Elternteil keinen Anspruch auf die Ausstellung eines Kinderpasses.

2. VG Berlin v. 5.9.2012

Über einen ganz ähnlichen Fall hatte das VG Berlin im September 2012 zu entscheiden: Ein Ehepaar hatte in einer ukrainischen Reproduktionsklinik eine Tragemutter engagiert. Die Ausstellung eines Kinderpasses für das von ihnen genetisch abstammende Kind verweigerte die zuständige deutsche Behörde. Erneut vermochte das Gericht keinen Anspruch aus § 6 Abs. 1 S. 1 PassG abzuleiten. Die Mutter des

---

495 *Martiny*, in: Weinreich/Klein, Fachanwaltskommentar Familienrecht, Art. 19 EGBGB Rn. 7; *Henrich*, in: FS für Schwab, S. 1141 (1146); BayObLG, FamRZ 2002, 686 (687); OLG Nürnberg, FamRZ 2005, 1697 (1698).

496 *Henrich*, in: Staudinger, BGB, Art. 19 EGBGB Rn. 13; *Klinkhardt*, in: Münchener Kommentar, Bd. 10, Art. 19 EGBGB Rn. 10; BGH, IPRax 1994, 131 (133).

497 *Benicke*, StAZ 2013, 101 (107) nimmt an, dass sich der Aufenthalt im Land der Leihmutter mit der Zeit zu einem gewöhnlichen Aufenthalt „verstärkt". Spätestens nach sechs Monaten sei von einem gewöhnlichen Aufenthalt des Kindes im Geburtsland auszugehen. Vgl. zu der Sechs-Monats-Regel auch BGHZ 78, 293 (301); OLG Hamm, NJW 1974, 1053.

Kindes sei nach § 1591 BGB die ukrainische Leihmutter, während keine der für die rechtliche Vaterschaft in § 1592 BGB normierten Voraussetzungen in der Person des Wunschvaters vorlägen. Nach ukrainischem Recht rücken aber unmittelbar die Wunscheltern in die Elternposition (Art. 123 Abs. 2 des ukrainischen Familiengesetzbuches). Nähme man also den gewöhnlichen Aufenthalt des Kindes in der Ukraine an – was das Gericht mit den gleichen Erwägungen wie im Fall aus dem Jahr 2011 bezweifelte[498] –, stammte es bei Anwendung des ukrainischen Rechts nach Art. 19 Abs. 1 S. 1 EGBGB von den Wunscheltern, d.h. von deutschen Eltern ab. Der Anspruch auf die Erteilung eines Kinderpasses bestünde damit in der Person des durch die ukrainische Leihmutter geborenen Kindes. Diese rechtliche Konsequenz vermochte das VG Berlin zu verhindern, indem es Art. 123 Abs. 2 des ukrainischen Familiengesetzbuches für nicht anwendbar erklärte. Die ukrainische Regelung verstoße gegen wesentliche Grundsätze des deutschen Rechts, nach dem Leihmutterschaften verboten seien, und sei deshalb gemäß Art. 6 EGBGB nicht anzuwenden. Ein von den Wunscheltern vorgelegtes Urteil eines ukrainischen Gerichts, das die beiden als genetische und rechtliche Eltern auswies, erkannte das deutsche Gericht mit gleicher Begründung und dem Verweis auf § 109 Abs. 1 Nr. 4 FamFG nicht an.[499]

3. OLG Stuttgart v. 7.2.2012

Das OLG Stuttgart hatte im Februar 2012 über einen Leihmutterschaftsfall mit Bezug in die USA zu entscheiden. Ein deutsches Wunschelternpaar hatte durch eine kalifornische Tragemutter Zwillinge gebären lassen. Obwohl das deutsche Generalkonsulat in San Diego die Ausstellung der Pässe verweigerte, reiste das Paar mit den Kindern nach Deutschland ein. Dem dort gestellten Antrag auf die Nachbeurkundung der Geburt der Kinder nach § 36 Abs. 1 S. 1 PStG gab das zuständige Standesamt mit der Begründung, die Kinder hätten keine deutsche Staatsangehörigkeit erworben, nicht statt. Diese behördliche Entscheidung hielt das OLG Stuttgart für rechtsfehlerfrei.[500] Die von dem Wunschelternpaar daraufhin eingelegte Verfassungsbeschwerde wies das BVerfG in Ermangelung einer nach §§ 23 Abs. 1 S. 2, 92 BVerfGG erforderlichen hinreichenden Begründung als unzulässig ab. Die Beschwerdeführer hätten, so das BVerfG, für das Verfahren wesentliche Informationen, wie etwa die Staatsangehörigkeit und den Familienstand der Leihmutter, nicht erteilt.[501] Sie hatten gerügt, dass eine mögliche Anerkennung der Vaterschaft durch den Wunschvater, die den Zwillingen die deutsche Staatsbürgerschaft vermitteln könne, im Verfahren nicht

---

498 Es sieht seine Zweifel sogar noch durch den Umstand verstärkt, dass das Kind „nach dem ausdrücklichen Willen des hier als Eltern auftretenden Ehepaares so schnell wie möglich nach Deutschland gebracht werden soll" und es „erkennbar nicht in der Ukraine, sondern in Deutschland seinen Lebensmittelpunkt nehmen soll"; VG Berlin, StAZ 2012, 382 (383).

499 VG Berlin, StAZ 2012, 382 f.; zustimmend *Rauscher/Pabst*, NJW 2013, 3692 (3695).

500 OLG Stuttgart, NJW-RR 2012, 389 f.

501 BVerfG, NJW-RR 2013, 1 (2).

berücksichtigt worden sei. Da der Familienstand der Leihmutter, über den das Paar keine Angaben machte, für eine Anerkennung aber von Bedeutung ist (nur, wenn die Leihmutter ledig ist, kann ohne eine vorherige Anfechtung die Vaterschaft anerkannt werden), hat das BVerfG die Verfassungsbeschwerde verständlicherweise für nicht hinreichend begründet erklärt. Dass nach einer erfolgten Anerkennung der Vaterschaft das im Ausland von einer Leihmutter geborene Kind die deutsche Staatsbürgerschaft innehat und insofern eine Nachbeurkundung durch das Standesamt zu erfolgen hat, entschied erst im April 2013 das OLG Düsseldorf.[502]

4. Der ordre-public-Verstoß

Leihmutterschaften mit Auslandsbezug führen regelmäßig zu einer Kollision der verschiedenen Rechtsordnungen. Ob Aussagen des ausländischen Rechts hierzulande rechtliche Bedeutung entfalten, richtet sich nach dem sog. ordre-public-Vorbehalt. Unter dem ordre public (französisch für öffentliche Ordnung) versteht man im internationalen Privatrecht die grundlegenden Wertvorstellungen einer Rechtsordnung. Ausländisches Recht, das mit eben diesem ordre public unvereinbar ist, findet im Geltungsbereich des inländischen Rechts keine Anwendung. Dabei ist wie folgt zu differenzieren: Nach dem kollisionsrechtlichen ordre-public-Vorbehalt, niedergelegt in Art. 6 EGBGB, sind ausländische Rechtsnormen nicht anwendbar, wenn ihre Anwendung zu einem Ergebnis führte, das mit wesentlichen Grundsätzen des deutschen Rechts, insbesondere mit den Grundrechten, offensichtlich unvereinbar wäre. Der anerkennungsrechtliche ordre-public-Vorbehalt, normiert etwa in § 109 Abs. 1 Nr. 4 FamFG[503], steht der Anerkennung ausländischer Gerichtsentscheidungen entgegen, sofern diese Anerkennung mit den grundlegenden Wertvorstellungen des inländischen Rechts kollidierte. Die Formulierung beider Vorbehalte ist nahezu identisch.

---

502 OLG Düsseldorf, IPRax 2014, 77 (79). Hier hatte ein in einer gleichgeschlechtlichen Lebenspartnerschaft lebender Mann in Indien eine gespendete Eizelle mit seinem Samen befruchten lassen und den Embryo von einer indischen Leihmutter austragen lassen. Die Leihmutter versicherte später eidesstattlich, dass sie das Kind als ledige Frau geboren habe. Die deutschen Behörden bezweifelten ihre Aussage vor dem Hintergrund, dass in Indien üblicherweise nur verheiratete Frauen Leihmutterschaften übernehmen und verweigerten deshalb die Nachbeurkundung. Das OLG Düsseldorf war der Auffassung, dass nach der Erklärung der Leihmutter „vernünftige Zweifel daran, dass [sie] bei der Geburt [...] ledig war", nicht mehr bestanden.

503 Hier ist er für die Verfahren in Familiensachen sowie in Angelegenheiten der freiwilligen Gerichtsbarkeit (vgl. § 1 FamFG) niedergelegt. Der anerkennungsrechtliche ordre-public-Vorbehalt ist im deutschen Recht an mehreren Stellen zu finden, so etwa auch in § 328 Abs. 1 Nr. 4 ZPO.

a) Allgemeine Anforderungen

Der ordre-public-Vorbehalt ist restriktiv auszulegen und auf Ausnahmefälle zu beschränken. Die deutsche öffentliche Ordnung ist nur verletzt, wenn das Ergebnis der Anwendung den Grundgedanken des deutschen Rechts und den darin enthaltenen Gerechtigkeitsvorstellungen so stark widerspricht, dass es nach inländischen Vorstellungen untragbar erscheint.[504] Das wird insbesondere angenommen, wenn die Anwendung ausländischen Rechts eine Grundrechtsverletzung zur Folge hat.[505] Bei der Auslegung des ordre publics sind die Grundrechte umso stärker zu berücksichtigen, je höher der Inlandsbezug eines zu entscheidenden Sachverhaltes ist.[506] Dass das Ausland für einzelne Rechtsprobleme Lösungswege bevorzugt, die von inländischen Vorstellungen abweichen, ist grundsätzlich hinzunehmen.[507] Bei dem ordre-public-Einwand handelt es sich um einen „Notanker für krasse Rechtsverstöße".[508] Zwischen Normen, die zum fundamentalen Kern des Rechtssystems gehören und solchen, die schlichtes Ergebnis einer (ggf. vorübergehenden) politischen Mehrheitsfindung sind, lässt sich freilich keine klare Trennlinie ziehen.[509] Der anerkennungsrechtliche ordre-public-Vorbehalt ist, da ihm bereits eine (ausländische) richterliche Entscheidung vorausgegangen ist, nach h.M. noch enger auszulegen als der kollisionsrechtliche Vorbehalt.[510] Man spricht deshalb auch von der abgeschwächten Wirkung des ordre public im Anerkennungsrecht.[511] Je weniger Inlandsbezug ein Sachverhalt aufweist, desto größere Abweichungen sind von der deutschen Rechtsordnung zu dulden.[512] Bei der Beantwortung der Frage, ob ein Anerkennungshindernis vorliegt, darf gemäß § 109 Abs. 5 FamFG keine Nachprüfung der Sache selbst erfolgen (sog. Verbot der révision au fond).[513]

504 BGH, NJW 2002, 960 (961); BGH, FamRZ 2011, 788 (790); BGHZ 118, 312 (330).

505 *Musielak/Borth*, FamFG, § 109 Rn. 7; EuGH, NJW 2000, 1853 (1855).

506 BGHZ 120, 29 (34); *Kropholler*, Internationales Privatrecht, S. 252.

507 *Henrich*, in: FS für Schwab, S. 1141 (1150), der von der „scharfen Waffe des ordre public" spricht.

508 *Baetge*, in: Schulte-Bunert/Weinreich, FamFG, § 109 FamFG Rn. 18.

509 Ähnlich *Gruenbaum*, American Journal of Comparative Law 2012, 475 (495).

510 BGH, IPRax 1999, 466 (467); *Spellenberg*, in: Staudinger, IntVerfREhe, § 328 ZPO Rn. 445. Dem liegt das Vertrauen in die Kompetenz ausländischer Gerichte zugrunde; *Wagner*, FamRZ 2006, 744 (752).

511 *Voltz*, in: Staudinger, BGB, Art. 6 EGBGB Rn. 118; BGHZ 138, 331 (334). Für die abgeschwächte Wirkung spricht, dass die fremden Entscheidungen im Ausland bereits Rechtswirkungen entfalten und eine Nichtanerkennung im Inland zu „hinkenden Rechtsverhältnissen" führt; *Sonnenberger*, in: Münchener Kommentar, Bd. 10, Art. 6 EGBGB Rn. 22.

512 *Heiderhoff*, in: Bork/Jacoby/Schwab, FamFG, § 108 Rn. 15; BGHZ 118, 312 (349).

513 *Hau*, in: Prütting/Helms, FamFG, § 109 Rn. 18; *Meysen*, in: Meysen, FamFG, § 109 Rn. 12.

b) Leihmutterschaft und der ordre public

In Fällen einer internationalen Leihmutterschaft kann sich die Frage nach einem ordre-public-Verstoß auf zwei Ebenen stellen: Bei der Anwendung ausländischer Rechtsnormen i.r.d. Art. 19 Abs. 1 EGBGB oder bei der Anerkennung bereits ergangener ausländischer Entscheidungen i.r.d. § 108 Abs. 1 FamFG. § 108 Abs. 1 FamFG normiert das Prinzip der Inzidentanerkennung[514]: Stellen Wunscheltern einen Antrag auf Nachbeurkundung nach § 36 Abs. 1 S. 1 PStG oder auf Ausstellung eines deutschen Passes nach § 6 Abs. 1 S. 1 PassG, so erfolgt in diesem Verfahren vorbehaltlich eines sich aus § 109 Abs. 1 FamFG ergebenden Hindernisses eine Anerkennung der ausländischen Entscheidung ipso iure. Dabei sind Entscheidungen i.S.d. § 108 Abs. 1 FamFG neben gerichtlichen auch behördliche Entscheidungen, sofern es sich um Behörden handelt, die ihrer Funktion nach mit einem Gericht der freiwilligen Gerichtsbarkeit vergleichbar sind.[515] Dabei kommt es darauf an, dass die staatliche Stelle eine Prüfungs- und eine Verwerfungskompetenz inne hat.[516] Von vornherein nicht anerkennungsfähig sind Entscheidungen, denen keine Sachprüfung zugrunde liegt – wie etwa das Ausstellen der Geburtsurkunde. In diesen Fällen muss die Abstammung durch das nach Art. 19 Abs. 1 EGBGB anwendbare Recht ermittelt werden.[517]

Wenn eine behördliche und keine gerichtliche Entscheidung des Auslandes vorliegt, dann ist im Einzelfall zu prüfen, ob diese überhaupt eine Entscheidung i.S.d. § 108 Abs. 1 FamFG darstellt. So ist etwa die Registrierung der Wunscheltern durch die ukrainische Behörde für deren Rechtsstellung nicht konstitutiv. Sie dokumentiert nur die Rechtslage, die sich schon unmittelbar aus dem Gesetz (Art. 123 Abs. 2 ukrainisches Familiengesetzbuch) ergibt. Ist eine behördliche Entscheidung wie diese angesichts ihres nur deklaratorischen Charakters gar nicht anerkennungsfähig i.S.d. § 108 Abs. 1 FamFG[518], dann gewinnt der kollisionsrechtliche ordre-public-Vorbehalt wieder an Bedeutung. Ob das Verbot der Leihmutterschaft ein Bestandteil des deutschen ordre public ist und ob also ausländisches Recht, welches die Mutterschaft für Dritte gestattet, hierzulande anzuerkennen ist, wird nicht einheitlich beurteilt.

---

514 *Kemper*, in: Saenger, Hk-ZPO, § 108 FamFG Rn. 7; *Heiderhoff*, in: Bork/Jacoby/Schwab, FamFG, § 108 Rn. 1.

515 OLG Zweibrücken, NJW-RR 2005, 159 (160); *Gomille*, in: Haußleiter, FamFG, § 108 Rn. 12; *Musielak/Borth*, FamFG, § 108 Rn. 2.

516 *Ludwig*, RNotZ 2002, 353 (357).

517 *Duden*, StAZ 2014, 164 (166); *Dethloff*, JZ 2014, 922 (925), die darauf hinweist, dass (auch in der Praxis) nicht immer klar ist, ob eine gerichtliche oder behördliche Entscheidung anerkennungsfähig ist.

518 VG Berlin, StAZ 2012, 382 (383). Auch in Georgien ist die behördliche Eintragung der Wunscheltern in das Geburtsregister keine Entscheidung i.S.d. § 108 Abs. 1 FamFG; *Diel*, S. 157.

aa) Befürworter eines ordre-public-Verstoßes

Ob ein Gerichtsurteil aus den USA, nach dessen Tenor die Wuncheltern in die Position der rechtlichen Eltern einrücken, im Verfahren vor einem deutschen Gericht anzuerkennen ist, hatte im Jahr 2013 das KG Berlin zu entscheiden. Das Gericht nahm an, eine Anerkennung des Urteils verstoße gem. § 109 Abs. 1 Nr. 4 FamFG gegen den ordre public. Das US-amerikanische Gericht stelle ein rechtliches Eltern-Kind-Verhältnis allein aufgrund der getroffenen Leihmuttervereinbarung her. Dies sei dem hiesigen Recht nicht nur fremd, sondern stehe „zu wesentlichen Grundsätzen des deutschen Rechts in untragbarem Widerspruch." Die Ablehnung der Leihmutterschaft stelle eine grundlegende Wertentscheidung dar und sei als solche Kernbestand des deutschen Rechts. Eine Anerkennung des Urteils stünde im Widerspruch zu der durch den Gesetzgeber in § 1591 BGB, § 1 Abs. 1 Nr. 7 ESchG und § 13c AdVermiG zum Ausdruck gebrachten Missbilligung der Leihmutterschaft. Die im deutschen Recht verankerten Restriktionen dienten dem Schutz der Menschenwürde und damit dem „höchsten Gut unseres Rechtssystems."[519] Bedenkt man, dass der anerkennungsrechtliche ordre-public-Vorbehalt noch enger auszulegen ist als der kollisionsrechtliche Vorbehalt, verwundert es nicht, dass die Gerichte auch ausländische Normen, nach denen die Wuncheltern als rechtliche Eltern des von der Leihmutter ausgetragenen Kindes anzusehen sind, gemäß Art. 6 EGBGB für unanwendbar erklären.[520] Das Verbot der Leihmutterschaft als einen Bestandteil des deutschen ordre public zu begreifen und in der Konsequenz ausländische Rechtsnormen oder Gerichtsentscheidungen, welche dieses Verbot unterlaufen, nicht anzuerkennen, entsprach jedenfalls bis zu dem Ende 2014 ergangenen Urteil des BGH[521] der wohl h.M. in Deutschland.[522]

Den Verstoß gegen die öffentliche Ordnung zugrunde legend wird differenzierend vertreten, die Anerkennung ausländischen Rechts von der Stärke des Inlandsbezugs abhängig zu machen: Reisen in Deutschland lebende Wuncheltern in das Ausland, um dort eine Leihmutter zu engagieren (klassischer Fortpflanzungstourismus), sei die Elternschaft wegen des Verstoßes gegen den ordre public nicht anzuerkennen. Haben beide Wunschelternteile die deutsche Staatsbürgerschaft, aber ihren gewöhnlichen Aufenthaltsort in dem Land, in dem sie die Leihmutterschaft durchführen lassen, dann könne dem Kind ein deutscher Pass in Ermangelung eines hinreichenden

---

519 KG Berlin, IPRax 2014, 72 ff.
520 VG Berlin, StAZ 2012, 382 (383); vgl. auch *Schäkel*, Die Abstammung im neuen deutschen Internationalen Privatrecht, S. 99.
521 Dazu Zweiter Teil, B., 4., b), dd).
522 *Sturm*, in: FS für Stoll S. 451 (455); *Krömer*, StAZ 2000, 310 (311); *Gaul*, FamRZ 2000, 1461 (1476); *Otte*, YbPrivIntL 1999, 189 (199); *Wagner*, StAZ 2012, 294 (296); *Engel*, ZEuP 2014, 538 (558); *Hepting*, Deutsches und Internationales Familienrecht im Personenstandsrecht, S. 337; VG Berlin, StAZ 2012, 382 (383). Für *Looschelders*, IPRax 1999, 420 (423) beruht § 1591 BGB auf „nachgerade ordre public-ähnlichen Erwägungen".

Inlandsbezuges nicht mit Verweis auf den ordre public verwehrt werden.[523] Deshalb solle für die Anerkennung ausländischen Rechts maßgeblich sein, ob die Wunscheltern mit der Absicht handelten, inländische Restriktionen im Ausland zu umgehen.[524]

bb) Gegner eines ordre-public-Verstoßes

In Teilen der juristischen Literatur wird ein ordre-public-Verstoß ausländischen Rechts, das die Wunscheltern zu Rechtseltern erklärt, grundsätzlich abgelehnt.[525] Der ordre public diene vorrangig dazu, Grundrechte zu schützen. Das Grundrecht des Kindes, in einer Familie aufzuwachsen, sei jedoch gefährdet, wenn die Annahme eines Verstoßes gegen die öffentliche Ordnung im Ergebnis dazu führe, dass das Kind nach deutschem Recht nicht den Wunscheltern und nach ausländischem Recht nicht der Leihmutter zugeordnet werde. Die Vorstellung, dass das Kind dann faktisch gar keine Eltern hat, sei „schwer erträglich".[526] Die Kindeswohlgefährdung wiege schwerer als die Tatsache, dass bei einer Anerkennung im Ausland vorgenommene Leihmutterschaften letztlich doch zum gewünschten Erfolg führen. Ist das Kind erst einmal geboren, so sei das generalpräventive Ziel des § 1591 BGB bereits verfehlt. Dann aber dürfe dieser Gesichtspunkt auch nicht mehr zulasten des Kindeswohls wirken[527] und eine repressive Maßnahme nicht zur Folge haben, dass das Kind für die Fehler der Eltern büßt[528]. Leihmutterkindern dürfe nicht wiederfahren, was unehelich gezeugte Kinder jahrtausendelang als ihr Schicksal hinnehmen mussten: die gesellschaftliche Ächtung für die Umstände ihrer Geburt.[529] Zudem widerspreche es den deutschen Gerechtigkeitsvorstellungen nicht eklatant, wenn die genetische Mutter „die ‚Früchte' ihres Gesetzesverstoßes [...] zugestanden werden."[530] Es sei „geradezu grotesk und weder mit den nationalen noch den konventionsrechtlichen Vorgaben der EMRK vereinbar", wenn dem Kind unter Berufung auf den ordre public

---

523 *Benicke*, StAZ 2013, 101 (111). Für diesen Lösungsansatz spricht, dass dann, wenn ein Sachverhalt nur einen schwachen Inlandsbezug aufweist, größere Abweichungen des ausländischen Rechts vom deutschen Recht hinzunehmen sind; vgl. BGHZ 118, 312 (349).

524 *Henrich*, in: FS für Schwab, S. 1141 (1152), der hier (im Jahr 2005) einen ordre-public-Verstoß noch nicht generell, später (im Jahr 2014, dazu s. unten) aber kategorisch ablehnt.

525 Ohne nähere Begründung etwa *Geimer*, in: Zöller, ZPO, § 109 FamFG Rn. 48.

526 *Henrich*, in: Staudinger, BGB, Art. 19 EGBGB, Rn. 110a; die h.M. andeutungsweise kritisierend auch *Duden*, StAZ 2014, 164 (170).

527 *Heiderhoff*, in: Bamberger/Roth, BGB, Art. 19 EGBGB Rn. 26; *Henrich*, FamRZ 2010, 333 (338); *Backmann*, S. 111; *Heiderhoff*, IPRax 2012, 523 (526); *Mayer*, IPRax 2014, 57 (59); *Dethloff*, JZ 2014, 922 (926); vgl. auch Botthoff/Diel, StAZ 2013, 211 (212).

528 *Mayer*, RabelsZ 2014, 551 (574).

529 *Sturm*, in: FS für Kühne, S. 919 (930).

530 *Wedemann*, S. 139, die darauf hinweist, dass der Verstoß gegen das Verbot der Leihmutterschaft wie viele andere Normverstöße auch auf andere Weise sanktioniert werden könne.

trotz der Einwilligung der Leihmutter das Zusammenleben mit seiner Familie in Deutschland verwehrt würde.[531]

Art. 2 Abs. 1 i.V.m. Art. 1 Abs. 1 GG vermittle schließlich jedem Kind das Recht, eine Staatsangehörigkeit zu erwerben, welche es ihm überhaupt erst ermögliche, an der demokratischen Willensbildung mitzuwirken. Verweigerten deutsche Behörden und Gerichte die Anerkennung leihmutterschaftsfreundlichen ausländischen Rechts, könne das zur Staatenlosigkeit des Kindes führen. In diesen Fällen stehe das allgemeine Persönlichkeitsrecht der Annahme eines ordre-public-Verstoßes entgegen.[532] Jedenfalls eine pauschale Ablehnung ausländischer Entscheidungen mit dem Verweis auf den ordre public sei aus verfassungsrechtlicher Sicht verfehlt; vielmehr müsse einzelfallabhängig auf die Interessen des Kindes abgestellt werden.[533]

Die gleichen Bedenken sollen auch im Rahmen des kollisionsrechtlichen ordre-public-Vorbehaltes, der wie dargelegt einem strengeren Maßstab unterliegt, durchgreifen.[534] Während das VG Berlin den ordre-public-Verstoß annahm, hat das AG Friedberg diesen für den Fall, in dem die Leihmutter die Sorge für das Kind ablehnte, aus Kindeswohlgründen verneint.[535] Auch das AG Neuss war der Auffassung, dem Urteil eines Gerichts in San Diego, das ein homosexuelles Paar zu rechtlichen Eltern des von einer amerikanischen Leihmutter geborenen Kindes erklärte, stehe kein Anerkennungshindernis im Wege.[536]

Inhaltlich auf einer Linie mit dieser abweichenden Auffassung befindet sich die österreichische Rechtsprechung: Obwohl das österreichische Gesetz ebenso wie das deutsche Leihmutterschaften untersagt (§§ 2, 3 FMedG) und die Geburtsmutter zur rechtlichen Mutter erklärt (§ 143 ABGB), vertritt der Wiener Verfassungsgerichtshof die Auffassung, dass der ordre public der Anerkennung einer ausländischen Gerichtsentscheidung, die nicht die Leihmutter, sondern die Wunschmutter als Mutter

---

531 *Mayer*, IPRax 2014, 57 (60), die in der statusrechtlichen Ungleichbehandlung von Kindern, die von einer ledigen und jenen, die von einer verheirateten Leihmutter ausgetragen werden, einen Verstoß gegen Art. 3 Abs. 1 GG sieht.

532 *Dethloff*, JZ 2014, 922 (928). Das Recht, eine Staatsangehörigkeit zu erwerben, vermittelt auch Art. 7 Abs. 1 der UN-Kinderrechtskonvention.

533 *Diel*, S. 176 f., für die eine ausländische Entscheidung mit der öffentlichen Ordnung dann im Einklang steht, wenn die Leihmutter keine Bereitschaft zur Übernahme der sozialen Elternrolle zeigt und die anzuerkennende Entscheidung die Eignung der Wunschmutter sowie die Kindeswohldienlichkeit bekundet.

534 *Heiderhoff*, NJW 2014, 2673 (2676).

535 AG Friedberg, FamRZ 2013, 1994 (1996). Eine Nichtanerkennung mit der Konsequenz, dass das Kind staatenlos bleibt, sei „im Hinblick auf das Kindeswohl denkunmöglich".

536 AG Neuss, FamRZ 2014, 1127.

im rechtlichen Sinne bestimmt, nicht entgegensteht.[537] In der österreichischen Fachliteratur stößt diese Entscheidung auf Zustimmung.[538]

cc) Stellungnahme

Den ordre-public-Regelungen liegt die Vorstellung zugrunde, dass abweichendes ausländisches Recht, sofern es mit deutschen Normen kollidiert, grundsätzlich anzuerkennen ist. In einer globalisierten Welt, in der Menschen ohne großen Aufwand in den Geltungsbereich anderen Rechts eindringen können, ist dieser Ansatz unverzichtbar, möchte man zwischen den verschiedenen Rechtsordnungen keinen Dauerkonflikt hervorrufen.[539] Gleichzeitig muss ein Kern des inländischen Rechts ohne Rücksicht auf ausländische Normen Bestand haben. Könnte jedwede Rechtsnorm mit einer Reise in das Ausland umgangen werden, verlöre das inländische Recht – auch vor dem Hintergrund, dass das deutsche Volk die Regeln des Zusammenlebens in Deutschland bestimmt (Art. 20 Abs. 1 GG) – die erforderliche Wirkkraft. Das in der Literatur gegen einen ordre-public-Verstoß angeführte Argument, Leihmutterschaften würden international mehr und mehr akzeptiert[540], greift nicht durch, denn es sind für die Konkretisierung des Begriffes der öffentlichen Ordnung ausschließlich inländische Vorstellungen von Recht und Gerechtigkeit maßgeblich. Wie sich der Standpunkt anderer Gesellschaften entwickelt, ist in diesem Zusammenhang belanglos.[541] Die Rechtsprechung betont immer wieder, dass ein Verstoß gegen die öffentliche Ordnung nur anzunehmen ist, wenn das Ergebnis der Anwendung den Grundgedanken des deutschen Rechts so stark widerspricht, dass es nach inländischen Vorstellungen „untragbar erscheint".[542]

---

537 Österreichischer VfGH, EuGRZ 2012, 65 (68). Das Verbot der Leihmutterschaft ist zwar zwingendes Recht, für die Richter aber nicht verfassungsrechtlich geboten und daher nicht Bestandteil der unverzichtbaren Wertvorstellungen. Eine Nichtanerkennung der ausländischen Entscheidung widerspreche darüber hinaus dem Schutz des Kindeswohls, das ebenfalls zu den vom ordre public geschützten Rechtsgütern zähle.

538 *Lurger*, IPRax 2013, 282 (287). Vgl. auch *Verschraegen*, Internationales Privatrecht, S. 247 ff., für die das Ergebnis der Anwendung einer ausländischen Entscheidung „im konkreten Fall schier unerträglich" sein muss, um im Widerspruch zum österreichischen ordre public zu stehen.

539 Für *Hau*, in: Prütting/Helms, FamFG, § 109 Rn. 18 ist das Anerkennungsrecht von der Vorstellung geprägt, dass „alle Rechts- und Gerichtssysteme im Ausgangspunkt zunächst als gleichwertig – aber eben auch als gleichermaßen fehleranfällig – zu denken sind."

540 *Henrich*, in: Staudinger, BGB, Art. 19 EGBGB Rn. 123.

541 Oder wie es *Diel*, S. 168 ausdrückt: Entscheidend sind die grundsätzlichen Wertentscheidungen des deutschen Rechts und „nicht ein internationaler Trend".

542 BGH, NJW 2002, 960 (961); BGH, FamRZ 2011, 788 (790); BGHZ 118, 312 (330).

Bei strenger Betrachtung ist die Leihmutterschaft nicht in toto verboten.[543] Das Verhalten der Wunscheltern und der Leihmutter hielt der Gesetzgeber – das zeigen die Vorschriften über deren Straffreiheit – zwar für rechtswidrig, aber nicht für strafwürdig. Vor diesem Hintergrund können die deutschen Regelungen über die Leihmutterschaft nicht auf unverzichtbaren gesellschaftlichen Gerechtigkeitsvorstellungen beruhen. Das wird dann umso deutlicher, wenn es in den Gesetzgebungsmaterialien heißt, die Inanspruchnahme einer Leihmutter sei das Resultat eines „in dieser Form zwar nicht billigenswerten, aber zumindest doch verständlichen Wunsches" nach einem eigenen Kind.[544] Stellt der Gesetzgeber Wunscheltern und Leihmütter straffrei, so bringt er damit zum Ausdruck, dass er bereit ist, unbeschadet der grundsätzlichen Missbilligung dieses Verfahrens dem Kindeswohl Vorzug vor der Verhinderung künftiger Leihmutterschaften zu geben.[545] Für die Frage, was zum ordre public gehört, spielt das Kindeswohl eine ganz wesentliche Rolle.[546] Ist ein Kind nun einmal durch Leihmutterschaft zur Welt gekommen ist, so muss das Kindeswohl, wenn es um die Kollision von inländischem mit ausländischem Recht geht, zur Maxime erhoben werden. Dafür spricht auch, dass nach Art. 3 Abs. 1 der UN-Kinderrechtskonvention, deren Mitglied Deutschland ist[547], der Aspekt des Kindeswohls bei jedweder staatlichen Maßnahme und damit auch bei der Entscheidung über die Anerkennung ausländischer Urteile vorrangige Berücksichtigung verdient. Ob ein ordre-public-Verstoß vorliegt, ist für den Zeitpunkt der möglichen Anerkennung zu prüfen.[548] In diesem wird bei den Leihmutterschaftskonstellationen mit Auslandsbezug regelmäßig bereits eine sozial-familiäre Beziehung zwischen dem Wunschkind und den Wunscheltern existieren. Es läuft dem Wohl des Kindes dann zuwider, wenn dieses infolge der Nichtanerkennung bei seiner Geburtsmutter verbleiben soll, die weder eine emotionale Beziehung zu dem Kind unterhält noch verpflichtet[549] oder gewillt ist, Verantwortung für dieses zu übernehmen. Ihre Bereitschaft dürfte ferner darunter leiden, dass die Rechtsordnung ihres Heimatlandes sie nicht als Mutter definiert, sodass sie auch nicht mit Unterstützungen von Seiten des Staates (z.B. Kindergeld) rechnen kann[550]. Soweit das KG Berlin das Recht auf die Kenntnis der eigenen Abstammung heranzieht, um eine Eintragung in das Geburtenregister zu

---

543   Dazu Zweiter Teil, A., VI.
544   BT-Drs. 11/5460, 10.
545   Der Gesetzgeber wollte Wunscheltern und Leihmütter von einer Strafbarkeit ausnehmen, weil staatliches, generalpräventiv motivierten Vorgehen das Wohl des dann nun einmal geborenen Kindes gefährdet; BT-Drs. 11/5460, 9 f.
546   *Pirrung*, in: Staudinger, BGB, Vorbem. Art. 19 EGBGB Rn. C 123.
547   Die UN-Kinderrechtskonvention ist in Deutschland am 5.4.1992 in Kraft getreten; BGBl. II 1992, 990.
548   BGH, NJW 1989, 2197 (2199); *Gomille*, in: Haußleiter, FamFG, § 109 Rn. 20.
549   Für die Leihmutter besteht in diesen Fällen gerade keine Rechtspflicht, für das Kind zu sorgen oder Unterhalt zu leisten; *Dethloff*, JZ 2014, 922 (927).
550   Nach *Diel*, S. 174 bürdet der deutsche Rechtsanwender, sofern er einen ordre-public-Verstoß annimmt, der Leihmutter im Ausland „eine Verantwortung für das

untersagen[551], spricht gegen die Verletzung dieses Rechts, dass die Geburtsurkunde den Geburtsort des Kindes ausweist und diesem ein Auskunftsanspruch gegen die rechtlichen Eltern (§ 1618 a BGB) zur Seite steht.[552]

Wer das „Verbot der Leihmutterschaft" für einen Grundgedanken des deutschen Rechts, der auf unverzichtbaren gesellschaftlichen Gerechtigkeitsvorstellungen beruht, hält und daran anknüpfend liberalere ausländische Leihmutterschaftsregelungen als ordre-public-widrig einstuft, der verkennt den engen Maßstab, der bei der Beurteilung der Frage, welche Vorschriften zur öffentlichen Ordnung zählen, anzulegen ist.[553] Der Gesetzgeber hätte ein „Totalverbot" der Leihmutterschaft erlassen oder zumindest auch den Wuscheltern mit einer Strafandrohung begegnen können. Das deutsche Recht mag Leihmutterschaften missbilligen und zu verhindern suchen. Da es aber auch und gerade für den Fortpflanzungstourismus Spielräume eröffnet, lassen sich die Restriktionen gegenüber der für eine andere übernommenen Mutterschaft nicht als Bestandteil des ordre public begreifen. Darüber hinaus bleibt anzumerken, dass Normen, die nach der Auffassung des Gesetzgebers wesentliche Grundgedanken der Rechtsordnung enthalten, nicht Bestandteil des ordre public sein können, wenn sie selbst mit Grundrechten oder den Rechten der EMRK unvereinbar sind.[554] Ob schon deshalb ein ordre-public-Verstoß abzulehnen ist, kann erst nach einer im weiteren Verlauf dieser Arbeit noch erfolgenden Überprüfung der geltenden Verbotsnormen am Maßstab des Grundgesetzes beantwortet werden. Dass im internationalen Privatrecht nicht auf dem Leihmutterschaftsverbot beharrt werden darf, wenn dies dem Kindeswohl zuwiderliefe, ist durch den BGH nunmehr höchstrichterlich bestätigt worden.

dd) BGH-Beschluss vom 10.12.2014

Im Dezember 2014 entschied der BGH über eine gegen den Beschluss des KG Berlin[555] eingelegte Rechtsbeschwerde. Erstmals nahm damit das höchste deutsche Zivilgericht Stellung zu der kollisionsrechtlichen Problematik der Leihmutterschaft. Der Entscheidung lag der Fall zweier gleichgeschlechtlicher Lebenspartner zugrunde, die eine Leihmutter in dem US-Bundesstaat Kalifornien in Anspruch genommen

---

Kind auf, die ihr eine nationale gerichtliche oder behördliche Entscheidung ihres Heimatstaates gerade nicht auferlegt."

551 So das KG Berlin, IPRax 2014, 72 (76), das die Anerkennung auch deshalb ablehnt, weil in dem Geburtenregister sodann kein Hinweis auf die Leihmutter zu finden wäre.

552 Vgl. *Mayer*, IPRax 2014, 57 (62), die darauf hinweist, dass auch ein Aktenvermerk über die Identität der Leihmutter im Geburtenregister erfolgen kann.

553 Für *Hau*, in: Prütting/Helms, FamFG, § 109 Rn. 44 greift der ordre public als „Notbremse" nur in extremen Fällen ein. Keinesfalls dürfe „jede – uns durchaus wichtige – Vorschrift des deutschen Sach- oder Verfahrensrechts mit dem ordre public verteidigt werden".

554 *Mayers*, RabelsZ 2014, 551 (572).

555 KG Berlin, IPRax 2014, 72.

hatten. Vereinbart wurde eine Tragemutterschaft, bei der die Eizelle anonym gespendet wurde und der Samen von einem der beiden Lebenspartner stammte. Noch vor der Geburt erkannte dieser die Vaterschaft vor dem deutschen Generalkonsulat in San Francisco an. In einem späteren Urteil des Superior Courts Kalifornien erklärten die Richter die beiden Lebenspartner und nicht die Leihmutter zu den Eltern des Kindes. Den in Deutschland gestellten Antrag auf die Nachbeurkundung der Auslandsgeburt lehnte das Standesamt wegen eines ordre-public-Verstoßes ab.

Der BGH hielt diese behördliche Entscheidung für rechtswidrig[556]: Das Urteil des Superior Courts, das für die Elternstellung konstitutiv wirke, sei nach § 108 FamFG in vollem Umfang anzuerkennen. Betreffend die Elternstellung des Lebenspartners, der die Vaterschaft anerkannt habe, komme ein ordre-public-Verstoß schon gar nicht in Betracht. Schließlich sei dieser auch nach deutschem Recht (§ 1592 Nr. 2 BGB) Vater des Kindes. Die eigentliche Sensation dieser Entscheidung bestand darin, daneben die in dem US-Urteil manifestierte Elternstellung des zweiten Wunschvaters hierzulande anzuerkennen: Die Entscheidung des Superior Courts verstoße auch hinsichtlich des zweiten Lebenspartners nicht gegen den ordre public. Das hatten die deutschen Untergerichte bis dahin zumeist anders gesehen. Sie hielten ausländisches Recht, das die Wunschmutter oder einen zweiten Wunschvater in die Elternstellung einrücken ließ, für nicht anerkennungsfähig. Weise eine ausländische Entscheidung im Fall der Leihmutterschaft die rechtliche Elternstellung den Wunscheltern zu, dann liege darin, so der BGH nun, „für sich genommen jedenfalls dann noch kein Verstoß gegen den deutschen ordre public, wenn ein Wunschelternteil – im Unterschied zur Leihmutter – mit dem Kind genetisch verwandt ist." Dass die Anerkennung des Urteils eine Zuordnung des Kindes zu zwei gleichgeschlechtlichen Lebenspartnern bewirke, könne genauso wenig einen ordre-public-Verstoß begründen. In seiner Entscheidung zur Sukzessivadoption[557] hatte das BVerfG nämlich betont, dass ein Aufwachsen von Kindern im Umfeld einer eingetragenen Lebenspartnerschaft keineswegs kindeswohlgefährdet sei. Deshalb sei eine Differenzierung zwischen gleich- und verschiedengeschlechtlichen Wunscheltern hier unangebracht.

Die Verbotsnormen, die der deutsche Gesetzgeber im Umfeld der Leihmutterschaft erlassen hat, verfolgten vorwiegend generalpräventive Zwecke. Ein durch eine ausländische Leihmutter geborenes Kind sei „als Rechtsträger in die Betrachtung einzubeziehen". Das Kindeswohl spreche dann eher für als gegen eine Anerkennung der ausländischen Gerichtsentscheidung. Die (freiwillige) Durchführung einer Leihmutterschaft kollidiere zudem nicht mit der Menschenwürde der Leihmutter oder des Kindes. Anders als die Leihmutter wollten die Wunscheltern in die Elternstellung einrücken und dem Kind die nötige Zuwendung zukommen lassen. Eine Nicht-Anerkennung der ausländischen Entscheidung führe ein „hinkendes

---

556 Die Entscheidungsgründe finden sich in BGH, NJW 2015, 479.
557 BVerfG, NJW 2013, 847 (852).

Verwandtschaftsverhältnis"[558] und damit einen Verstoß gegen Art. 2 Abs. 1 i.V.m. Art. 6 Abs. 2 GG und Art. 8 Abs. 1 EMRK herbei. Auch das Argument, das Kind könne aufgrund der bereits erfolgten Vaterschaftsanerkennung des eines Partners künftig im Kreise der Familie aufwachsen und damit auch ohne eine vollumfängliche Anerkennung des Urteils in der Obhut der Wunscheltern verbleiben, überzeugte den BGH nicht. Das Kindeswohl erfordere eine „verlässliche rechtliche Zuordnung zu den Eltern als den Personen, die für sein Wohl und Wehe kontinuierlich Verantwortung übernehmen." Die Beschlüsse der Vorinstanzen (KG Berlin und AG Schöneberg) hob der BGH auf und wies das zuständige Standesamt an, das Kind als gemeinschaftliches Kind des homosexuellen Paares in das Geburtenregister einzutragen.

Die Entscheidung des BGH aus dem Dezember 2014 rief ein breites mediales Echo hervor. Kritiker meinen, der BGH habe nunmehr ein Verfahren, das der Souverän für unzulässig hält, durch die Hintertür praktikabel gemacht.[559] Die Folgen der Entscheidung dürften tatsächlich weitreichend sein. Wunscheltern könnten sich nunmehr in dem Entschluss, eine ausländische Leihmutter in Anspruch zu nehmen, bestärkt sehen. Ihnen steht die Rechtsauffassung des BGH zur Seite, nach der leihmutterschaftsfreundliche ausländische Gerichtsentscheidungen jedenfalls unter bestimmten Voraussetzungen anzuerkennen sind. Trotzdem verbleiben Unsicherheiten[560]: Wie etwa ist zu entscheiden, wenn keines der Wunschelternteile eine genetische Verbindung zu dem Kind aufweist? Wie wirkt es sich aus, dass die Leihmutter Ersatzmutter ist, also ihre eigene Eizelle verwendet wird? Ob auch in diesen Fällen der Leihmutterschaft eine verfahrensrechtliche Anerkennung ausländischer Entscheidungen erfolgen muss – dazu hat der BGH bewusst keine Stellung bezogen.

ee) Rechtsprechung des EGMR

Zwei noch junge Entscheidungen des EGMR verdeutlichen, inwieweit die beschriebene Abstammungsproblematik in Konflikt mit der EMRK geraten kann. Im Juni 2014 überprüfte der EGMR eine Entscheidung des französischen Kassationshofes an den Maßstäben der EMRK. Zugrunde lag ein Fall, in dem ein französisches Paar in den USA eine Leihmutter engagiert hatte und später auf der Grundlage einer Entscheidung eines amerikanischen Gerichts als rechtliche Eltern der von ihr geborenen Zwillinge in das kalifornische Geburtenregister eingetragen wurde. Die Übertragung dieses Eintrages in das französische Zentralregister lehnten die zuständigen

---

558 Man spricht von einem hinkenden Verwandtschaftsverhältnis, weil bei nicht erfolgender Anerkennung des ausländischen Entscheidung für die deutsche Rechtsordnung zwar die ausländische Leihmutter Mutter im Rechtssinne bleibt, eben dieses Verwandtschaftsverhältnis aus der Sicht des Heimatstaates aber nicht wirksam ist, mithin „hinkt".

559 *Müller*, in: FAZ v. 20.12.2014, 1.

560 Vgl. dazu die Urteilsanmerkungen von *Zwißler*, NZFam 2015, 112 (119), *Heiderhoff*, NJW 2015, 479 (485) und *Mayer*, StAZ 2015, 33 (40).

Behörden ab. Der Kassationshof bestätigte später: Die Entscheidung des amerikanischen Gerichts könne wegen des Verstoßes gegen den ordre public nicht anerkannt werden. Die Zwillinge waren damit nicht Kinder französischer Eltern. Für den EGMR ist die Rechtsauffassung des höchsten französischen Gerichts nicht mit der EMRK vereinbar: Zwar stehe dem nationalen Gesetzgeber bei der Beurteilung von Leihmutterschaften ein weiter Ermessensspielraum zu. Sobald es um Fragen der Abstammung und der Identität der Person gehe, sei dieser Ermessensspielraum allerdings erheblich reduziert. Wenn der Kassationshof eine Feststellung der Vaterschaft, ob durch Anerkennung oder durch Adoption, nicht zulasse, obwohl der Wunschvater der genetische Vater des Kindes ist, gefährde dies die Identitätsfindung des Kindes und verletze dessen Recht auf die Achtung des Privatlebens aus Art. 8 EMRK. Der eingeräumte Ermessensspielraum werde überschritten, wenn der Wunschvater trotz der genetischen Abstammung nach dem Recht des Mitgliedstaates nicht in die Position des rechtlichen Vaters einrücken kann.[561] Mit eben diesen Argumenten wies der EGMR die französische Gerichtsbarkeit in einem am selben Tag zu entscheidenden, vergleichbaren Fall an, die rechtliche Vaterschaft des Wunschvaters anzuerkennen.[562]

Auch wenn teilweise angenommen wird, nach der jüngsten Rechtsprechung des EGMR müsse Deutschland „sein Regime zur Leihmutterschaft ändern"[563], so dürften die Auswirkungen dieser Entscheidungen hierzulande überschaubar bleiben. Zunächst einmal ist die Rechtslage in Frankreich, wo es dem Vater nach erfolgter Leihmutterschaft (bis zur Entscheidung des EGMR) auch mittels Anerkennung oder Adoption verwehrt wurde, in die rechtliche Elternstellung einzurücken[564], nicht mit jener in Deutschland vergleichbar. Denn das deutsche Recht gibt dem Wunschvater gerade die Instrumentarien zur Hand, deren Fehlen zum Verstoß gegen Art. 8 EMRK führt. Ob die Mitgliedstaaten auch die rechtliche Elternschaft der genetisch verwandten Wunschmutter anerkennen müssen, hatte der EGMR dabei nicht zu entscheiden. Bedenkt man, dass der EGMR den Mitgliedstaaten bei der Beurteilung von Leihmutterschaften einen weiten Ermessensspielraum einräumt, dann lassen die bisherigen Entscheidungen nicht zwingend darauf schließen, er werde sie zukünftig auch dazu drängen. Weil der Gerichtshof aber das sich aus Art. 8 EMRK ergebende Recht des Kindes betont, zu seinem genetischen Vater auch eine rechtliches Eltern-Kind-Verhältnis zu etablieren, erscheint es jedenfalls nicht ausgeschlossen, dass

---

561 EGMR v. 26.6.2014 Akz. 65192/11 – Mennesson/France; zusammgefasst v. *Frank*, FamRZ 2014, 1525 f.

562 EGMR v. 26.6.2014 Akz. 65941/11 – Labassée/France; zusammengefasst v. *Frank*, FamRZ 2014, 1525 (1526 f.).

563 *Steinbeis*, verfassungsblog.de v. 28.6.2014 (abrufbar unter: http://www.verfassungs-blog.de/deutschland-wird-sein-regime-zur-leihmutterschaft-aendern-muessen/#. VE9x6BZoC8E).

564 Mithilfe einer Vaterschaftsanerkennung dürfe keine Umgehung der Gesetze („fraude à la loi") begünstigt werden; Cour de cassation v. 13.9.2013 Akz. 12–30.138 (Pressemitteilung abrufbar unter: http://www.courdecassation.fr/jurisprudence_2/premiere_chambre_civile_568/1091_13_27171.html).

dies künftig auch für die genetisch verwandte Wunschmutter zu gelten hat.[565] Zu bedenken ist, dass das deutsche Recht der Wunschmutter aber eine (wenn auch nach h.M. erschwerte) (Stiefkind-)Adoption eröffnet, sodass es ihr nicht unmöglich ist, in die rechtliche Elternstellung einzurücken. Im Juli 2014 urteilte der EGMR, dass die Entscheidung einer belgischen Behörde, einen Ausreisepass für ein in der Ukraine durch eine Leihmutter zur Welt gebrachtes Kind erst dann auszustellen, wenn der Wunschvater die Vaterschaft wirksam anerkannt hat, auch dann nicht gegen die EMRK verstößt, wenn sich die Ausreise des Kindes deshalb um drei Monate verzögert. Dass die Anerkennung der Vaterschaft Zeit in Anspruch nimmt, hätten die Wunscheltern, so das Gericht, wissen müssen.[566] Offenbar ist für die Straßburger Richter also nur entscheidend, dass die Konventionsstaaten es dem Wunschvater überhaupt ermöglichen, zum rechtlichen Vater zu werden.

ff) Bestrebungen der Haager Konferenz

In Ansehung der Rechtsprobleme, die der Fortpflanzungstourismus hervorruft, mehren sich die Rufe nach einer einheitlichen Regelung auf internationaler Ebene.[567] Des Themas der länderübergreifenden Leihmutterschaft hat sich inzwischen die Haager Konferenz für Internationales Privatrecht (HCCH) angenommen: Im Jahr 2011 beauftragte der in Den Haag tagende Rat für allgemeine Angelegenheiten und Politik das Ständige Büro der HCCH, Überlegungen zu den internationalprivatrechtlichen Problemen bei der Abstammung von durch Leihmütter geborenen Kindern anzustellen.[568] In dem daraufhin vorgestellten Bericht heißt es, das Phänomen der Leihmutterschaft erfordere „eine globale Lösung".[569] 2014 gab das zuständige Gremium dem Ständigen Büro auf, insbesondere aus den Ländern, in denen Leihmutterschaften durchgeführt werden, weitere Informationen zu sammeln. Bisher haben sich 22 von 25 befragten Staaten (darunter auch Deutschland) dafür ausgesprochen, auf eine internationalrechtliche Regelung der Abstammung hinzuarbeiten.[570] Eine endgültige

---

565   *Frank*, FamRZ 2014, 1525 (1526) nimmt an, dass aus der Sicht des EGMR auch die Anerkennung der Mutterschaft im Falle einer wunschmütterlichen Eizellspende möglich sein müsste.

566   EGMR, FamRZ 2014, 1841.

567   Für *Davis*, Minnesota Journal of International Law 2012, 120 (144) ist eine internationale Regelung dringend erforderlich, um die Probleme zu lösen, welche an Leihmutterschaften beteiligte Kinder und Erwachsene täglich in Gefahr bringen („put [...] in danger every day").

568   *Mansel/Thorn/Wagner*, IPRax 2012, 1 (30).

569   Permanent Bureau der HCCH, A Preliminary Report On The Issues Arising From International Surrogacy Arrangements, S. 30.

570   Dabei hat Deutschland das Anliegen der Kategorie der „mittleren Priorität" zugeordnet; Permanent Bureau der HCCH, The Desirability And Feasibility Of Further Work One The Parentage/Surrogacy Project, S. 21.

Beschlussfassung verschob die Konferenz zunächst auf das Jahr 2015[571] und später dann auf die erste Jahreshälfte 2016.[572] In der Diskussion ist eine Konvention über die Anerkennung abstammungsrechtlicher Entscheidungen im Zusammenhang mit Leihmutterschaften nach dem Vorbild des Haager Adoptionsübereinkommens.[573] Wenn man bedenkt, welch gegensätzliche Regelungen zur Mutterschaft existieren, dann lassen sich Zweifel an dem Zustandekommen eines internationalen Konsenses nicht ausräumen.[574]

IV. Auslandsadoption

Kann die Wunschmutter mangels Anerkennung einer im Ausland ergangenen Entscheidung nicht unmittelbar in die Stellung der rechtlichen Mutter einrücken, verbleibt ihr nur die Möglichkeit der (Stiefkind-)Adoption.[575] Der Adoption, für die hierzulande nach wohl überwiegender, aber kritikwürdiger Ansicht die verschärften Anforderungen des § 1741 Abs. 1 S. 2 BGB gelten,[576] können in Leihmutterschaftsfällen mit Auslandsbezug nicht zu überwindende Hürden im Wege stehen. Befindet sich das Kind noch im Ausland – etwa, weil eine Vaterschaft des Wunschvaters noch nicht etabliert werden konnte und dem Kind deshalb die Einreise verwehrt bleibt –, scheitert eine Annahme als Kind vor den deutschen Gerichten schon mangels der Zuständigkeit selbiger. Einer Adoption im Ausland steht regelmäßig entgegen, dass für die dortigen Behörden die adoptionswillige Wunschmutter bereits Mutter im Rechtssinne ist. Außerdem erfordert eine solche Adoption die Mitwirkung der deutschen Behörden, welche sich oftmals nicht sonderlich hilfsbereit zeigen.[577] Sollte sich das Kind dagegen bereits in Deutschland aufhalten, hat das zuständige deutsche Gericht zunächst einmal zu klären, welches materielle Recht anwendbar ist. Aussagen darüber treffen die Art. 22 und 23 EGBGB. Sind die Wunscheltern deutsch,

---

571 Council of General Affairs and Policy of the Conference, Conclusions And Recommendations 2014, S. 1 (abrufbar unter: http://www.hcch.net/upload/wop/genaff2014concl_en.pdf).

572 Council of General Affairs and Policy of the Conference, Surrogacy Project, An Updating Note, S. 12 (abrufbar unter: http://www.hcch.net/upload/wop/gap2015 pd03a_en.pdf).

573 *Engel*, ZEuP 2014, 538 (560); *Fischer*, in: ISD, Rechte der Kinder oder Recht auf ein Kind? – Fachtagung Auslandsadoption 2010, S. 38 (42).

574 So auch *Wagner*, StAZ 2012, 294 (300), der prognostiziert, dass die Arbeiten der Haager Konferenz „kein Selbstläufer sein werden." *Coester-Waltjen*, FF 2013, 48 (50) nennt das Vorhaben ein „außerordentlich schwieriges Unterfangen".

575 *Gruenbaum*, American Journal of Comparative Law 2012, 475 (505).

576 Dazu Zweiter Teil, A., V., 2.

577 So möchte *Wolfgang Weitzel*, Leiter der Bundeszentralstelle für Auslandsadoption im BfJ, vermeiden, dass „die internationale Adoption, gerade im Verhältnis zu Vertragsstaaten der HAÜ, als ,Reparaturinstrument'" eingesetzt wird; in: ISD, Rechte der Kinder oder Recht auf ein Kind? – Fachtagung Auslandsadoption 2010, S. 44 (48).

dann ist regelmäßig deutsches Recht anwendbar.[578] Für eine Annahme als Kind nach deutschem Recht ist gemäß Art. 4 des Haager Adoptionsübereinkommens über den Schutz von Kindern und die Zusammenarbeit auf dem Gebiet der internationalen Adoption eine enge Zusammenarbeit mit den Behörden des Geburtsstaates erforderlich. Die ausländischen Behörden dürften ihre Zusammenarbeit zumeist verweigern, weil aus ihrer Sicht eine Zuordnung des Kindes zur Wunschmutter nicht mehr erforderlich ist.[579] Die nach Art. 4 a des Haagener Abkommens erforderliche Feststellung der ausländischen Behörde, „dass das Kind adoptiert werden kann", vermag diese oftmals (es sei denn, eine Zuordnung zur Wunschmutter ist noch nicht erfolgt) gar nicht zu treffen: Schließlich kann das Kind nicht von jener Frau adoptiert werden, die nach Auffassung der Behörde bereits seine Mutter ist.

Diese Problematik hat umso höhere Praxisrelevanz, als mit Indien und den USA für den Leihmutterschaftstourismus bekannte Staaten Mitglied des Haager Adoptionsübereinkommens sind. Dagegen hat die Ukraine das Abkommen bisher nicht ratifiziert.[580] Die Auslandsadoption bei vorangegangener Leihmutterschaft ist also dann, wenn die Wunschmutter bzw. die Wunscheltern nach der ausländischen Rechtsordnung bereits Mutter und Vater im Rechtssinne sind, nur schwer realisierbar. Anders verhält es sich, wenn eine leihmutterschaftsfreundliche Rechtsordnung die Wunscheltern nicht unmittelbar zu rechtlichen Eltern erklärt, sondern ihrerseits eine Adoption des Kindes verlangt. Das ist etwa in den Niederlanden[581], in Belgien[582] und in einigen Staaten der USA[583] der Fall. Die Annahme des Leihmutterkindes durch die Wunscheltern ist auch nach indischem Recht erforderlich. In Indien weist ein Gesetzentwurf aus dem Jahre 2010 die Wunscheltern als rechtliche Eltern aus; dieser ist aber bis heute nicht als Gesetz verabschiedet worden.[584] Für die h.M. gilt

---

578 *Diel*, S. 206.

579 *Heiderhoff*, NJW 2014, 2673 (2675); *Benicke*, StAZ 2013, 101 (112).

580 Liste der Vertragsstaaten auf der Seite des Bundesamtes für Justiz (abrufbar unter: https://www.bundesjustizamt.de/DE/Themen/Buergerdienste/BZAA/Vertrags-staaten/Vertragsstaaten_node.html).

581 In den Niederlanden ist die altruistische, nicht aber die kommerzielle Übernahme einer Leihmutterschaft erlaubt. Dennoch gilt die Geburtsmutter als Mutter im Rechtssinne, was eine Adoption zumindest der Wunschmutter erforderlich macht; *Boele-Woelki*, FamRZ 2011, 1455; *Brunet u.a.*, S. 11.

582 Auch Belgien untersagt (nur) die kommerzielle Leihmutterschaft. Der mit der Leihmutter geschlossene Vertrag gilt als nicht vollstreckbar; *Markus*, in: Rieck, Ausländisches Familienrecht, Länderteil Belgien Rn. 33 (Stand: 11. EGL); *Brunet u.a.*, S. 10. In Belgien kann eine Anerkennung der Mutterschaft sowie eine Mutterschaftsklage erfolgen; *Wellenhofer*, in: Münchener Kommentar, Bd. 8, § 1591 Rn. 19.

583 *Diel*, S. 203.

584 *Leipold*, in: Rieck, Ausländisches Familienrecht, Länderteil Indien Rn. 48 (Stand: 11. EGL); *Ryznar*, The John Marshall Law Review 2010, 1009 (1022), nach der sich die legislatorischen Bestrebungen Indiens – zumindest 2010 – noch in ihrer Anfangsphase („in their infancy") befanden.

damit weiterhin, dass das Kind auch nach indischem Recht zunächst der Geburtsmutter zugeordnet ist (Art. 112 des Indian Evidence Acts 1872[585]) und deshalb von der Wunschmutter adoptiert werden muss.[586] Absurderweise sind also Staaten, welche ein separates Adoptionsverfahren fordern, für deutsche Leihmutterschaftstouristen attraktiver als jene, die das Kind automatisch den Wunscheltern zuordnen: Im ersteren Fall wird eine Auslandsadoption nicht dadurch vereitelt, dass das Geburtsland das Kind schon als den adoptionswilligen Eltern zugeordnet betrachtet.

V. Zusammenfassung

Nehmen deutsche Paare im Ausland die Dienste von Leihmüttern in Anspruch, kann dies auf drei Ebenen zu kollisionsrechtlichen Problemen führen: Bei der Beantragung eines deutschen Passes auf der Grundlage des § 6 Abs. 1 S. 1 PassG, der Nachbeurkundung der Geburt nach § 36 Abs. 1 S. 1 PStG und einer Anerkennung einer ausländischen Gerichtsentscheidung innerhalb eines inländischen Verfahrens nach § 108 Abs. 2 FamFG.

Sofern das Kind im Ausland von einer ledigen Leihmutter geboren wird, ist es mittels der Anerkennung der Vaterschaft vergleichsweise einfach, die deutsche Staatsbürgerschaft des Kindes zu begründen. Nach deutschem Recht gibt es keine Möglichkeit, diese Anerkennung bei Vorliegen einer Leihmutterschaft zu versagen. Der ordre-public-Einwand läuft leer, da sich selbiges Ergebnis auch bei der Anwendung des hiesigen Rechts erreichen lässt.[587] Wenn schon das deutsche Rechtssystem keine Vorschrift kennt, welche die Anerkennung der Vaterschaft in den Fällen einer Leihmutterschaft untersagt, dann kann eine ausländische Gerichtsentscheidung, die zum gleichen Ergebnis kommt, nicht gegen die deutsche öffentliche Ordnung

---

585 Die Rechtsnorm findet sich bei *Bergmann/Ferid/Henrich*, Internationales Ehe- und Kindschaftsrecht, Länderteil Indien, S. 50 (Stand: 100. EGL).

586 VG Köln, NJW 2013, 2617 (2618 f.), das zugleich feststellt, dass die vom Indian Council of Medical Research im Jahr 2005 erlassenen Richtlinien zur Durchführung einer Leihmutterschaft (abrufbar unter: http://www.icmr.nic.in/art/art_clinics.htm) keine Gesetzeskraft entfalten und mangels einer Rechtsgrundlage auch keine normeninterpretierenden oder normenkonkretisierenden Verwaltungsvorschriften darstellen können. Vgl. auch VG Berlin, IPRax 2012, 548 (550). Abweichend vertritt *Helms*, StAZ 2013, 114 (118) offenbar die Auffassung, die Gesetzesinitiative aus dem Jahr 2010 wolle lediglich bereits geltendes Recht kodifizieren.

587 *Andrae*, Internationales Familienrecht, S. 375; *Diel*, S. 181.

verstoßen.[588] Deshalb wählt etwa die ukrainische Reproduktionsklinik Biotexcom für deutsche Wunscheltern ausschließlich unverheiratete Leihmütter aus.[589] Obwohl die staatlichen Stellen im Falle eines wirksamen Vaterschaftsanerkenntnisses den deutschen (Kinder-)Pass ausstellen müssen, sind sie Kritik aus den Reihen der Politik ausgesetzt: Das hierzulande geltende Verbot der Leihmutterschaft dürfe „nicht durch deutsche Behörden unterlaufen werden", meint etwa der CDU-Bundestagsabgeordnete *Günter Krings*.[590] Nach der Entscheidung des OLG Düsseldorf im Jahr 2013 mussten auch die Auslandsvertretungen des Auswärtigen Amtes ihre im Internet erreichbaren Informationsseiten anpassen: So heißt es auf der Seite der Deutschen Botschaft in Kiew nunmehr: „Auch im Fall einer Leihmutterschaft kann aber der ‚Wunschvater' nach deutschem Recht unter bestimmten Voraussetzungen durch eine Vaterschaftsanerkennung seine rechtliche Vaterschaft herstellen."[591] Auf der Webpräsenz der Deutschen Vertretungen in Indien findet sich der identische Hinweis mit dem Zusatz, dass die Anerkennung nur erfolgen könne, „wenn die Leihmutter ledig ist." Kliniken und Vermittler, so heißt es dort weiter, böten immer wieder Leihmütter an, die „angeblich ledig" seien. Diese behauptete Ehelosigkeit habe bisher „in keinem Fall einer Überprüfung standgehalten"[592] – womit der vom OLG Düsseldorf zugunsten der Wunscheltern entschiedene Fall freilich verschwiegen wird. Ist die Leihmutter verheiratet, kann ein Vaterschaftsanerkenntnis erst nach einer erfolgreichen Vaterschaftsanfechtung erfolgen. Weil die Anfechtung aus der Sicht des Geburtslandes aber oftmals leerläuft (dort gilt der Ehemann nicht immer als rechtlicher Vater), ist in diesen Fällen höchst unsicher, ob eine Vaterschaft durch Anerkenntnis überhaupt etabliert werden kann.[593] An der Hürde der Vaterschaftsanfechtung scheiterte ein deutsches Paar in einem durch das VG Köln im Jahr 2013

---

588 AG Nürnberg, StAZ 2010, 182 (183). Hier hatte ein deutsches Paar eine russische Leihmutter engagiert und der Mann in der Russischen Föderation wirksam die Vaterschaft anerkannt. Vgl. auch AG Frankfurt a.M., StAZ 2014, 54 (55), welches den die Vaterschaft betreffenden Teil einer kalifornischen Entscheidung anerkannte, jenen Part, der die Mutterschaft der Wunschmutter statuierte aber für nicht anerkennungsfähig hielt.

589 *Bubrowski*, faz.net. v. 30.5.2013 (abrufbar unter: http://www.faz.net/aktuell/politik/inland/leihmutterschaft-kaeufliches-elternglueck-12201752.html). Für die eigenen Kunden, so eine Biotexcom-Mitarbeiterin, habe es „noch nie Probleme bei der Ausreise" gegeben.

590 *Bubrowski*, faz.net v. 30.5.2013 (abrufbar unter: http://www.faz.net/aktuell/politik/inland/vaterschaftsanerkennung-deutsche-behoerden-unterlaufen-verbot-der-leihmutterschaft-im-ausland-12201711.html).

591 Deutsche Botschaft in Kiew, Hinweise zu Leihmutterschaften (abrufbar unter: http://www.kiew.diplo.de/Vertretung/kiew/de/05/Leihmutterschaftshinweis.html).

592 Deutsche Vertretungen in Indien, Warnung vor Leihmutterschaften in Indien (abrufbar unter: http://www.india.diplo.de/Vertretung/indien/de/04__rk/Familienangelegenheiten/Leihmutterschaft.html).

593 *Heiderhoff*, NJW 2014, 2673 (2676).

entschiedenen Fall.[594] Mit wie vielen Fällen von Leihmutterschaftstourismus sich deutsche Vertretungen in der Ukraine und in Indien jährlich zu beschäftigen haben, vermochte das Auswärtige Amt auf eine eigene Anfrage hin nicht zu beantworten.[595]

Oftmals werden Wunscheltern versuchen, ohne vorherige Anerkennung der Vaterschaft einen Pass zu beantragen. Denn die ausländische Geburtsurkunde des Kindes weist die Wunscheltern als Eltern aus; ein Hinweis auf eine vorherige Leihmutterschaft ist ihr nicht zu entnehmen. Haben die Wunscheltern eine besondere Beziehung zu dem Geburtsland – etwa weil sie dessen Staatsangehörigkeit besitzen oder dort bereits einige Zeit gelebt haben –, können die Wunscheltern hoffen, dass die deutschen Auslandsvertretungen keinen Zweifel daran hegen, dass die Wunschmutter auch die Geburtsmutter ist.[596] Sollten die Behörden Kenntnis von der Leihmutterschaft erhalten, ist von großer Bedeutung, ob das Kind auch ohne deutschen Pass nach Deutschland einreisen kann. Ist – wie im Verhältnis zwischen den USA und Deutschland – kein Einreisevisum erforderlich, können die Wunscheltern das Kind in ihr Heimatland bringen. Es geht dann „nur" noch darum, ob die Wunscheltern auch die rechtliche Elternposition einnehmen können. Für die Einreise aus Indien oder der Ukraine ist dagegen ein deutscher Pass oder ein Visum erforderlich. Gelingt es den Wunscheltern nicht, ein solches für das geborene Kind zu erhalten, verbleibt es in seinem Geburtsland.[597] Das kann, sofern die Wunscheltern über die Ländergrenzen hinweg die Sorge für das Kind nicht übernehmen können und die Leihmutter sie nicht übernehmen möchte, dazu führen, dass das Kind im Waisenheim aufwächst[598] und eltern- und staatenlos[599] endet. Auf eine Unterstützung der deutschen Behörden

---

594 VG Köln, NJW 2013, 2617 (2618). Das Paar hatte ein Kind von einer verheirateten indischen Leihmutter austragen lassen. Die Anerkennung war aufgrund der nicht erfolgten (und später auch verfristeten) Anfechtung der Vaterschaft des indischen Ehemannes unwirksam.

595 Vielmehr erklärte das Auswärtige Amt, es lägen ihm keine konkreten Zahlen vor. *Bernard*, S. 368 meint, die ihm von einem Mitarbeiter des Auswärtigen Amtes im Gespräch genannte Zahl von Geburten ukrainischer Tragemütter für deutsche Paare, die jährlich im einstelligen Bereich liegen soll, würde „die geschäftliche Existenz von Biotexcom und [...] anderen ukrainischen Reproduktionszentren unmöglich machen."

596 *Benicke*, StAZ 2013, 101 (103).

597 So in dem bereits in der Einleitung geschilderten Fall aus dem Jahr 2010, indem zwei von einer indischen Leihmutter geborenen Kindern zwei Jahre lang die Einreise nach Deutschland verweigert wurde. In einer „einmaligen Aktion aus humanitären Gründen" hat die deutsche Botschaft in Neu Delhi später doch Visa ausgestellt.

598 *Benicke*, StAZ 2013, 101 (103); *Bernard*, S. 365, der von einem solchen Konflikt in Georgien berichtet, der schließlich zur Folge hatte, dass das von einer Tragemutter für ein deutsches Paar geborene Kind nunmehr in einem Pflegeheim in Tiflis lebt.

599 *Brunet* u.a., S. 4; *Dethloff*, JZ 2014, 922 (927).

können Wunscheltern dann zumeist nicht hoffen.[600] Bis zuletzt nahmen die Gerichte zwar nicht einheitlich[601], aber doch überwiegend einen ordre-public-Verstoß des leihmutterschaftsfreundlichen ausländischen Rechts an. Damit gingen erhebliche Gefahren für die im Ausland durch eine Leihmutter geborenen Kindern einher.[602]

Das gilt nicht zuletzt für das Recht des Kindes auf die Kenntnis der eignen Abstammung, das sich nicht in der genetischen Herkunft erschöpft, sondern sich auf die leibliche Abstammung i.S.d. § 1591 BGB erstreckt.[603] Schließlich ist für die Persönlichkeitsentwicklung eines Menschen durchaus relevant, von wem und unter welchen Umständen er in die Welt gesetzt worden ist.[604] Dass das Kind von der Geburt durch eine Leihmutter sowie von deren Identität erfährt, kann bei Geburten im Ausland keinesfalls sichergestellt werden[605], besonders dann nicht, wenn die Rechtslage Wunscheltern dazu verleitet, die Umstände seiner Entstehung zu verheimlichen.[606] An die hier gewahr gewordenen Konflikte, die der Leihmutterschaftstourismus hervorruft, erinnert auch der Deutsche Anwaltverein, der den Gesetzgeber auffordert, sich der Problematik anzunehmen.[607] Nach der Entscheidung des BGH im Dezember 2014 sind die Chanen der Wunscheltern, dem Leihmutterkind rechtlich zugeordnet zu werden, erheblich gestiegen. Trotzdem verbleibt auch nach diesem Richterspruch das Risiko, dass deutsche Gerichte bei fehlender genetischer Verbindung beider Wunscheltern, in Fällen der Ersatzmutterschaft oder im Rahmen des weniger großzügigen kollisionsrechtlichen ordre-public-Vorbehalts[608] die Anerkennung ausländischen Rechts auch zukünftig verweigern.

---

600   Ein deutscher Konsularmitarbeiter in Indien soll auf das Passbegehren der Wunscheltern mit den Worten: „Das ist ein Verbrechen. Hierfür werden Sie niemals die Unterstützung der deutschen Behörden bekommen!" reagiert haben; *Spiewak*, zeit.de v. 22.4.2010 (abrufbar unter: http://www.zeit.de/2010/17/Leihmutterschaft).

601   Vgl. die abweichenden Entscheidungen des AG Neuss, FamRZ 2014, 1127 und des AG Friedberg, FamRZ 2013, 1994.

602   So auch *Benicke*, StAZ 2013, 101 (113 f.), der die eigentliche Problematik zurecht darin sieht, dass die „Unterschiede der Rechtsordnungen im Hinblick auf die Zulassung der Leihmutterschaft zu groß sind."

603   KG Berlin, IPRax 2014, 72 (76); vgl. auch *Zypries/Zeeb*, ZRP 2014, 54 (57).

604   *Dethloff*, JZ 2014, 922 (928); vgl. auch BVerfG, MDR 1989, 423 (424).

605   Auf die Gefahren, die von dem Fortpflanzungstourismus für das Recht der Kenntnis auf die eigene Abstammung ausgehen, weist auch der Deutsche Ethikrat hin; Deutscher Ethikrat, Jahrestagung 2014, Rechtliche Probleme des Fortpflanzungstourismus (abrufbar unter: http://www.ethikrat.org/dateien/pdf/jt-22-05-2014-riedel.pdf).

606   *Heiderhoff*, NJW 2014, 2673 (2676).

607   Eines konkreten Vorschlages bleibt er dabei aber schuldig; Pressemitteilung des Deutschen Anwaltsvereins v. 11.8.2014 (abrufbar unter: http://anwaltverein.de/interessenver tretung/pressemitteilungen/pm-23-14).

608   Der BGH deutet in seiner Entscheidung an, dass in diesen Konstellationen ggf. anders zu entscheiden wäre; BGH, NJW 2015, 479 (483).

C. Kindeswohl und Eltern-Kind-Beziehung

Bei dem Erlass der Verbotsregeln zur Leihmutterschaft war der Gesetzgeber der Auffassung, das damals noch neue Verfahren bedrohe das Wohl jener Kinder, die von Leihmüttern ausgetragen und schließlich den Wunscheltern übergeben werden. Die Aufspaltung der Mutterschaft gefährde die psycho-soziale Entwicklung der Kinder. So lautet bis heute das neben der behaupteten Würdeverletzung stehende, zweite Kernargument für die restriktiven Bestimmungen. Der Gesetzgeber räumte dabei selber ein, dass diese Behauptung keinesfalls auf (damals auch noch gar nicht existenten) wissenschaftlichen Erkenntnissen beruhe.[609] Nunmehr wird das Verfahren der Leihmutterschaft aber schon einige Jahrzehnte praktiziert. Länder, deren Rechtsordnungen es erlauben, haben nur ein geringes Interesse an umfangreichen entwicklungspsychologischen Studien mit Kindern, die von Leihmüttern geboren wurden. Dort, wo – wie etwa in Deutschland – das Recht Leihmutterschaften zu verhindern sucht und neue Erkenntnisse zur Überprüfung einschlägiger Rechtsnormen führen könnten, finden sich selbstredend kaum geeignete Studienteilnehmer. Deshalb sind die wissenschaftlichen Untersuchungen zum Wohlbefinden der an einer Leihmutterschaft mitwirkenden Parteien noch immer recht überschaubar. Dessen ungeachtet liefern einige Studien Erkenntnisse darüber, wie schwer die Belastungen für die Beteiligten tatsächlich sind.

I. Zum Begriff des Kindeswohls

Dem Kindeswohl kommt im Familien- wie auch im Verfassungsrecht eine ganz zentrale Bedeutung zu: Es bildet die Argumentationsgrundlage dafür, Elternrechte in Ausübung des staatlichen Wächteramtes[610] einzuschränken. Der Kindeswohlbegriff ist notwendigerweise[611] ein unbestimmter Rechtsbegriff, für den eine allgemeingültige Definition nicht existiert. Definitionsversuche gehen etwa dahin, eine Gefährdung des Kindeswohls bei einer „gegenwärtigen, in einem solchen Maß vorhandenen Gefahr, dass sich bei weiterer Entwicklung eine erhebliche Schädigung mit ziemlicher Sicherheit voraussehen lässt"[612], anzunehmen. Schon konkreter ist es, von einer „für die Persönlichkeitsentwicklung ungünstigen Relation zwischen

---

609 BT-Drs. 11/5460, 7.

610 Art. 6 Abs. 2 S. 2 GG normiert das sog. Wächteramt des Staates. Es obliegt der staatlichen Gemeinschaft, in Elternrechte einzugreifen, wenn dies im Interesse des Kindeswohls zwingend erforderlich ist; *Manssen*, Staatsrecht II, § 19 Rn. 448.

611 Die Kindeswohlprüfung muss immer einzelfall- bzw. situationsbezogen erfolgen. Deshalb kann es eine allgemeingültige Konkretisierung dessen, was dem Wohl des Kindes widerspricht, nicht geben; *Coester*, in: Staudinger, BGB, § 1666 Rn. 58. Kritisch zum gesetzgeberischen Festhalten an der Kindeswohlformel: *Diederichsen*, FamRZ 1978, 461 (468), für den der Begriff „beträchtlichen Raum für Klassenvorurteile" bietet.

612 *Götz*, in: Palandt, BGB, § 1666 Rn. 8; BVerfG, FamRZ 2012, 1127 (1129); ganz ähnlich BGH, FamRZ 2005, 344 (345).

Bedürfnissen und Lebensbedingungen" zu sprechen, die darauf beruht, dass jene Kompetenzen des Kindes, welche es ihm ermöglichen, negative körperliche oder psychische Folgen abzuwenden, überfordert werden.[613] Ein hoheitliches Einschreiten ist erst dann geboten, wenn das Kindeswohl nachhaltig und schwerwiegend gefährdet ist. Es ist dagegen nicht die Aufgabe des staatlichen Kinderschutzes, eine bestmögliche Förderung des Kindes herbeizuführen.[614] Das Grundgesetz räumt den Kindern keinen Anspruch auf „Idealeltern" ein.[615]

Der Kindeswohlbegriff ist allen voran ein Einfallstor für interdisziplinäre Erkenntnisse: Seine Anwendung setzt das Zusammenführen psychologischer, soziologischer und ethischer Aspekte voraus.[616] Ist der Jurist mit Kindeswohlbelangen konfrontiert, darf er sich fachfremden Erkenntnissen nicht verschließen. Denn allein unter rechtlichen Gesichtspunkten lässt sich nicht ergründen, ob die Untätigkeit des Staates in einer konkreten Situation das Wohlbefinden eines Kindes gefährdet. Das birgt aber zugleich die Gefahr, dass Erkenntnisse etwa der Psychologie oder der Sozialwissenschaften ohne nähere Prüfung justiziable Normen unterlaufen.[617] Eine Gefährdung des Kindeswohls kann beispielsweise aus Entwicklungsverzögerungen, Gewaltneigungen, sozialen Unverträglichkeiten oder Traumatisierungen resultieren.[618] Die Frage, ob die geltenden Verbotsnormen im Kontext der Leihmutterschaft mit dem deutschen Verfassungsrecht konform gehen, kann nur beantwortet werden, wenn man sich vertieft mit den Auswirkungen der für eine andere Frau übernommenen Schwangerschaft auf das Kind auseinander setzt. Dazu sind die Erkenntnisse anderer Fachbereiche, insbesondere der Entwicklungspsychologie, heranzuziehen.[619]

II. Britische Langzeitstudie von Golombok u.a.

Mit der Entwicklung der (Wunsch-)Eltern-Kind-Beziehung beschäftigt sich eine beachtenswerte Langzeitstudie einer britischen Forschergruppe der Universität Cambridge, initiiert im Jahr 2000. Erste Erkenntnisse über die Bindung zwischen den Wunscheltern und ihren Kindern veröffentlichten die Autoren im Jahr 2004. Im Alter von zwei, drei, sieben und zehn Jahren wurden erneute Untersuchungen durchgeführt. Die Studie verlief also bisher in fünf Phasen. Die weltweit erste Untersuchung dieser

---

613 *Dettenborn*, FPR 2003, 293 (294).
614 BVerfG, NJW 2010, 2333 (2335), wonach „die Eltern und deren sozio-ökonomischen Verhältnisse grundsätzlich zum Schicksal und Lebensrisiko eines Kindes" gehören.
615 OLG Hamm, FamFR 2012, 95.
616 *Dettenborn*, FPR 2003, 293 (294).
617 *Mnookin*, FamRZ 1975, 1 bezüglich des im US-amerikanischen Recht üblichen Begriffes der „best interests of the child".
618 BayObLG, FamRZ 1994, 1411 (1412); OLG Frankfurt a.M., FamRZ 2003, 1317.
619 *Coester*, in: Lipp/Schumann/Veit, Kindesschutz bei Kindesgefährdung – neue Mittel und Wege?, S. 19 (30) merkt kritisch an, dass die Entwicklungspsychologie und andere kindesbezogene Fachwissenschaften in der juristischen Ausbildung keine Rolle spielen.

Art soll die Frage beantworten, ob sich zwischen den Fällen der Leihmutterschaft, der Eizellspende und der natürlichen Konzeption Unterschiede in der Eltern-Kind-Beziehung erkennen lassen und zugleich auch Aufschluss über die psychische Entwicklung von Leihmutterkindern geben. Untersuchungen, die sich so detailliert mit den Auswirkungen von Leihmutter-Arrangements auf das Wohl der Kinder befassen, hat es vor dem Jahr 2004 nicht gegeben.[620]

1. Objektive Bedingungen der Studie

Der britischen Studie liegt die Befragung von 42 Familien, die eine Leihmutter in Anspruch genommen und das Wunschkind bei sich aufgenommen haben, zugrunde. Der Kontakt zu den Wunscheltern kam über das britische Office for National Statistics zustande. Im Verlauf der Jahre haben sich einige Paare der Befragung entzogen: Von 42 reduzierte sich die Zahl der teilnehmenden Familien in den folgenden Phasen der Untersuchung auf 37, 34 und schließlich 32. Als die Leihmutterkinder ein Alter von zehn Jahren erreicht hatten, partizipierten wieder 33 Wunschelternpaare an der Studie. Von den anfangs 42 Wunschelternpaaren hatten 26 (62 Prozent) die Dienste einer Ersatzmutter, 16 (38 Prozent) die einer Tragemutter in Anspruch genommen. Überwiegend fehlte den Wunschmüttern damit eine genetische Verbindung zu dem Kind – gerade bei ihnen erwartete man Schwierigkeiten in der Ausübung der Mutterrolle. Daneben befragten die Forscher 51 Paare, die ein Kind durch eine Eizellspende bekommen hatten. Als zweite und für diese Arbeit ganz maßgebliche Vergleichsgruppe wurden 80 Eltern, die ihr Kind auf natürlichem Wege, d.h. ohne jede reproduktionsmedizinische Unterstützung gezeugt hatten, einbezogen. Oftmals mögen Eltern, die den beschwerlichen Weg der künstlichen Befruchtung gegangen sind, besonderen Eifer in der Erziehung des eigenen Kindes zeigen. Um eine weitgehende Vergleichbarkeit der drei Gruppen (Leihmutterschaft, Eizellspende und natürliche Konzeption) zu gewährleisten, mussten die Kinder der 80 Familien, die auf natürlichem Wege Nachwuchs gezeugt hatten, das Ergebnis einer gewollten Schwangerschaft sein und durften keine angeborenen Anomalien aufweisen. Ferner wurde darauf geachtet, dass keine der Mütter bei der Geburt unter dreißig Jahren alt war (das Durchschnittsalter betrug 35 Jahre), um so die Gruppe der traditionellen Familien den Leihmutterschaftsfamilien, die üblicherweise recht spät zu dieser Methode greifen (hier betrug das Durchschnittsalter der Mütter knapp 40 Jahre), anzunähern.

Überhaupt waren die Forscher auf eine möglichst hohe Vergleichbarkeit der Probanden bedacht: So wurden proportional etwa gleich viele Jungen und Mädchen ausgewählt. Auch auf die Ausgeglichenheit von relevanten Faktoren wie der soziale Stand und die Berufstätigkeit der Eltern wurde geachtet. Ausgebildete Psychologen besuchten die Familien zuhause und führten dort separate Gespräche mit den

---

620   *Ciccarelli/Beckmann*, Journal of Social Issues 2005, 21 (36).

Müttern und Vätern. In späteren Phasen der Studie wurden auch die Kinder selbst zu ihrem Wohlbefinden und ihrem Verständnis für Leihmutterschaften befragt.[621]

2. Ein Jahr nach der Geburt

In das Projekt starteten die Forscher mit der Erwartung, Leihmutterschaftsfamilien würden vermehrt mit psychischen Problemen und Erschwernissen bei der Erziehung des Kindes konfrontiert sein. Diese Befürchtung bewahrheitete sich in der ersten Phase der Studie (im Kindesalter von einem Jahr) nicht.[622] In puncto Eltern-Kind-Interaktion und emotionale Resonanz waren zwischen den Frauen, die das durch eine Leihmutter zur Welt gebrachte Kind aufzogen und Müttern traditioneller Familien keine Unterschiede erkennbar. Erstaunlicherweise zeigten die Wunschmütter sogar größere Freude bei dem Umsorgen des Kindes sowie ein niedrigeres Depressionslevel. Ähnlich stellte sich die emotionale Haltung der Wunschväter zu den Kindern dar: Auch sie offenbarten eine größere Begeisterung bei der Ausübung der Elternrolle. Signifikant höher war die von den Wunschvätern empfundene Bindung zu dem Nachwuchs. Insgesamt wiesen die Wunscheltern, verglichen mit den Eltern, die ihr Kind natürlich gezeugt hatten, ein größeres psychisches Wohlbefinden und mehr Freude bei der Erziehung auf. Sie fühlten sich durch ihre Aufgaben als Eltern weniger gestresst und gingen ihnen mit mehr zwischenmenschlicher Wärme nach. Zugleich brachten sie den Kindern gegenüber aber auch ein übertriebenes emotionales Engagement zum Ausdruck; die ermittelten Werte lagen hier deutlich über dem Durchschnitt der traditionellen Familien. Ähnliche Beobachtungen hat man schon früher bei Familien, die anderweitige reproduktionsmedizinische Hilfe in Anspruch genommen hatten, gemacht.[623] Die Überbehütung durch die Wunscheltern erreichte aber kein pathologisches Level, sondern stellte sich vielmehr nur als etwas übermäßig dar. Ob Wunscheltern eine Trage- oder eine Ersatzmutter engagieren, also eine genetische Verbindung zu dem Kind aufweisen oder nicht, macht den Ergebnissen der Studie zufolge keinen wesentlichen Unterschied für die Eltern-Kind-Beziehung. Offenbar vereinfacht es die Erziehung der Kinder aber, wenn die Leihmutter eine Verwandte oder Bekannte des Wunschelternpaares ist. Auffällig war, dass die Eltern, deren Kinder mit fremden Eizellen gezeugt wurden, verglichen mit den Eltern von Leihmutterkindern ein geringeres psychisches Wohlbefinden aufwiesen. Ihre Situation war vielmehr derjenigen der traditionellen Familien angenähert; negative Auswirkungen ließen sich aber auch bei Ihnen nicht erkennen.

---

621 Zu den Bedingungen der Studie: *Golombok/Murray/Jadva/MacCallum/Lycett*, Development Psychology 2004, 400 (402).

622 Die nun folgenden Ergebnisse der ersten Studienphase finden sich in *Golombok/Murray/Jadva/MacCallum/Lycett*, Development Psychology 2004, 400 ff.

623 Auch bei Paaren, die auf eine In-vitro-Fertilisation zurückgreifen, ist später oft eine emotionale Überversorgung der Kinder zu beobachten; *Gibson/Ungerer/Tennant/Saunders*, Fertility and Sterility 2000, 565 (566).

Da die Kinder im Alter von einem Jahr noch kein Verständnis für ihre Herkunft entwickeln können, ist der Gehalt der Studie bezogen auf das Wohlbefinden eben jener in dieser Phase der Studie noch überschaubar. Soweit den Aussagen und dem Verhalten der Eltern Erkenntnisse über das Temperament der Kleinkinder entnommen werden konnten, zeigten sich jedenfalls keine auffallend negativen Einflüsse der Leihmutterschaft respektive der Eizellspende: Die Kinder, deren Eltern nicht auf die Reproduktionsmedizin zurückgreifen mussten, wurden sogar als unberechenbarer, anpassungsfeindlicher und insgesamt komplizierter beschrieben. Dagegen erschienen die Leihmutterkinder im Durchschnitt etwas träger.[624]

3. Zwei Jahre nach der Geburt

Die zweite Phase der Studie bestätigte im Wesentlichen die Erkenntnisse der ersten Untersuchung[625]: Die Mütter, die das von einer Leihmutter zur Welt gebrachte Kind aufzogen, zeigten mehr Vergnügen und zugleich weniger Verärgerung als jene, die ihr Kind natürlich gezeugt hatten. Zugleich fühlten sie sich von ihrem Kind seltener enttäuscht. Auch für die Wunschvätern bestätigten sich die Beobachtungen aus dem Vorjahr: Bei der Erziehung der Kinder empfanden sie deutlich weniger Stress als die Väter der Vergleichsgruppen, also als diejenigen, deren Kinder mittels Eizellspende oder natürlich gezeugt wurden. Auch die zweite Studienphase brachte die Erkenntnis, dass die Eltern, die auf eine Leihmutterschaft zurückgegriffen hatten, eine positivere Eltern-Kind-Beziehung unterhielten. Noch immer neigten sowohl der Wunschvater als auch – und das sogar in stärkerem Maße – die Wunschmutter zu einer übertriebenen Fürsorge und Behütung der Kinder.

Die psychische Entwicklung der von der Leihmutter geborenen Kinder sollte durch eine Befragung der Wunschmutter nachvollzogen werden. Dabei wandten die Psychologen das sog. BIT-SEA-Verfahren an, das auf Kleinkinder im Alter von ein bis zwei Jahren zugeschnitten ist[626]. Hierbei offenbarten sich keine bedeutsamen Unterschiede zwischen den Vergleichsgruppen. Die Leihmutterkinder erreichten sogar etwas bessere Werte. Erstmals wurden die Kinder, denen freilich auch zu diesem Zeitpunkt noch jedes Verständnis für ihre besondere Herkunft fehlte, selbst begutachtet: Sie unterzogen sich mentalen Tests, in denen u.a. Gedächtnisleistung,

---

624 Dabei lagen die für das Temperament der Kinder ermittelten Werte allesamt im Normalbereich. Die Unterschiede zwischen den Gruppen waren auch nicht besonders groß; *Golombok/Murray/Jadva/MacCallum/Lycett*, Development Psychology 2004, 400 (406).

625 Die nun dargestellten Ergebnisse der zweiten Studienphase finden sich in *Golombok/MacCallum/Murray/Lycett/Jadva*, Journal of Child Psychology and Psychiatry 2006, 213 ff.

626 Der BIT-SEA-Fragebogen (Brief Infant Toddler Social and Emotional Assessment) ist darauf ausgerichtet, zwei Werte zu ermitteln: einen „Problemwert" und einen „Fähigkeitenwert"; *Brownell/Kopp*, Socioemotional Development in the Toddler Years – Transitions and Transformations, S. 467.

Problemlösung, soziale Fähigkeiten, Klassifikation und Vokalisierung überprüft wurden. Auch bei der geistigen Reife der Kinder waren keine beachtlichen Diskrepanzen auszumachen: Sechs Prozent der Leihmutterkinder, neun Prozent der durch Eizellspende gezeugten Kinder und zehn Prozent der Kinder traditioneller Familien hatten mit Entwicklungsverzögerungen zu kämpfen. Obgleich die von Leihmüttern geborenen Kinder weniger Aggressionen und mehr Zuneigung zum Ausdruck brachten, waren sie hinsichtlich ihrer sozialen, emotionalen und kognitiven Entwicklung nicht von den anderen Kindern der Studie zu unterscheiden.

4. Drei Jahre nach der Geburt

Die dritte Phase der Studie, in der die betroffenen Kinder bereits drei Lebensjahre hinter sich gebracht hatten, war insofern von besonderer Bedeutung, als zu diesem Zeitpunkt einige der Elternpaare ihren Kindern bereits die Umstände ihrer Geburt näher erläutert hatten.[627] 44 Prozent der Wunscheltern, die ihr Kind von einer Leihmutter austragen ließen, hatten ihren Kindern dies im Alter von drei Jahren bereits erklärt. 53 Prozent der Eltern planten, dies in Zukunft zu tun, während nur drei Prozent sich diesbezüglich unsicher waren. Dabei wurde gewahr, dass Eltern, die zur Leihmutterschaft gegriffen hatten, mit ihren Kindern sehr viel offener über die Umstände der Geburt sprachen als solche, die auf eine Samen- oder Eizellspende angewiesen waren. Das ist sicher darauf zurückzuführen, dass sich Leihmutterschaften schlechter verheimlichen lassen, sodass mit zunehmendem Alter des Kindes die Gefahr besteht, dass dieses aus dem elterlichen Umfeld davon erfährt. Dem wollen viele Wunscheltern zuvorkommen. Entscheidend ist obendrein, dass die Kinder im Alter von drei Jahren – so auch in der vorgestellten Studie – bereits ein rudimentäres Verständnis für Empfängnis und Geburt aufbringen. Welche Bedeutung menschliche Gameten haben, kann ein dreijähriges Kind dagegen üblicherweise nicht erfassen. Die Ergebnisse der dritten Studienphase reihten sich trotz dieser veränderten Begleitumstände in die der Vorjahre ein: Die Beziehung zwischen der Wunschmutter und ihrem Kind war von mehr Wärme und Kommunikation geprägt als in den Vergleichsgruppen. Erstaunlicherweise dokumentierten die Mütter ohne eine genetische Verbindung zu ihrem Kind sogar ein höheres Maß an Interaktion. Anders als zuvor empfanden sowohl Wunschmutter als auch Wunschvater die Erziehung des Kindes aber nicht mehr als weniger stressig oder ermüdend; vielmehr glich sich ihre Situation hier denen traditioneller Familien an. Eine nennenswerte Überbehütung der Leihmutterkinder konnte im Jahr drei der Studie nicht mehr verzeichnet werden. Die psychische Verfassung der Kinder betreffend ließen sich zwischen den verschiedenen Familienformen erneut keine Unterschiede feststellen.

---

627 Zu den Ergebnissen der dritten Studienphase: *Golombok/Murray/Jadva/Lycett/ MacCallum/Rust*, Human Reproduction 2006, 1918 ff.

5. Sieben Jahre nach der Geburt

Die vierte Phase der Studie zielte auf das Wohlbefinden der nunmehr siebenjährigen Kinder und deren Beziehung zu ihren Eltern ab.[628] Hatten die Wunschmütter zu ihren Kleinkindern noch eine auffallend positive Eltern-Kind-Beziehung, so unterschied sich diese im Kindesalter von sieben Jahren nicht weiter merklich von denen der Vergleichsgruppen. Die Wunschmütter zeigten bei der Erziehung ihres Schulkindes kein Mehr an Freude. Aber auch Wut und Enttäuschung waren nicht stärker ausgeprägt als bei den Eltern, deren Kinder mittels Eizellspende oder natürlich gezeugt wurden. Die im Alter von sieben Jahren nun möglichen Interviews mit den Kindern führten ausgebildete Psychologen, die von den besonderen Umständen von Zeugung und Geburt der Kinder aber keine Kenntnis hatten. Daneben angesetzte Gespräche mit den Lehrern der Kinder sollten eine objektivere Sicht auf die psycho-soziale Entwicklung ermöglichen. Anhand eines „Stärken-und-Schwächen-Fragebogens"[629] wurden Daten zur psychischen Verfassung der Kinder erfasst. Das Ergebnis der Lehrerbefragung: Es waren keine signifikanten Unterschiede zwischen den Vergleichsgruppen festzumachen. Während 84 Prozent der Leihmutterkinder eine normale psychische Verfassung aufwiesen, erreichten jeweils acht Prozent der Kinder grenzwertige oder abnormale Punktzahlen. Ganz ähnliche Ergebnisse erzielten die Kinder traditioneller Familien.[630] Es zeigten sich nicht mehr Leihmutterkinder verhaltensauffällig, als dies für Kinder in diesem Alter üblicherweise angenommen wird.[631]

Erstmals im Verlaufe dieser Langzeitstudie ließ sich ein negativer Effekt der Leihmutterschaft auf das Eltern-Kind-Verhältnis feststellen. Die Psychologen besuchten die Familien in ihrem Zuhause und beobachteten dort das Zusammenspiel der Mutter mit dem Kind bei einer Zeichenaufgabe[632], das zugleich von einer Videokamera aufgezeichnet wurde. Das Ergebnis: Das Wechselspiel zwischen der Wunschmutter und dem Leihmutterkind gelang weniger gut als das zwischen Müttern und Kindern traditioneller Familien. Ebenso wie die Leihmutterfamilien zeigten auch die

---

628 Die hier dargstellten Ergebnisse finden sich in *Golombok/Readings/Blake/Casey/Marks/Jadva*, Development Psychology 2011, 1579 ff.

629 Das Forscherteam griff auf den sog. Strengths and Difficulties Questionnaire (SDQ) zurück. Dieser ist dazu geeignet, Verhaltensauffälligkeiten bei sechs- bis 16-Jährigen aufzuzeigen; *Remschmidt*, in: Remschmidt, Kinder- und Jugendpsychiatrie – Eine praktische Einführung, 53.

630 Von ihnen punkteten 90 Prozent im normalen und jeweils zwei Prozent im grenzwertigen und abnormalen Bereich.

631 Gesamtgesellschaftlich werden in Großbritannien für etwa acht Prozent der Kinder in dieser Altersstufe weit unterdurchschnittliche SDQ-Werte ermittelt (sechs Prozent der Mädchen, zehn Prozent der Jungen), sodass bei diesen Kindern von Verhaltensauffälligkeiten gesprochen werden kann; *Meltzer/Gatward/Goodman/Ford*, The mental health of children and adolescents in Great Britain, S. 2.

632 Es handelte sich dabei um die sog. Etch-A-Sketch-Aufgabe, bei der ein spezielles Zeichengerät eingesetzt wird, das die Zusammenarbeit von Mutter und Kind erfordert; nach *Stevenson-Hinde/Shouldice*, Child Development 1995, 583.

Eizellspendefamilien ein signifikant niedrigeres Level der Interaktion zwischen Mutter und Kind. Die Frage, ob es diese Unterschiede im Zusammenspiel von Mutter und Kind auch schon in den Vorjahren gab, konnte die Studie nicht beantworten, da ein derartiger Test erstmals durchgeführt wurde, als die Kinder bereits das siebte Lebensjahr erreicht hatten. Nach sieben Jahren zog das Forscherteam ein Zwischenfazit: Die teilnehmenden Leihmutterfamilien funktionierten noch immer gut. Über die Jahre glichen sie sich den traditionellen Familien mehr und mehr an – besondere Schwierigkeiten bei der Erziehung der Kinder gab es nicht. Sichtbar wurde dagegen Erschwernisse in der Interaktion zwischen Mutter und Kind.

6. Zehn Jahre nach der Geburt

In der fünften Phase der Langzeitstudie konzentrierte sich das Forscherteam weniger auf die Eltern-Kind-Beziehung und mehr auf den Umgang der Leihmutterkinder mit den besonderen Umständen ihrer Zeugung und Geburt.[633] 91 Prozent der Wunscheltern hatten ihren damals zehnjährigen Kindern von der Leihmutterschaft berichtet. Die übrigen neun Prozent planten, dies noch zu tun. Ein Grundverständnis dafür, was es bedeutet von einer Leihmutter geboren worden zu sein, zeigten fast alle befragten Kinder.[634] Sie umschrieben die Unfähigkeit ihrer Wunscheltern, auf natürliche Weise ein Kind zu bekommen etwa so: „Naja, der Bauch meiner Mama war glaube ich ein wenig kaputt, deshalb war [...] [die Leihmutter] und nicht Mama schwanger mit mir." Nun, da die Kinder zehn Jahre alt waren und ein Grundverständnis für die Umstände ihrer Zeugung entwickelt hatten, konnte ihnen die wohl wichtigste Frage der Studie gestellt werden: Wie empfinden sie es, dass sie von einer Leihmutter geboren und dann den Wunscheltern übergeben worden waren? Das Ergebnis: 24 Prozent der Kinder begegneten der Tatsache, von einer Leihmutter zur Welt gebracht worden zu sein mit positiven Gefühlen. 67 Prozent standen ihr neutral oder indifferent gegenüber. Neun Prozent vermissten ihre Leihmutter. Keines der an der Studie teilnehmenden Leihmutterkinder gab an, dies verursache bei ihm negative Gefühle. Kinder, die ihrer Herkunft neutral gegenüber standen, sagten etwa: „Hm, ich fühle mich wohl. Ich bin überhaupt nicht sauer oder böse. So ist eben die Natur – dagegen kann ich nichts machen. Ich möchte dagegen auch gar nichts machen." 75 Prozent der Leihmutterkinder hatten Kontakt zu ihrer Leihmutter. Sie alle unterhielten zu ihr – nach Aussage der Wunschmutter – eine harmonische Beziehung. Auch das Verhältnis zwischen den Wunscheltern und der Leihmutter war zumeist positiv. 93 Prozent der Kinder mochten ihre Leihmutter, während 64 Prozent sich wünschten, sie häufiger zu sehen. Im Laufe der Zeit nahm die Kontakthäufigkeit zwischen der Familie und der von ihr engagierten Leihmutter ab, speziell dann, wenn es sich um

---

633 Die Ergebnisse der fünften Studienphase finden sich in *Jadva/Blake/Golombok/ Casey*, Human Reproduction 2012, 3008 ff.

634 81 Prozent hatten etwas, neun Prozent ein klares und ebenfalls neun Prozent gar kein Verständnis für das Verfahren der Leihmutterschaft.

eine der Familie zuvor unbekannte Frau handelte, welche die Rolle einer Ersatz- und nicht einer Tragemutter einnahm, also zugleich ihr Genmaterial bereitstellte.

7. Zur Aussagekraft der Langzeitstudie

Die Ergebnisse der dargestellten Studie lassen sich wie folgt zusammenfassen: Die Eltern, die ihr Kind von einer Leihmutter austragen ließen, brachten bei der Kindererziehung in den ersten Jahren mehr Freude und Wärme zum Ausdruck als die Eltern traditioneller Familien. Während sich die Väter weniger gestresst fühlten, war in jungen Jahren eine bessere Interaktion zwischen Mutter und Kind erkennbar. Im Alter von sieben Jahren vermochten die Forscher dagegen eine signifikant schlechtere Interaktion und Kooperation zwischen der Wunschmutter und ihrem Kind festzustellen. Es lässt sich vermuten, dass dies auf die fehlende genetische Verbindung und/oder fehlende Bindung durch Schwangerschaft zurückzuführen ist.[635] Dieser Tatsache waren sich die Kinder hier bereits bewusst; immerhin zeigen ältere Studien, dass schon im Alter von fünf bis sechs Jahren ein Verständnis für die Bedeutung und Folgen einer Adoption vorhanden ist.[636] Das Familienleben war dennoch stets intakt. Die von einer Leihmutter zur Welt gebrachten Kinder unterschieden sich in puncto sozio-emotionaler und kognitiver Entwicklung nicht von den natürlich gezeugten Kindern. Ihre Einstellung zu den besonderen Umständen ihrer Geburt war im Alter von zehn Jahren ganz überwiegend von neutralen oder positiven Gefühlen geprägt.

Diese Langzeitstudie zeichnet insgesamt ein positives Bild der psychosozialen Entwicklung von Leihmutterkindern sowie der Eltern-Kind-Bindung. Simpel gesagt geht es allen Beteiligten „recht gut"[637]. Bei der Einordnung dieser Ergebnisse ist aber die begrenzte Aussagekraft dieser Untersuchung zu beachten: Mit anfangs 42 und abschließend 33 teilnehmenden Leihmutterfamilien[638] war der Kreis der Probanden sehr überschaubar. Deshalb weisen auch die Autoren der Studie darauf hin, dass die Ergebnisse in zukünftigen Untersuchungen mit größeren Gruppen zu überprüfen seien.[639] Vor dem Hintergrund, dass Leihmutterschaften jedenfalls in den westeuropäischen Staaten, in denen das Verfahren (unter bestimmten Voraussetzungen) erlaubt ist, keineswegs massenhaft durchgeführt werden, ist die Teilnehmerzahl dennoch bemerkenswert. Immerhin kommt es in Großbritannien jährlich nur zu etwa 50 bis 80 Geburten durch eine Leihmutter.[640]

---

635 So auch *Tschudin/Griesinger*, Gynäkologische Endokrinologie 2012, 135 (137).
636 *Brodzinsky/Pinderhughes*, in: Bornstein, Handbook of Parenting, Vol. 1, Children and Parenting, S. 279 (289).
637 So fasst es *Hardinghaus*, in: Der Spiegel 52/2014, 50 (54) zusammen.
638 Hinzu kamen natürlich die (anfangs) 80 Familien, deren Kind natürlich gezeugt wurde sowie die 52 Familien, die auf eine Eizellspende zurückgegriffen hatten.
639 *Jadva/Blake/Golombok/Casey*, Human Reproduction 2012, 3008 (3013).
640 *Brazier/Campell/Golombock*, Surrogacy – Review for Health Ministers of current arrangements for payments and regulation, S. 54.

Die Aussagekraft der Studie wird weiter durch die rechtlichen Gegebenheiten in dem Vereinigten Königreich begrenzt: Alle teilnehmenden Kinder waren das Ergebnis einer nicht-kommerziellen Leihmutterschaft, da eine über die Erstattung von Aufwendungen erfolgende Zahlung an die Leihmutter untersagt ist.[641] Die Kinder sprachen also „nur" darüber, wie sie die altruistisch motivierte Übernahme der Schwangerschaft werten. Erkenntnisse darüber, wie Kinder eine Leihmutterschaft gegen Entgelt verarbeiten, kann diese Studie nicht liefern. Zu einer gewissen Verzerrung der Ergebnisse vermag auch beigetragen haben, dass Wuscheltern, die auf die auch in Großbritannien kontrovers diskutierte Leihmutterschaft zurückgreifen, in einer Art Legitimationsversuch dazu neigen könnten, ein makelloses Bild ihrer Familie zu zeichnen.[642] Dass dies allein aber die Ergebnisse nicht erklären kann, legt schon die Tatsache nahe, dass die Eizellspendefamilien vergleichbar gute Werte im Bezug auf die Eltern-Kind-Beziehung erreichten. Die Eizellspende ist in Großbritannien aber die weit mehr akzeptierte Fortpflanzungstechnik. Ginge es den Eltern maßgeblich darum, Leihmutterschaften in einem positiven Licht darzustellen, dann hätte dies wohl zu einem signifikanten Unterschied der Vergleichsgruppen „Leihmutterschaft" und „Eizellspende" führen müssen.

Größere Bedeutung hat wohl der Umstand, dass Paare, die den beschwerlichen Weg der Reproduktionsmedizin gehen, einen sehr starken Wunsch nach einem Kind verspüren und bei der späteren Erziehung nicht selten eine höhere Stresstoleranz aufweisen.[643] Die Studie offenbart aber auch: Das Engagement, das Wuscheltternpaare aufbringen um zu einem eigenen Kind zu kommen, mündet in mancher Hinsicht in einer emotionalen Überversorgung des Kindes. Bei den eigenen Auslassungen der Kinder bleibt zu berücksichtigen, dass sie auch im Alter von zehn Jahren noch stark von den Anschauungen der Eltern geprägt werden. Welche (gänzlich unabhängige) Einstellung Erwachsene zu den besonderen Umständen ihrer Geburt entwickeln – darüber gibt die Studie folglich (noch) keinen Aufschluss. Auf eine eigene Anfrage hin erklärte Susan Golombok, die Mitinitiatorin der Studie, in der nächsten Phase wolle man mehr über die Entwicklung der dann 14-jährigen Leihmutterkinder herausfinden. Mit diesen Ergebnissen sei in nächster Zeit jedoch nicht zu rechnen.[644] Es bleibt also abzuwarten, wie sich die Kenntnis von den besonderen

---

641 *Jadva/Blake/Golombok/Casey*, Human Reproduction 2012, 3008 (3013).

642 *Golombok/MacCallum/Murray/Lycett/Jadva*, Journal of Child Psychology and Psychiatry 2006, 213 (219).

643 *Golombok/Murray/Jadva/MacCallum/Lycett*, Development Psychology 2004, 400 (408).

644 So *Golombok* in einer Email vom 27.11.2014. Legt man zugrunde, dass die letzten Ergebnisse (im Kindesalter von zehn Jahren) 2012 veröffentlicht wurden, dann werden die Resultate der nächsten Phase (im Kindesalter von 14 Jahren) wohl nicht vor 2016 zugänglich sein.

Umständen der eigenen Geburt auf die Kinder auswirkt, wenn sie die Pubertät erreichen, in der ohnehin vermehrt Konflikte mit den eigenen Eltern auftreten.[645]

III. Erfahrungen des niederländischen Zentrums für IVF-Leihmutterschaften

In den Niederlanden ist die nicht-kommerzielle Leihmutterschaft unter strengen Zugangsvoraussetzungen gestattet. Zwischen 1997 und 2004 wurden dort 16 Kinder durch eine Leihmutter zur Welt gebracht. Das Zentrum für IVF-Leihmutterschaften ist die Anlaufstelle für niederländische Paare, die eine Leihmutter suchen. In einem Bericht aus dem Jahr 2010 zogen die dortigen Verantwortlichen eine erste Bilanz[646] aus etwa acht Jahren Praxiserfahrung: Die nicht-kommerzielle Leihmutterschaft sei praktikabel. Sowohl bei der Leihmutter als auch bei den intendierten Eltern fördere sie das psychische Wohlbefinden. Ursächlich für die guten Ergebnisse sollen vor allem die den Leihmutterarrangements vorausgehenden strengen medizinischen und psychologischen Tests sowie die Klärung der rechtlichen Lage gewesen sein.[647] Nach der Auswertung der psychologischen Interviews erreichten die Wunsch- und Leihmütter in beinahe allen Punkten bessere Werte als Eltern der niederländischen „Normalbevölkerung". Die Übergabe der Kinder erfolgte komplikationslos.[648]

Als das niederländische IVF-Zentrum erstmals von den eigenen Praxiserfahrungen berichtete, waren die Leihmutterkinder zwischen fünf und elf Jahre alt. Mit ihnen sowie mit den Leihmüttern und den Wuscheltern wurden in vertiefenden Gesprächen weitergehende Erkenntnisse zu dem medizinischen, sozialen und psychologischen Wohlbefinden gesammelt. Hieß es im Jahr 2010 noch, diese Ergebnisse würden „in naher Zukunft" veröffentlicht[649], so sucht man sie bis heute vergeblich. Auf eigene Anfrage hin erklärte *Sylvia Dermout*, Gynäkologin und Mitinitiatorin der niederländischen Studie, dieses „wichtige Material" sei der Öffentlichkeit noch nicht zugänglich gemacht worden. Es gebe „zahlreiche politische Gründe", die es schwierig machten, die Studienergebnisse einem breiten Publikum vorzustellen. So viel könne aber vorweggenommen werden: In der noch immer unveröffentlichten Studie seien weder bei den Eltern noch bei den Kindern Fehlentwicklungen zutage

---

645 *Golombok* nimmt an, diese Zeit werde für diese Kinder „vermutlich schwierig"; zit. nach Carroll, today.com v. 19.6.2013 (abrufbar unter: http://www.today.com/health/new-study-tracks-emotional-health-surrogate-kids-6C10366818).

646 Der Bericht findet sich in *Dermout/van de Wiel/Heintz/Jansen/Ankum*, Human Reproduction 2010, 443.

647 Offenbar ist die Vorauswahl des zuständigen Zentrums sehr strikt: Von in den acht Jahren 500 interessierten Paaren schlossen nur 24 die spätere IVF-Behandlung tatsächlich ab.

648 *Dermout*, De eerste logeerpartij – hoogtechnlologisch draagmoederschap in Nederland, S. 280.

649 *Dermout/van de Wiel/Heintz/Jansen/Ankum*, Human Reproduction 2010, 443 (447).

getreten. Nach so vielen Jahren sei hauptsächlich wegen der strikten Vorgaben für die Aufnahme in das Leihmutterprogramm „alles gut verlaufen".[650]

IV. Ergebnisse anderer Untersuchungen

Die Langzeitstudie aus Großbritannien ist zwar die bisher wohl aussagekräftigste ihrer Art, aber nicht die einzige, die sich mit dem Wohlbefinden von durch eine Leihmutter geborenen Kindern beschäftigt: So ließen sich in einer Untersuchung aus den 1990er Jahren gesundheitliche Daten von über 110 nordamerikanischen Leihmutterkindern bis zu deren zweitem Lebensjahr sammeln.[651] Dabei verglich man Neugeborene von Leihmüttern mit Kindern, die durch „traditionelle" In-vitro-Fertilisation gezeugt wurden, also durch die Wunschmutter selbst zur Welt gebracht wurden. Was die Dauer der Schwangerschaft anbelangt, ergaben sich keine Unterschiede: In beiden Vergleichsgruppen kam es im Schnitt nach 38,7 Wochen zur Geburt. Dagegen lag das Geburtsgewicht der Kinder, die von einer Leihmutter zur Welt gebracht wurden signifikant über dem Gewicht der „normalen" IVF-Kinder, derweil weniger Leihmutterkinder untergewichtig geboren wurden.[652] Dieses Ergebnis lässt sich vermutlich darauf zurückführen, dass die Leihmütter anders als die Frauen, die auf eine IVF angewiesen sind, keine anatomischen Anomalien aufweisen und zudem vorher durchlebte Schwangerschaften die Formbarkeit des Uterus steigern. Auch die oftmals bereits vorhandenen Erfahrungen der Surrogatmütter mit den Beschwerlichkeiten einer Schwangerschaft mögen einen positiven Effekt auf die Gesundheit des Neugeborenen haben.[653] Die Fehlbildungsrate bei den durch Leihmütter geborenen Kindern lag nur unwesentlich über jener der IVF-Gruppe; die Studie spricht hier von „beruhigenden" Ergebnissen.[654] Hinsichtlich des physischen Wachstums sowie der verbalen und motorischen Entwicklung ergaben sich keine substanziellen Unterschiede zu natürlich gezeugten Kindern. Am Ende einer anderen Befragungsreihe mit britischen Wunscheltern, die Frauen zum Teil auch gegen Entgelt ihr Kind austragen ließen, stand die Erkenntnis, dass Leihmutterschaften „keine psychologischen Risiken verursachen, die außerhalb dessen liegen, was wir bereitwillig auch bei der konventionellen Fortpflanzung tolerieren."[655]

---

650 *Dermout* in einer Email v. 8.12.2014. Die angesprochene Studie soll – sofern möglich – im Jahr 2015 veröffentlicht werden.

651 Zu den Erkenntnissen dieser Studie: *Serafini*, Human Reproduction Update 2001, 23 ff.

652 Die Leihmutterkinder wogen bei der Geburt im Schnitt 3,5 Kilogramm, die IVF-Kinder dagegen 3,1 Kilogramm. Auch bei den Zwillingen und Drillingen gab es deutliche Gewichtsunterschiede.

653 So erklärt es sich *Serafini*, Human Reproduction Update 2001, 23 (25).

654 Sie betrug bei den IVF-Kindern 2,3 Prozent und bei den Leihmutterkindern 3,4 Prozent.

655 *Blyth*, Journal of Reproductive and Infant Psychology 1995, 185 (194).

Es existieren weit mehr Studien über die Entwicklung von Kindern, die durch andere reproduktionsmedizinische Verfahren zur Welt gekommen sind. Angesichts der Spezifika der Leihmutterschaft lassen diese aber nur wenige Rückschlüsse auf diese Methode zu. Bei durch die In-vitro-Fertilisation gezeugten Kindern wurde in mehreren Untersuchungen eine ganz normale kognitive, emotionale und soziale Entwicklung festgestellt.[656] Schon im Jahr 1995 waren die Initiatoren einer ähnlichen Studie der Auffassung, die genetische Bindung sei „weniger wichtig für das Funktionieren einer Familie als ein starkes Bedürfnis nach Elternschaft."[657] Bei der „klassischen" Eizellspende fallen genetische und soziale Mutterschaft ebenso auseinander wie bei der Ersatzmutterschaft. Die Ergebnisse der oben dargestellten Golombok-Studie vor Augen verwundert es nicht, dass auch das psychologische Wohlbefinden der Kinder, die das Ergebnis einer Eizellspende sind, nicht negativ beeinträchtigt ist.[658]

V. Parallelen zur Adoptionsforschung

Weitaus besser erforscht ist das Wohlergehen von Kindern, die durch eine Adoption Teil einer neuen Familie geworden sind. Ihre Situation ist nur bedingt mit jener der Leihmutterkinder vergleichbar: Adoptivkinder werden zumeist nicht mit der Intention geboren, sie nach der Geburt einem anderen Elternpaar zu übergeben. Auch sind Adoptivkinder mit den späteren Adoptiveltern nicht genetisch verbunden. Oftmals leben sie zudem eine Zeit lang bei der Geburtsmutter und werden erst später – etwa wegen Missständen in der Familie oder des Todes der Eltern – zur Adoption freigegeben. Anders als Leihmutterschaften stoßen Adoptionen in Deutschland zudem auf eine breite gesellschaftliche Akzeptanz. Eine Parallele lässt sich aber dennoch ziehen: Ebenso wie das Leihmutterkind wird auch das Adoptivkind von einem Teil seiner biologischen Familie getrennt und einer neuen Familie zugeordnet. Es ist deshalb auch für den Bearbeitungsgegenstand dieser Arbeit von Interesse, wie sich diese Tatsache auf die Entwicklung der Kinder auswirkt.

Gegen Ende der 1990er Jahre kamen Studien aus den USA, Kanada und Großbritannien zu dem Ergebnis, dass überdurchschnittlich viele Adoptivkinder eine psychologische Behandlung in Anspruch nehmen. Für Adoptivkinder, so die damalige Schlussfolgerung, bestehe ein signifikant erhöhtes Risiko, an psychischen Leiden zu erkranken.[659] Dass besonders viele Adoptivkinder sich einer Psychotherapie unterziehen, ist aber auch darauf zurückzuführen, dass Adoptiveltern eher bereit sind, professionelle Unterstützung in Anspruch zu nehmen – und das auch schon dann,

---

656 *Van Balen*, Developmental Review 1998, 30 (36); *McMahon/Ungerer/Beaurepaire/ Tennant/Saunders*, Journal of Reproductive and Infant Psychology 1995, 1 (11).

657 *Golombok/Cook/Bish/Murray*, Child Development 1995, 285 (296).

658 *Golombok/Murray*, Journal of Child Psychology and Psychiatry 1999, 519 (525).

659 Man nahm an, rund vier bis fünf Prozent der Adoptivkinder und nur zweieinhalb Prozent der nicht adoptierten Kinder seien auf psychologische Hilfe angewiesen; *Palacios/Brodzinsky*, International Journal of Behavioral Development 2010, 270 (272).

wenn sich psychische Komplikationen bei den Kindern erst andeuten.[660] Oftmals gehen die psychischen Probleme auf die Vorgeschichte des Adoptivkindes – etwa auf erlebte häusliche Gewalt – zurück.[661] Das schränkt die Vergleichbarkeit der Erkenntnisse aus der Adoptionsforschung mit der Leihmutterschaft zusätzlich ein. Nicht selten ist zu beobachten, dass Adoptivkinder in ihrer Fantasie die biologischen Eltern idealisieren, derweil sie die sozialen Eltern abwerten: Kommt es zu einem Streit mit den Adoptiveltern, wird dies als Zeichen mangelnder Liebe gedeutet. Dahingegen verbleibt den Adoptiveltern stets die Möglichkeit, ein Fehlverhalten des Kindes nicht auf die eigene Erziehung, sondern auf dessen genetische Herkunft zurückzuführen. Die spezifischen Probleme, die Adoptionen evozieren, werden durch die Familien zumeist doch gelöst. Dieses Familienmodell hat sich deshalb als grundsätzlich funktionstüchtig erwiesen und vermag den Adoptivkindern sogar eine besondere, im späteren Leben hilfreiche Anpassungsfähigkeit zu vermitteln.[662] In puncto Selbstwertgefühl ließ sich in einer im Jahr 2007 vorgestellten Studie kein Unterschied zwischen adoptierten und nicht adoptierten Kindern feststellen.[663] Das Aufwachsen in einer Adoptivfamilie führt aber dann zu Identitätsproblemen, wenn sich das Kind eines Teils seiner Geschichte „beraubt" oder von der ursprünglichen Familie im Stich gelassen fühlt. Diese Gefahr haftet der Leihmutterschaft ebenso an wie der Adoption.[664] Der „Schatten der leiblichen Eltern"[665] kann insbesondere in den Lebensphasen der Pubertät und der Adoleszenz zu einer erheblichen Belastung führen.[666] Gerade für diese Entwicklungsabschnitte existieren aber noch keine aussagekräftigen Untersuchungen mit Leihmutterkindern. Sowohl im Falle einer Adoption als auch im Falle einer Leihmutterschaft sollten die Eltern mit dem Kind so früh wie möglich über dessen Herkunft sprechen. Nur so kann ihm das Gefühl der Normalität vermittelt und einem späteren Vertrauensbruch vorgebeugt werden.[667]

VI. Pränatale Bindung

Leihmutterschaften bergen die Gefahr, dass die Frau, die schon bei dem Beginn ihrer Schwangerschaft beabsichtigt, das Kind nach der Niederkunft den intendierten Eltern zu übergeben, zu dem späteren Säugling keine hinreichende pränatale, d.h.

---

660   *Miller/Fan/Christensen/Grotevant/van Dulmen*, Child Development 2000, 1458 (1471).

661   *Golombok/Readings/Blake/Casey/Marks/Jadva*, Development Psychology 2011, 1579 (1580).

662   *Knobbe*, FPR 2001, 309 (317); *Hass*, Leihmutterschaft – psychische und psychosoziale Folgen, S. 112.

663   *Juffer/van IJzendoorn*, Psychological Bulletin 2007, 1067 (1078).

664   *Hass*, S. 115, die allen an einer Leihmutterschaft Beteiligten dazu rät, sich dieser „Hypothek" bewusst zu sein.

665   Nach *Aselmeier-Ihrig*, Unsere Jugend 1984, 238 (239).

666   *Knobbe*, FPR 2001, 309 (317).

667   *Wrobel/Kohler/Grotevant/McRoy*, Adoption Quarterly 2004, 53; *Diel*, S. 63.

vorgeburtliche Bindung aufbaut. Gegner der Leihmutterschaft argumentieren, die Schwangere bereite sich frühzeitig auf die Trennung von ihrem Kind vor und unterdrücke so die für das Kind unentbehrlichen Bindungsgefühle.[668] Die ambivalente Haltung der Leihmutter zu dem Fötus könne erhebliche physische und psychische Schäden herbeiführen.[669] Nach der Auffassung des Gesetzgebers missachten Vereinbarungen über eine Leihmutterschaft die „Bedeutung der Entwicklung im Mutterleib für die Persönlichkeitsentwicklung des Kindes".[670] Dabei hat sich das Verständnis davon, welche Art der Beziehung zwischen der Schwangeren und dem Ungeborenen entsteht, im Laufe der letzten Jahrhunderte stark verändert.

1. Theorie der mütterlichen Einbildungskraft

Bis in das späte 18. Jahrhundert hinein nahm man an, die Beziehung zwischen der Schwangeren und ihrem Kind werde von der mütterlichen Einbildungskraft geprägt. Besonders intensive Erlebnisse der Frau wirkten sich nach dem damaligen Verständnis unmittelbar auf das Ungeborene aus. Missbildungen des Kindes wurden auf schlimme Ereignisse im Leben der Schwangeren zurückgeführt. Den Ängsten und Freuden der Frau wies man eine erhebliche Bedeutung für die Entwicklung des Kindes zu.[671] Das einprägsame Mustern bestimmter Gegenstände wurde von den „Imaginationisten" sogar für die Leberflecken des Kindes verantwortlich gemacht; heute noch erinnert daran ihre Bezeichnung als „Muttermale".[672] In ihrem Grundverständnis gingen die Anhänger dieser Theorie davon aus, dass sich die Schwangere und das Ungeborene einen Blutkreislauf teilen oder über die Nabelschnur nervlich verbunden sind.[673] Erste Zweifel an der Theorie der mütterlichen Einbildungskraft äußerte der Arzt *James Blondel* schon 1727: Gefühle und Gedanken übertrügen sich nicht auf den Fötus, die Vorstellungskraft der Mutter werde „fälschlicherweise für Fehlbildungen verantwortlich gemacht".[674] Später bestritten auch andere Wissenschaftler einen derartigen maternalen Einfluss auf den Körper des Ungeborenen. An ein Nachbilden von Gegenständen, vor welchen sich die Schwangere fürchtet,

---

668 *Eberbach*, MedR 1986, 253 (254).
669 *Dietrich*, S. 274.
670 BT-Drs. 11/4154, 6.
671 *Filippini*, in: Duden/Schlumbohm/Veit, Geschichte des Ungeborenen, S. 99 (116).
672 *Dürbeck*, in: Steigerwald/Watzke, Reiz, Imagination, Aufmerksamkeit, S. 225 (234).
673 So schrieb der französische Philosoph *Nicolas Malebranche*: „Die Kinder also sehen was die Mutter sieht, sie hören dasselbe Geschrei, sie behalten dieselben Eindrücke von den Gegenständen und haben dieselben Leidenschaften. [...] Der Körper des Kindes ist mit dem Körper der Mutter derselbe, sie haben beide das Blut und die Lebensgeister gemein."; *Malebranche*, Von der Wahrheit oder von der Natur des menschlichen Geistes, S. 227.
674 *Blondel*, The strength of imagination in pregnant women examin'd: and the opinion that marks and deformities in children arise from thence, demonstrated to be a vulgar error, S. 87.

könne „wohl vernünftigerweise nicht gedacht werden", heißt es in einer Abhandlung des Mediziners *Friedrich Meissner* aus dem Jahr 1833. Diese Annahme sei eher auf eine „zu starke Phantasie" einiger Ärzte zurückzuführen.[675] Die sich im frühen 19. Jahrhundert durchgesetzte Erkenntnis, dass sich die Schwangere und ihr Kind keineswegs ein Nerven- und Blutsystem teilen, ließ den Fötus eigenständiger erscheinen. Während die Imaginationstheorie fortan als überholt galt[676], führte man Missbildungen bei Neugeborenen zunehmend auf embryonale Fehlentwicklungen zurück[677]. Glaubte man noch heute, dass Gefühle und Erlebnisse der Mutter den Körper und die Persönlichkeit des Kindes so unmittelbar prägen, dann wäre die Methode der Leihmutterschaft wohl kaum denkbar: Zu groß wäre die Sorge potentieller Wunscheltern, dass mögliche Trauer- und Frustrationsgefühle der austragenden Mutter dem Kind schwere Schäden zufügen.[678]

2. Pränatale Psychologie

Zu Beginn des 20. Jahrhunderts versuchte mit der pränatalen Psychologie eine erst in ihrer Entstehung befindliche wissenschaftliche Disziplin neue Antworten auf die Frage zu finden, wie stark der Einfluss der Schwangeren auf die Entwicklung des Kindes ist. Am Anfang stand die Erkenntnis, dass – obgleich sich der Fötus und die Schwangere keinen gemeinsamen Blutkreislauf teilen – Hormone im Blut der Mutter die Gebärmutterschleimhaut passieren können. Hormone sind die biochemische Übersetzung der Emotionen. Wenn die Schwangere Frust, Trauer und Freude empfindet, dann erlebt das Ungeborene dies zumindest als ein diffuses Gefühl.[679] Die Plazenta versorgt das werdende Kind neben den lebensnotwendigen auch mit möglicherweise schädlichen Stoffen.[680] Längere Phasen der Depression oder der mentalen Ablehnung der Schwangerschaft können – das zeigen verschiedene Untersuchungen – zu Schwangerschafts- und Geburtskomplikationen führen. Später fallen die Kinder unter Umständen durch ein gestörtes Ess- und Trinkverhalten sowie häufige Stimmungswechsel auf.[681]

1981 schrieb der Psychologe *Thomas Verny* über die ersten Erkenntnisse auf dem neuen Forschungsgebiet: Die Psyche des Kindes werde durch die Gedanken und Gefühle der Mutter „grundlegend geformt: ob später hartherzig und verschlossen,

---

675 *Meissner*, Was hat das neunzehnte Jahrhundert für die Geburtshilfe gethan?, S. 60.

676 *Dürbeck*, Einbildungskraft und Aufklärung, S. 162; *Lorenz*, in: Rheinheimer, Subjektive Welten – Wahrnehmung und Identität in der Neuzeit, S. 91 (101).

677 *Filippini*, in: Duden/Schlumbohm/Veit, Geschichte des Ungeborenen, S. 99 (117).

678 *Bernard*, S. 294, der die Widerlegung der Imaginationstheorie deshalb als eine „historische Voraussetzung" der Leihmutterschaft bezeichnet.

679 *Klein*, in: Deutscher Hebammenverband, Das Neugeborene in der Hebammenpraxis, S. 1 (14).

680 *Blechschmidt*, in: Graber/Kruse, Vorgeburtliches Seelenleben, S. 35 (38).

681 *Rittelmeyer*, Frühe Erfahrungen des Kindes, S. 23; *Huizink*, Prenatal stress and its effect on infant development, S. 205.

oder weich und offen, hängt weitgehend davon ab, ob die Gedanken und Gefühle der Mutter positiv und fürsorglich waren oder negativ und zwiespältig."[682] Tatsächlich scheinen die Schwangere und der Fötus auf die Gefühlsregungen des jeweils anderen zu regieren. Zwischen beiden findet ein „sozialer Austausch" statt.[683] Weil das Ungeborene aufgenommene Reize nicht wissent- und willentlich verarbeitet, fehlt ihm ein Bewusstsein – eine Tatsache, die aber nicht die Existenz bewusstseinsprägender Prozesse widerlegt.[684] Die emotionale Verfassung Mutter hat durchaus einen Einfluss auf die Entwicklung des Kindes: So legte etwa eine Studie aus den USA dar, dass Schwangere, deren Familien mit unerwarteter Arbeitslosigkeit und damit einhergehenden Zukunftsängsten konfrontiert wurden, vermehrt Kinder mit einem (deutlich) unterdurchschnittlichen Geburtsgewicht zur Welt zu brachten.[685] Diese Beobachtung bestätigten Untersuchungen norwegischer und schwedischer Neugeborener.[686]

Es gilt als gesicherte Erkenntnis der empirischen Psychologie, dass eine ablehnende oder aggressive Haltung der Frau gegenüber dem Kind – etwa im Falle einer unerwünschten Schwangerschaft – die Gefahr von Fehlgeburten, Frühgeburten und Missbildungen deutlich erhöht.[687] In den sensiblen Phasen der Schwangerschaft mit einem starken Zellwachstum des Embryos vollzieht sich eine Art „fötale Programmierung": Hier erwirbt das Kind eventuell eine spätere Anfälligkeit für Krankheiten wie Diabetis, Fettleibigkeit oder Herzleiden.[688] Eine psychische Labilität der Schwangeren wirkt sich also in vielen Fällen signifikant auf den Verlauf der Schwangerschaft sowie die Entwicklung des ungeborenen Kindes aus. Das Zusammenspiel des Hormonhaushaltes und der Plazenta kann bei starker Ausschüttung von Stresshormonen den Blutfluss Richtung Uterus und Fötus mindern. Dauert dieser Zustand an, wird dadurch das fetale Wachstum gestört.[689] Eine übermäßige Ausschüttung von Stresshormonen kann zur Folge haben, dass auch das Kind später eine geringe Stressresistenz aufweist.[690] Stark ausgeprägter mütterlicher Stress während der Schwangerschaft ist einer von vielen Faktoren, die Einfluss auf das Temperament des Kindes nehmen und das Risiko späterer psychopathologischer Befunde bei diesem erhöhen. Kinder, deren Mütter eine besonders angespannte Schwangerschaft durchlebt hatten, zeigten in Studien vermehrt Probleme im Umgang mit unbekannten

---

682 *Verny*, in: Verny/Kelly, Das Seelenleben des Ungeborenen, S. 22 f.
683 *Gross*, Was erlebt ein Kind im Mutterleib?, S. 74.
684 *Mayer-Lewis*, „Ein Mensch bildet sich..." – Entwicklungspädagogische Betrachtungen zur vorgeburtlichen Lebensphase, S. 106.
685 *Catalano/Serxner*, Journal of Health and Social Behavior 1992, 363 (373).
686 *Catalano/Hansen/Hartig*, Journal of Health and Social Behavior 1999, 422 (426).
687 *Gross*, Was erlebt ein Kind im Mutterleib?, S. 89.
688 *Hildebrandt*, in: Hildebrandt/Schacht/Blazy, Wurzeln des Lebens, S. 9 (19).
689 *Mulder/Robles de Medina/Huizink/van den Bergh/Buitelaar/Visser*, Early Human Delevopment 2002, 3 (10).
690 *Klein*, in: Deutscher Hebammenverband, Das Neugeborene in der Hebammenpraxis, S. 1 (14).

Personen und Lebenssituationen[691] oder kamen mit einem unterentwickelten zentralen Nervensystem zur Welt[692].

Zusammenfassend lässt sich sagen: Sind Mütter während der Schwangerschaft langfristigen Belastungen ausgesetzt, besteht ein erhöhtes Risiko, dass ihre Kinder nachhaltige Schäden davontragen. Von kurzen und vorübergehenden seelischen Tiefpunkten geht dagegen keine solche Gefahr aus.[693] Bisher wurden die Auswirkungen der mütterlichen Psyche auf die Kindesentwicklung überwiegend für die Zeit kurz nach der Geburt untersucht. Ob auch im späteren Leben des Kindes noch erkennbar ist, welche „Erfahrungen" es als Fötus gemacht hat – darüber lassen sich kaum Aussagen treffen. Es ist indes auch nur schwer ermittelbar, welche Eigenschaften des Kindes auf vorgeburtliches und welche auf nachgeburtliches Verhalten der Mutter zurückzuführen sind.[694] Es gilt heute aber als sicher, dass das Kind bei seiner Geburt bereits auf Eindrücke und Erfahrungen zurückgreift, die es in der fetalen Phase gesammelt hat.[695] Auch wenn sich das Wissen um die pränatale Psychologie des Ungeborenen noch als unvollständig erweist, ist daher anzunehmen, dass die gesundheitliche und psychische Stabilität der Schwangeren von nicht zu unterschätzender Bedeutung für die Entwicklung des Fötus' und damit auch für die Konstitution des Neugeborenen ist.[696] Allerdings bleibt die pränatale Phase nur einer von zahlreichen Lebensabschnitten: Ebenso wie eine gelungene Geburt keine Garantie für eine komplikationsfreie Kindesentwicklung ist, kann eine problematische Schwangerschaft im Verlauf des späteren Lebens noch korrigiert werden.[697]

In der Wissenschaft ist man sich dagegen nicht einig, ob der pränatale Einfluss der Mutter zwischen ihr und dem Kind eine Verbindung schafft, eine Art psychosoziales Band, aufgrund dessen sich das Kind stärker zu der Geburtsmutter hingezogen fühlt als zu anderen Menschen. So kommen einige Studien zu dem Ergebnis, dass das Neugeborene auf die Stimme der Mutter sensibler reagiert als auf die Stimmen Dritter.[698] In anderen Untersuchungen sollen Säuglinge dagegen auch einige

---

691 *Buitelaar/Huizink/Mulder/Robles de Medina/Visser*, Neurobiology of Aging 2003, 53 (59).

692 *DiPetro/Hodgson/Costigan/Hilton*, Child Development 1996, 2553 (2564).

693 *Gross*, Was erlebt ein Kind im Mutterleib?, S. 78.

694 *Graber*, in: Graber/Kruse, Vorgeburtliches Seelenleben, S. 11 vergleicht die pränatale Psychologie mit einer „Höhlenforschung, bei der in unendlicher Tiefe nach einem Schatz gesucht wird."

695 *Reh-Bergen*, in: Bund Deutscher Hebammen, Psychologie und Psychopathologie für Hebammen, S. 2 (5); *Bolle*, in: Schlichting, Welten des Bewusstseins, Bd. 10, Pränatale Psychologie und Psycholytische Therapie, S. 11.

696 So auch *Rittelmeyer*, Frühe Erfahrungen des Kindes, S. 42.

697 *Gross*, Was erlebt ein Kind im Mutterleib?, S. 171.

698 *Kisilevsky* u.a., Infant Behavior and Development 2009, 59 (68); *DeCasper/Fifer*, Science 1980, 1174; vgl. auch *Moon/Cooper/Fifer*, Infant Behavior and Development 1993, 495 (499), in deren Untersuchung Neugeborene der Muttersprache mehr Aufmerksamkeit schenkten als den Sprachen anderer Kulturkreise.

Zeit nach ihrer Geburt noch nicht in der Lage gewesen sein, zwischen Personen zu unterscheiden.[699] Auf der Grundlage solcher und ähnlicher Forschungsergebnisse wird angenommen, für den Säugling existiere in den ersten Tagen und Wochen im Grunde noch keine Außenwelt.[700] Diese Auffassung teilte schon *Sigmund Freud*, der glaubte, der Säugling könne „noch nicht sein Ich von einer Außenwelt als Quelle der auf ihn einströmenden Empfindungen" unterscheiden.[701] Daraus wird zum Teil geschlussfolgert, dass die leibliche Mutter von dem Kind nach der Geburt nicht als Mutter wahrgenommen wird und der Bindungsvorgang erst mit einiger Verzögerung einsetzt.[702] Die ersten Monate nach der Geburt seien für die kindliche Bindung an die Eltern keinesfalls kritisch, unterscheide das Kind doch erst nach etwa drei Monaten zwischen ihm vertrauen und unvertrauten Personen.[703] Bestünde unmittelbar nach der Geburt tatsächlich keine Bindung zwischen der Mutter und dem Säugling, könnte das Kind – wie im Falle der Leihmutterschaft – einer anderen Frau zur Erziehung übergeben werden, ohne dass die Gefahr bestünde, dass das Kind durch die Trennung von der Geburtsmutter seelische Schäden davontrüge.

3. Zusammenfassung

Die Vorstellung, dass jede negative Erfahrung und jedes ambivalente Gefühl der Mutter unmittelbaren Einfluss auf den Körper und die Psyche des Kindes hat, gilt nach der Abkehr von der Imaginationstheorie heute als überholt. Das Wissen um die Anatomie des ungeborenen Kindes lässt uns den Fötus und die Schwangere nicht weiter als eine Einheit, sondern als zwei Individuen[704] begreifen. Die Erkenntnisse der pränatalen Psychologie sprechen der Mutter nach all der Kritik an der Theorie der mütterlichen Einbildungskraft aber wieder einen beachtlichen Einfluss auf die Entwicklung des Kindes zu[705], der nicht auf spontanen Empfindungen der Schwangeren, sondern auf „tief verankerte[n], dauerhafte[n] Gefühle[n]"[706] gründet. Der pränatale Einfluss der Surrogatmutter lässt sich also nach dem derzeitigen Stand der Wissenschaft nicht negieren. Schwere Depressionen, übermäßiger Stress sowie eine anhaltende Ablehnung der Schwangerschaft können die Gesundheit und die Psyche des Kindes schädigen. Über 2300 Jahre nach dem Tod des griechischen Philosphen

---

699 *Ainsworth*, Infancy in Uganda, S. 331.
700 *Spitz*, Vom Säugling zum Kleinkind, S. 54, der diesbezüglich von der „objektlosen Phase" spricht, in der das Neugeborene äußere Dinge nicht von seinem Körper unterscheiden kann. Die mütterliche Brust nehme das Kind „als einen Teil seiner selbst wahr."
701 *Freud*, Gesammelte Werke, Bd. 14, S. 424.
702 *Bokelmann/Bokelmann*, S. 18.
703 *Sluckin/Herbert/Sluckin*, Mutterliebe – auf den ersten Blick?, S. 74.
704 *Gross*, Was erlebt ein Kind im Mutterleib?, S. 73 nennt die Beziehung zwischen Schwangerer und Fötus eine „Dual-Einheit".
705 *Bernard*, S. 299.
706 *Verny*, in: Verny/Kelly, Das Seelenleben des Ungeborenen, S. 8.

Aristoteles erinnert man sich – der pränatalen Psychologie sei Dank – seines Rates an werdende Mütter: „Ihr [der Schwangeren] Gemüt [...] sollen sie von Sorgen frei halten; denn das werdende Kind nimmt vieles von der es tragenden Mutter an, wie die Pflanzen von dem Erdreich, in dem sie wurzeln."[707]

Die Gefahr, dass die Leihmutter in einen Konflikt zwischen Zuneigung und Abneigung gegenüber dem zumindest imaginär fremden Kind gerät, ist nicht von der Hand zu weisen. Die Tragemutter, die ein mit ihr genetisch nicht verwandtes Kind austragen soll, mag trotz reiflicher vorheriger Überlegung eine Hartherzigkeit gegen das in ihrem Bauch wachsende Kind entwickeln. Der Ersatzmutter, die zwar mit dem Kind genetisch verwandt ist, drohen dennoch psychische Belastungen, resultierend aus der (zumindest gefühlten) Verpflichtung, dieses Kind später abgeben zu müssen. Die Schlussfolgerung, dass diese Risiken dem Verfahren der Leihmutterschaft jeder Legitimität beraubten[708], ist deshalb aber keineswegs zwingend. Der pränatale Einfluss der Schwangeren auf das Kind spricht – sofern man die Mutterschaft für Dritte nicht grundsätzlich ablehnt – dafür, die Leihmütter wie in einigen Rechtsordnungen üblich anhand gewisser Kriterien auszuwählen. Dürften Frauen etwa nur dann eine Leihmutterschaft übernehmen, wenn sie bereits ein Kind geboren und sich in vorausgehenden Untersuchungen als psychisch stabil erwiesen haben, minimierte diese Vorauswahl das Risiko, dass das Wunschkind durch den pränatalen Einfluss der Schwangeren geschädigt wird.

VII. Kindeswohlanalyse

Auf der Grundlage der dargestellten Erkenntnisse der Entwicklungspsychologie ist nun zu analysieren, ob Leihmutterschaften substanziell das Kindeswohl gefährden. Bis heute gibt es nur eine begrenzte Anzahl wissenschaftlicher Untersuchungen, die es erlauben, Aussagen zum Wohl der von Leihmüttern geborenen Kinder zu treffen. Die durch den deutschen Gesetzgeber bei der Änderung des AdVermiG und dem Erlass des ESchG behauptete, bis heute nie nachgewiesene Gefährdung des Kindeswohls durch das Verfahren der Leihmutterschaft lässt sich anhand dieser aber nicht belegen. Leihmutterkinder zeigten in der umfangreichen britischen Langzeitstudie weder Entwicklungsverzögerungen noch psychische Instabilitäten. Im Alter von sieben Jahren offenbaren sich zwar Schwächen in der Interaktion zwischen dem Kind und der Wunschmutter, die aber kein besorgniserregendes Maß annahmen. Insbesondere in den ersten Jahren nach der Geburt profitieren Leihmutterkinder sogar von einer äußerst positiven Eltern-Kind-Beziehung, die nicht zuletzt daraus resultiert, dass Wunscheltern nach der Überwindung der ungewollten Kinderlosigkeit viel Freude und Energie in die Erziehung des Wunschkindes investieren. Unklar ist dagegen, wie es sich auf das Wohl des Kindes auswirkt, wenn es von einer anderen Frau gegen Entgelt ausgetragen wurde.

---

707   Zit. nach Zemb, Aristoteles, S. 49.
708   So *Dietrich*, S. 274 und *Lehmann*, S. 174.

Wenn der Bundestagsausschuss für Bildung, Forschung und Technikfolgenabschätzung konstatiert, über die Kindeswohlentwicklung nach Leihmutterschaft sei „bisher nichts Generalisierbares bekannt"[709], dann ist er darin unangreifbar. Dessen ungeachtet lässt sich an der pauschalen Annahme, Leihmutterschaften würden Kinder mit „schwerwiegenden psychischen und psychosomatischen sowie mit organischen Fehlentwicklungen" hervorbringen[710] nach Sichtung der Studienlage nicht mehr festhalten.[711] War neben dem Gesetzgeber auch die Literatur Ende der 1980er Jahre noch der Auffassung, eine „Störung des Urvertrauens" und eine „nachhaltige Identitätskrise" seien bei der Durchführung von Leihmutterschaften „geradezu vorprogrammiert"[712], so erweisen sich die Leihmutterkinder heute – sicherlich auch wegen der in der Gesellschaft gestiegenen Akzeptanz für alternative Familienmodelle – als überraschend robust. Soweit der Gesetzgeber die Legitimität der Verbotsnormen im Zeitpunkt ihres Erlasses mit Kindeswohlgefährdungen zu begründen versuchte, lieferte er damit nicht mehr als Spekulationen.[713] Untersuchungen, wie sich die frühe Trennung von der Geburtsmutter auf die Entwicklung des Kindes auswirkt, konnten damals noch gar nicht[714], in der Zwischenzeit aber durchaus bedacht werden. Zwar belegen die bisherigen Forschungen nicht, dass Leihmutterkinder auch im Pubertäts- und Erwachsenenalter mit den Besonderheiten ihrer Zeugung und Geburt gut umzugehen wissen. Ebenso wenig existieren aber Untersuchungen, die das Gegenteil vermuten ließen oder gar nachwiesen, dass Kinder durch die Leihmutterschaft empfindliche Schäden davontrügen[715]. Wer den vorhandenen Erkenntnissen allein aufgrund nicht ausgeräumter Ungewissheiten jede Belastbarkeit und Aussagekraft abspricht[716], der verkennt sowohl, mit welcher wissenschaftlichen Sorgfalt etwa Golombok u.a. die Auswirkungen von Leihmutterschaften auf das Kindeswohl untersucht haben[717], als

---

709 Ausschuss für Bildung, Fortpflanzungsmedizin, BT-Drs. 17/3759, 94.
710 *Diefenbach*, S. 37.
711 So auch *Diel*, S. 65.
712 *Dietrich*, S. 297. Ähnlich *Eser/Albin*, in: GS für Keller, S. 15 (24), für die mit der Fremdschwangerschaft eine „sozialpsycholgisch fragwürdige Aushöhlung mütterlicher Bindung" einhergeht.
713 So auch *Taupitz*, in: Günther/Taupitz/Kaiser, ESchG, § 1 Abs. 1 Nr. 7 Rn. 12.
714 *Fechner*, in: Günther/Keller, Fortpflanzungsmedizin und Humangenetik, S. 37 (55).
715 Ähnlich *Field*, Surrogate Motherhood, S. 54.
716 So offenbar *Engel*, ZEuP 2014, 538 (555), der die Studien von Golombok u.a. „bruchstückhafte Untersuchungen" nennt, die „keine belastbaren empirischen Erkenntnisse" hervorgebracht hätten.
717 In der Langzeitstudie von *Golombok* u.a. achtete man stark auf die Vergleichbarkeit der Probandengruppen (Alter der Eltern, bestehender Kinderwunsch, sozialer Stand, Berufspflichten der Mutter). Die Interviews führten mehrere ausgebildete Psychologen – und das getrennt zwischen Mutter und Vater. In den späteren Studienphasen wurde das Sozialverhalten der Kinder von Psychologen (unter Zuhilfenahme einer Videoaufzeichnung) beobachtet, die dabei keine Kenntnis davon hatten, wie die Kinder zur Welt gekommen waren. Zu möglichst objektiven Ergebnissen trugen zudem die Lehrerbefragungen bei; *Golombok/Murray/Jadva/*

auch die Tatsache, dass die gefundenen Ergebnisse durch andere Forschungen zumindest partiell bestätigt werden[718].

Auch aus den Erfahrungen mit anderen Familienmodellen, die nach einer Adoption oder einer Eizellspende zu einer Spaltung von biologischer und/oder genetischer und sozialer Mutterschaft führen, lassen sich keine durchgreifenden Kindeswohlbedenken ableiten. Die bisherigen Erkenntnisse der Entwicklungspsychologie legen eher nahe, dass es Leihmutterkindern auch mit fortschreitendem Alter gelingt, sich als vollwertigen Teil der Familie zu begreifen und darüber hinaus in Reflexion des Geschehenen[719] zu akzeptieren, dass die eigenen Eltern diesen Weg zur Überwindung der Kinderlosigkeit gewählt haben.

Ein Wechsel der Bezugspersonen schadet dem Kind nur dann, wenn er sich wiederholt, d.h. anhaltend keine Ruhe in das familiäre Umfeld einkehrt. Für den sozialfamiliären Bindungsprozess des Kleinkindes ist die Zeit zwischen dem sechsten und dem zehnten Lebensmonat besonders entscheidend. In dieser Phase baut das Kind eine Beziehung zu den faktischen Eltern auf, d.h. zu denjenigen Personen, die ihm Zuneigung und Schutz gewähren. Zwischen dem 18. und dem 24. Lebensmonat ist der Bindungsvorgang weitgehend abgeschlossen. Bleibt ein nun entstandenes Eltern-Kind-Verhältnis fortan erhalten, bildet es die Grundlage für eine positive seelisch-geistige Entwicklung des Kindes.[720] Die Art der Zeugung ist für diese kindliche Entwicklung von geringerer Bedeutung als die Qualität der innerfamiliären Beziehungen.[721] Nach dem gegenwärtigen Kenntnisstand der pränatalen Psychologie beeinflusst die Schwangere durch ihren körperlichen und mentalen Zustand in bedeutsamem Maße die Entwicklung des Kindes. Dass dadurch eine Art seelische Verbindung zu dem Säugling entsteht, konnte bisher nicht belegt werden. Sofern eine solche existiert, ist sie offenbar – zumindest aus der Perspektive des Neugeborenen – nicht so essentiell, dass ihre Auflösung einer gedeihlichen Entwicklung des Kindes entgegenstünde. Die überwiegend positiven Ergebnisse aus der Adoptionsforschung[722] und nun auch die ersten Beobachtungen von Leihmutterkindern

MacCallum/Lycett, Development Psychology 2004, 400 (402 f.); *Golombok/Readings/Blake/Casey/Marks/Jadva*, Development Psychology 2011, 1579 (1581).

718 Etwa bei *Serafini*, Human Reproduction Update 2001, 23.

719 Mit einem bemerkenswerten Verständnis und einer erstaunlichen Sachlichkeit sprachen die Kinder der Langzeitstudie schon im Alter von zehn Jahren über die Tatsache, dass sie von einer anderen Frau als ihrer Mutter geboren wurden; *Jadva/Blake/Golombok/Casey*, Human Reproduction 2012, 3008 (3011).

720 *Hassenstein/Hassenstein*, Was Kindern zusteht, S. 10 f.

721 *Thorn*, Hessisches Ärzteblatt 2006, 173 (175).

722 Vgl. *Coester-Waltjen*, Jura 1987, 629 (633), die mahnt, die „Symbiose zwischen Frau und Kind während Schwangerschaft und Geburt" nicht zu unterschätzen, aus der Adoptionsforschung aber ableitet, dass der Bruch dieser Beziehung „für das Kind, aber auch für die Mutter zu verkraften [ist]." Auch *Sluckin/Herbert/Sluckin*, Mutterliebe – auf den ersten Blick?, S. 75 halten ein kompromissloses Festhalten

lassen sich nur damit erklären, dass die vorgeburtlichen Bedingungen für das Kind unwichtiger sind als die Erfahrungen, die es nach der Geburt macht.

Das degradiert den Mutterleib zwar nicht zu einem simplen „Fötenbehältnis"[723] und soll auch nicht den Eindruck erwecken, das Kind komme als tabula rasa[724] zur Welt[725], entemotionalisiert aber zumindest das Verständnis von Schwangerschaft und Geburt. Insofern ist *Kaiser* beizupflichten, wenn sie die fortwährend erhobenen Kindeswohlbedenken (auch) auf eine Überhöhung der „Bauchmutterschaft" zurückführt.[726] Dass viele Mütter, wenn das Kind nach all den Strapazen endlich geboren ist, sehr schnell eine emotionale Beziehung zu diesem aufbauen, mag dazu führen, dass sie diese Empfindung auf das Kind „projizieren", ihm also ebenfalls eine emotionale Vertrautheit unterstellen, die vielleicht (noch) gar nicht vorhanden ist.[727] Bisher konnte jedenfalls keine tiefe, „naturgegebene" Verbindung des Kindes zu der austragenden Mutter für den Zeitpunkt unmittelbar nach der Geburt nachgewiesen werden. Deshalb geht die Annahme, bei jeder Trennung des pränatalen Bandes seien „gravierende Folgen" für das Kind zu befürchten[728], fehl.

Leihmutterkinder werden gewiss immer wieder inneren Konflikten ausgesetzt sein, die im Einzelfall auch zu schweren psychischen Schäden führen können.[729] Die Schlussfolgerung, dass deshalb alle oder auch nur die überwiegende Zahl dieser Kinder per se in ihrem Wohl gefährdet[730], d.h. bei ihnen nachhaltige und erhebliche Schädigungen mit ziemlicher Sicherheit vorauszusehen sind[731], lässt der gegenwärtige Stand der wissenschaftlichen Erkenntnis aber nicht zu.

---

an der Theorie der Bindungsentstehung vor dem Hintergrund der großen Zahl erfolgreicher Adoptionen für „unsinnig".

723 *Delaisi de Parseval/Janaud*, Ein Kind um jeden Preis, S. 96 f. plädieren dafür, dass „der christlich-jüdische Westen sich der mannigfaltigen Phantasien rund um den mütterlichen Uterus [...] entledigt, der in gewissem Sinne nicht mehr ist als ein ‚Fötenbehältnis'."

724 Nach *Locke*, An Essay Concerning Human Understanding, Book 2: Ideas, S. 18, der glaubte, das menschliche Bewusstsein sei bei der Geburt ein unbeschriebenes Blatt Papier („white paper").

725 *Schulz*, Pränatale Psychologie, S. 39.

726 *Kaiser*, in: FS für Brudermüller, S. 357 (361).

727 Ähnlich *Bokelmann/Bokelmann*, S. 19.

728 So aber *Diel*, S. 49.

729 Dazu *Robertson*, The Hastings Center Report 1983, 28 (30), dessen Sorge vor Selbstwertproblemen bei den Leihmutterkindern jedoch nicht mehr als einer Vermutung entspringt.

730 So ähnlich etwa *Voss*, Leihmutterschaft in Deutschland, S. 239.

731 Eben das sind die hohen (zivilrechtlichen) Anforderungen an die Annahme einer Kindeswohlgefährdung; *Olzen*, Münchener Kommentar, Bd. 8, § 1666 Rn. 50; OLG Köln, NJW-RR 2011, 729.

D. Situation der Leihmutter

Das Verbot der Leihmutterschaft soll neben dem Wohl des Kindes auch dem Schutz der Frauen dienen, die erwägen, ein Kind für ein Wunschelternpaar auszutragen. Die Leihmutter, so die Annahme, setze sich bei dem reproduktionsmedizinischen Vorgang erheblichen körperlichen Risiken aus. Während und insbesondere nach der Schwangerschaft werde sie mit der Vorstellung konfrontiert, das Kind abgeben zu müssen. Daraus resultiere eine menschenunwürdige psychische Konfliktlage. Nicht zuletzt sei in Fällen der Mutterschaft für Dritte häufig ein soziales Ungleichgewicht zwischen den Wuscheltern und der Leihmutter festzumachen, was die Vermutung nahe lege, dass dieses Verfahren die Zwangslagen unterprivilegierter Frauen ausnutzt.[732] Ob die Leihmutterschaft die Menschenwürde verletzt oder wahrt, hängt auch davon ab, mit welcher Motivation Frauen sich zu einer Fremdschwangerschaft bereiterklären, wie sie diese erleben und welche Konsequenzen die Geburt und die Übergabe des Kindes für ihr weiteres Leben haben.

I. Motivation: helfen oder helfen lassen?

Die Motive, die eine Frau dazu bewegen, eine Schwangerschaft im Auftrag eines Wunschelternpaares zu übernehmen, beeinflussen das Selbstverständnis der Leihmutter sowie ihre emotionale Beziehung zu dem Kind. Ist es die Aussicht, einem Paar, das auf sich gestellt nicht in der Lage ist, ein Kind zu bekommen, von seinem Schicksal zu erlösen? Oder stehen geldliche Interessen im Vordergrund? Anders ausgedrückt: Möchten Leihmütter helfen, ungewollte Kinderlosigkeit zu überwinden, oder sich selber helfen lassen, indem Wuscheltern sie von finanziellen Sorgen befreien?

1. In privilegierten Verhältnissen

Eine Befragung britischer Leihmütter ergab, dass über 90 Prozent der Frauen bei der Übernahme der Fremdschwangerschaft von dem Willen getragen wurden, ungewollt kinderlosen Paaren helfen zu wollen. Bei einigen Leihmüttern stand dagegen die Freude an dem Durchleben einer Schwangerschaft im Vordergrund. Nur eine einzige der 31 befragten Frauen gab an, sie sei primär durch die Zahlungen, die an sie erfolgten, motiviert worden.[733] Die Gründe für die Übernahme einer Leihmutterschaft

---

732 Im Bericht der Jugend- und Familienministerkonferenz ist die Rede von einer „moderne[n] Form der Leibeigenschaft"; Bericht der Länder Hessen und Rheinland-Pfalz über die Sitzung der Arbeitsgruppe zur Weiterentwicklung des Adoptionsverfahrens und Beschlussvorschlag (abrufbar unter: http://jfmk.de/pub 2013/TOP_5.1_Weiterentwicklung_des_ Adoptionsvermittlungsverfahrens_(mit_ Anlagen).pdf).

733 *Jadva/Murray/Lycett/MacCallum/Golombok*, Human Reproduction 2003, 2196 (2199).

seien überwiegend altruistischer Natur, heißt es in einer weiteren britischen Untersuchung. Eine Ersatzmutter führte aus, sie haben anderen zur „gleichen Freude, die ich mit meinen Kindern hatte", verhelfen wollen.[734] Angesichts der Tatsache, dass in Großbritannien eine Entlohnung der Leihmutter nicht gestattet ist, vermag dieses Ergebnis nicht zu verwundern. Das britische Recht stellt die kommerzielle Leihmutterschaft seit 1990 zwar unter Strafe, erlaubt aber die Zahlung einer angemessenen Aufwandsentschädigung.

Weil die Berechnung der Entschädigung nach britischen Maßstäben erfolgt, kann die an die Leihmutter zu zahlende Summe durchaus beträchtlich sein.[735] Das britische Recht sieht sich hier dem Vorwurf ausgesetzt, eine Grauzone zu eröffnen, weil die Aufwendungen nicht immer klar von einer Entlohnung abzugrenzen sind.[736] Es reisen immer mehr britische Wunscheltern in das Ausland, in dem das an die Leihmutter zu zahlende Honorar offenbar geringer ausfallen kann, als die Aufwandsentschädigung im Heimatland, die durchschnittlich bei rund 10.000 Pfund liegt[737]. Die Vermutung, dass die finanzielle Motivation selten allein ausschlaggebend ist, stützen ältere Befragungen britischer Leihmütter[738]: In diesen sahen einige Frauen die Leihmutterschaft zwar als einen „Ausweg aus der Armutsfalle" an und wollten das verdiente Geld in die eigene Bildung investieren. Die wenigsten Frauen ließen sich dagegen allein durch finanzielle Argumente überzeugen[739], sondern vertraten die Auffassung, dass die Bezahlung nicht die primäre Motivationsquelle sein dürfe. Maßgeblich für den Entschluss zur Fremdschwangerschaft sollen etwa die „Freude an Schwangerschaft und Geburt" und das „Gefühl der Demut" bei der Übergabe des Kindes gewesen sein. Eine Leihmutter gab gar an, sie habe „nicht normal" sein, sondern in ihrem Leben „etwas Interessantes" erleben wollen. Eine US-amerikanische Studie aus den Anfangsjahren der Leihmutterschaft deutet in die gleiche Richtung[740]:

---

734   *Van den Akker*, Journal of Reproductive and Infant Psychology 2003, 145 (150).

735   *Scherpe*, FamRZ 2010, 1513 (1515).

736   *Blyth*, in einem Videointerview mit der Universität Huddersfield (abrufbar unter: https://www.youtube.com/watch?v=ZSmHG2bnIig ab 2:05 Min.), der auf die Unbestimmtheit des Begriffes der vernünftigen Ausgaben („reasonable expenses") hinweist. Es ist auch nicht auszuschließen, dass die entstandenen Kosten künstlich „hoch gerechnet" werden oder Zahlungen „unter der Hand" erfolgen.

737   Also umgerechnet knapp 13.000 Euro; *van den Akker*, Journal of Psychosomatic Obstetrics and Gynecology 2005, 277 (280).

738   Zu finden in *Blyth*, Journal of Reproductive and Infant Psychology 1994, 189 ff. Es wurden Frauen befragt, die ihre Schwangerschaftsdienste noch in den 1980er Jahren angeboten hatten. Zu dieser Zeit existierte in Großbritannien kein Verbot der kommerziellen Leihmutterschaft.

739   13 der 19 Frauen meinten, die Bezahlung habe nicht im Vordergrund gestanden. Für zwei der Leihmütter war der finanzielle Aspekt ausschlaggebend – die Leihmutterschaft sei „als ‚einfacher' Weg erschienen, eine große Summe Geld zu erlangen."

740   *Parker*, American Journal of Psychiatry 1983, 117 f., der die Motive von 125 Leihmüttern erfragte.

Die Entlohnung war für fast alle damals befragten Frauen eine notwendige, aber keine hinreichende Bedingung. Zumeist kam entweder ein inneres Verlangen nach einer Schwangerschaft oder der Wunsch, Paaren zu einem Kind zu verhelfen, hinzu. Einige Leihmütter versuchten mit ihrem Engagement den unfreiwilligen Verlust eines eigenen Kindes oder die Erfahrung eines Schwangerschaftsabbruches zu verarbeiten. Eine spätere US-amerikanische Studie aus den 1990er Jahren resümiert, die Entlohnung sei in der Regel kein wichtiger Motivationsfaktor. Vielmehr werde der Entschluss zumeist von selbstlosen Motiven getragen – auch weil viele Frauen die Bezahlung ohnehin als nicht ausreichend erachteten.[741] Konträr zu der weitverbreiteten Meinung[742] kommt nahezu jede der Untersuchungen zu dem Ergebnis, dass finanzielle Reize eine weniger wichtige Rolle spielen als kulturell akzeptierte Motive.[743] Vielfach lässt sich feststellen, dass die austragenden Mütter ihre Tätigkeit nicht als Geschäft begreifen, sondern auch nach der Geburt noch den Kontakt zu dem Kind und den Wuscheltern suchen.[744] Man darf davon ausgehen, dass die Entscheidung von Leihmüttern in vergleichsweise wohlhabenden Ländern wie den USA oder Großbritannien von einem „interessanten Mix aus finanziellen und altruistischen Faktoren"[745] getragen wird.[746]

2. In unterprivilegierten Verhältnissen

Auch wenn Leihmütter in westlichen Ländern offenbar nicht primär, geschweige denn ausschließlich monetäre Interessen verfolgen, ist dieses Bild, das die vorgestellten Studien zeichnen, kein solches, das sich auch auf weniger privilegierte Gesellschaften übertragen ließe. Es gehört ebenso zur Wahrheit, dass Frauen, die in begehrten Ländern des Reproduktionstourismus' Kinder für andere Paare austragen, dies allen voran für die Entlohnung tun. Dass dies vielerorts nur funktioniert, weil dabei ein Wohlstandsgefälle ausgenutzt wird, verdeutlicht eine georgische Leihmutter, wenn sie über ihresgleichen sagt: „Manche [...] sind an der Grenze der Armut und können mithilfe einer anderen Familie einen Neustart schaffen."[747] Der Wunsch

---

741 *Ragoné*, Surrogate motherhood: conception in the heart, S. 57.

742 So *Ciccarelli/Beckman*, Journal of Social Issues 2005, 21 (30).

743 *Temann*, Social Science and Medicine 2008, 1004 (1007); *Bubsy/Vun*, Canadian Journal of Family Law 2010, 13 (55); vgl. auch *Hass*, S. 81; *Peng*, Journal of Gender, Social Policy and the Law 2013, 555 (564) und *Hohman/Hagan*, Journal of Human Behavior in the Social Environment 2001, 61.

744 *Berend*, Reproductive BioMedicine Online 2014, 399 (400).

745 So resümiert *Franks*, American Journal of Psychiatry 1981, 1378 (1379) seine überschaubare Befragung von zehn US-amerikanischen Leihmüttern.

746 Ganz ähnlich die Zusammenfassung des bisherigen Forschungsstandes in *van den Akker*, Human Reproduction Update 2007, 53 (56).

747 Nach einem Bericht von *Hardinghaus*, in: Der Spiegel 52/2014, 50 (54).

nach gesellschaftlichem Aufstieg ist für diese Frauen ganz zentral.[748] Während in westlichen Ländern häufiger als vermutet auch materiell abgesicherte Frauen zu Leihmüttern werden, erklären sich dazu etwa in Indien im Grunde ausschließlich Frauen bereit, die eine (deutliche) Verbesserung ihrer finanziellen und sozialen Lage anstreben.[749] Diese Annahme stützt eine Studie aus dem Jahr 2014, welche die Motive indischer Leihmütter zu ergründen versuchte[750]: Die Frauen gaben ausnahmslos an, dass primär die Aussicht auf eine Bezahlung sie zum Austragen eines Kindes für ein anderes Paar bewegt habe. Die Motivation der indischen Leihmütter war unzweideutig finanzieller Natur. Die Perspektive, einem Paar bei der Erfüllung seines Kinderwunsches zu helfen, hatte allenfalls nebensächliche Bedeutung. In der Regel investieren die Frauen das verdiente Geld nicht in sich, sondern in die Familie und insbesondere in die Bildung der eigenen Kinder.[751] In welch aussichtsloser Situation sich die Frauen oftmals befinden, veranschaulicht die Aussage einer Inderin: „Mein Mann bot an, eine seiner Nieren zu verkaufen. Ich sagte ihm, stattdessen könnte ich eine Leihmutter werden. Wir hatten keine andere Wahl."[752]

3. Zwischenergebnis

Geht es Leihmüttern nun darum, kinderlosen Paaren zu helfen, oder darum, sich ihrer eigenen Probleme zu entledigen? Tatsächlich lassen sich Leihmütter nur selten von einem einzigen Motiv leiten. Weder die Frau, die ganz uneigennützig die Belastungen einer Schwangerschaft auf sich nimmt, um anderen Menschen zu einem Kind zu verhelfen, noch jene, die ohne Rücksicht auf das Hilfesuch der Wunscheltern allein monetäre Interessen verfolgt, sind der Regelfall der Leihmutterschaft. In vergleichsweise wohlhabenden Gesellschaften werden Leihmütter überraschend stark von dem Willen zu helfen oder von empfundener Freude an der Schwangerschaft angetrieben. Dort, wo die soziale Kluft besonders groß ist, verfolgen die Leihmütter dagegen beinahe ausschließlich monetäre Interessen. Dies sind freilich die Länder, in denen auch die meisten Kinder auf diesem Wege geboren werden. Zwar wird die Leihmutterschaft in Deutschland nicht praktiziert. Die Auslandserfahrungen legen aber nahe, dass sich die Situation – würde das Verfahren hierzulande erlaubt – wohl eher jener im anglo-amerikanischen Raum annähern würde. Die

---

748 *Bernard*, S. 351. Vgl. auch die Befragung iranischer Leihmütter durch *Pashmi/Tabatabaie/Ahmadi*, Iranian Journal of Reproductive Medicine 2010, 33 (35), bei der die altruistischen und finanziellen Motive etwa gleichmäßig verteilt waren.

749 *Smerdon*, Cumberland Law Review 2008–2009, 15 (56).

750 *Karandikar/Gezinski/Carter/Kaloga*, Journal of Women and Social Work 2014, 224 ff. Befragt wurden 15 indische Leihmütter, die für ihre Dienste umgerechnet zwischen 3.000 und 7.000 US-Dollar erhielten.

751 *Pande*, Indian Journal of Gender Studies 2009, 141 (161).

752 *Karandikar/Gezinski/Carter/Kaloga*, Journal of Women and Social Work 2014, 224 (227 ff.). Das Austragen eines Kindes gegen Geld wird von den Frauen im Gegensatz zur Prostitution nicht generell als entwürdigend empfunden.

soziale Kluft sowie das Einkommensungleichgewicht sind in Deutschland nicht so groß, als dass zu befürchten wäre, Frauen übernähmen wie etwa in Indien allein zur Sicherung ihrer eigenen Existenz die Schwangerschaft für ein anderes Paar. Eine Legalisierung der Leihmutterschaft in Deutschland würde – sofern kommerziell ausgestaltet – sicherlich monetäre Interessen fördern. Denn dass Frauen sich dann aus vorrangig finanziellen Motiven für eine Fremdschwangerschaft entscheiden, kann für den Einzelfall nicht ausgeschlossen werden. Es spricht aber vieles dafür, dass sich Leihmütter hierzulande ähnlich wie in Großbritannien oder den USA ebenfalls von anderen Motiven leiten ließen. Trägt die Frau das Kind aus, um damit (auch) einem anderen Paar zu seinem persönlichen Glück zu verhelfen, sinkt sowohl das Risiko, dass die Leihmutter eine nach den Erkenntnissen der pränatalen Psychologie gefährliche ablehnende Haltung gegenüber dem Fötus entwickelt, als auch, dass sie nach der Übergabe des Kindes in eine Depression verfällt.

II. Wohlbefinden der Leihmutter

Dem Verfahren der Leihmutterschaft wird immer wieder unterstellt, es rufe bei der austragenden Frau schwere psychische Belastungen hervor. Auch zu diesem Aspekt der Leihmutterschaft gibt es bereits wissenschaftliche Studien. So untersuchte eine Forscherin das Wohlbefinden und die Einstellung von 23 britischen Leihmüttern[753]: Sowohl vor als auch nach der Entbindung hielten sie alle die Leihmutterschaft für einen passablen Weg, ungewollte Kinderlosigkeit zu überwinden. Die Zustimmung zu diesem reproduktionsmedizinischen Verfahren war unter den Leihmüttern erstaunlicherweise höher als unter den Wunschmüttern. Die Übergabe des Kindes fällt aber offenbar selten leicht: Beinahe alle Leihmütter gaben an, die Trennung von dem Kind als schwierig empfunden zu haben. Zugleich war die große Mehrheit der Auffassung, eine Leihmutter solle das Kind nach der Geburt stets abgeben. Eine große Zahl der Frauen glaubte vor der Geburt, es erleichtere die Übergabe des Kindes, wenn die Leihmutter Geld für ihre Dienste erhalte oder sie selbst keine genetische Verbindung zu dem Kind aufweise, also als Tragemutter fungiere. Diese Einstellung veränderte sich nach der Niederkunft – beiden Faktoren wurde von den Leihmüttern nunmehr eine geringere Relevanz eingeräumt. Offenbar entwickelten sie davon unabhängig eine emotionale Verbundenheit zu dem Ungeborenen, die aufzugeben nicht ganz frei von Komplikationen war.

Frauen, die ohne jede Sorge ein Leihmutterarrangement eingehen, sind einer weiteren britischen Untersuchung zufolge die Ausnahme.[754] Die Übergabe des Kindes empfanden dort fast alle der 24 Leihmütter als eher positiv, auch wenn Gefühle der Trauer und des Verlustes nicht ausblieben. Berichteten sie von negativen Erfahrungen, resultierten diese zumeist aus einer sozialen Stigmatisierung. Die Psyche der

---

753 Die im Folgenden dargestellten Ergebnisse finden sich in *van den Akker*, Journal of Psychosomatic Obstetrics and Gynecology 2005, 277 ff. Es waren zehn Ersatz- und 13 Tragemütter beteiligt.
754 Nach *van den Akker*, Journal of Reproductive and Infant Psychology 2003, 145 ff.

Frauen wurde durch die Leihmutterschaft nicht signifikant beeinträchtigt: Sowohl vor als auch nach der Geburt des Kindes erzielten sie bei Befragungen durchschnittliche, oftmals sogar überdurchschnittliche Werte in puncto psychisches Wohlbefinden. Dabei schnitten die Ersatzmütter schlechter ab als die Tragemütter. Einen psychopathologischen Befund lieferte nur eine der 24 Leihmütter. Ein ähnliches Bild zeichnet eine Studie aus dem Jahr 2013[755], der zufolge Leihmütter „nicht generell größere Probleme in ihrer Beziehung zu den Wunscheltern, bei der Übergabe des Babys oder durch die Reaktionen im Umfeld" erleben. Keine der Geburtsmütter empfand bei der Abgabe des Kindes an die Wunscheltern (Selbst-)Zweifel. Die Anzahl derer, die mit der Übergabe „einige Schwierigkeiten" hatten, nahm mit der Zeit deutlich ab.[756] 94 Prozent der Leihmütter gaben ein Jahr nach der Geburt an, nicht mehr mit Problemen belastet zu sein. Die Zahl der Frauen, die nach der Fremdschwangerschaft psychologische Hilfe in Anspruch nahmen, war nicht erhöht. Eine naheliegende Vermutung, dass Tragemütter die Trennung von dem Kind in Ermangelung einer genetischen Verbindung leichter verarbeiten als Ersatzmütter, sah sich auch hier bestätigt: Der für sie ermittelte Depressionswert lag unter jenem der Ersatzmütter – beide befanden sich aber noch im Normalbereich.

Die Leihmutterschaft sei, so resümieren die Verfasser der Studie, für die Frauen „eine positive Erfahrung" gewesen. Die „gemeinhin verbreitete Erwartung, dass Leihmütter nach der Geburt psychische Probleme erfahren", werde nicht bestätigt.[757] Zu ähnlich positiven Ergebnissen kommen auch andere Beobachtungen aus Großbritannien[758] und den USA[759]. Der Psychologe *Edelmann* konstatiert deshalb,

---

755 *Jadva/Murray/Lycett/MacCallum/Golombok*, Human Reproduction 2003, 2196 ff. Hier wurde das Wohlbefinden von 34 Leihmüttern (19 Ersatz- und 15 Tragemüttern) ein Jahr nach der Geburt untersucht.

756 Unmittelbar nach der Übergabe empfanden noch 11 Prozent, einige Monate später nur noch fünf und nach einem Jahr nur noch zwei Prozent der Frauen „einige Schwierigkeiten" mit der Situation.

757 *Jadva/Murray/Lycett/MacCallum/Golombok*, Human Reproduction 2003, 2196 (2203); anders noch *Hass*, S. 95, die ohne näheren Bezug auf (in den 1980er Jahren noch kaum vorhandene) empirische Erkenntnisse annahm, die meisten Frauen hätten „mit ihrer Entscheidung (zum Teil erhebliche) Probleme".

758 *Blyth*, Journal of Reproductive and Infant Psychology 1994, 189 (196), der Leihmutterschaften „weder für problemfrei noch zwangsläufig für entsetzlich" hält. Bei *van den Akker*, Human Reproduction Update 2007, 53 (56) war die Übergabe für die meisten Mütter „ein freudiges Ereignis". *Baslington*, Journal of Health Psychology 2002, 57 (64) stellte fest, dass sich die Leihmütter nach der Geburt kurzfristig unglücklich fühlten, dieses Gefühl aber „ziemlich schnell" vorüber ging. In *Snowdon*, Birth 1994, 77 (82 f.) berichten Tragemütter von einer emotionalen Verbindung zu dem Neugeborenen, die sie aber bald verloren. Vgl. auch *Shenfield/Pennings/Cohen/Devroey/de Wert/Tarlatzis*, Human Reproduction 2005, 2705 (2706) und *van den Akker*, Human Reproduction 2007, 2287 (2294).

759 In einer Studie aus den 1980er Jahre suchten drei von 30 Leihmüttern nach der Geburt einen Psychiater auf; Der Spiegel 15/1987, 250 (253). Bei *Kleinpeter/Hohman*,

Leihmütter hätten „wenig Schwierigkeiten, sich von den Kindern, die als Resultat einer Abmachung geboren wurden, zu trennen".[760] Wie gut oder schlecht Leihmütter in Ländern mit einem höheren Wohlstandsgefälle (wie etwa in Indien) die Schwangerschaft und die Übergabe des Kindes verkraften – dazu gibt es bisher kaum empirische Ergebnisse.[761] Die Befragung einer kleineren Gruppe indischer Leihmütter[762] lässt aber vermuten, dass viele von ihnen ihr Handeln in Abgrenzung zur Prostitution in eine moralisch vertretbare Win-win-Situation einordnen. Iranische Tragemütter zeigten sich in einer Studie aus dem Jahr 2009[763] alles in allem zufrieden mit ihrem Engagement: Nur eine von 15 Frauen berichtete nach der Übergabe des Kindes von – nach einigen Monaten überwundenen – Unglücksgefühlen. Die Fremdschwangerschaft empfanden sowohl die austragenden als auch die intendierten Mütter als positive Erfahrung. Dass eine etwaige Bindung, die während der Schwangerschaft zu dem Kind entsteht, nicht zwangsläufig zu unlösbaren psychischen Konflikten führt, legen schon die folgenden Zahlen nahe: Seit den 1970er Jahren wurden weltweit rund 25.000 Kinder durch Leihmütter zur Welt gebracht. Über 99 Prozent der Frauen übergaben das Kind nach der Geburt freiwillig den Wunscheltern. In etwa 0,1 Prozent der Fälle kam es zu einer gerichtlichen Auseinandersetzung.[764]

Erkenntnisse darüber, wie Leihmütter die Besonderheiten dieses Verfahrens langfristig verarbeiten, gibt es nur vereinzelt. Die Vermutung liegt aber nahe, dass die Belastungen bei und unmittelbar nach der Übergabe des Kindes am höchsten sind und die Frauen, sofern sie diese Phase ohne größere psychische Komplikationen überstehen, im Regelfall auch später nicht in eine Depression verfallen. Diese Vermutung erfährt Bestätigung durch eine noch junge Studie des Forscherteams um Golombok[765], welches nach dem Wohlbefinden britischer Leihmütter zehn Jahre nach der Geburt des Kinds fragte. Die betroffenen Frauen zeichnete eine überdurchschnittlich hohe Selbstachtung aus. Anzeichen einer Depression gab es nur bei einer der 20 Teilnehmerinnen. Die ganz überwiegende Zahl der Leihmütter sah sich in der Dekade nach der Geburt nicht mit psychologischen Problemen konfrontiert.

Psychological Reports 2000, 957 waren die Leihmütter „insgesamt sehr zufrieden mit ihren Erfahrungen".

760 *Edelmann*, Journal of Reproductive and Infant Psychology 2004, 123 (133).

761 *Karandikar/Gezinski/Carter/Kaloga*, Journal of Women and Social Work 2014, 224 (234) wollen sich in Zukunft genau damit beschäftigen.

762 *Pande*, Indian Journal of Gender Studies 2009, 141 (157). An dieser Studie nahmen 42 Frauen teil.

763 *Pashmi/Tabatabaie/Ahmadi*, Iranian Journal of Reproductive Medicine 2010, 33 ff. Die iranischen Frauen wurden für ihre Dienste ganz überwiegend bezahlt.

764 So die Zahlen aus dem Jahr 2008; *Temann*, Social Science and Medicine 2008, 1004; *Peng*, Journal of Gender, Social Policy and the Law 2013, 555 (563).

765 Zu finden in *Jadva/Imrie/Golombok*, Human Reproduction 2015, 373 ff. Befragt wurden die Frauen, die schon an der Studie aus dem Jahr 2003 teilgenommen hatten.

III. Familienleben der Leihmutter

Frauen, die sich zu einer Leihmutterschaft bereit erklären, haben in den meisten Fällen ihre eigene Familienplanung bereits abgeschlossen.[766] Sofern sie – wie es auch in einigen Zielländern des Reproduktionstourismus' üblich ist – eine Familie haben, liegt es auf der Hand, dass die Übernahme einer Schwangerschaft für eine Frau familieninterne Konflikte hervorrufen kann. Der Entschluss der Leihmutter mag eine Belastung für die Beziehung zu dem eigenen Partner sein. Auch das intime Verhältnis eines Paares kann gestört werden. Ob sich die Surrogatmutterschaft nachhaltig belastend auf die eigenen familiären Beziehungen der Leihmutter auswirkt, lässt sich bisher nicht verlässlich beantworten. Britische Forscher ließen 26 Leihmütter und ihre Partner zehn Jahre nach dem Austragen eines Kindes für ein Wunschelternpaar an Frage- und Testrunden teilnehmen. Das Ergebnis[767]: Fast alle Beteiligten erreichten in puncto Selbstwertgefühl und Depressionsniveau durchschnittliche Werte. Die Qualität der Beziehung litt ebenfalls nicht unter der einst übernommenen Leihmutterschaft. Nicht alle, aber doch die ganz überwiegende Zahl der Partner hatte ein positives Bild von der Leihmutterschaft. Nachhaltige psychische Belastungen waren bei den Familienmitgliedern nicht zu erkennen. Auch andere Untersuchungen ließen die innerfamiliären Beziehungen der Leihmütter zumeist als weitgehend konfliktfrei erscheinen. Während der Schwangerschaft fühlten sich die meisten Frauen von ihren Partnern hinreichend unterstützt. Diese standen dem Entschluss der Partnerin, ein Kind für ein anderes Paar auszutragen, ganz überwiegend offenherzig oder zumindest neutral gegenüber.[768] Wenn es zu Unstimmigkeiten kam, dann waren diese emotionaler oder sozialer Natur. Über sexuelle Probleme berichtete keine der Leihmütter.[769] In Indien sind manche Ehemänner sogar die treibende Kraft hinter einem Leihmutterarrangement ihrer Ehefrauen, die oftmals auf deren erklärtes Einverständnis angewiesen sind.[770]

IV. Entwicklung der „eigenen" Kinder

Eine noch relativ junge Studie beschäftigt sich mit dem gesundheitlichen und psychischen Wohlbefinden der „eigenen" Kinder der Leihmutter.[771] Sie untersucht also nicht die Entwicklung der Kinder, die aus einem Leihmutterarrangement hervorgehen,

---

766   *Depenbusch/Schultze-Mosgau*, in: Diedrich/Ludwig/Griesinger, Reproduktionsmedizin, S. 300.

767   Eine Zusammenfassung findet sich in *Imrie/Jadva/Golombok*, Fertility and Sterility 2012, 46.

768   *Jadva/Murray/Lycett/MacCallum/Golombok*, Human Reproduction 2003, 2196 (2202). Das galt auch für den erweiterten Familien- sowie den Freundeskreis.

769   *Van den Akker*, Journal of Reproductive and Infant Psychology 2003, 145 (153).

770   *Karandikar/Gezinski/Carter/Kaloga*, Journal of Women and Social Work 2014, 224 (232).

771   Die nun folgenden Ausführungen gehen auf die Studie von *Jadva/Imrie*, Human Reproduction 2013, 1 ff. zurück. Die wissenschaftliche Untersuchung wurde von

sondern jener, deren Mutter ein anderes Kind für ein Wunschelternpaar austrägt und schließlich übergibt. Wenn im Folgenden von dem Kind der Leihmutter gesprochen wird, dann ist damit nicht das Kind gemeint, das die Leihmutter für ein anderes Paar gebiert (obgleich dieses Kind nach § 1591 BGB als der Geburtsmutter zugehörig anzusehen ist).

Im Rahmen der Studie wurden insgesamt 36 Kinder, deren Mütter eine Ersatzmutterschaft, eine Tragemutterschaft oder teilweise beide Formen der Leihmutterschaft hinter sich hatten, zu ihren persönlichen Erfahrungen befragt. Die Kinder waren zwischen zwölf und 25 Jahren alt – das Durchschnittalter betrug 17 Jahre. Die von den Leihmüttern für die Wunscheltern zur Welt gebrachten Kinder waren im Zeitpunkt der Befragung im Schnitt neun Jahre alt, sodass die Untersuchung als eine Langzeitstudie begriffen werden kann.[772] Das psychische Wohlbefinden der Kinder, deren Mütter sich als Leihmutter angeboten hatten, wurde auf der Grundlage der Rosenberg-Selbstwertskala (RSE)[773] ermittelt. Zehn Prozent der Kinder wiesen ein geringes Selbstwertgefühl auf. Vierzig Prozent der Befragten erreichten dagegen ein überdurchschnittliches Ergebnis auf der Selbstwertskala. Die ermittelten Daten ließen nicht den Schluss zu, dass sich das Anbieten als Leihmutter negativ auf die Selbstachtung der „eigenen" Kinder auswirkt. Das Klima innerhalb der eigenen Familie beschrieben 89 Prozent der Kinder als positiv und 11 Prozent der Kinder als neutral oder zwiespältig. Erstaunlicherweise befanden sich unter den 11 Prozent, die ein getrübtes Bild ihrer Familie zeichneten, ausschließlich solche Kinder, deren Mütter sich als Ersatzmütter angeboten, also ein mit den Befragten genetisch verwandtes „Geschwisterteil" zur Welt gebracht hatten. Keines der Kinder gab an, keine Freude am Zusammenleben mit der Familie zu haben. An die Übergabe des Kindes an die Wunscheltern konnten sich die Befragten entweder gar nicht erinnern oder verbanden damit ganz überwiegend keine Schwierigkeiten. Nur eines der 36 befragten Kinder vermochte über belastende Gefühle nach der Aushändigung des Wunschkindes zu berichten. Knapp die Hälfte der Befragten hielt nach wie vor Kontakt zu dem aus der Leihmutterschaft hervorgegangenen Kind. Jene, die keinen Umgang mehr mit dem Wunschkind hatten, zeigten sich damit zumeist auch einverstanden. Der Entschluss der eigenen Mutter, sich als Leihmutter bereitzustellen, wurde von der ganz überwiegenden Zahl der „eigenen" Kinder – jedenfalls retrospektiv – positiv aufgenommen. Aussagen wie: „Ich finde es fantastisch, dass meine Mutter [auf diese

---

dem Economic and Social Research Council finanziert, das seine Gelder überwiegend von dem britischen Staat erhält.

772 Die „eigenen" Kinder der Leihmütter waren bei der Geburt des Wunschkindes im Schnitt sieben Jahre alt. Ihre Erfahrungen beruhen also im Schnitt auf fast einem Jahrzehnt des Zusammenlebens mit der Leihmutter.

773 Die Rosenberg-Selbstwertskala (engl. Rosenberg self-esteem scale) ist ein häufig angewandtes Instrument zur Bestimmung des Selbstwertgefühls. Bei diesem Verfahren werden den Probanden zehn Aussagen unterbreitet, zu denen sie auf einer vierstufigen Skala Stellung beziehen können (Bsp.: „Ich fühle mich von Zeit zu Zeit richtig nutzlos."); *Herzberg/Roth*, Persönlichkeitspsychologie, S. 98.

Weise] Menschen glücklich machen kann" entspringen einer unter den Befragten grundsätzlich erkennbaren Zustimmung zu diesem Verfahren. 14 Prozent der Kinder blickten dagegen neutral oder zwiespältig auf die Tatsache, dass ihre Mütter ein Kind für eine andere Frau ausgetragen hatten.

Das Ergebnis der Studie lässt sich wie folgt formulieren: Im Großen und Ganzen haben Leihmutterschaften für die „eigenen" Kinder der Leihmütter keine negativen psychischen, gesundheitlichen oder familiären Konsequenzen. Zwar ließ sich bei einigen Kindern, deren Mütter Ersatzmutterschaften übernommen hatten, eine Unzufriedenheit mit dem Familienleben erkennen. Das muss aber nicht auf die genetische Verbindung zum Wunschkind, sondern kann auch auf eine Scheidung von Mutter und Vater rückführbar sein. Die Trennungsrate der Paare lag jedenfalls unwesentlich über dem britischen Durchschnitt geschiedener Ehen.[774] Die überwiegende Zahl der befragten Kinder erweist sich nicht nur als psychisch stabil, sondern ist darüber hinaus sogar stolz auf den Entschluss der eigenen Mutter, anderen Paaren zu helfen. Einige Kinder führen die Bindung zu den Wunscheltern und dem Wunschkind, das von ihnen oftmals als „Geschwisterteil" bezeichnet wird, sogar als einen der positiven Aspekte der Leihmutterschaft an. Die Aussagekraft dieser Studie mit nur 36 Teilnehmern ist sicherlich begrenzt.[775] Auch weil die Leihmutterschaft gemeinhin einem gesellschaftlichen Tabu unterliegt, ist die Studie – hinsichtlich ihres Umfanges und ihres langzeitlichen Ansatzes – dennoch die bisher wohl einzige ihrer Art. Ältere Untersuchungen deuten in die gleiche Richtung: Auch hier reagierte nur ein kleiner Teil der Kinder während oder kurz nach der Schwangerschaft mit ambivalenten Gefühlen auf die Tatsache, dass die eigene Mutter ein Kind für eine fremde Frau austrägt.[776]

V. Zusammenfassung

Das Austragen eines Kindes für ein anderes Paar stellt eine Ausnahmesituation für die Leihmutter dar. Damit einhergehende psychische Probleme sollten nicht verharmlost werden.[777] Nach dem gegenwärtigen wissenschaftlichen Erkenntnisstand sind Leihmütter, die sich nach der Geburt nicht dazu in der Lage sehen, das Kind den Wunscheltern zu übergeben – oder wenn sie es doch tun schwere psychische Schäden davontragen –, aber die Ausnahme. Im Regelfall empfinden sie bei der

---

774 In Großbritannien werden rund 42 Prozent der Ehen geschieden; Office for National Statistics 2012 (http://www.ons.gov.uk/ons/rel/vsob1/divorces-in-england-and-wales/2012/info-divorces.html). Die in dieser Studie ermittelte Trennungsrate lag zwar leicht über 50 Prozent, bezog sich aber auch auf Paare, die bei der Übernahme der Leihmutterschaft durch die Frau nicht verheiratet waren.

775 Die Autoren der Studie weisen darauf hin, dass zahlreiche der angefragten Leihmütter eine Teilnahme ihrer „eigenen" Kinder an der Studie nicht wünschten.

776 Über 80 Prozent der Kinder standen der Leihmutterschaft positiv gegenüber; *Jadva/Murray/Lycett/MacCallum/Golombok*, Human Reproduction 2003, 2196 (2202).

777 So auch *Diel*, S. 41.

Trennung Trauer und Verlust, verarbeiten diese belastenden Gefühle aber recht zügig. Dass das Familienleben der Leihmutter unter dem Arrangement nur selten stark leidet, mag dazu beitragen. Die Behauptung, Leihmutterschaften drängten die betroffenen Frauen in eine psychische Konfliktlage, mit der sie regelmäßig nicht umzugehen wüssten, kann angesichts der überschaubaren Empirik zwar nicht als widerlegt, jedenfalls aber als zu pauschal bezeichnet werden.

E. Ungewollte Kinderlosigkeit

Für die verfassungsrechtliche Dimension des Themas Leihmutterschaft ist auch von Belang, wie sehr das Ausgangsproblem, die ungewollte Kinderlosigkeit, betroffene Paare belastet. Je folgenschwerer ihre psychischen Auswirkungen auf unglücklich Kinderlose sind, desto mehr spricht – vor dem Hintergrund des in Art. 2 Abs. 2 S. 1 GG normierten und durch den Staat bei seinen Entscheidungen zu berücksichtigenden Rechts auf die körperliche Unversehrtheit – auch aus verfassungsrechtlicher Sicht dafür, Abhilfe schaffende Reproduktionstechniken zuzulassen.

I. Häufigkeit

Die Zahl ungewollt kinderloser Paare ist in den letzten Jahren gestiegen.[778] In Deutschland sind etwa 15 Prozent der Paare nicht in der Lage, auf natürlichem Wege Kinder zu bekommen.[779] Die Angaben hierzu schwanken aufgrund definitorischer Unklarheiten[780] erheblich. Verglichen mit den Verhältnissen im 17. Jahrhundert hat sich diese Zahl etwa verfünffacht. Zumindest die Tatsache, dass die erste Geburt heute – etwa aufgrund der längeren Ausbildungszeit und der Berufstätigkeit der Frau – im Schnitt später erfolgt als früher, dürfte dazu beigetragen haben.[781] Neuere Studien deuten ferner darauf hin, dass die weibliche Fruchtbarkeit senkende Risikofaktoren wie Chlamydieninfektionen und Übergewicht vermehrt auftreten[782], während sich die Spermiogramme der Männer im Durchschnitt verschlechtern[783].

---

778 Siebter Familienbericht, BTS-Drs. 16/1360, 18; *Emmert/Gerstorfer*, Crashkurs Gynäkologie, S. 47. Teilweise wird aber auch bestritten, dass die Wahrscheinlichkeit eines unerfüllten Kinderwunsches in den letzten Jahrzehnten wahrnehmbar gestiegen ist. So sollen einer australischen Studie nach schon um das Jahr 1900 etwa 11 Prozent der Paare ungewollt kinderlos gewesen sein; *Ludwig/Diedrich*, in: Diedrich/Ludwig/Griesinger, Reproduktionsmedizin, S. 10.

779 *Haag/Hanhart/Müller*, S. 242.

780 Etwa für den Fall, in dem die Frau Nachwuchs möchte, ihr Partner aber noch nicht; *Wischmann*, Journal für Reproduktionsmedizin und Endokrinologie 2006, 220.

781 *Strauß/Matthes/Fügener*, BZgA Forum 1/2012, 15; *Stauber/Weyerstahl*, S. 429; *Schmidt-Matthiese/Wallwiener*, S. 123.

782 *Wischmann*, Geburtshilfe und Frauenheilkunde 2006, 192.

783 *Paasch* u.a., International Journal of Andrology 2008, 93 (99); *Swan/Elkin/Fenster*, Environmental Health Perspectives 2000, 961 (965); *Haidl/Allam/Schuppe/Köhn*,

Auch schädliche Umwelteinflüsse, resultierend aus der vermehrten Verwendung von Schwermetallen und Pestiziden, vermindern die Fertilität.[784]

Wie stark das Problem der ungewollten Kinderlosigkeit mit dem Faktor Alter zusammenhängt, zeigen die Fertilitätsraten: Bei 80 bis 85 Prozent der Paare im optimalen Konzeptionsalter zwischen 20 und 25 Jahren kommt es bei regelmäßigem Koitus innerhalb eines Jahres zu einer Schwangerschaft.[785] Dagegen nimmt die Fertilitätsrate der Frau mit zunehmenden Lebensalter drastisch ab: Liegt sie bei einer 20-jährigen Frau noch bei 60 Prozent, so sinkt sie im Alter von 30 Jahren auf 20 Prozent, im Alter von 40 Jahren schließlich auf vier Prozent.[786] Der Risikofaktor Alter wird indes sehr oft unterschätzt.[787] Statistischen Voraussagen zufolge haben weibliche Neugeborene, die derzeit zur Welt kommen, gute Aussichten, an die 100 Jahre alt zu werden. Für sie ist eine natürliche Fortpflanzung nur während etwa eines Drittels ihrer Lebenszeit realistisch.[788] Die Optimierung kontrazeptiver Mittel half dabei, die Libido von der Fortpflanzung zu trennen. Nun aber mündet der bewusste Verzicht auf Nachwuchs in jungen Jahren nicht selten in einer unbeabsichtigten Fruchtbarkeitsstörung im mittleren Erwachsenenalter. Die ungewollte Kinderlosigkeit ist angesichts der Entwicklung hin zu einer immer späteren Elternschaft bei einem gleichzeitig zu verzeichnenden Anstieg der Lebenserwartung keineswegs nur ein gesellschaftliches Randproblem.

II. Psychische und soziale Folgen

Um das Bestreben von Wuncheltern ggf. auch unter Zuhilfenahme einer Leihmutter nachzuvollziehen, bedarf es eines Verständnisses dafür, wie sich ungewollte Kinderlosigkeit auf die betroffenen Paare psychisch und sozial auswirkt. In einer Gesundheitsberichterstattung des Bundes heißt es, die Diagnose einer Fruchtbarkeitsstörung bedeute für Betroffene „den Verlust eines Lebensplanes und eines erwünschten Lebenszieles". Das könne sich negativ auf das Selbstwertgefühl, die emotionale Befindlichkeit und die allgemeine Lebenszufriedenheit auswirken.[789] Der Psychoanalytiker *Wischmann* vergleicht die Auswirkungen ungewollter Kinderlosigkeit sogar „mit der schwerwiegenden Erkrankung oder dem Verlust eines nahen

---

Der Gynäkologe 2013, 18 (20), die darauf hinweisen, dass die Mehrzahl der Studien auf eine abnehmende Spermaqualität schließen lassen, die Datenlage aber nicht einheitlich ist.

784 *Gerhard/Runnebaum*, Geburtshilfe und Frauenheilkunde 1992, 383 (391).
785 *Haag/Hanhart/Müller*, S. 242.
786 *Emmert/Gerstorfer*, S. 47; *Haag/Hanhart/Müller*, S. 242.
787 *Bretherick/Fairbrother/Avila/Harbord/Robinson*, Fertility and Sterility 2010, 2162 (2165).
788 *Friebel*, in: Maio/Eichinger/Bozzaro, Kinderwunsch und Reproduktionsmedizin, S. 41 (57).
789 *Strauß/Beyer*, in: Robert Koch-Institut, Gesundheitsberichterstattung des Bundes, Heft 20, S. 8.

Angehörigen."[790] Dabei rufen Fertilitätsprobleme bei Frauen offenbar größeres Leiden hervor als bei Männern: Sie haben stärker mit Angst, Depressionen und einem verringerten Selbstwertgefühl zu kämpfen[791], wobei diese Symptome häufiger durch die reproduktionsmedizinische Behandlung als durch die Unfruchtbarkeit an sich ausgelöst werden[792]. In Untersuchungen wiesen sterile Frauen signifikant erhöhte Depressionswerte auf[793] und gaben oftmals an, die Unfruchtbarkeit als schlimmste Krise in ihrem Leben zu erleben.[794] Dafür ist sicher auch ursächlich, dass die Gesellschaft die Familiengründung trotz aller Annäherungen der Geschlechterrollen in den letzten Jahrzehnten noch immer als ein normales, beinahe schon einzuforderndes Ereignis in einer weiblichen Biographie erachtet.[795] Nicht nur die kurzfristigen, sondern auch die langfristigen Folgen treffen Frauen zumeist härter als Männer.[796] Die Infertilität droht außerdem die Beziehung und das Sexualleben zu belasten, wenn der Geschlechtsverkehr von den Paaren funktionalisiert wird. Leidtragende berichten oft von einer gestörten Geschlechtsidentität[797] und einem unerfüllten Sexualleben[798]. Bleibt eine Schwangerschaft aus, wird das oft nicht nur als Fehlfunktion des eigenen Körpers, sondern sogar als persönliches Versagen verstanden.[799] Die von den Paaren nicht zu beantwortende Frage nach dem Warum (gerade wir?) kann Verdruss, Zorn und Eifersucht auslösen.[800] Auch das soziale Miteinander ist nicht frei jeder Beeinträchtigung: Infertile Paare neigen dazu, Freunde mit Kindern zu meiden[801], fühlen sich weniger anerkannt und isolieren sich deshalb[802]. Insbesondere Frauen mit einem vergleichsweise niedrigen Bildungsstand berichten von gesellschaftlicher Stigmatisierung in Folge einer diagnostizierten Sterilität.[803]

In einer Studie mit 213 ungewollt kinderlosen deutschen Frauen und Männern lagen die ermittelten psychischen Belastungswerte der Paare über jenen der

---

790 *Wischmann*, BZgA Forum 1/2012, 26 (27).
791 *Wischmann*, Der Urologe 2005, 185 (187); *Brusdeylins*, BZgA Forum 1/2012, 30 (32).
792 *Oberpenning/Muthny/Oberpenning*, in: Nieschlag/Behre/Nieschlag, Andrologie, S. 535 (539).
793 *Domar/Broome/Zuttermeister/Seibel/Friedman*, Fertility and Sterility 1992, 1158; *Kerr/Brown/Balen*, Human Reproduction 1999, 934 (963).
794 *Freeman/Boxer/Rickels/Tureck/Mastroianni*, Fertility and Sterility 1985, 48.
795 *Fränznick/Wieners*, Ungewollte Kinderlosigkeit – psychosoziale Folgen, Bewältigungsversuche und die Dominanz der Medizin, S. 49.
796 *Hjelmstedt* u.a., Acta Obstetricia et Gynecologica Scandinavica 1999, 42 (47).
797 *Daniluk*, Journal of Counseling and Development 2001, 439 (445); *Anderson/Sharpe/ Rattray/Irvine*, Journal of Psychosomatic Research 2003, 353 (355).
798 *Oddens/den Tonkelaar/Nieuwenhuyse*, Human Reproduction 1999, 255 (260).
799 *Strowitzki*, Ungewollte Kinderlosigkeit, S. 163.
800 *Fränznick/Wieners*, Ungewollte Kinderlosigkeit – psychosoziale Folgen, Bewältigungsversuche und die Dominanz der Medizin, S. 69.
801 *Anderson/Sharpe/Rattray/Irvine*, Journal of Psychosomatic Research 2003, 353 (354).
802 *Beyer*, Ungewollte Kinderlosigkeit – Betroffene Frauen und ihre Bewältigung im mittleren Erwachsenenalter, S. 23.
803 *Remennick*, Sex Roles 2000, 821.

Normalbevölkerung, erwiesen sich aber nicht als klinisch auffällig. Während sich Fruchtbarkeitsstörungen im mittleren Erwachsenenalter nicht signifikant auf das Wohlbefinden und das Sozialleben[804] auswirken, steigt das Belastungserleben mit zunehmendem Alter. Die Abstinenz eigener Kinder kann im Alter Einsamkeit hervorrufen – insbesondere, wenn es den Kinderlosen nicht gelingt, sich Alternativen zum (ausklingenden) Berufsleben aufzuzeigen. Zumindest aber gehe von ungewollter Kinderlosigkeit, so das Resümee der Studie, „nicht per se ein Risiko für das allgemeine Wohlbefinden im mittleren Erwachsenenalter" aus.[805] Eine Reihe von Untersuchungen kommt zu dem Ergebnis, dass sie sich auch langfristig nicht substanziell auf das psychologische Wohlbefinden auswirkt.[806] Insgesamt sind unter Paaren, deren Kinderwunsch sich nicht erfüllt, nicht häufiger psychopathologische Befunde zu erheben als in der Allgemeinbevölkerung.[807] Überwiegend berichten betroffene Paare von einer Stärkung der Partnerschaft durch die gemeinsame Bewältigung dieses Schicksals.[808] Die Sterilität ist umso besser zu verarbeiten, je eher das Paar ihr einen positiven Sinn abgewinnen kann, der neue Lebensperspektiven eröffnet. Eine hartnäckige Zielverfolgung korreliert dagegen positiv mit einer hohen Einschränkung des Wohlbefindens.[809] Unglücksgefühle, die eine solche Diagnose hervorruft, müssen sich nicht zwingend bis in das hohe Erwachsenenalter hinein manifestieren. Zugleich vermag sich aber die Aussicht, mit Hilfe der Reproduktionsmedizin doch noch zu einem eigenen Kind zu kommen, hoffnungsspendend und damit positiv auf das Wohlbefinden des Paares auszuwirken. So ist auch zu erklären, dass sich Betroffene gerade vor einer anstehenden reproduktionsmedizinischen Behandlung vergleichsweise lebensfroh zeigen.[810]

Auf lange Sicht beeinträchtigt ungewollte Kinderlosigkeit die Lebensqualität nicht.[811] Auch einer Studie der Universitäten Jena und Freiburg zufolge sind ungewollt Kinderlose im Durchschnitt nicht weniger glücklich, gesund und sozial eingebunden als Eltern.[812] Sie zeichnen sich zumindest auf Dauer nicht durch eine besondere Vulnerabilität aus.[813]

---

804 Dazu *Connidis/McMullin*, Canadian Journal on Aging 1992, 370 (380).
805 *Beyer*, S. 103 ff.
806 *Strauß/Beyer*, in: Robert Koch-Institut, Gesundheitsberichterstattung des Bundes, Heft 20, S. 20; *Rohde/Dorn*, Gynäkologische Psychosomatik und Gynäkopsychiatrie, S. 112.
807 Etwa 15 bis 20 Prozent der Paare zeigen psychopathologische Auffälligkeiten; *Wischmann*, Journal für Reproduktionsmedizin und Endokrinologie 2006, 220 (221).
808 *Wischmann*, BZgA Forum 1/2012, 26 (27).
809 *Brusdeylins*, BZgA Forum 1/2012, 30 (32).
810 *Sanders/Bruce*, Human Reproduction 1999, 1656 (1659).
811 *Beyer*, S. 31 ff.
812 Zusammengefasst in: *Wischmann*, Der Urologe 2005, 185 (188).
813 *Koropeckyj-Cox*, Journal of Gerontology and Social Sciences 1998, 303 (308).

III. Ungewollte Kinderlosigkeit als Krankheit?

Es stellt sich nun die Frage, ob ungewollte Kinderlosigkeit als ein persönliches, ab einem gewissen Maß der Aussichtslosigkeit zu erduldendes Schicksal oder eher als eine therapierbare Krankheit im klassischen Sinne zu begreifen ist. Die juristische Dimension dieser Fragestellung wird offenbar, wenn man einen Blick auf die grundgesetzlich geschützten Rechtsgüter wirft: Art. 2 Abs. 2 S. 1 GG wahrt das Recht des Einzelnen auf seine körperliche Unversehrtheit. Dieses Grundrecht ist zunächst ein Abwehrrecht gegen Eingriffe in die körperliche Sphäre.[814] Darüber hinaus hat Art. 2 Abs. 2 S. 1 GG aber auch die Funktion einer Schutznorm, verpflichtet die staatliche Gewalt also dazu, den Bürger vor Beeinträchtigungen der körperlichen Sphäre zu behüten. Die Verfassung bürdet dem Gesetzgeber eine Gefahrenvorsorge auf.[815]

Das betrifft neben der Physis auch die Psyche eines Menschen: Der Schutzbereich des Art. 2 Abs. 2 S. 1 GG erfasst seelische Leiden, sofern sie in objektiver Betrachtungsweise körperlichen Schmerzen nahe kommen.[816] Diese weite Auslegung lässt sich entstehungsgeschichtlich damit begründen, dass das Grundgesetz psychischem Terror und seelischer Qual, wie sie zur Zeit des Nationalsozialismus' gängig waren, vorbeugen soll.[817] Geschützt ist die Abwesenheit psychischer Krankheitszustände, nicht jedoch das Recht auf psychisches Wohlbefinden.[818] Sofern krankheitslindernde Behandlungen rechtlich untersagt werden, ist darin nach der Rechtsprechung des BVerfG[819] und des BVerwG[820] ein mittelbarer Eingriff des Staates in das Recht auf körperliche Unversehrtheit zu sehen. Hätte das Leiden unter der ungewollten Kinderlosigkeit Krankheitswert, ließe sich diese Argumentation wohl auch auf das Verbot reproduktionsmedizinischer Verfahren (wie der Eizellspende oder der Leihmutterschaft) übertragen. Jedenfalls stritte das Recht auf die körperliche Unversehrtheit dann für das Interesse der Paare, die Unfruchtbarkeit unter Ausnutzung aller medizinisch möglichen Behandlungsmethoden zu überwinden.

---

814 *Kunig*, in: von Münch/Kunig, Grundgesetz, Bd. 1, Art. 2 Rn. 64.

815 BVerfG, NJW 1979, 359 (363); BVerfG, NJW 2006, 1939 (1945). Die sog. „Schutzpflichtlehre" ist von dem BVerfG sogar auf der Grundlage von Art. 2 Abs. 2 S. 1 GG entwickelt worden; *Erichsen*, Jura 1997, 85 (86).

816 BVerfG, NJW 1981, 1655 (1656), das den Menschen als „Einheit von Leib, Seele und Geist" begreift und auf die „Wechselwirkung zwischen psychischen und physischen Gesundheitsstörungen" hinweist; vgl. auch *Jarass*, in: Jarass/Pieroth, Grundgesetz, Art. 2 Rn. 83.

817 *Pieroth/Schlink*, Grundrechte Staatsrecht II, § 9 Rn. 420.

818 *Di Fabio*, in: Maunz/Dürig, Grundgesetz, Bd. 1, Art. 2 Abs. 2 Rn. 56; *Epping*, Grundrechte, S. 52; *Schmidt-Assmann*, AöR 1981, 205 (210).

819 BVerfG, NJW 1999, 3399 (3401) für die Lebendorganspende.

820 BVerwG, NJW 2005, 3300 (3301) für den Erwerb von Cannabis zu therapeutischen Zwecken.

1. Weites Krankheitsverständnis

In reproduktionsmedizinischer Behandlung befindliche Paare verwenden den Begriff des Kinderwunsches oft bedeutungsverwandt mit dem der Krankheit.[821] Aus soziologischer Perspektive ist krank, wem es unmöglich ist, am Alltagsleben teilzuhaben.[822] Das trifft auf Paare mit einem unerfüllten Kinderwunsch grundsätzlich nicht zu. Der Diskurs über den demographischen Wandel der deutschen Gesellschaft mag zu einer zunehmenden Stigmatisierung ungewollt Kinderloser führen. Dessen ungeachtet ist eine Partizipation am alltäglichen Leben – nicht zuletzt aufgrund bestehender sozialer Sicherungssysteme – auch ohne eigene Nachkommen möglich. Das legen die zahlreichen Studienergebnisse nahe, denen zufolge es ungewollt Kinderlosen nicht an sozialer Integration mangelt.[823] Gesellschaftlich ist die ungewollte Kinderlosigkeit, um es mit *Anselm* zu sagen, „zwar als soziale Aufgabe, nicht aber als Krankheit zu verstehen."[824] Die WHO hat die ungewollte Kinderlosigkeit, die auf Sterilität bzw. Infertilität beruht, indes als Krankheit anerkannt.[825] Vor dem Hintergrund, dass die WHO Gesundheit als den „Zustand des vollkommenen körperlichen, seelischen und sozialen Wohlbefindens und nicht nur des Freiseins von Krankheit und Gebrechen"[826] begreift, verwundert diese Entscheidung nicht. Diese sehr weit gefasste Definition ist sicherlich auch als Programmatik zu verstehen, sieht sich aber dem Vorwurf ausgesetzt, „utopisch und empirisch nicht haltbar"[827] zu sein.

2. Krankheit i.S.d. Art. 2 Abs. 2 S. 1 GG

Das Grundrecht auf körperliche Unversehrtheit bleibt aber nach ganz h.M. hinter dem Anspruch der Weltgesundheitsorganisation zurück.[828] Nur so lässt sich erklären, weshalb der parlamentarische Rat nicht den damals schon bekannten Gesundheitsbegriff der WHO, sondern den der körperlichen Unversehrtheit gewählt hat.[829] Weitete man Art. 2 Abs. 2 S. 1 GG auf die Definition der WHO aus, verlöre der

---

821 So in einer Interviewstudie von *Voß/Soeffner/Krämer/Weber*, Ungewollte Kinderlosigkeit als Krankheit, S. 116.

822 *Rothgangel*, Kurzlehrbuch Medizinische Psychologie und Soziologie, S. 3.

823 Dazu Zweiter Teil, E., II.

824 *Anselm*, in: Maio/Eichinger/Bozzaro, Kinderwunsch und Reproduktionsmedizin, S. 96 (111).

825 *Waibl*, Grundriß der Medizinethik für Ärzte, Pflegeberufe und Laien, S. 180.

826 Präambel der Satzung der Weltgesundheitsorganisation v. 7.4.1948 (abrufbar unter: http://www.who.int/governance/eb/who_constitution_en.pdf).

827 So *Faller/Lang*, Medizinische Psychologie und Soziologie, S. 4.

828 BVerfG, NJW 1981, 1655 (1656); *Murswiek*, in: Sachs, Grundgesetz, Art. 2 Rn. 150; *Schulze-Fielitz*, in: Dreier, Grundgesetz, Bd. 1, Art. 2 Abs. 2 Rn. 37; *Starck*, in: von Mangoldt/Klein/Starck, Grundgesetz, Bd. 1, Art. 2 Rn. 194; *Rauschning*, VVDStRL 1980, 167 (179).

829 *Di Fabio*, in: Maunz/Dürig, Grundgesetz, Bd. 1, Art. 2 Abs. 2 Rn. 57; BVerfG, NJW 1981, 1655 (1656).

Schutzbereich jede Kontur.[830] Anders als die Weimarer Reichsverfassung (Art. 155 Abs. 1 S. 1 WRV)[831] normiert das Grundgesetz gerade kein umfassendes Grundrecht auf Gesundheit.[832] Art. 2 Abs. 2 S. 1 GG schützt hinsichtlich der Psyche vor Krankheiten, nicht jedoch vor bloßen Beeinträchtigungen.[833] Seelische Bürden fallen nur dann seinen Schutzbereich, wenn sie in objektiver Betrachtungsweise körperlichen Schmerzen gleichzustellen sind. Es kommt also nicht darauf an, ob einzelne Paare die Kinderlosigkeit als dauernde, heftige psychische Belastung empfinden, sondern darauf, ob sie objektiv, d.h. ohne Rücksicht auf die individuelle Betroffenheit[834] als mit physischem Schmerz vergleichbar einzustufen ist.

Müssen sich Paare von dem Wunsch, eigene Kinder zu zeugen verabschieden, geht damit regelmäßig Leid einher. Eine schwerwiegende, andauernde psychische Belastung ruft die ungewollte Kinderlosigkeit aber – das zeigen die empirischen Untersuchungen – nur sehr selten hervor. In der Regel gelingt es den Betroffenen, sich mit diesem Schicksal zu arrangieren, ohne dabei an Lebensqualität einzubüßen. Die ungewollte Kinderlosigkeit ist daher nicht als (psychische) Krankheit zu qualifizieren. Auf dieser Annahme beruht im Übrigen auch die sozialrechtliche Regelung zur Kostenübernahme im Rahmen künstlicher Befruchtungen: Nach § 27 a Abs. 3 S. 3 SGB V erstattet die gesetzliche Krankenkasse die Hälfte der bei einer artifiziellen Insemination anfallenden Kosten. Dagegen werden Heilbehandlungskosten gemäß § 27 SGB V grundsätzlich zu 100 Prozent als Sachleistung zur Verfügung gestellt. Die Reduzierung der Kostentragung beruht darauf, dass § 27 a SGB V einen eigenständigen Versicherungsfall darstellt, der nicht auf der ungewollten Kinderlosigkeit als Krankheit, sondern auf der Unfähigkeit des Paares, auf natürlichem Wege Kinder zu zeugen, beruht.[835] Die Maßnahmen der künstlichen Befruchtung sind im Gesetz rechtstechnisch der „normalen" Krankenbehandlung nach § 27 SGB V nachgeordnet worden.[836] Der Begriff der Krankheit kann, so auch das BVerfG, nicht dahingehend

830   *Epping*, Grundrechte, S. 52.
831   *Wiedemann*, in: Umbach/Clemens, Grundgesetz, Art. 2 Abs. 2 Rn. 355.
832   *Jung*, Das Recht auf Gesundheit, S. 249; *Di Fabio*, in: Maunz/Dürig, Grundgesetz, Bd. 1, Art. 2 Abs. 2 Rn. 57; *Ipsen*, Staatsrecht II, § 5 Rn. 257.
833   *Murswiek*, in: Sachs, Grundgesetz, Art. 2 Rn. 149; *Hermes*, Das Grundrecht auf Schutz von Leben und Gesundheit, S. 225.
834   *Kunig*, in: von Münch/Kunig, Grundgesetz, Bd. 1, Art. 2 Rn. 63.
835   LSG Baden-Württemberg v. 14.2.2007 Akz. L 5 KR 973/06, BeckRS 2007, 44300; *Lang*, in: Becker/Kingreen, SGB V, § 27 a Rn. 3; *Laufs*, in: Laufs/Katzenmeier/Lipp, Arztrecht, S. 279.
836   LSG Bayern v. 16.5.2006 Akz. L 5 KR 212/05 (juris), bestätigt durch das BSG v. 27.10.2006 Akz. KR 92/06 B (juris), nach dessen Auffassung „der Gesetzgeber bei den Maßnahmen zur Herbeiführung einer Schwangerschaft einen eigenen Versicherungsfall geschaffen hat, nämlich denjenigen der Kinderlosigkeit eines Paares, zu unterscheiden vom Eintritt einer Krankheit."

ausgelegt werden, dass er auch den Wunsch nach einer erfolgreichen Familienplanung in der Ehe umfasst.[837]

Für Betroffene bedeutet die ungewollte Kinderlosigkeit eine (unter Umständen erhebliche) psychische Beeinträchtigung. Als solche eröffnet sie aber nicht den Schutzbereich des Art. 2 Abs. 2 S. 1 GG. Paare, die aufgrund von Infertilität oder Sterilität nicht in der Lage sind, eigene Kinder zu zeugen, können sich in ihrem Wunsch auf die Inanspruchnahme einer Leihmutter nicht auf ihr Recht auf körperliche Unversehrtheit berufen. Ergo greift die staatliche Gemeinschaft, wenn sie Eizellspende und Leihmutterschaft untersagt, nicht mittelbar in Art. 2 Abs. 2 S. 1 GG ein. Die Befürworter der Surrogatmutterschaft mögen sich gegen das Verbot mit dem Rekurs auf verschiedene Freiheitsrechte zu wehren versuchen. Auf das Grundrecht der körperlichen Unversehrtheit müssen sie aber zwangsweise verzichten, weil der nicht erfüllte Kinderwunsch zwar schweres Schicksal sein mag, jedenfalls aber nicht als Krankheit i.S.d. Art. 2 Abs. 2 S. 1 GG zu qualifizieren ist.

---

837   BVerfG, NJW 2009, 1733.

Dritter Teil: Verfassungskonformer Umgang mit der Leihmutterschaft

A. Vereinbarkeit des Leihmutterschaftsverbots mit dem Grundgesetz

Nachdem nunmehr erörtern wurde, welche Auswirkungen ein Leihmutterarrangement auf alle Beteiligten hat, bleibt die zentrale Frage dieser Arbeit zu beantworten: Ist das Verbot der Leihmutterschaft bei zeitgemäßer Auslegung des Grundgesetzes noch mit dem deutschen Verfassungsrecht vereinbar und damit perspektivisch aufrechtzuerhalten? Die Leihmutterschaft berührt zahlreiche Grundrechte und grundrechtlich geschützte Rechtsgüter, die dabei in einer komplexen Wechselbeziehung zueinander stehen. Methodisch soll dabei sowohl untersucht werden, ob die Beibehaltung der Verbotsnormen zum Schutze einzelner Rechte angezeigt ist, als auch, ob bestehende Freiheitsrechte (insbesondere der Wunscheltern) eine Legalisierung der Leihmutterschaft erfordern.

I. Menschenwürde (Art. 1 Abs. 1 GG)

Kritiker der Leihmutterschaft proklamieren immer wieder einen Verstoß des Verfahrens gegen die Menschenwürde – und zwar sowohl gegen die Würde der Leihmutter als auch gegen die des zu gebärenden Kindes. Es ist bereits umstritten, ob die Menschenwürde überhaupt ein Grundrecht oder nicht vielmehr nur ein Grundprinzip ist. Zum Teil wird angenommen, Art. 1 Abs. 1 GG beinhalte keine subjektivrechtliche Komponente und sei deshalb nicht einklagbar.[838] Diese Auffassung stützt sich maßgeblich auf Art. 1 Abs. 3 GG, der die „nachfolgenden Grundrechte" für

---

838 *Dreier*, in: Dreier, Grundgesetz, Bd. 1, Art. 1 Abs. 1 Rn. 125; *Isensee*, AöR 2006, 173 (210); *ders.*, in: Schwartländer, Modernes Freiheitsethos und christlicher Glaube, S. 71; *Enders*, Die Menschenwürde in der Verfassungsordnung, S. 377. Für *Geddert-Steinacher*, Menschenwürde als Verfassungsbegriff, S. 172 geht die Menschenwürde vollständig in den Grundrechten auf und ist diesen deshalb „teleologisch vorgeordnet."

bindend erklärt.[839] Sowohl das BVerfG[840] als auch der überwiegende Teil der Lehre[841] erkennen in der Menschenwürde dagegen richtigerweise ein Grundrecht: Mit ihr soll nicht nur ein abstraktes Verständnis der Humanität, sondern – vor dem Hintergrund der menschenverachtenden Gräueltaten des NS-Regimes – gleichermaßen der Einzelne in seinem konkreten Anspruch auf die Achtung als Individuum geschützt werden.[842] Das lässt sich auch systematisch begründen, steht Art. 1 Abs. 1 GG doch zu Beginn des Abschnittes über „die Grundrechte". Weil der Gesetzgeber selbstverständlich auch Verfassungsprinzipien zu achten hat, kommt es für die Verfassunggemäßheit eines Gesetzes nicht darauf an, ob die Menschenwürde nun Grundrecht oder Grundprinzip ist. Gerichtlich kann eine Verletzung der Menschenwürde durch die Leihmutterschaft aber nur vorgebracht werden, wenn es sich bei Art. 1 Abs. 1 GG um eine Norm handelt, die ein subjektives Recht vermittelt.

Der Vorwurf, die Leihmutterschaft tangiere den Schutzbereich des Art. 1 Abs. 1 GG, wiegt deshalb besonders schwer, weil dieses Grundrecht als einziges Grundrecht nicht einschränkbar, eben „unantastbar" ist. Jeder Eingriff in den Schutzbereich ist daher gleichbedeutend mit einer Verletzung dieses Rechts.[843] Oder anders ausgedrückt: Berührte die Fremdschwangerschaft die Menschenwürde von Leihmutter und/oder Wunschkind, erübrigte sich jede Erwägung ihrer Legalisierung, welche in Ermangelung einer Abwägungsoption[844] ihrerseits dann nur verfassungswidrig sein könnte.

Der Begriff der Menschenwürde ist in einem hohen Maße unbestimmt. In ihm treffen philosophische, teleologische und sozialwissenschaftliche Anschauungen aufeinander, die zu ganz unterschiedlichen Definitionsversuchen verleitet. Das der Verfassung zugrunde liegende Würdeverständnis ist historisch verwurzelt, unterliegt in seiner Interpretation aber trotzdem dem Zeitgeist.[845] Neuere Auslegungsversuche,

---

839   *Dürig*, AöR 1956, 117 (120). Dagegen lässt sich allerdings einwenden, dass sich die Bindung der staatlichen Gewalt an die Menschenwürde schon aus Art. 1 Abs. 1 S. 2 GG ergibt, sodass eine Einbeziehung in Art. 1 Abs. 3 GG nur repetitiven Charakter hätte; *Zippelius*, in: Kahl/Walldhoff/Walter, Bonner Kommentar zum Grundgesetz, Bd. 1, Art. 1 Abs. 1, 2 Rn. 25.

840   BVerfGE 1, 332 (343); BVerfGE 12, 113 (123); BVerfGE 15, 283 (286); BVerfGE 109, 133 (150).

841   *Jarass*, in: Jarass/Pieroth, Grundgesetz, Art. 1 Rn. 3; *Starck*, in: von Mangoldt/Klein/Starck, Grundgesetz, Bd. 1, Art. 1 Rn. 31; *Kunig*, in: von Münch/Kunig, Grundgesetz, Bd. 1, Art. 1 Rn. 3; *Badura*, Staatsrecht, S. 135; *Hufen*, Staatsrecht II, § 10 Rn. 12; *ders.*, JuS 2010, 1 (2); *Ipsen*, DVBl 2004, 1381 (1383); *ders.*, Staatsrecht II, § 4 Rn. 234; *Löw*, DÖV 1958, 516 (520); *Ladeur/Augsberg*, Die Funktion der Menschenwürde im Verfassungsstaat, S. 33; *Tornow*, Art. 1 Abs. 1 GG als Grundrecht, S. 63.

842   *Herdegen*, in: Maunz/Dürig, Grundgesetz, Bd. 1, Art. 1 Abs. 1 Rn. 29.

843   *Manssen*, Staatsrecht II, § 9 Rn. 206; *Hufen*, Staatsrecht II, § 10 Rn. 34.

844   Vgl. *Kunig*, in: von Münch/Kunig, Grundgesetz, Bd. 1, Art. 1 Rn. 4 („abwägungsresistent"); *Hufen*, JuS 2010, 1 (9) („Unabwägbarkeitslehre"); *Geddert-Steinacher*, S. 83 („Gewährleistungsbereich und Verletzungsgrenze der Würde-Norm sind identisch").

845   *Kloepfer*, Verfassungsrecht II, § 55 Rn. 1; BVerfGE 45, 187 (229).

wie der von *Duttge*, gehen dahin, eine Missachtung der Menschenwürde anzunehmen, wenn „die Eigen- und damit Gleichwertigkeit des einzelnen Menschen [...] von Grund auf negiert und damit normativ aberkannt wird."[846] Das BVerfG spricht in ständiger Rechtsprechung[847] die sog. Objektformel[848] aus: Art. 1 Abs. 1 GG schützt den Menschen davor, zu einem Objekt herabgewürdigt zu werden. Sein sozialer Wert- und Achtungsanspruchs verbietet es, ihn einer Behandlung auszusetzen, welche seine Subjektqualität in Zweifel zieht.[849] Dieser Versuch der Konkretisierung offenbart, wie schwer es fällt, im Rahmen des Art. 1 Abs. 1 GG die Schutzbereichs- und die Eingriffsebene auseinander zu halten.[850] Der Menschenwürdebegriff wird deshalb „vom Verletzungsvorgang her beschrieben."[851] Das BVerfG schlägt mit seiner Objektformel die Brücke zu dem Instrumentalisierungsverbot *Kants*[852], mit dem dieser die Unverzichtbarkeit der Menschenwürde darzulegen versucht: „Gleichwie er [der Mensch] also sich selbst für keinen Preis weggeben kann (welches der Pflicht der Selbstschätzung widerstreiten würde), so kann er auch nicht der eben so notwendigen Selbstschätzung anderer, als Menschen, entgegen handeln, d.i. er ist verbunden, die Würde der Menschen praktisch anzuerkennen [...]."[853] *Kant* hält eine Preisgabe der Menschenwürde, die man ggf. in der bereitwilligen Übernahme der Leihmutterdienste erkennen könnte, für denkunmöglich.

1. Die Würde der Leihmutter

Zum Teil wird angenommen, schon die unentgeltliche Übernahme einer Fremdschwangerschaft kollidiere mit der Menschenwürde der Leihmutter.[854] Der Gesetzgeber müsse

---

846 *Duttge*, in: Demko/Seelmann/Becchi, Würde und Autonomie, S. 145 (154).

847 BVerfGE 9, 89 (95); BVerfGE 87, 209 (228); BVerfGE 109, 133 (149); BVerfGE 109, 279 (312); BVerfGE 115, 118 (153).

848 Zurückgehend auf *Dürig*, JR 1952, 259.

849 BVerfGE 27, 1 (6); BVerfGE 50, 166 (175).

850 *Manssen*, Staatsrecht II, Rn. 215. Dazu *Hufen*, in: FS für Riedel, S. 459 mokant: „Wir wissen nicht, was die Menschenwürde ist, aber wir wissen genau, wann ein Eingriff in die Menschenwürde vorliegt."

851 BVerfGE 109, 279 (312); kritisch dazu *Duttge*, in: Demko/Seelmann/Becchi, Würde und Autonomie, S. 145 (146).

852 *Geddert-Steinacher*, S. 31; *Hufen*, Staatrecht II, § 10 Rn. 30. Einschränkend *Stern*, Staatsrecht, Bd. 3/1, S. 8, der darauf hinweist, dass das GG die Menschenwürde bedingungslos garantiert, nach Kant aber nicht jeder Mensch „allein kraft seines Menschseins" und „gleich wie er sich verhält" Würde habe.

853 *Kant*, Die Metaphysik der Sitten, S. 211.

854 *Laufs*, JZ 1986, 769 (775); *Hirsch*, MedR 1986, 237 (239); *Wuermeling*, ZfL 2006, 15; *Balz*, Heterologe künstliche Samenübertragung beim Menschen, S. 28; *Giesen*, FamRZ 1981, 413 (416); *Dietrich*, S. 507; *Lehmann*, S. 177; *van den Daele*, Mensch nach Maß?, S. 58; *Bickel*, Fortpflanzungsmedizin und ihre verfassungsrechtlichen Grenzen, S. 22; *Maaßen/Stauber*, Der andere Weg zum eigenen Kind, S. 217; *Kluth*, ZfP 1989, 113 (137), der sogar jede Form der IVF-Behandlung für würdewidrig

die Leihmutter „vor einer Herabwürdigung zum bloßen Brutsubjekt" bewahren.[855] Allein ihre Gebärfähigkeit werde als wertvoll erachtet, während „die Persönlichkeit der betroffenen Frau ohne Bedeutung und eher hinderlich" sei.[856] Differenzierend wird vertreten, nicht die Ersatz-, sondern nur die Tragemutter werde instrumentalisiert, weil die Aufspaltung von biologischer und genetischer Mutterschaft eine „Reduzierung auf die Gebärfähigkeit" bedeute.[857] Für *Merkel-Walther* gerät wiederum (nur) die Ersatzmutterschaft in Konflikt mit der Menschenwürde, da mit ihr die Weggabe eines genetisch eigenen Kindes einhergeht.[858] Die wohl überwiegende Auffassung vermag in der von altruistischen Motiven getragenen Leihmutterschaft aber keinen Würdeverstoß zu erkennen.[859] *Diel* sieht in diesem Fall „die Autonomie der Leihmutter [...] in der Regel gewährleistet."[860] Der BGH schloss sich dieser Ansicht im Jahr 2014 an, jedenfalls solange die Leihmutter ihre Verpflichtungen freiwillig eingeht.[861] Für *Heun* ist ein Würdeverstoß schon deshalb fernliegend, weil die Leihmütter ihre Dienste freiwillig anbieten und „ein Verhalten, das Ausdruck der Selbstbestimmung der jeweiligen Frauen ist, prinzipiell keine Menschenwürdeverletzung begründen kann."[862] Auch *Pap* betont ihre Freiverantwortlichkeit: Die Leihmutter sei „ebenso wenig wie

---

hält. Vgl. die Position der Bundesärztekammer: *Retzlaff*, in: Emmerlich, Anhörung der SPD-Bundestagsfraktion am 16. April 1985 in Bonn, S. 162 („Leihmütter lehnen wir ab.").

855   *Kienle*, ZRP 1995, 201 (202).

856   *Cortese/Feldmann*, Streit 1985, 123 (126).

857   *Diefenbach*, S. 150.

858   *Merkel-Walther*, S. 34 f.

859   *Dreier*, in: Dreier, Grundgesetz, Bd. 1, Art. 1 Abs. 1 Rn. 157; *Starck*, in: von Mangoldt/Klein/Starck, Grundgesetz, Bd. 1, Art. 1 Rn. 97; *Herdegen*, in: Maunz/Dürig, Grundgesetz, Bd. 1, Art. 1 Abs. 1 Rn. 104; *Höfling*, in: Sachs, Grundgesetz, Art. 1 Rn. 24; *Taupitz*, in: Günther/Taupitz/Kaiser, ESchG, § 1 Abs. 1 Nr. 7 Rn. 15; *Fechner*, JZ 1986, 653 (662); *Günther*, in: Günther/Keller, Fortpflanzungsmedizin und Humangenetik, S. 137 (159), der die Würde der Leihmutter nur bei gewerblicher Vermittlung gefährdet sieht. *Hieb*, Die gespaltene Mutterschaft im Spiegel des deutschen Verfassungsrechts, S. 158; *Weyrauch*, Zulässigkeitsfragen und abstammungsrechtliche Folgeprobleme bei künstlicher Fortpflanzung im deutschen und US-amerikanischen Recht, S. 133; *Frucht*, S. 232; *Coester-Waltjen*, NJW 1982, 2528 (2532); *dies.*, in: Bundesministerium für Gesundheit, Fortpflanzungsmedizin in Deutschland, S. 158 (160); *Scholz*, Bitburger Gespräche 1986/1, 59 (78); *Püttner/Brühl*, JZ 1987, 529 (535); *Starck*, in: Ständige Deputation des Deutschen Juristentages, Verhandlungen des 56. DJT, Bd. 1, A 42; wohl auch *Coester*, in: FS für Jayme, S. 1243 (1258).

860   Diel, S. 73.

861   BGH, NJW 2015, 479 (483).

862   *Heun*, in: Bockenheimer-Lucius/Thorn/Wendehorst, Umwege zum eigenen Kind, S. 49 (57); ähnlich *Hesral*, S. 127.

die Dirne [...] gehindert, im Privatrechtsverkehr über ihre eigenen Interessen aus freien Stücken zu disponieren."[863]

Damit ist die Frage aufgeworfen, ob Art. 1 Abs. 1 GG überhaupt verletzt sein kann, wenn die Würdeträgerin in die vermeintlich würdewidrige Handlung einwilligt, oder ob – wie nach Auffassung *Hirschs* und *Eberbachs* – irrelevant ist, dass „die Leihmutter mit der Rolle als bezahltes ‚Instrument' einverstanden ist."[864] Das BVerfG und Teile der Literatur betrachten die Menschenwürde als einen unverfügbaren Wert, der ohne Rücksicht auf etwaige einverständliche Handlungen Bestand hat.[865] Den Würdeschutz von dem Willen des Einzelnen abhängig zu machen, bedeute den Verlust der Menschenwürde als allgemeines Verfassungsprinzip.[866] Andere halten dem entgegen, der Staat dürfe seinen Bürgern keine Vorstellung seiner Selbstachtung aufzwingen.[867] Von einem unveräußerlichen Kern abgesehen könne der Einzelne deshalb auch über die Menschenwürde frei disponieren.[868] Richtigerweise ist Art. 1 Abs. 1 GG der Rechtsgrundsatz volenti non fit iniuria (lat. = dem Einwilligenden geschieht kein Unrecht) immanent.[869] Doch auch dieser befreit den Staat nicht von seinem Schutzauftrag, der zwangsläufig bisweilen mit der bürgerlichen Autonomie kollidiert, dem der Staat aber nur gerecht wird, wenn er einen objektiven Kern der Menschenwürde garantiert. Über diesen muss sich die Gesellschaft einig sein. Andernfalls gefährdet sie ihren Zusammenhalt und damit gleichsam den Schutz des Einzelnen.[870] Das Grundgesetz kennt deshalb Konstellationen, in denen es den Bürger vor seinen eigenen Entscheidungen zu schützen sucht.[871] Subjektive Vorstellungen des Wert- und Achtungsanspruches dürfen dabei trotzdem nicht unberücksichtigt bleiben. Das schließt einen gänzlichen Verzicht auf die Menschenwürde aus[872], verpflichtet aber zugleich zu einer noch restriktiveren Handhabung des Art. 1 Abs. 1 GG. Präziser gesagt: Wer sich mit einer die Selbstachtung potentiell gefährdenden Behandlung einverstanden zeigt, der muss und darf durch die

---

863 *Pap*, Extrakorporale Befruchtung und Embryotransfer aus arztrechtlicher Sicht, S. 363.

864 *Hirsch/Eberbach*, S. 204.

865 BVerfG, NJW 1977, 1529 (1526); BVerfG, NJW 2010, 505 (507); *Merkel-Walther*, S. 30; *Kluth*, ZfP 1989, 113 (130).

866 *Diefenbach*, S. 152.

867 *Von Olshausen*, NJW 1982, 2221; *Stober*, NJW 1984, 2499 (2500); *Diel*, S. 72; *Gusy*, DVBl 1982, 984 (986); *Hieb*, S. 157; vgl. auch *Hoerster*, JuS 1983, 93 (96).

868 *Püttner/Brühl*, JZ 1987, 529 (531).

869 *Joerden*, in: Joerden/Hilgendorf/Thiele, Menschenwürde und Medizin, S. 221 (229).

870 Ähnlich *Redeker*, BayVBl. 1985, 73 (78): „Die menschliche Gemeinschaft kann nicht auf einem schwankenden Fundament stehen."

871 So ist etwa das Auftreten einer Frau in einer „Peep-Show" würdewidrig; BVerwG, NJW 1982, 664 (665); zustimmend *Gronimus*, JuS 1985, 174 (175). Vgl. *Kettner*, APuZ B 27/2001, 34 (38), der das Bestreben, die Leihmutter vor ihrer eigenen Freiheit schützen zu wollen „nicht [...] selbstwidersprüchlich" findet.

872 *Hinrichs*, NJW 2000, 2173 (2175); *Robbers*, JuS 1985, 925 (929); *Kunig*, in: von Münch/Kunig, Grundgesetz, Bd. 1, Art. 1 Rn. 12.

staatliche Gemeinschaft nur dann gegen seinen Willen Schutz erfahren, wenn diese Handlung ihm jeden sozialen Achtungsanspruches beraubt, sie mithin nicht einmal beiläufig von nachvollziehbaren und billigenswerten Motiven getragen wird.

Der Entschluss, ein Kind zur Welt zu bringen, ist nicht nur billigens-, sondern sogar unterstützenswert. Das alleine schließt nach dem oben Gesagten einen Würdeverstoß schon aus. Wer die Übernahme von Leihmutterdiensten als menschenwürdewidrig bezeichnet, der verkehrt das Würdeverständnis des Verfassungsgebers in sein Gegenteil: Der Schaffung neuen Lebens liegt auch im Regelfall bei der Surrogatmutter ein Akt der menschlichen Autonomie zugrunde, die Art. 1 Abs. 1 GG gerade zu schützen sucht. Die Teilhabe an diesem Schaffensprozess ist eine zutiefst würdevolle Tätigkeit – ungeachtet der Intention, mit welcher sie erfolgt. Es ist das wesenseigene Merkmal des Menschen, in Selbstreflektion Lebensentscheidungen zu treffen. Die Behauptung, der freie Entschluss zur Übernahme einer Fremdschwangerschaft degradiere die Frau zu einem Objekt[873], ist mit einem auf Eigenverantwortlichkeit gründenden Verständnis der Menschenwürde nicht vereinbar. Etwaige Konflikte, die Leihmutterschaften verursachen, dürfen nicht bagatellisiert werden. Der pauschalen Behauptung, diese Konflikte seien menschenunwürdig[874], ist aber die bisherige Empirie[875] entgegen zu halten, der zufolge Leihmütter in der Regel keinen schweren psychischen Folgeerscheinungen ausgesetzt sind. Das Grundgesetz verleiht dem Einzelnen so umfangreiche Rechte, weil es von seiner Fähigkeit überzeugt ist, diese Rechte wohlüberlegt auszuüben. *Fechner* warnt zu Recht vor dieser Art des Paternalismus', der „den Menschen durch eine verabsolutierte Würde" erhöht und „ihn durch Mangel an Vertrauen in dessen eigene Kraft" erniedrigt.[876]

Wenn da protestiert wird, die Fremdschwangerschaft stelle eine „natur- und sittenwidrige Pervertierung der Mutterschaft" dar[877], dann keimt eine Skepsis an der Überwindung der natürlicherseits vorgegebenen Fortpflanzungsmechanismen[878] auf, der ihrerseits mit Argwohn[879] zu begegnen ist: Die Separation des „Widernatürlichen" von dem „Natürlichen" ist nicht plausibel, weil begriffslogisch nicht widernatürlich sein kann, was die Natur doch existent werden lässt. Wer die „Unnatürlichkeit" moderner Reproduktionstechniken beklagt, der offenbart ein geradezu apodiktisches Naturverständnis, das die gleichsam naturgegebene Fähigkeit des Menschen,

---

873   So *Kienle*, ZRP 1995, 201 (202).
874   So der Gesetzgeber in BT-Drs. 11/4154, 7.
875   Dazu Zweiter Teil, D., II.
876   *Fechner*, JZ 1986, 653 (662).
877   *Berghofer-Weichner*, BayVbl. 1988, 449 (454).
878   Vgl. *Waibl*, Grundriß der Medizinethik für Ärzte, Pflegeberufe und Laien, S. 179; *Benda*, NJW 1985, 1730 (1733) („widernatürliche Aufspaltung der Mutter-Kind-Beziehung").
879   Vgl. *Müller-Götzmann*, Artifizielle Reproduktion und gleichgeschlechtliche Elternschaft, S. 252, für den „die ‚Natürlichkeit' der Fortpflanzung [...] kein moralischer oder rechtlicher Wert an sich" ist.

seine Umwelt zu gestalten, außer Acht lässt. Dieses Unnatürlichkeitsargument dient einzig dazu, ein dahinterstehendes Gefühl der Unanständigkeit zu tarnen. Wenn der Mensch Kultur schafft, dann stellt er Ursprüngliches (und nicht Natürliches) in Frage. Sein medizinisches und technisches Streben beruht auf dem Drang, die natürlichen Bedingungen für seine Zwecke zu nutzen. Sollte er sich dadurch auch von Zeit zu Zeit selbst schaden, so gebietet es doch die Achtung seiner Würde, ihm dieses Formen seiner Außenwelt[880] nicht zu verwehren. Auf dieser Konzeption beruht auch *Anselms* Idee von dem Menschen als ein Wesen, das „sein Leben einer bewussten Gestaltung unterziehen kan und nicht einfach den Vorgaben der Natur Folge zu leisten hat."[881] Der Würdeanspruch der austragenden Frauen verpflichtet den Staat jedenfalls nicht dazu, die Leihmutterschaft zu verbieten.

2. Die Würde des Kindes

Vielfach wird die Fremdschwangerschaft für unvereinbar mit der Würde des Kindes gehalten. Die Leihmutter könne zu dem Fötus nicht jene psychosoziale Verbindung knüpfen, auf die er zwingend angewiesen sei.[882] Dieses Argument hat nur dann verfassungsrechtliche Bedeutung, wenn das Grundgesetz schon einen vorgeburtlichen Würdeschutz kennt. Einzelne Autoren lassen die Menschenwürde nur dem geborenen Menschen zukommen und verorten den Schutz des ungeborenen Lebens allenfalls bei Art. 2 Abs. 2 S. 1 GG.[883] Eine solch enge Auslegung missachtet aber die Schutzwürdigkeit und Schutzbedürftigkeit des Fötus, der nachweislich in der Lage ist, Schmerz, Qual und Angst zu empfinden und in Ansätzen einen eigenen Willen zu bilden.[884] Deshalb wird ein vorgeburtlicher Würdeschutz heute überwiegend anerkannt, obgleich Uneinigkeit darüber herrscht, wann genau dieser einsetzt. Nach einer Auffassung entfaltet die Menschenwürdegarantie ihre Schutzwirkung unmittelbar nach der Befruchtung der Eizelle.[885] Zur Begründung bemüht man das Kontinuitätsargument: Mit Abschluss der Kernverschmelzung sei die weitere Entwicklung des Embryos vorprogrammiert. Der dann folgende Individualisierungsprozess weise

---

880 Vgl. BGHZ 35, 1 (8), wonach die Personenwürde darin besteht, dass der Mensch „als geistig-sittliches Wesen darauf angelegt ist, [...] sich [...] in der Umwelt auszuwirken."

881 *Anselm*, in: Maio/Eichinger/Bozzaro, Kinderwunsch und Reproduktionsmedizin, S. 96 (99).

882 *Eberbach*, MedR 1986, 253 (254); *Bernat*, MedR 1986, 245 (253); *Bickel*, Fortpflanzungsmedizin und ihre verfassungsrechtlichen Grenzen, S. 22; BT-Drs. 11/4154, 6.

883 *Ipsen*, JZ 2001, 989 (996); *Hoerster*, JuS 2003, 529 (532); *Merkel*, Früheuthanasie, S. 103.

884 Ähnlich *Hufen*, Staatsrecht II, § 10 Rn. 25.

885 *Starck*, in: von Mangoldt/Klein/Starck, Grundgesetz, Bd. 1, Art. 1 Rn. 19; *Eibach*, in: Jüdes, In-vitro-Fertilisation und Embryotransfer, S. 223 (239); *Kersten*, Das Klonen von Menschen, S. 553 f.; *Heuermann/Kröger*, MedR 1989, 168 (173); *von Mutius*, Jura 1987, 109 (111).

keine substanziellen Zäsuren mehr auf.[886] Andere Autoren stellen dagegen auf den Zeitpunkt der Nidation, d.h. auf die Einnistung des Embryos in der Gebärmutterschleimhaut ab.[887] Sie haben (wohl) das BVerfG auf ihrer Seite, das den Menschenwürdeschutz „jedenfalls" ab der spätestens 14 Tage nach der Empfängnis vollzogenen Nidation gewährt.[888] Bei dem Nasciturus handele es sich um „in seiner Einmaligkeit und Unverwechselbarkeit nicht mehr teilbares Leben, das sich [...] nicht erst zum Menschen, sondern als Mensch entwickelt."[889] Für letztere Auffassung spricht, dass erst nach der Nidation eine Mehrlingsbildung ausgeschlossen ist.[890]

Diese Streitfrage ist für die verfassungsrechtliche Einordnung der Leihmutterschaft von untergeordneter Bedeutung. Wer eine Würdeverletzung des Kindes annimmt, der erblickt diese regelmäßig nicht in dem extrakorporalen Umgang mit dem Embryo[891], sondern in dem Austragen des Nasciturus durch eine Frau, die – weil sie später nicht Mutter des Kindes sein möchte – (vermeintlich) nicht die nötige pränatale Bindung zu dem Kind aufbaut. Für den in Rede stehenden Zeitpunkt ist der personelle Schutzbereich der Menschenwürde aber nach beiden Auffassungen eröffnet. Die Frage ist nunmehr, ob die Leihmutterschaft die Menschenwürde des werdenden Lebens tatsächlich missachtet.

Im Wesentlichen wird der Leihmutter vorgeworfen, sich aufgrund der zuvor getroffenen Absprache mit den Wunscheltern von dem Fötus zu distanzieren und deshalb die für ihn unentbehrliche pränatale Mutter-Kind-Bindung nicht aufzubauen.[892] Schon das Risiko, dass die „widernatürliche Aufspaltung der Mutter-Kind-Beziehung" dem Kind schaden könne, führe „zu einem Verstoß gegen die auf die Natur des Menschen gerichtete Achtung der Menschenwürde."[893] Abermals wird sich hier einer seltsam naturalistischen Argumentation bedient: Der Normzweck des Art. 1 Abs. 1 GG liegt sicher nicht darin, eine ursprüngliche Art der Zeugung

---

886 *Hillgruber*, in: Epping/Hillgruber, Grundgesetz, Art. 1 Rn. 4.

887 *Kunig*, in: von Münch/Kunig, Grundgesetz, Bd. 1, Art. 1 Rn. 14; *Heun*, JZ 2002, 517 (522); *Hufen*, Staatsrecht II, § 10 Rn. 25, für den die Nidation „entscheidender Zeitpunkt für den Beginn der ‚wachsenden' Menschenwürde" ist.

888 BVerfG, NJW 1975, 573 (574); BVerfG, NJW 1993, 1751 (1753). Es sei nur am Rande auf den folgenden, diesen Entscheidungen zum Schwangerschaftsabbruch immanenten Widerspruch hingewiesen: Obwohl das BVerfG dem eingenisteten Embryo unabwägbaren Menschenwürdeschutz zuspricht, hält es § 218a Abs. 1 StGB, der seine Abtreibung im Rahmen der „Beratungslösung" ohne jede Indikation und bis zur 12. Schwangerschaftswoche zulässt, für verfassungskonform.

889 BVerfG, NJW 1993, 1751 (1753).

890 *Jarass*, in: Jarass/Pieroth, Grundgesetz, Art. 1 Rn. 8 f. mit dem Hinweis, dass Art. 1 Abs. 1 GG in der Zeit zwischen Befruchtung und Nidation jedenfalls eine Vorwirkung entfaltet, die zwar keinen absoluten Schutz, aber einen Abwägungsschutz bewirkt.

891 So auch *Goeldel*, S. 158.

892 Der Bundesminister für Forschung und Technologie, In-vitro-Fertilisation, Genomanalyse und Gentherapie, S. 23; *Hirsch/Eberbach*, S. 194 ff.

893 *Benda*, NJW 1985, 1730 (1733).

und Geburt zu bewahren. Die Menschenwürdegarantie behütet das Kind vielmehr – und ausschließlich – vor einer Instrumentalisierung, d.h. davor, in Missachtung der eigenen Bedürfnisse allein der Kinderwunscherfüllung zu dienen. Zu Recht wird eingewandt, dass eine zwiespältige Einstellung der Mutter zum Fötus auch bei traditionellen Schwangerschaften nicht auszuschließen ist[894] und somit die Fortpflanzung auf natürlichem Wege ebenfalls keine störungsfreie pränatale Entwicklung garantiert[895]. Es ist sogar zu vermuten, dass die Kindesentwicklung bei Leihmutterschaften günstiger verläuft als in den (nicht seltenen) Fällen der ungewollten Schwangerschaft, in denen die Frau aus finanziellen oder sozialen Gründen eine Freigabe des Kindes zur Adoption erwägt.[896]

Immer wieder ist zu lesen, die Würde des Kindes könne schon deshalb nicht verletzt sein, weil das Kind seine Existenz ja gerade der Bereitschaft der Leihmutter zu verdanken habe.[897] So argumentiert auch der BGH, der eine Verletzung der Kindeswürde mit der Begründung ablehnt, dass das Kind „ohne die Leihmutterschaft nicht geboren wäre."[898] Darauf ist zu erwidern: Das Recht auf die Menschenwürde ist abwägungsresistent. Es kann einer Würdebeeinträchtigung nicht entgegengehalten werden, dass das Kind ohne die Leihmutterschaft nie das Licht der Welt erblickt hätte. Wer hier abwägt, der schlussfolgert wohl, dass die Existenz des Kindes höher wiegt[899], verkennt aber zugleich, dass sich eine solche Abwägung i.R.d. unantastbaren Art. 1 Abs. 1 GG verbietet. Es ist daher verfassungsrechtlich irrelevant, ob man ein würdelos zustandegekommenes Leben ggf. der Nichtexistenz vorziehen mag.[900]

Jedenfalls die altruistische Form der Leihmutterschaft gerät nach richtiger Auffassung[901] aber ohnehin in keinen Konflikt mit der Würde des Kindes. Diese gebietet nicht die Identität von genetischer und sozialer Mutterschaft, weshalb auch für *Kunig* die Leihmutterschaft „nicht grundsätzlich würdewidrig"[902] ist. Art. 1 Abs. 1 GG zwingt

---

894 *Püttner/Brühl*, JZ 1987, 529 (534).
895 Dazu *Starck*, in: Ständige Deputation des Deutschen Juristentages, Verhandlungen des 56. DJT, Bd. 1, A 42: „Die Menschenwürdeklausel ist [...] keine Garantie für optimale Verhältnisse."
896 *Diefenbach*, S. 137; *Goeldel*, S. 158.
897 *Püttner/Brühl*, JZ 1987, 529 (534); *Hieb*, S. 103; *Bernat*, MedR 1986, 245 (253); *Coester-Waltjen*, Jura 1987, 629 (634); *Medicus*, Jura 1986, 302 (308).
898 BGH, NJW 2015, 479 (483).
899 Wobei *Diel*, S. 71 annimmt, eine derartige Zeugung müsse „nicht zwangsläufig der Nichtexistenz vorzuziehen sein". Richtigerweise kann nicht a priori behauptet werden, dass jede Form des Lebens besser ist als kein Leben.
900 So auch *Voss*, S. 221.
901 *Taupitz*, in: Günther/Taupitz/Kaiser, ESchG, § 1 Abs. 1 Nr. 7 Rn. 14; *Hieb*, S. 104; *Coester-Waltjen*, Jura 1987, 629 (634); *Medicus*, Jura 1986, 302 (308); *Diel*, S. 73; wohl auch *Baumann*, in: Günther/Keller, Fortpflanzungsmedizin und Humangenetik, S. 177 (189).
902 *Kunig*, in: von Münch/Kunig, Grundgesetz, Bd. 1, Art. 1 Rn. 36; ebenso *Starck*, in: Ständige Deputation des Deutschen Juristentages, Verhandlungen des 56. DJT, Bd. 1, A 42.

nicht dazu, dass die austragende Mutter auch zur sozialen Mutter wird[903] – weshalb auch die Adoption keinen verfassungsrechtlichen Bedenken unterliegt. Obwohl der pränatale Einfluss der Schwangeren auf das Kind lange Zeit überschätzt wurde, ist er doch so bedeutsam, dass eine tiefgreifende Ablehnung der Schwangerschaft durch die Leihmutter das Kind in seinem Wohl gefährden kann. Denn nicht jede Kindeswohlgefährdung ist zugleich würderelevant. Die Existenz des Kindes liefe allenfalls dann seinem Würdeanspruch zuwider, wenn die mit ihr verbundenen Leiden derart groß wären, dass man im Parallelfall am Lebensende eine Sterbehilfe diskutieren könnte.[904] Das aber werden selbst die größten Kritiker der Surrogatmutterschaft nicht behaupten wollen. Wenn Leihmütter grundsätzlich nicht in der Lage wären, dem Ungeborenen pränatal das mitzugeben, was es für sein späteres Leben benötigt, dann wären die Erkenntnisse zum psychischen und sozialen Wohlbefinden von durch Ersatz- und Tragemütter geborenen Kindern nicht derart unauffällig[905]. Ferner legen die bisher vorhandenen Forschungsergebnisse nahe, dass viele Leihmütter das Baby in ihrem Bauch nicht als Fremdkörper wahrnehmen[906], was der unfundierten Behauptung einer „Objektdegradierung" des Kindes entgegensteht.[907]

3. Entgeltlichkeit

Eine Würdewidrigkeit der Leihmutterschaft wird oftmals an ihrer Entgeltlichkeit, d.h. an einer über den Aufwendungsersatz hinaus erfolgenden Bezahlung des Schwangerschaftsdienstes festgemacht. Lasse die Leihmutter den Eingriff aus rein egoistischen Motiven vornehmen, werde „ihre biologische Bestimmung bewusst zum Handelsobjekt herabgewürdigt."[908] Bei den Vertragsverhandlungen treffe „wirtschaftliche Not [...] auf wirtschaftliche Potenz"[909]. Die Tatsache, dass die Leihmutter sich bezahlen lässt, begründet aber noch keine Verletzung ihrer Würde. Dabei geht der Versuch fehl, eine Parallele zur Prostitution zu ziehen.[910] Der Hinweis von *Taupitz*, bei der erlaubten Prostitution zum Zwecke sexueller Triebbefriedigung liege die „Annahme einer Degradierung der Frauen als Objekt viel näher" als bei der „Ersatzmutterschaft als Dienst am werdenden Leben"[911], lässt außer Acht, dass die Leihmutter mit der Gebärfähigkeit einen noch intimeren Part ihrer Körperfunktionen für volle neun

---

903   So auch *Ostendorf*, in: Jüdes, In-vitro-Fertilisation und Embryotransfer, S. 177 (186).
904   So auch *Joerden*, in: Joerden/Hilgendorf/Thiele, Menschenwürde und Medizin, S. 221 (233) für den (fiktiven) Fall eines geklonten Kindes.
905   Dazu Zweiter Teil, C., VII.
906   Dazu Zweiter Teil, D., I., 3.
907   So auch *Hörnle*, in: Joerden/Hilgendorf/Thiele, Menschenwürde und Medizin, S. 743 (748).
908   *Kühl-Meyer*, ZblJugR 1982, 763 (767).
909   BGH-Präsidentin *Limperg*, in: FAZ v. 20.3.2015, 4.
910   So etwa *Fechner*, in: Günther/Keller, Fortpflanzungsmedizin und Humangenetik, S. 37 (55).
911   *Taupitz*, in: Günther/Taupitz/Kaiser, ESchG, § 1 Abs. 1 Nr. 7 Rn. 15.

Monate zur Verfügung stellt. Darin liegt ein qualitativer und quantitativer Unterschied. Prostitution und Fremdschwangerschaft sind ferner nur bedingt vergleichbar, weil letztere Abhilfe von einem medizinischen Leiden schaffen soll.[912] Der staatliche Umgang mit der Prostitution zeigt aber zumindest, dass unsere Rechtsordnung die wirtschaftliche „Verwertung" des eigenen Körpers und körpereigener Funktionen nicht generell untersagt, sondern das Selbstbestimmungsrecht auch und gerade in diesem intimen Bereich anerkennt. Natürlich zieht das Grundgesetz Grenzen dieser Selbstbestimmung, wie der verfassungsrechtlich gebotene restriktive Umgang mit der Lebendorganspende belegt.[913] Im Gegensatz zur Lebendorganspenderin veräußert die Ersatz- oder Tragemutter aber keinen sich nicht wiederbildenden Teil ihres Körpers, sondern stellt „nur" ihre Gebärmutter zur Verfügung, die nicht auf einen anderen Körper übertragen wird und in der Regel nach dem Austragen des Kindes uneingeschränkt funktionstüchtig bleibt. Deshalb fällt die Leihmutterschaft auch nicht unter das in §§ 17, 18 TPG niedergelegte Verbot der kommerziellen Organspende, das eine dauerhafte oder vorübergehende Verwendung eines gespendeten Organs im oder am Körper eines anderen Menschen voraussetzt.[914] Bei der Leihmutterschaft wird eine Körperfunktion, nicht aber ein Körperteil zur Verfügung gestellt. Selbst der Vergleich mit der Spende regenerationsfähiger Organe passt daher nicht.[915]

Bisherige Erfahrungen legen zudem nahe, dass neben der Entlohnung oftmals auch andere Motive den Entschluss zur Übernahme einer Fremdschwangerschaft tragen.[916] Nur weil die Leihmutter für ihre Dienste Geld erhält, bedeutet das nicht zugleich, dass die Wunscheltern und/oder das soziale Umfeld die Frau auf ihre Gebärfähigkeit reduzieren. Leihmutterschaften missachten die Würde der austragenden Frauen erst dann, wenn diese ihrer Entscheidungsautonomie beraubt sind[917] – etwa weil ihnen die Teilhabe am gesellschaftlichen Leben ohne etwaige Zahlungen wirtschaftlich unmöglich wäre. Davon ist zwar in einigen Zielländern des Reproduktionstourismus' auszugehen, nicht aber in Deutschland, wo soziale Sicherungssysteme ein Mindestmaß an Freiwilligkeit wahren können. Eine solche Grundsicherung garantiert der Leihmutter reale Handlungsalternativen.[918] Diese Freiwilligkeit könnte wie in anderen Ländern auch durch eine Kommission überprüft und sichergestellt werden. Jedenfalls bedeutet die Bezahlung der Surrogatmutter

---

912 *Kreß*, FPR 2013, 240 (243).
913 Dazu BVerfG, JuS 2000, 393.
914 *Middel/Scholz*, in: Spickhoff, Medizinrecht, § 1a TPG Rn. 10.
915 *Duden*, Leihmutterschaft im Internationalen Privat- und Verfahrensrecht, S. 170.
916 Dazu Zweiter Teil, D., I., 3.
917 Ähnlich *Diel*, S. 72, der Art. 1 Abs. 1 GG nicht tangiert sieht, solange die Leihmutter nicht ausgebeutet wird.
918 Anders *Weyrauch*, S. 133, die wenig überzeugend annimmt, die Freiwilligkeit sei bei jeder Form der Bezahlung fraglich.

nicht grundsätzlich eine Instrumentalisierung ihrer selbst, geschweige denn eine Negation ihrer Eigen- und Gleichwertigkeit[919].

Fraglich ist, ob es sich ebenso mit der Würde des Kindes verhält. Der Vorwurf liegt nahe, dass die Entgeltlichkeit der Leihmutterschaft zu einer „Verdinglichung des Kindes" führt, die seiner menschlichen Eigenart widerspricht.[920] Wenn die Wunscheltern für die Fremdschwangerschaft zahlen, drängt sich ihnen ein „Preis-Leistungs-Vergleich" auf. Bei der Geburt eines behinderten Kindes könnten die Wunscheltern ihre Erwartungen enttäuscht sehen und sodann die Annahme des Kindes verweigern.[921] In diesem Szenario erscheint das Kind tatsächlich als ein Spielball widerstreitender Interessen. Eine (bedauerliche) Tatsache ist aber, dass auch einige Paare, die auf traditionellem Wege Eltern werden, durch die Erziehung und Pflege eines behinderten Kindes eine derartige persönliche Überforderung erfahren, dass die staatliche Gemeinschaft zur Verantwortungsübernahme gezwungen wird[922]. Die Annahme, Wunscheltern neigten eher dazu, die Verantwortung für ein Kind nach der Geburt von sich zu weisen[923], ist angesichts des bei ihnen besonders stark ausgeprägten Kinderwunsches nicht nur reichlich pessimistisch, sondern noch dazu unglaubwürdig. Indes wird die Leihmutter für ihre Dienstleistung und nicht für einen zu erbringenden werkvertraglichen Erfolg vergütet. Darum ist nicht das Kind der Gegenstand eines Handelsgeschäfts.[924] Nicht anderes gilt, wenn man Art. 1 Abs. 1 GG das Demütigungsverbot[925] zugrundelegt. Denn das Kind wird regelmäßig in eine Familie gegeben, in der es unter Achtung seiner Autonomie leben kann.[926] Selbst die entgeltliche Übernahme einer Leihmutterschaft verletzt das Kind also nicht in seiner Menschenwürde. Diese Auffassung vertritt neuerdings offenbar auch der BGH, der im Kontext einer im US-Bundesstaat Kalifornien durchgeführten Tragemutterschaft eine Verletzung der Kindeswürde nicht zu erkennen vermochte.[927]

---

919 In Anlehnung an die Definition von *Duttge*, in: Demko/Seelmann/Becchi, Würde und Autonomie, S. 145 (154).

920 *Diefenbach*, S. 138; ähnlich *Diel*, S. 71 und schon das OLG Hamm, NJW 1986, 781 (783) („Charakter einer Ware").

921 *Kollhosser*, JA 1985, 553 (559).

922 Etwa in Gestalt der Unterbringung in einem Kinderheim auf Grundlage der §§ 1666 Abs. 1 BGB, 34 SGB VIII.

923 Diese Gefahr betonend *Voss*, S. 217 f.

924 So auch *Mayer*, StAZ 2015, 33 (37).

925 Zum Demütigungsverbot: *Brumlik*, in: Müller/Stravoravdis, Bildung im Horizont der Wissensgesellschaft, S. 76.

926 Ähnlich *Hörnle*, in: Joerden/Hilgendorf/Thiele, Menschenwürde und Medizin, S. 743 (746): „Selbst wenn ein Entgelt geflossen ist, liegt in der Übergabe eines Babys keine Demütigung."

927 BGH, NJW 2015, 479 (483). Der zugrundeliegenden Sachverhaltswiedergabe ist nicht eindeutig zu entnehmen, ob diese Tragemutterschaft gegen Entgelt erfolgte.

Art. 1 Abs. 1 GG will nur „die elementarsten Belange des Menschen schützen und Eingriffe in das von allen Unbezweifelte und Unbestrittene abwehren."[928] Selbst der schärfste Kritiker kann die sozial gewünschten Effekte der Leihmutterschaft (Förderung der Geburtenrate, Erfüllung von Kinderwünschen) nicht leugnen. Die heterologe Interpretation der Menschenwürde zwingt dazu, den von ihr gesetzten normativen Rahmen auch und gerade für den Bereich der Biomedizin weit zu verstehen, sodass nur extreme Fälle wie der beliebige Umgang mit menschlichem Material aus diesem Rahmen fallen.[929] Wer die Menschenwürde nicht abnützen möchte, der sollte sich ihrer nicht bedienen, um das Verbot eines zwar verständlicherweise umstrittenen, aber sicher nicht durchweg schädlichen Verfahrens zu rechtfertigen. Um zu diesem Ergebnis zu kommen, bedarf es auch keiner „positivistische[n] Abkapselung"[930] des Art. 1 Abs. 1 GG von den moralischen Bezügen der Menschenwürde: Denn weder der Schwangerschaftsübernahme zur Erfüllung eines fremden Kinderwunsches noch der Entlohnung für selbige haftet eine Verwerflichkeit an. In einer zunehmend ökonomisierten Gesellschaft ist die Monetarisierung auch körperlicher Funktionen im Regelfall wertneutral und auch bei der Leihmutterschaft nicht gleichbedeutend mit der Erniedrigung der Zahlungsempfängerin.

II. Recht auf die Kenntnis der eigenen Abstammung (Art. 2 Abs. 1 i.V.m. Art. 1 Abs. 1 GG)

Nach dem Grundgesetz hat jeder Mensch das Recht, Kenntnis von seiner Abstammung zu erlangen. Dieses Recht ist Teil des allgemeinen Persönlichkeitsrechts und damit Art. 2 Abs. 1 i.V.m. Art. 1 Abs. 1 GG zu entnehmen.[931] Es ist die Aufgabe des Gesetzgebers, dafür zu sorgen, dass der Anspruch auf die Kenntnis der eigenen Abstammung nicht durch den technisch-medizinischen Fortschritt unterlaufen wird.[932] Für den Einzelnen hat die Kenntnis der genetischen Abstammung psychologische und medizinische Relevanz. Sie befriedigt das Identifikationsbedürfnis und ermöglicht die Früherkennung von Erbkrankheiten.[933] Die Abstammung nimmt „eine

---

Bei einem deutschen Paar, das in das für kommerzielle Leihmutterschaften bekannte Kalifornien reist, ist davon aber wohl auszugehen.

928 So *Giesen*, JZ 1989, 364 (367).

929 *Hilgendorf*, in: Joerden/Hilgendorf/Thiele, Menschenwürde und Medizin, S. 733 (735).

930 Nach *Duttge*, in: Demko/Seelmann/Becchi, Würde und Autonomie, S. 145 (158), der beklagt, es würden vermehrt „moralische oder religiöse Bezüge auf die Würde des Menschen von vornherein unter den Verdacht von Irrationalismus und antiliberaler Ideologisierung gestellt."

931 BVerfG, NJW 1997, 1769 (1770); BVerfG, NJW 1994, 2475; *Starck*, in: von Mangoldt/Klein/Starck, Grundgesetz, Bd. 1, Art. 2 Rn. 107; *Degenhart*, JuS 1992, 361 (366).

932 *Di Fabio*, in: Maunz/Dürig, Grundgesetz, Bd. 1, Art. 2 Abs. 1 Rn. 213.

933 *Donhauser*, Das Recht des Kindes auf Kenntnis der genetischen Abstammung, S. 45 ff.

Schlüsselstellung für Individualitätsfindung und Selbstverständnis ein."[934] Relevant ist nicht nur, welche Erbanlagen ein Mensch in sich trägt, sondern ebenfalls, von wem und unter welchen Umständen er zur Welt gebracht worden ist.[935]

Selbst wenn die Leihmutter ihr Genmaterial nicht zur Verfügung stellt, prägt sie die vorgeburtliche Entwicklung des Kindes doch in so bedeutsamem Maße, dass dessen Identitätsfindung von ihrer Persönlichkeit nicht unbeeindruckt bleiben kann. Die Aufspaltung der Mutterschaft durch die moderne Fortpflanzungsmedizin darf nicht zu Lasten des Kenntnisrechts gehen. Richtigerweise erschöpft es sich deshalb nicht in der genetischen Herkunft, sondern erstreckt sich auf die leibliche Abstammung i.S.d. § 1591 BGB und damit auf die Person der Tragemutter.[936] Das Kind kann mehr als nur biologische und genetische Informationen, sondern sogar die Offenlegung der Identität der Eltern einfordern.[937] Auf die Leihmutterschaft übertragen ist das gleichbedeutend mit einem Anrecht des Kindes, die Ersatz- oder Tragemutter als Person ausmachen zu können. Sollten die Wunscheltern die Identität der Leihmutter oder sogar alle Umstände der Geburt verschweigen, droht eine Verletzung des allgemeinen Persönlichkeitsrechts. Das Recht auf die Kenntnis der Abstammung weist zwar einen Bezug zur Menschenwürde auf, verschließt sich aber keiner Abwägung. Hinreichend gewichtige Gründe mögen einen Eingriff in dieses rechtfertigen.[938] Solche können weder die Leihmutter noch die Wunscheltern anführen: Beide zeigen sich in Kenntnis aller Konsequenzen mit diesem reproduktionsmedizinischen Verfahren einverstanden und weisen deshalb nach der Geburt kein schützenswertes Interesse auf, dem Kind die Identität der austragenden Frau vorzuenthalten. Dieses hat einen Anspruch darauf zu erfahren, durch welche Frau es zur Welt gebracht wurde sowie (im Falle einer Samen- und/oder Eizellspende) mit welchen Personen es genetisch verbunden ist. Ein Regelungsmodell, das Leihmutterschaften gleich in welcher Form ermöglicht, muss dieses Recht stärken, soll ihm nicht eine Unvereinbarkeit mit Art. 2 Abs. 1 i.V.m. Art. 1 Abs. 1 GG anhaften.[939] Hilfreich ist, dass eine anonyme Leihmutterschaft weder

---

934   BVerfG, NJW 1989, 891.

935   *Dethloff*, JZ 2014, 922 (928); vgl. auch BVerfG, MDR 1989, 423 (424).

936   KG Berlin, IPRax 2014, 72 (76); *Diel*, S. 73; *Hieb*, S. 127; vgl. auch *Zypries/Zeeb*, ZRP 2014, 54 (57).

937   BGH, NJW 2015, 1098.

938   Der Eingriff in dieses Recht führt zu einer „Enteignung von Biographie"; *Damm*, JZ 1998, 926 (932). Er kann deshalb nur ganz ausnahmsweise gerechtfertigt sein. Im Falle der anonymen Geburt ist er es nach überwiegender Auffassung nicht; *Wellenhofer*, in: Münchener Kommentar, Bd. 8, § 1591 Rn. 40.

939   So auch *Gürtler*, in: Kaufmann, Moderne Medizin und Strafrecht, S. 203 (207).

tatsächlich[940] noch rechtlich[941] vorstellbar ist. Damit das Kind die reale Möglichkeit hat, die Identität seiner Geburtsmutter in Erfahrung zu bringen, sollte nach dem Vorschlag *Mayers* die Leihmutter als Geburtsmutter im Geburtsverzeichnis vermerkt werden.[942] Darüber hinaus bedarf es einer gesetzlichen Pflicht des behandelnden Arztes bzw. der behandelnden Klinik, eine Eizellspende – sofern sie denn erfolgt – sowie die Implantation des Embryos in eine Leihmutter zu dokumentieren.

Anders als etwa das OLG Hamm annimmt ergibt sich ein Auskunftsanspruch des Kindes nicht aus §§ 242 i.V.m. § 328 Abs. 1 BGB[943]. Ein echter Vertrag zugunsten Dritter (§ 328 Abs. 1 BGB) räumt dem Dritten ein eigenes Forderungsrecht gerichtet auf die Primärleistung ein. Die Hauptleistungspflicht des Arztes besteht in der Vornahme der künstlichen Befruchtung. Durch den Vertragsschluss soll aber nicht das (noch gar nicht existente) Kind das Recht erhalten, von dem Arzt seine eigene Zeugung zu verlangen. So sieht es auch der BGH, der den Auskunftsanspruch deshalb aus § 242 BGB i.V.m. den Grundsätzen des Vertrags mit Schutzwirkung zugunsten Dritter ableitet.[944] Dagegen wendet *Fitting* ein, dass das Kind als zu schützender Dritter im Zeitpunkt des Vertragsschlusses noch gar nicht gezeugt ist und es „vor seiner Zeugung nicht an Rechten oder Rechtsgütern verletzt" werden könne.[945] Die Privatautonomie muss es den Vertragspartnern aber ermöglichen, ein noch zu zeugendes Rechtssubjekt in den Schutzbereich eines Kontrakts einzubeziehen und damit zu einem späteren Zeitpunkt zu erfüllende Pflichten wie die Bereitstellung der Spenderdaten (konkludent) zu vereinbaren. Der Auskunftsanspruch des Kindes fußt deshalb auf § 242 BGB i.V.m. den Grundsätzen des Vertrages mit Schutzwirkung zugunsten Dritter.[946]

---

940 Anders als bei der Samen- oder Eizellspende lässt sich die Identität der Leihmutter wohl nicht verbergen. Daran dürften die Wuncheltern, welche den Verlauf der neunmonatigen Schwangerschaft verfolgen möchten, auch kein Interesse haben.

941 Nach aktueller Rechtslage müssen die Wuncheltern das Kind adoptieren. Spätestens hier muss die Leihmutter als Geburtsmutter ihre Identität preisgeben; *Coester-Waltjen*, NJW 1982, 2528 (2532).

942 *Mayer*, IPRax 2014, 57 (62).

943 So aber das OLG Hamm, das die für § 242 BGB erforderliche Sonderrechtsbeziehung zwischen dem Kind und dem Arzt/der Klinik aus einem echten (Behandlungs-) Vertrag zugunsten Dritter ableitet; OLG Hamm, NJW 2013, 1167 (1168).

944 Der BGH erachtet den Kontrakt dagegen als einen Vertrag mit Schutzwirkung zugunsten des Kindes; BGH, NJW 2015, 1098 (1099).

945 *Fitting*, Der Gynäkologe 2013, 760 (761).

946 *Spickhoff*, VersR 2006, 1569 (1572); *Rütz*, Heterologe Insemination – Die rechtliche Stellung des Samenspenders, S. 59; *Benecke*, Die heterologe künstliche Insemination im geltenden deutschen Zivilrecht, S. 159; *Coester-Waltjen*, Jura 1987, 629 (635); *Giesen*, JR 1984, 221 (227).

Daneben ist eine Einsichtnahme in die Unterlagen nach § 810 BGB[947] (analog[948]) zu gewähren. Sofern man die für Spenderkinder inzwischen anerkannten Ansprüche auch den Leihmutterkindern zur Hand gibt, steht das Recht auf die Kenntnis der eigenen Abstammung einer Legalisierung der Leihmutterschaft nicht entgegen.

III. Schutz von Ehe und Familie (Art. 6 Abs. 1 GG)

Bedenken an einer Legalisierung der Leihmutterschaft könnten sich aus Art. 6 Abs. 1 GG ergeben. Dort stellt die Verfassung die Ehe und Familie unter den besonderen Schutz der staatlichen Gemeinschaft. Ehe in diesem Sinne ist die Verbindung eines Mannes und einer Frau zur grundsätzlich unauflöslichen Lebensgemeinschaft.[949] Unter einer Familie versteht das Grundgesetz die tatsächliche Lebens- und Erziehungsgemeinschaft von Eltern und Kindern.[950] Eine Missachtung des dem Grundgesetz zugrundeliegenden Familienverständnisses dadurch, dass nicht die Geburts-, sondern die Wunschmutter die Pflege und Erziehung des Kindes übernimmt, erscheint denkbar. Denn das von der Tragemutter zur Welt gebrachte Kind ist Teil ihrer Familie, obwohl auch zur genetischen Mutter, d.h. zur Eispenderin ein familiäres Band existiert.[951]

1. Pluralisierung der Familienformen

Die Leihmutterschaft sieht sich etwa durch *Wolkinger* dem Vorwurf ausgesetzt, „das Sozialprodukt Familie" in Frage zu stellen.[952] Für *Balz* sprengt die heterologe Insemination „den Art. 6 GG zugrundeliegenden Zusammenhang zwischen Geschlechtsgemeinschaft, biologischer Abstammung und sozialer Zuordnung."[953] Einer solch engen Auslegung des Familienbegriffes ist vor dem Hintergrund, dass heute

---

947 *Marian*, Die Rechtsstellung des Samenspenders bei der Insemination/IVF, S. 137; *Benecke*, S. 162; *Zimmermann*, FamRZ 1981, 929 (932); *Kollhosser*, JA 1985, 553 (557); *Schumacher*, FamRZ 1987, 313 (320); offenlassend BGH, NJW 2015, 1098 (1104). Der Anspruch aus § 810 BGB ist nur auf die Einsicht in die Unterlagen und nicht auf die Mitteilung daneben vorhandenen Wissens gerichtet. Außerdem muss der Anspruchssteller die Kosten für die Vorlegung der Urkunde nach § 811 Abs. 2 BGB selbst tragen; *Fitting*, Der Gynäkologe 2013, 760 (762).

948 Die Urkundenqualität der Behandlungsunterlagen offenbar ablehnend und deshalb eine Analogie bejahend: OLG Hamm, NJW 2013, 1167 (1168).

949 BVerfGE 10, 59 (66); BVerfGE 121, 175 (198); *Jarass*, in Jarass/Pieroth, Grundgesetz, Art. 6 Rn. 4.

950 BVerfGE 127, 263 (287); BVerfGE 108, 82 (112); *Coester-Waltjen*, in: von Münch/Kunig, Grundgesetz, Bd. 1, Art. 6 Rn. 11.

951 *Robbers*, in: von Mangoldt/Klein/Starck, Grundgesetz, Bd. 1, Art. 6 Rn. 79.

952 *Wolkinger*, in: Bernat, Lebensbeginn durch Menschenhand, S. 89 (105).

953 *Balz*, S. 22. Ganz ähnlich *Loeffler*, in: Ranke/Dombois, Probleme der künstlichen Insemination, S. 22 (32).

auch die Adoptivfamilie[954], die Pflegefamilie[955] und die gleichgeschlechtliche Partnerschaft mit einem Kind[956] als Familie i.S.d. Art. 6 Abs. 1 Var. 2 GG anerkannt ist, eine Absage zu erteilen. Bis in die 1970er Jahre wurde Familie als heterosexuelle, in einer häuslichen Gemeinschaft ausgelebte monogame Ehe verstanden, aus der leibliche Kinder hervorgingen. In ihr war der Ehemann klassischerweise Haupternährer, während die Ehefrau die Sorge um Haushalt und Kinder übernahm.[957] Heute treten mit nichtehelichen Lebensgemeinschaften, „Regenbogenfamilien", „Patchworkfamilien"[958], Adoptivfamilien, Pflegefamilien und alleinerziehenden Eltern weitgehend gleichberechtigte Modelle der Lebensgemeinschaft neben die sog. Kernfamilie.[959],[960] Man spricht in diesem Kontext von der Pluralisierung der Lebens- und Familienformen.[961] Die neuen Familienmodelle können gleichermaßen eine kindeswohldienliche Umgebung bieten. Zwar weisen Kinder, die bei einem alleinerziehenden Elternteil leben oftmals erhebliche Verhaltensauffälligkeiten auf.[962] Dagegen sind in der psychischen Entwicklung und der Qualität der innerfamiliären Beziehungen zwischen Kindern homosexueller und heterosexueller Eltern keine signifikanten Unterschiede festzumachen.[963] Auch in den meisten „Patchworkfamilien" herrschen ein positives Familienklima und eine allgemeine Zufriedenheit. Die Stieffamilie birgt nicht per se schlechtere Entwicklungsbedingungen als die

---

954   BVerfG, NJW 1989, 2195.

955   BVerfG, NJW 1985, 423.

956   BVerfG, NJW 2013, 847 (850).

957   *Peuckert*, Familienformen im sozialen Wandel, S. 20.

958   Als Patchwork-Familie (auch Stieffamilie) bezeichnen Soziologen eine Familie, in der mindestens ein Elternteil ein Kind aus einer früheren Beziehung in die neue Familie einbringt, zu dem der andere Teil keine biologische Verbindung aufweist; *König*, Familienwelten – Theorie und Praxis von Familienaufstellungen, S. 54.

959   Die Kernfamilie ist traditionell die Familie bestehend aus Vater, Mutter und leiblichem/n Kind/ern; *Wieners*, Familientypen und Formen außerfamilialer Kinderbetreuung heute, S. 24.

960   *Funcke*, NZFam 2016, 207 (212); *Diel*, S. 32.

961   *Peuckert*, Familienformen im sozialen Wandel, S. 26.

962   *Hagen/Kurth*, APuZ 42/2007, 25 (30); überblicksartig *Braches-Chyrek*, Zur Lebenslage von Kindern in Ein-Eltern-Familien, S. 46. Zu einer anderen Beurteilung kommen *Murray/Golombok*, Human Reproduction 2005, 1655 (1658), bei denen sich die Single-Mütter aber mit Spendersamen inseminieren ließen und gewollt eine Einelternfamilie gründeten.

963   Zahlreiche Studien zusammenfassend: *Lähnemann*, in: Senatsverwaltung für Schule, Jugend und Sport Berlin, Lesben und Schwule mit Kindern – Kinder homosexueller Eltern, S. 24. Ferner *Jansen/Steffens*, Verhaltenstherapie und psychosoziale Praxis 2006, 643 (648). Ebenso für Kinder lesbischer Paare: *Brewaeys/Dufour/Kentenich*, Journal für Reproduktionsmedizin und Endokrinologie 2005, 35 (39) („geborgene und geschützte familiäre Umgebung").

Kernfamilie.[964] Offenbar ist für das Wohlbefinden des Kindes nicht erheblich, dass es in einer klassischen, biologisch determinierten „Vater-Mutter-Kind-Umgebung" aufwächst, sondern vielmehr, dass es feste Bezugspersonen hat, die in rechtlicher und tatsächlicher Hinsicht Verantwortung übernehmen. Die heutige Empirie bestätigt diese Vermutung. Danach ist eine biologische Verbindung zwischen Eltern und Kindern für ein positives Familienempfinden der Kinder nicht essentiell.[965]

Bei der Auslegung des Grundgesetzes kann diese Realität nicht unberücksichtigt bleiben. Es muss „die Verfassungsinterpretation dem sozialen Wandel nachgeben"[966]. Art. 6 GG soll die soziale Funktion der Familie stärken und schützt deshalb nicht nur Familien im herkömmlichen Sinne.[967] Zwischen biologischer Abstammung und sozialer Zuordnung muss nicht notwendigerweise ein Zusammenhang bestehen.[968] Die Familie definiert sich nicht über genetische Zusammenhänge, sondern über sozialen Zusammenhalt.[969] Eine nach Leihmutterschaften erfolgende soziale Zuordnung des Kindes zu den Wunscheltern ist ohne Rücksicht auf die fehlende biologische oder sogar genetische Abstammung schützenswert. Es steht nicht zu befürchten, die Surrogatmutterschaft könne „zu einer völligen Auflösung der Familienstruktur"[970] führen.[971] Sie trägt gegenteilig sogar dazu bei, dass neue Familien entstehen. Die durch Leihmutterschaft gegründete familiäre Gemeinschaft unterminiert somit nicht die staatlicherseits zu schützende Institution[972] der Familie.

2. Ehe- und Familienleben der Leihmutter

Zu klären ist weiter, ob eine ggf. existierende Ehe oder Familie der Leihmutter durch die Übergabe des eigens geborenen Kindes einer solchen Belastung ausgesetzt wird, dass der Gesetzgeber zum Einschreiten verpflichtet ist. *Benecke* erachtet die heterologe Insemination einer Leihmutter als ein „Eindringen eines Dritten in deren eheliche

---

964 Bundesministerium für Familie, Senioren, Frauen und Jugend, Stief- und Patchworkfamilien in Deutschland, S. 19 bezugnehmend auf *Röhr-Sendlmeier/Greubel*, ZfF 2004, 56 (64).

965 *Golombok/Blake/Casey/Roman/Jadva*, Journal of Child Psychology and Psychiatry 2013, 653 (660).

966 *Van den Daele*, Mensch nach Maß?, S. 55.

967 *Hufen*, Staatsrecht II, § 16 Rn. 12.

968 *Gürtler*, in: Kaufmann, Moderne Medizin und Strafrecht, S. 203 (208); *Badura*, in: Maunz/Dürig, Grundgesetz, Bd. 2, Art. 6 Rn. 60.

969 *Waibl*, Kindesunterhalt als Schaden, S. 21 f.

970 So *Becker*, ZblJugR 1979, 238 (242); ähnlich *Pasquay*, Die künstliche Insemination, S. 159.

971 So auch *van den Daele*, Mensch nach Maß?, S. 56; *Diefenbach*, S. 129; *Diel*, S. 75; *Eser*, in: Koslowski/Kreuzer/Löw, Die Verführung durch das Machbare, S. 49 (63); *Goeldel*, S. 162; *Müller-Terpitz*, in: Spickhoff, Medizinrecht, Art. 6 Rn. 7; *Müller-Götzmann*, S. 285.

972 Zum Schutz der Familie als Institution: *Kotzur*, in: Stern/Becker, Grundrechte-Kommentar, Art. 6 Rn. 60 f.

Beziehung", das – weil die Befruchtung nicht zugunsten dieser ehelichen Beziehung erfolgt – im Widerspruch zu Art. 6 GG steht.[973] Um Belastungen der Ehe vorzubeugen, möchte *Merkel-Walther* die Übernahme einer Fremdschwangerschaft von dem erteilten Einverständnis des Ehegatten abhängig machen.[974] Dieser Vorschlag ist wohl kaum mit der körperlichen Autonomie der Leihmutter vereinbar. Die bisher noch überschaubare Studienlage lässt vermuten, dass die Qualität der (Ehe-)Partnerschaft nicht grundsätzlich unter dem Entschluss zur Übernahme einer Fremdschwangerschaft leidet.[975] Ein dennoch nicht ganz von der Hand zu weisendes Risiko für die Ehe der Leihmutter kann durch ein Regelungsmodell, das Ersatz- und Tragemutterschaft nur gestattet, wenn die Frauen selbst bereits ein Kind geboren haben, drastisch reduziert werden. Denn die Fremdschwangerschaft der eigenen Ehefrau ist für den Ehepartner sicher leichter zu verarbeiten, wenn in der eigenen Familie bereits ein Kind geboren wurde. Ferner legt die Ehe beiden Partnern Rücksichtnahmepflichten auf.[976] Weil die Entscheidungsfreiheit der Eheleute auch während der Ehe unberührt bleibt, kann nicht angenommen werden, der freie Entschluss der Ehefrau zur Übernahme einer Fremdschwangerschaft – oder insbesondere eine sog. Zölibatsklausel[977] – verletze das eingegangene Eheversprechen.[978] Die „eigenen" Kinder von Leihmüttern leiden bisherigen Studienergebnissen zufolge zumeist nicht unter dem Arrangement. Überwiegend beschreiben Sie die familiäre Situation als gut.[979] Die Intaktheit der Ehe und Familie der austragenden Frau wird demnach nicht in einem solchen Maße gefährdet, dass ihr Schutz ein Verbot der Leihmutterschaft rechtfertigen könnte.[980]

3. Ehe- und Familienleben der Wunscheltern

Das Ehe- und Familienleben der Wunscheltern dürfte schon deshalb keiner schweren Belastung ausgesetzt sein, weil das „Auftragspaar" die Einbeziehung einer Leihmutter in den Fortpflanzungsprozess wünscht und es sich diese in persona aussuchen kann. Die gebärende Frau steht regelmäßig nur für einen überschaubaren Zeitraum in (mehr oder weniger) engem Kontakt zu dem Wunschelternpaar.[981] Für die Wunscheltern gibt es auch keine die eigene Ehe weniger belastende Alternative auf dem

---

973 *Benecke*, S. 97; ganz ähnlich *Geiger*, in: Guttmacher u.a., Die künstliche Insemination beim Menschen, S. 37 (43).

974 *Merkel-Walther*, S. 41; ähnlich *Weyrauch*, S. 134.

975 Dazu Zweiter Teil, D., III.

976 Vgl. *Berger/Mansel*, in: Jauernig, BGB, § 1353 Rn. 2 f.

977 Die in den Verträgen oft zu findende Zölibatsklausel untersagt der Leihmutter ehelichen oder außerehelichen Geschlechtsverkehr für die Zeitspanne zwischen künstlicher Befruchtung und Feststellung der Schwangerschaft.

978 *Diefenbach*, S. 129; *Hieb*, S. 174 weist zurecht darauf hin, dass etwaige Meinungsverschiedenheiten „im Rahmen der ehelichen Autonomie auszutragen" sind.

979 Dazu Zweiter Teil, D., IV.

980 *Diefenbach*, S. 129; andeutungsweise auch *Diel*, S. 76; a.A. *Dietrich*, S. 507.

981 *Weyrauch*, S. 134.

Weg zu einem „eigenen" Kind.[982] Die Geburt des ersehnten Wunschkindes wird den ehelichen Zusammenhalt der Wunscheltern vielmehr stärken.[983] Der Umstand, dass es von einer außenstehenden Frau ausgetragen wurde, dürfte sich nur marginal auf das Eheleben auswirken.[984] Zwar ist es denkbar, dass im Falle der Ersatzmutterschaft die Wunschmutter darunter leidet, vom Zeugungs- und Geburtsvorgang ausgeschlossen zu sein. Weil das Vorgehen ihr zu dem ersehnten Nachwuchs verhilft, dürfte dieses Leiden eine psychologisch untergeordnete Bedeutung haben.[985] Aus diesen Gründen ist es widersinnig, in der Erfüllung des von dem Paar geteilten Kinderwunsches und der zeitgleichen Gründung einer Familie i.S.d. Art. 6 Abs. 1 GG eine Gefahr für die (ggf. bestehende) Ehe der Wunscheltern auszumachen.

IV. Recht auf Fortpflanzung

In der lebhaft geführten Diskussion um die Akzeptanz und Zulässigkeit reproduktionsmedizinischer Verfahren steht das Bedürfnis nach eigenen Kindern, nach einem eigenen Familienleben und der eigenen Fortpflanzung im Mittelpunkt. Wenn man darin nicht nur ein Interesse, sondern sogar ein (Grund-)Recht der Wunscheltern zu erkennen vermag, dann müssen gegen die Leihmutterschaft vorgebrachte Einwände gegen diese Rechtsposition abgewogen werden.

1. Dogmatische Herleitung

Im Ergebnis herrscht Einigkeit, dass das Grundgesetz die Fortpflanzungsfähigkeit und den Fortpflanzungswillen des Menschen schützt. Umstritten ist, woher sich dieses verfassungsrechtlich verbürgte Recht auf Fortpflanzung, teilweise auch als „Recht auf Nachkommenschaft"[986] oder „Recht auf Elternschaft"[987] bezeichnet, ableiten lässt.

a) Art. 2 Abs. 1 i.V.m. Art. 1 Abs. 1 GG

Mit dem allgemeinen Persönlichkeitsrecht hat das BVerfG ein partiell eigenständiges, „unbenanntes Freiheitsrecht"[988] etabliert, das sich gleichsam zwischen Art. 2 Abs. 1 und Art. 1 Abs. 1 GG einordnet.[989] Schon seine prinzipielle Einschränkbarkeit

---

982 *Coester-Waltjen*, NJW 1982, 2528 (2532).
983 *Pasquay*, S. 160; *Weyrauch*, S. 134.
984 *Merkel-Walther*, S. 41.
985 Ganz ähnlich *Liegsalz*, in: Roxin/Schroth, Medizinstrafrecht im Spannungsfeld von Medizin, Ethik und Strafrecht, S. 339 (346) für den im Falle einer erfolgten Samenspende vom Geburtsvorgang „ausgeklammerten" Mann.
986 *Niederer*, Reproduktionsmedizinische Methoden zur Überwindung männlicher Infertilität im Spiegel des Rechts, S. 36.
987 *Sina*, FamRZ 1997, 862 (865).
988 So das BVerfG, NJW 1980, 2070.
989 *Kunig*, in: von Münch/Kunig, Grundgesetz, Bd. 1, Art. 2 Rn. 30.

deutet darauf hin, dass es sich nicht primär aus Art. 1 Abs. 1 GG, sondern aus Art. 2 Abs. 1 GG ableitet.[990] Der Bezug zur Menschenwürde erhöht die Anforderungen an die Verkürzung des allgemeinen Persönlichkeitsrechts, engt den Schutzbereich im Vergleich zur allgemeinen Handlungsfreiheit aber zugleich ein.[991] Das allgemeine Persönlichkeitsrecht gewährt die Freiheit, die private Sphäre nach eigener Entscheidung zu gestalten. Es definiert sich – wie für Richterrecht üblich – vor allem kasuistisch, weshalb sein Schutzbereich nicht abschließend bestimmbar ist.[992] Das BVerfG hat bisher nicht ausdrücklich Stellung dazu bezogen, ob das Recht auf Fortpflanzung von dem allgemeinen Persönlichkeitsrechts umfasst ist.[993] Die sexuelle Selbstbestimmung ist aber anerkanntermaßen von Art. 2 Abs. 1 i.V.m. Art. 1 Abs. 1 GG geschützt.[994] Für den BGH gehört „zur personalen Würde und zum Persönlichkeitsrecht von Partnern", dass sie „sich immer wieder neu und frei für ein Kind entscheiden können."[995] Ähnlich formuliert der BFH, das Recht Nachkommen zu gebären gehöre „zum Kernbereich des Grundrechts der freien Entfaltung der Persönlichkeit."[996]

Auch in der Literatur wird die Fortpflanzungsfreiheit vielfach dem Persönlichkeitsrecht entnommen: Für *Hufen* ist „das ‚Ja' oder ‚Nein' zum eigenen Kind [...] als dem Staat vorausliegendes Menschenrecht durch Art. 6 GG, mindestens aber durch Art. 2 Abs. 1 GG i.V. mit Art. 1 GG geschützt."[997] *Busse* spricht von dem „natürlichen Verlangen eines jeden Menschen nach ‚Fortleben in dem eigenen Kind'", das den „Kernbereich der menschlichen Persönlichkeit [...] berührt."[998] Auch nach Auffassung *Günthers* fallen natürliche und künstliche Fortpflanzung in den Schutzbereich des Persönlichkeitsrechts; er sieht in der Beschränkung der Fortpflanzungsfreiheit sogar einen Eingriff in den „regelungsfreien Kernbereich".[999] *Niederer* hält den Kinderwunsch für ein „selbstverständliches, uneingeschränktes Menschenrecht", das als solches keiner expliziten Erwähnung im Grundrechtskatalog bedurfte und dennoch über das allgemeine Persönlichkeitsrecht Schutz erfährt.[1000] Mit dem Argument, dass

---

990 *Von Arnauld*, ZUM 1996, 286 (287); *Heun*, JZ 2005, 853 (855); *Germann*, Jura 2010, 734 (736) spricht von einem „Auslegungszusammenhang". Kritisch *Lorenz*, JZ 2005, 1121 (1124 f.), nach dessen Auffassung das allgemeine Persönlichkeitsrecht nur in Art. 2 Abs. 1 GG und nicht (auch) in Art. 1 Abs. 1 GG wurzelt.

991 *Jarass*, in: Jarass/Pieroth, Grundgesetz, Art. 2 Rn. 36.

992 BVerfG, NJW 1997, 1841 (1843); BVerfG, NJW 2008, 39 (41).

993 *Velte*, Die postmortale Befruchtung im deutschen und spanischen Recht, S. 44.

994 BVerfG, NJW 2011, 909 (910); BVerfG, NJW 1978, 807 (809). *Lang*, in: Epping/ Hillgruber, Grundgesetz, Art. 2 Rn. 39.

995 BGHZ 97, 372 (379).

996 BFH, NJW 1988, 854 (855).

997 *Hufen*, MedR 2001, 440 (442).

998 *Busse*, Das Recht des Kindes auf Kenntnis seiner Abstammung bei heterologer künstlicher Befruchtung, S. 134.

999 *Günther*, Der Kindeswohlbegriff als Zulässigkeitskriterium für die In-vitro-Fertilisation, S. 58.

1000 *Niederer*, S. 29.

Kinder eine so bedeutsame Rolle bei der Verwirklichung der eigenen Lebensziele einnehmen, wird die Fortpflanzungsfreiheit also vielfach Art. 2 Abs. 1 i.V.m. Art. 1 Abs. 1 GG zugeordnet.[1001]

b) Art. 2 Abs. 1 GG

Eine Konnexität zwischen dem Recht auf Fortpflanzung und der Menschenwürde wird nicht von allen Autoren anerkannt. Für *Raschen* ist das Recht auf Fortpflanzung (nur) ein Teil der allgemeinen Handlungsfreiheit, die von Art. 2 Abs. 1 GG geschützt wird.[1002] Nach *Ramm* sind die negative und die positive Fortpflanzungsfreiheit umfassend, d.h. auch hinsichtlich der künstlichen Befruchtung der allgemeinen Handlungsfreiheit zuzuordnen.[1003] Auch *Beckmann* vermag in der Zeugung von Nachkommen keine Ausdruck der Menschenwürde zu erkennen und stützt die Reproduktionsfreiheit auf Art. 2 Abs. 1 GG.[1004]

c) Art. 6 Abs. 1 GG

Nach anderer, stark vertretener Auffassung leitet sich das hier in Rede stehende Grundrecht aus Art. 6 Abs. 1 GG ab.[1005] Weil auch das Grundrecht auf Schutz der Familie Aspekte der Persönlichkeitsentfaltung in sich aufnehme, sei Art. 2 Abs. 1 i.V.m. Art. 1 Abs. 1 GG im Verhältnis zu diesem subsidiär. Art. 6 Abs. 1 GG dürfe nicht nur bereits existierende Familien, sondern müsse auch den Wunsch, eine solche erst zu gründen, schützen. Nur so stärke man die „objektive Wertentscheidung zugunsten des außerstaatlichen Instituts ‚Familie'".[1006] Der Schutzanspruch der Familie werde untergraben, wenn schon die Entstehung der Familie verhindert werden könnte.[1007] Darum sei es naheliegend, den Schutz auch auf das Vorfeld der Begründung einer

---

1001 Wie etwa *Rüsken*, NJW 1998, 1745 (1749) („zentrale Sinngebung"); *Balz*, Heterologe künstliche Samenübertragung beim Menschen, 20 („Herzstück der dem einzelnen überantworteten staatsfreien Privatsphäre"); *Starck*, in: Ständige Deputation des Deutschen Juristentages, Verhandlungen des 56. DJT, Bd. 1, A 42; *Hirsch/Eberbach*, S. 59; *Coester-Waltjen*, in: Bundesministerium für Gesundheit, Fortpflanzungsmedizin in Deutschland, S. 158; *Püttner/Brühl*, JZ 1987, 529 (532); *Diel*, S. 68 f.; *Merkel-Walther*, S. 25; *Diefenbach*, S. 123; *Lindner*, in: Rosenau, Ein zeitgemäßes Fortpflanzungsmedizingesetz für Deutschland, S. 127 (137).

1002 *Raschen*, Zivilrechtliche Verhaltens- oder Schutzpflichten der Eltern für Leben und Gesundheit des ungeborenen Kindes?, S. 64.

1003 *Ramm*, JZ 1989, 861 (874).

1004 *Beckmann*, MedR 2001, 169 (172).

1005 *Coester-Waltjen*, in: von Münch/Kunig, Grundgesetz, Bd. 1, Art. 6 Rn. 49; *Hufen*, Staatsrecht II, § 16 Rn. 14; *Jarass*, in: Jarass/Pieroth, Grundgesetz, Art. 6 Rn. 11; *Kloepfer*, JZ 2002, 417 (424) explizit für den Kinderwunsch unfruchtbarer Paare.

1006 *Steiner/Müller-Terpitz*, in: Spickhoff, Medizinrecht, Art. 6 Rn. 2; ebd., Art. 2 Rn. 10.

1007 *Lehmann*, Die In-vitro-Fertilisation und ihre Folgen, S. 65 f.; ähnlich *Koppernock*, Das Grundrecht auf bioethische Selbstbestimmung, S. 141.

familiären Gemeinschaft zu erstrecken[1008]. *Reinke* verweist darauf, dass die Fortpflanzungsfreiheit regelmäßig zum Schutze des Kindeswohls (Art. 6 Abs. 2 GG) beschränkt würde. Es sei somit „normsystematisch logisch, dass die abzuwägenden Interessen der Mitglieder der Gemeinschaft ‚Familie' in einer Norm geregelt sind."[1009] Der subsidiäre Schutz des allgemeinen Persönlichkeitsrechts soll aber dort aufleben, wo es im Kontext der Reproduktion nicht um die Gründung einer (eigenen) Familie geht.[1010] Der Samenspender, der gar nicht beabsichtigt, eine soziale oder rechtliche Beziehung zu dem Kind aufzubauen, soll sich nicht auf den Schutz der Familie berufen können. Die „schlichte ‚Weitergabe' der eigenen Erbinformation" könne nicht genügen, „um für den Zeugungsakt selbst den Schutzbereich des Art. 6 Abs. 1 GG zu eröffnen."[1011]

d) Stellungnahme

Welche Grundrechtsnorm man für die Begründung der Fortpflanzungsfreiheit heranzieht, ist hoch relevant: An die Rechtfertigung eines Eingriffes in das allgemeine Persönlichkeitsrecht sind höhere Anforderungen zu stellen als an einen solchen in das Recht auf die allgemeine Handlungsfreiheit. Art. 2 Abs. 1 GG verkörpert ein Auffanggrundrecht, das nach h.M. jedes menschliche Handeln[1012], also natürlich auch die Familiengründung schützt. Eine engere Auffassung, welche den Schutzbereich auf Verhaltensweisen, die eine „gesteigerte, dem Schutzgut der übrigen Grundrechte vergleichbare Relevanz für die Persönlichkeitsentwicklung besitzen" beschränkt[1013], konnte sich auch angesichts der ihr immanenten Abgrenzungsprobleme[1014] nicht durchsetzen. Die im Prinzip grenzenlose Handlungsfreiheit kann nur aufrecht erhalten werden, wenn der Staat sie im Einzelfall ohne hohen Rechtfertigungsdruck beschränken darf. Art. 2 Abs. 1 i.V.m. Art. 1 Abs. 1 GG zeichnet sich dagegen durch einen engeren Gewährleistungsbereich, aber auch durch eine erhöhte Wehrhaftigkeit[1015] aus.

1008 *Müller-Terpitz*, in: Frister/Olzen, Reproduktionsmedizin, S. 9 (12).
1009 *Reinke*, Fortpflanzungsfreiheit und das Verbot der Fremdeizellspende, S. 136.
1010 *Steiner/Müller-Terpitz*, in: Spickhoff, Medizinrecht, Art. 6 Rn. 2 GG.
1011 *Velte*, S. 49.
1012 BVerfGE 6, 32 (36) („Handlungsfreiheit im umfassenden Sinne"); BVerfGE 80, 137 (152) („ohne Rücksicht darauf, welches Gewicht der Betätigung für die Persönlichkeitsentfaltung zukommt"); BVerfGE 113, 29 (45).
1013 *Grimm*, in dem vielbeachteten Sondervotum zur „Reiten-im-Walde"-Entscheidung; BVerfGE 80, 137 (164 ff.). Die Konturlosigkeit des Art. 2 Abs. 1 GG weite „die auf dieses Grundrecht gestützte Verfassungsbeschwerde tendenziell zur allgemeinen Normenkontrolle aus." In diesem Sinne wohl erstmals *Peters*, in: FS für Laun, S. 669 (674). Vgl. auch *Duttge*, NJW 1997, 3353 (3354), demzufolge die Entstehungsgeschichte des Grundgesetzes dafür spricht, dass die Grundrechte nur dem Schutz „besonders herausgehobener Individualpositionen" dienen.
1014 BVerfGE 80, 137 (154).
1015 BVerfG, NJW 2008, 39 (40) („besonders hoher Rang").

Die Verwirklichung des Kinderwunsches erschöpft sich nicht im Zeugungsakt. Sie dient den Eltern dazu, die eigenen genetischen Merkmale, aber auch Begabungen, Vorlieben und Denkweisen weiterzugeben, um der eigenen Persönlichkeit über den Tod hinaus Ausdruck zu verleihen. Der Erziehung eines Kindes wohnt für Mann und Frau oftmals ein sinnstiftendes Element inne. Bestenfalls gelingt es ihnen, sich in dem Handeln des Nachwuchses wiederzuerkennen; schlechtestenfalls gehen sie bewusst auf Distanz zu seinen Entscheidungen. In beiden Fällen „kolorieren" die Eltern den Entwurf ihrer Persönlichkeit mit der „Farbskala" des kindlichen Seins. Die Fortpflanzung berührt daher den engen persönlichen Lebensbereich, in dem der Einzelne seine Individualität entwickeln kann[1016]. Es ist nur folgerichtig, das Reproduktionsbestreben als von Art. 2 Abs. 1 GG i.V.m. Art. 1 Abs. 1 GG geschützt anzusehen, wenn nach dem Verfassungsgericht selbiges für die aus diesem Bestreben resultierenden Beziehung zwischen Elternteil und Kind selbst gilt[1017]. Gleichermaßen ist der Entschluss für ein kinderloses Leben nicht nur ein beliebiges Tun, sondern ein Akt menschlicher Selbstverwirklichung, dem das Streben nach einem „erwachsenenkonzentrierten Lebensstil"[1018] zugrunde liegt. Die positive und die negative Fortpflanzungsfreiheit bilden deshalb Fallgruppen des allgemeinen Persönlichkeitsrechts, das als lex specialis Vorrang vor der allgemeinen Handlungsfreiheit genießt[1019].

Daran anschließend stellt sich die Frage, ob die Verwirklichung des Kinderwunsches sogar in den unantastbaren Kernbereich des Persönlichkeitsrechts fällt. Eben das wird mit der Begründung, für den Kinderwunsch bestünde „kein Interesse der Allgemeinheit" und mithin „gar kein Regelungsbedürfnis", vertreten.[1020] *Coester-Waltjen* deutet Ähnliches an, lässt aber im Ergebnis offen, ob das Recht über die eigene Fortpflanzung zu entscheiden „möglicherweise [der] absolut unantastbaren, nicht einschränkbaren Privatsphäre" zugerechnet werden kann.[1021] Den Kernbereich des allgemeinen Persönlichkeitsrechts auf die Fortpflanzungsfreiheit auszuweiten bedeutete, dass jede Verkürzung selbiger illegitim[1022], ergo zahlreiche Normen des ESchG per se mit dem Makel der Verfassungswidrigkeit behaftet wären. Nach der durch das BVerfG entwickelten Sphärentheorie[1023] ist der als Intimsphäre benannte

---

1016 Den zu schützen Aufgabe des allgemeinen Persönlichkeitsrechts ist; BVerfGE 117, 202 (225).

1017 BVerfGE 121, 69 (90).

1018 Nach *Seiffge-Krenke/Schneider*, Familie – nein danke?!, S. 106.

1019 BVerfG, NJW 1985, 121 (122); BVerfG, NJW 1993, 2035 (2037); BVerfG, NJW 2007, 51 (54); *Jarass*, in: Jarass/Pieroth, Grundgesetz, Art. 2 Rn. 3.

1020 *Günther*, Der Kindeswohlbegriff als Zulässigkeitskriterium für die In-vitro-Fertilisation, S. 57; vgl. auch *Balz*, S. 20.

1021 *Coester-Waltjen*, in: Bundesministerium für Gesundheit, Fortpflanzungsmedizin in Deutschland, S. 158.

1022 Vgl. BVerfG, NJW 1975, 588 („jedem Zugriff der öffentlichen Gewalt entzogen").

1023 Zu unterscheiden sind Öffentlichkeitssphäre, Sozialsphäre, Privatsphäre und Intimsphäre, die im Schutzgrad aufsteigen; vgl. *Geis*, JZ 1991, 112.

Kernbereich durch einen völlig fehlenden oder geringen Sozialbezug[1024], also durch eine Höchstpersönlichkeit[1025] gekennzeichnet. Erfasst wird Handeln, das nicht in den Bereich anderer Personen oder der Öffentlichkeit hineinwirkt.[1026] Die Zeugung von Nachwuchs beruht auf dem übereinstimmenden Willen von Mann und Frau, also dem Konsens zweier Personen. Die Fortpflanzungsfreiheit betrifft „niemals isoliert den Persönlichkeitsbereich [nur] einer Person."[1027] Auch der Interessenkreis näherer Verwandter, wie etwa der (potentiellen) Großeltern, bleibt nicht unberührt. Trotz all der ihr innewohnenden Vertrautheit ist die menschliche Fortpflanzung nicht frei jeden Sozialbezuges und somit nicht dem unantastbaren Kern des Persönlichkeitsrechts zuzuordnen.[1028] Das gilt erst Recht für die medizinisch assistierte Zeugung, an der mit dem behandelnden Arzt, möglichen Samenspendern, Einzellspenderinnen und Leihmüttern noch weitere Personen mitwirken.

Richtigerweise wird die Fortpflanzungsfreiheit zusätzlich von Art. 6 Abs. 1 GG garantiert. Er enthält nicht nur eine wertentscheidende Grundsatznorm für das Institut der Familie, sondern auch ein Grundrecht, das die individuelle familiäre Gemeinschaft schützt.[1029] Der Grundrechtsschutz wäre lückenhaft, erstreckte er sich nicht auf die Gründung einer Familie als notwendige Vorstufe. Im Sinne einer gebotenen extensiven Grundrechtsauslegung[1030] reicht er deshalb von der Familiengründung bis in alle Bereiche des familiären Zusammenlebens.[1031] Dagegen spricht auch nicht, dass die Fortpflanzung inzwischen vermehrt außerhalb der Ehe stattfindet[1032], welche Art. 6 Abs. 1 GG normsystematisch mit der Familie verknüpft („Ehe und Familie"). Dieser Zusammenhang ist nicht unauflöslich. Ehe- und Familienschutz müssen heute getrennt betrachtet werden.[1033] Das allgemeine Persönlichkeitsrecht dient dem Schutz solcher Elemente des menschlichen Handelns, die nicht Gegenstand der besonderen Freiheitsgarantien des Grundgesetzes sind, diesen aber aufgrund ihrer Bedeutung für die Herausbildung der eigenen Persönlichkeit nicht nachstehen.[1034] Das Recht auf Fortpflanzung wird durch die besondere Freiheitsgarantie des Art. 6 Abs. 1 GG gewährleistet, sodass dieser vorrangige Anwendung genießt. Art. 2 Abs. 1

1024 BVerfG, NJW 1957, 865 (867); *Jarass*, in: Jarass/Pieroth, Grundgesetz, Art. 2 Rn. 65.

1025 BVerfG, NJW 1990, 563 (565).

1026 *Jarass*, NJW 1989, 857 (861).

1027 *Hieb*, S. 23.

1028 So auch *Heun*, in: Bockenheimer-Lucius/Thorn/Wendehorst, Umwege zum eigenen Kind, S. 49 (51).

1029 BVerfG, FamRZ 2012, 1472 (1474).

1030 Nach BVerfG, NJW 1957, 417 (418) ist der Auslegung Vorzug zu geben, welche „die juristische Wirkungskraft der betreffenden Norm am stärksten entfaltet."

1031 *Jarass*, in: Jarass/Pieroth, Grundgesetz, Art. 6 Rn. 11.

1032 Mit diesem Argument auf Art. 2 Abs. 1 GG zurückgreifend: *Ramm*, JZ 1989, 861 (870).

1033 *Coester-Waltjen*, in: von Münch/Kunig, Grundgesetz, Bd. 1, Art. 6 Rn. 4.

1034 BVerfG, NJW 2008, 822 (824); BVerfG, NJW 2006, 207; BVerfG, NJW 1999, 1322 (1323).

i.V.m. Art. 1 Abs. 1 GG lebt dagegen auf, wenn der Grundrechtsträger die Fortpflanzung, nicht aber die Familiengründung verfolgt (wie der Samenspender oder die Eizellspenderin). Dann nämlich wird eine Lebensgemeinschaft, die Voraussetzung einer Familie i.s.d. Grundgesetzes ist[1035], gar nicht angestrebt. In Ansehung dieses Konkurrenzverhältnisses wird nicht das allgemeine Persönlichkeitsrecht durch Art. 6 Abs. 1 GG[1036], sondern das Recht auf Familiengründung durch Art. 2 Abs. 1 i.V.m. Art. 1 Abs. 1 GG verstärkt. Welches dieser beiden Grundrechte man nun als dogmatische Grundlage heranzieht, dürfte sich wegen ihrer vergleichbaren Schutzintensität praktisch kaum auswirken.[1037]

2. Schutzbereich

Der Familienbegriff des Grundgesetzes ist weit zu verstehen.[1038] Personell umfasst der Schutzbereich des Art. 6 Abs. 1 GG die Familiengründung von Ehepaaren, nichtehelichen Lebenspartnern, Alleinerziehenden und gleichgeschlechtlich orientierten Menschen gleichermaßen.[1039] In sachlicher Hinsicht drängt sich die Frage auf, ob das Recht auf Familiengründung auch die medizinisch unterstützte Reproduktion, d.h. die Entscheidung über das „Wie" der Fortpflanzung schützt. Hiergegen wurden zumindest früher Einwände erhoben: Die künstliche Befruchtung entsexualisiere das Fortpflanzungsgeschehen durch die Einbeziehung Dritter.[1040] Sie weise deshalb einen „qualitativen Unterschied" zur natürlichen Zeugung auf.[1041] Demnach könnten sich Wunscheltern in ihrem Bemühen um die Inanspruchnahme einer (regelmäßig künstlich befruchteten) Leihmutter nicht auf die Fortpflanzungsfreiheit berufen.[1042]

Nach heute ganz überwiegend vertretener Auffassung wird aber auch die Kinderwunscherfüllung unter Zuhilfenahme moderner Methoden der Fortpflanzungsmedizin vom Schutzbereich erfasst.[1043] Das Grundgesetz beschränkt die Fortpflanzung

---

1035 BVerfGE 127, 263 (287); BVerfGE 108, 82 (112).

1036 So aber *Hieb*, S. 25; *Velte*, S. 50; *Heun*, in: Bockenheimer-Lucius/Thorn/Wendehorst, Umwege zum eigenen Kind, S. 49 (52).

1037 So auch *Steiner/Müller-Terpitz*, in: Spickhoff, Medizinrecht, Art. 6 Rn. 2; *Müller-Terpitz*, in: Frister/Olzen, Reproduktionsmedizin, S. 9 (12); *Zimmermann*, Reproduktionsmedizin und Gesetzgebung, S. 100.

1038 Dazu Dritter Teil, A., IV., 1.

1039 *Reinke*, S. 150; *Müller-Terpitz*, in: Spickhoff, Medizinrecht, Art. 6 Rn. 7.

1040 *Schlag*, Verfassungsrechtliche Aspekte der künstlichen Fortpflanzung, S. 101 f.; ählich *Wanitzek*, S. 196.

1041 *Keller*, in: FS für Tröndle, S. 705 (715).

1042 Dieser Auffassung sind *Cortese/Feldmann*, Streit 1985, 123 (129), die den Wunscheltern „kein Recht auf eine etwaige von der Verfassung geschützte Zeugung" einräumen.

1043 *Hufen*, Staatsrecht II, § 16 Rn. 14; *ders.*, MedR 2001, 440 (442); *Ramm*, JZ 1989, 861 (874) für Art. 2 Abs. 1 GG; *Reinke*, S. 137; *Burgi*, in: Friauf/Höfling, Berliner Kommentar zum Grundgesetz, Bd. 1, Art. 6 Rn. 24; *Rüsken*, NJW 1998, 1745

nicht auf das Prinzip der Natürlichkeit.[1044] *Müller-Terpitz* weist richtigerweise darauf hin, dass die Grundrechte auf „neue gesellschaftliche und technische Herausforderungen reagieren" müssen und „Gründe, [...] Reproduktionstechniken a limine aus dem Schutzbereich des Art. 6 Abs. 1 GG [...] auszugrenzen" nicht existieren.[1045] Im Übrigen lässt sich kaum bestimmen, wo die natürliche Befruchtung aufhört und die künstliche Befruchtung beginnt (etwa schon bei der medizinischen Assistenz durch Hormongabe?[1046]). Art. 6 Abs. 1 GG statuiert zwar kein originäres Leistungsrecht und vermittelt keinen Anspruch auf finanzielle Förderung reproduktionsmedizinischer Behandlungen. Wie der Gesetzgeber sich schützend und fördernd vor die Familie stellt, entscheidet er im Rahmen seines gestalterischen Ermessensspielraumes.[1047] Der Schutzbereich umfasst aber die medizinisch unterstützte Fortpflanzung und damit die Fortpflanzung unter Zuhilfenahme einer Leihmutter.

Verfassungsrechtlich bedeutsam ist, ob dies stets, d.h. für jedwede Form der Trage- und Ersatzmutterschaft gilt. In der Literatur wird dies zumeist ohne nähere Differenzierung angenommen.[1048] Eine solche ist hier aber unerlässlich: Wenn der Wunschvater und/oder die Wunschmutter ihr Genmaterial zur Zeugung des Kindes bereitstellen, dann ist auch in Leihmutterkonstellationen der Schutzbereich der Fortpflanzungsfreiheit eröffnet. Wunscheltern handeln dagegen nicht in Ausübung selbiger, wenn sowohl die Samen- als auch die Eizelle von einer dritten Person stammen. In diesem Fall pflanzen sie sich nicht fort, weil sie keine genetischen Veranlagungen auf die nächste Generation übertragen. Das bedeutet nicht, dass diese Paare keinerlei Grundrechtsschutz (oder nur den subsidiären Schutz des Art. 2 Abs. 1 GG) erführen. Sie realisieren die „Freiheit zur sozialen Elternschaft"[1049], also das ebenfalls durch Art. 6 Abs. 1 GG geschützte Recht auf Familiengründung. Dabei handelt es sich zweifellos um ein starkes Grundrecht, dessen Schutz verglichen mit dem der Fortpflanzungsfreiheit dennoch ein abgeschwächter ist. Wer eine Familie gründet, der sehnt sich nach einer vertrauten Gemeinschaft, die Selbstverwirklichung (auch) durch das Kind ermöglicht. Wer zu diesem Zwecke genetisch verwandte Kinder zeugt, der strebt obendrein die Weitergabe der Erbanlagen, also eines Teiles seiner Identität an. In diesem Fall verstärken sich das Recht auf Familiengründung und die Fortpflanzungsfreiheit gegenseitig. Dieser Tatsache muss das grundgesetzliche Schutzkonzept Rechnung tragen.

(1749); *Günther*, Der Kindeswohlbegriff als Zulässigkeitskriterium für die In-vitro-Fertilisation, S. 73.

1044 *Müller-Terpitz*, in: Frister/Olzen, Reproduktionsmedizin, S. 9 (14); *Balz*, S. 20.

1045 *Müller-Terpitz*, in: Spickhoff, Medizinrecht, Art. 6 Rn. 5.

1046 *Hieb*, S. 29.

1047 *Müller-Terpitz*, in: Spickhoff, Medizinrecht, Art. 6 Rn. 4.

1048 Vgl. etwa *Hieb*, S. 31.

1049 *Heun*, in: Bockenheimer-Lucius/Thorn/Wendehorst, Umwege zum eigenen Kind, S. 49 (52).

3. Eingriff

Ein herkömmlicher, klassischer Grundrechtseingriff setzt voraus, dass die Beeinträchtigung in einer Regelung besteht, die unmittelbar und gezielt durch ein vom Staat verfügtes, erforderlichenfalls zwangsweise durchzusetzendes Ge- oder Verbot zu einer Verkürzung grundrechtlicher Freiheit führt.[1050] Nach heutigem Verständnis schützt das Grundgesetz jedoch nicht nur vor Eingriffen im herkömmlichen Sinne, sondern auch vor faktischen und mittelbaren Beeinträchtigungen.[1051] Ein Grundrechtseingriff ist damit jedes dem Staat zurechenbare Verhalten, das die Ausübung eines Freiheitsrechtes unmöglich macht oder zumindest wesentlich erschwert.[1052] Es kommt nicht darauf an, ob die Ausübung des spezifischen Freiheitsrechts unmittelbar untersagt wird. Ein Eingriff liegt bereits vor, wenn gesetzliche Verbote gegenüber anderen Personen ausgesprochen werden, die die Ausübung des Grundrechts faktisch unmöglich machen. So verhält es sich mit den geltenden Regeln zur Leihmutterschaft in Deutschland: Zwar sind die Wunscheltern von der Strafbarkeit ausgenommen (§ 1 Abs. 3 Nr. 1 ESchG und § 14 b Abs. 3 AdVermiG), sodass es an dem für einen klassischen Eingriff typischen imperativen Element fehlt. Doch stellt § 1 Abs. 1 Nr. 7 ESchG die erforderliche ärztliche Assistenz unter Strafe. Das macht es den Wunscheltern faktisch unmöglich, ihren Fortpflanzungswunsch mittels Leihmutterschaft zu verwirklichen. Dadurch wird zumindest mittelbar ihre Reproduktionsfreiheit beschränkt.[1053] Mittelbare Eingriffe stehen unmittelbaren Eingriffen gleich, wenn sie durch den Staat intendiert sind und eine hinreichende Intensität aufweisen, also „in der Zielsetzung und ihren Wirkungen [klassischen] Eingriffen gleichkommen."[1054] Beides lässt sich hier nicht anzweifeln: Der Eingriff ist intendiert, da der Gesetzgeber mit den Restriktionen die Fortpflanzung der Wunscheltern mittels Leihmutterschaft gerade zu verhindern suchte. Er weist auch eine hinreichende Intensität auf, weil Leihmutterarrangements in Deutschland so praktisch undurchführbar werden. Die betreffenden Verbotsnormen des ESchG und des AdVermiG greifen somit in das Grundrecht auf Fortpflanzungsfreiheit ein.

4. Rechtfertigung

Art. 6 Abs. 1 GG ist ein normtextlich vorbehaltslos garantiertes Grundrecht.[1055] Etwaigen in der Literatur angestellten Überlegungen, die Schrankentrias aus Art. 2

1050 *Jarass*, in: Jarass/Pieroth, Grundgesetz, Vorb. Vor Art. 1 Rn. 27; BVerfGE 105, 279 (300).
1051 BVerfG, NJW 2002, 2626 (2629).
1052 *Epping*, Grundrechte, S. 18.
1053 *Müller-Terpitz*, in: Spickhoff, Medizinrecht, Art. 6 Rn. 8; vgl. auch *Reinke*, S. 150.
1054 BVerfGE 116, 202 (222); vgl. auch BVerfGE 110, 177 (191).
1055 *Lenz*, Vorbehaltslose Freiheitsrechte, S. 39; *Kingreen*, Jura 1997, 401 (404); BVerfGE 31, 58 (68 f.).

Abs. 1 GG[1056] oder die Schranke der allgemeinen Gesetze aus Art. 5 Abs. 2 GG[1057] auf vorbehaltslos gewährte Grundrechte zu übertragen, hat das BVerfG stets eine Absage erteilt.[1058] Eine solche „Schrankenleihe" nivellierte die Einschränkungssystematik der Verfassung und die ihr zugrundeliegende abstrakte Gewichtung der verschiedenen Grundrechte. Gleichwohl ist ein Eingriff in die Fortpflanzungsfreiheit ebenso wie in jedes andere vorbehaltslos gewährte Grundrecht möglich. Für das BVerfG ist das die „logische Folge eines geordneten menschlichen Zusammenlebens."[1059] Wo das Grundgesetz keine speziellen Schranken vorsieht, finden die der Verfassung immanenten Schranken Anwendung.[1060] Verfassungsimmanente Schranken erlauben einen Grundrechtseingriff, wenn er kollidierenden Grundrechten Dritter oder anderen mit Verfassungsrang ausgestatteten Rechtswerten dient. Dabei ist entscheidend, welchem Recht oder Rechtsgut in dem konkreten Fall das höhere Gewicht beizumessen ist.[1061] Der Eingriff in die Fortpflanzungsfreiheit ist nur gerechtfertigt, wenn der Staat dabei den Verhältnismäßigkeitsgrundsatz (verbreitet auch Übermaßverbot genannt[1062]) beachtet. Die Grundrechtsverkürzung muss einem legitimen Zweck dienen, zur Zweckerreichung geeignet sowie erforderlich und überdies angemessen sein.[1063] Im Wege der praktischen Konkordanz sind die betroffenen Grundrechte und grundrechtlich geschützten Rechtsgüter in einen bestmöglichen Ausgleich zu bringen.[1064] Kollidieren zwei Verfassungsgüter miteinander, müssen „beiden Gütern [...] Grenzen gezogen werden, damit beide zu optimaler Wirksamkeit gelangen können."[1065]

a) Gesetzgeberischer Gestaltungs- und Prognosespielraum

Es ist in erster Linie die Aufgabe des Gesetzgebers, die Ordnung des gesellschaftlichen Zusammenlebens zu gestalten und dabei die Reichweite der Grundrechte zu definieren.[1066] Die repräsentative Demokratie kann nur funktionieren, wenn

---

1056 *Herzog*, in: Maunz/Dürig, Grundgesetz, Bd. 1, Art. 4 Rn. 114; *Lücke*, DÖV 2002, 93 (101) andeutungsweise auch für Art. 6 Abs. 1 GG.

1057 *Bettermann*, Grenzen der Grundrechte, S. 28.

1058 BVerfGE 31, 58 (68); BVerfGE 32, 98 (107); BVerfGE 52, 223 (246).

1059 BVerfGE 77, 240 (253).

1060 *Von Münch/Kunig*, in: von Münch/Kunig, Grundgesetz, Vorb Art. 1–19 Rn. 41; ferner BVerfGE 30, 173 (193) für die Kunstfreiheit und BVerfGE 32, 98 (108) für die Glaubensfreiheit.

1061 BVerfGE 28, 243 (261); BVerfGE 2, 1 (72 f.).

1062 So etwa *Remmert*, Verfassungs- und verwaltungsrechtsgeschichtliche Grundlagen des Übermaßverbots, S. 1.

1063 BVerfGE 19, 330 (339); BVerfGE 23, 127 (133); BVerfGE 61, 126 (134); BVerfGE 91, 207 (222); *Dreier*, in: Dreier, Grundgesetz, Bd. 1, Vorb. Rn. 146.

1064 BVerfGE 41, 29 (51); BVerfGE 77, 240 (255); BVerfGE 81, 298 (308).

1065 *Hesse*, Grundzüge des Verfassungsrechts der Bundesrepublik Deutschland, § 2 Rn. 72.

1066 Ebd., § 14 Rn. 569.

die Legislative weitgehend frei darüber entscheidet, ob, wann und wie sie tätig wird, ohne dabei eine totale Verrechtlichung der Politik fürchten zu müssen.[1067] Den gesetzgeberischen Gestaltungsspielraum[1068] hat auch das Verfassungsgericht zu respektieren, dessen Aufgabe nicht darin besteht, Entscheidungen des Gesetzgebers dahingehend zu überprüfen, ob sie die vernünftigste oder gerechteste Lösung darstellen[1069], geschweige denn darin, allgemeine legislative Empfehlungen zu geben[1070]. Ein Verfassungsverstoß setzt voraus, dass der Gesetzgeber aus dem Bereich des ihm eingeräumten Ermessens heraustritt.[1071] Sein Ermessen ist dann besonders groß, wenn er die Auswirkungen seines Handelns oder Abwartens für die Zukunft beurteilen muss, er also prognostizieren muss.[1072] Die Prognostik ist die „Kunst des Wahrscheinlichen"[1073] und als solche unverzichtbares Element politischer Entscheidungsfindung. Deshalb muss die Legislative das Risiko von auch bei größter Sorgfalt nicht auszuschließenden Fehlprognosen eingehen dürfen, ohne gleich mit dem Verdikt der Verfassungswidrigkeit konfrontiert zu werden.[1074]

Die Ungewissheit künftiger Entwicklungen läuft einer uneingeschränkten gerichtlichen Kontrolle gesetzgeberischer Prognosen zuwider[1075], begründet aber trotzdem keinen kontrollfreien Entscheidungsraum[1076]. Der Gesetzgeber muss Prognoseentscheidungen nach einer möglichst vollständigen Ermittlung der Tatsachen, die für den jeweiligen Regelungsbereich gewichtig sind, treffen. Die Grundlagen eines solchen Wahrscheinlichkeitsurteils sind der Beurteilung nicht entzogen, obgleich es dem Gesetzgeber bis zu einer gewissen Grenze selbst überlassen ist, wie er die relevanten Tatsachen ermittelt.[1077] Der Umfang des Spielraums ist sachbereichsbezogen zu bestimmen: Er richtet sich nach der Schwierigkeit der Prognose[1078] und der Bedeutung der betroffenen Rechtsgüter[1079]. Bei grundrechtsrelevanten Gesetzen

---

1067 *Meßerschmidt*, Gesetzgebungsermessen, S. 72 f.

1068 Die Terminologie, mit welcher die legislativen Spielräume umschrieben werden, hat sich häufig verändert. Aus dem „Gesetzgebungsermessen" wurde die „Gestaltungsfreiheit", später der „Beurteilungsspielraum" und schließlich der heute noch übliche Begriff der „Einschätzungsprärogative"; vgl. *Bickenbach*, Die Einschätzungsprärogative des Gesetzgebers, S. 128 ff.

1069 BVerfGE 3 162 (182); BVerfGE 36, 174 (189).

1070 BVerfGE 7, 377 (442).

1071 BVerfGE 10, 354 (371); BVerfGE 54, 11 (26).

1072 *Bryde*, in: FS 50 Jahre Bundesverfassungsgericht, Bd. 1, S. 533 (556).

1073 Nach *von Weizsäcker*, Über die Kunst der Prognose, S. 11.

1074 BVerfGE 106, 62 (151 f.); ähnlich *Stettner*, NVwZ 1989, 806 (807).

1075 *Ossenbühl*, in: Starck, Bundesverfassungsgericht und Grundgesetz, Bd. 1, S. 458 (502).

1076 *Hoppe*, in: Bachof/Heigl/Redeker, Verwaltungsrecht zwischen Freiheit, Teilhabe und Bindung, S. 295 (310).

1077 BVerfGE 50, 290 (332).

1078 BVerfGE 106, 62 (151).

1079 BVerfGE 50, 290 (333).

verkürzt sich die Prognoseautonomie der legislative Gewalt.[1080] Das gilt erst recht, wenn Grundrechte ohne einen normtextlichen Gesetzesvorbehalt beschränkt werden.[1081] Wo Zweifel durch gesicherte empirische Daten und glaubwürdige Erfahrungssätze ausgeräumt werden, schließt sich der Prognosespielraum gänzlich.[1082]

Gemessen daran kann der Gesetzgeber auf dem Gebiet der Fortpflanzungsmedizin einen erheblichen Gestaltungsfreiraum für sich in Anspruch nehmen. Die assistierte Reproduktion ist mit ihrer rund vierzigjährigen Geschichte ein noch junger, äußerst dynamischer Teilbereich der Medizin. Die gesellschaftlichen Konsequenzen neuer Fortpflanzungstechniken sind für die politischen Entscheidungsträger in Ermangelung einer umfassenden Empirie schwer vorhersehbar. Gleichwohl muss die Legislative der Dynamik der Fortpflanzungsmedizin Rechnung tragen, indem sie einmal getroffene Entscheidungen stetig überprüft. Wenn Restriktionen auf dem Gebiet der Reproduktionsmedizin das vorbehaltlos garantierte Grundrecht auf Fortpflanzungsfreiheit verkürzen, erfährt der prinzipiell erhebliche Prognosespielraum des Gesetzgebers wiederum eine beachtliche Einschränkung.

b) Legitimer Zweck

Die in Rede stehenden Verbotsnormen, insbesondere der § 1 Abs. 1 Nr. 7 ESchG, müssen einen legitimen Zweck dienen. Die Verfolgung eines per se illegitimen Zwecks schließt die Verfassungskonformität des legislativen Handelns bereits aus.[1083] Der Gesetzgeber ist aufgrund der ihm einzuräumenden Zwecksetzungskompetenz in der Zweckwahl weitgehend frei. Legitime Zwecke können, müssen sich aber nicht aus der Verfassung ergeben.[1084] Nur wenn ein Zweck gegen die Wertungen des Grundgesetzes verstößt, ist er illegitim.[1085] Etwaige die Leihmutterschaft betreffende Restriktionen sollen der Menschenwürde, dem Schutz von Ehe und Familie und dem Wohl des Kindes dienen.[1086] Diese Rechte bzw. Rechtsgüter erfahren verfassungsrechtlichen Schutz. Das gesetzgeberische Anliegen, diese zu schützen, läuft nicht den Wertungen des Grundgesetzes zuwider und verfolgt damit gleich mehrere legitime Zwecke.

c) Geeignetheit

Das von dem Gesetzgeber gewählte Mittel ist zur Zweckerreichung geeignet, wenn mit seiner Hilfe der Erfolg jedenfalls gefördert wird. Die Möglichkeit, dass der

---

1080   *Herbst*, Gesetzgebungskompetenzen im Bundesstaat, S. 343.
1081   *Seetzen*, NJW 1975, 429 (432).
1082   BVerfGE 106, 62 (151).
1083   *Detterbeck*, Öffentlichen Recht, Rn. 302.
1084   *Hufen*, Staatsrecht II, § 9 Rn. 19.
1085   BVerfGE 30, 292 (316).
1086   BTS-Drs. 11/5460, 15; *Heinz*, in: Lorenz, Rechtliche und ethische Fragen der Reproduktionsmedizin, S. 190 (203).

Zweck (irgendwann) auf diese Art und Weise erreicht wird, genügt.[1087] An der Geeignetheit fehlt es dagegen, wenn das von dem Gesetzgeber angewandte Mittel von vornherein objektiv untauglich ist.[1088] Nach hier vertretener Auffassung gefährdet das Verfahren der Fremdschwangerschaft weder die Würde der austragenden Frau noch die des zu erwartenden Kindes.[1089] Wenn eine Kollision der Leihmutterschaft mit Art. 1 Abs. 1 GG nicht zu befürchten ist, können die in Frage stehenden Verbotsnormen die Menschenwürde nicht fördern und sind mithin zur Erreichung dieses Zweckes ungeeignet. Gleiches gilt für die Absicht, die Ehe und Familie zu schützen: Das Verbot der Surrogatmutterschaft kann die Ehe und Familie nicht begünstigen, weil beide Rechtsinstitute mit diesem Verfahren in Einklang stehen. Dagegen liegt es nahe, dass der restriktive Umgang mit der Leihmutterschaft das Kindeswohl fördert. Die bisherige Erkenntnislage schließt nicht aus, dass Leihmutterkinder im Pubertäts- und Erwachsenenalter belastenden Identitätskonflikten ausgesetzt sind.[1090] Das gilt erst recht für Kinder, die das Resultat einer entgeltlichen Abrede sind. Mit seiner gegenwärtigen Haltung beugt der Gesetzgeber diesen Nöten vor und begünstigt so das verfassungsrechtlich geschützte Kindeswohl. Solange das Gesetz dem Zweck in irgendeiner Weise nützt, ist ohne Relevanz, in welchem Maße dies geschieht.[1091] Das Verbot der Leihmutterschaft ist damit geeignet, eines der gesetzten Ziele zu erreichen.

d) Erforderlichkeit

Die Erforderlichkeit einer legislativen Entscheidung setzt voraus, dass der Staat nicht zu einem milderen, aber ebenso effektiven Mittel greifen kann.[1092] Ließe der Gesetzgeber gewisse (etwa die unentgeltlichen) Varianten der Leihmutterschaft zu, schränkte er das Recht auf Reproduktion zwar weniger fühlbar[1093] ein, wählte aber kein gleich effektives Mittel. Denn weil mit der geltenden Rechtslage praktisch jede Geburt eines Leihmutterkindes verhindert wird, scheiden alle erdenklichen Kindeswohlgefährdungen aus. Selbiges ist bei keiner wie auch immer gearteten Legalisierung der Fremdschwangerschaft zu garantieren. Eine vergleichbar wirkungsvolle Regelungsalternative gibt es daher nicht.

e) Angemessenheit

Das Verbot der Leihmutterschaft muss schließlich angemessen sein. Dazu ist die Einwirkung, d.h. die Beschränkung der Fortpflanzungsfreiheit in ein Verhältnis zu dem verfolgten Ziel, d.h. zur Vorbeugung der Kindeswohlgefährdungen zu setzen.

1087 BVerfGE 115, 276 (308).
1088 BVerfGE 16, 147 (181).
1089 Dazu Dritter Teil, A., I.
1090 Dazu Zweiter Teil, C., VII.
1091 *Detterbeck*, Öffentliches Recht, Rn. 303.
1092 BVerfGE 53, 135 (146); BVerfGE 67, 157 (177).
1093 *Hufen*, Staatsrecht II, § 9 Rn. 21.

Stellt sich dabei heraus, dass die staatliche Maßnahme disproportional ist, ist sie verfassungswidrig.[1094]

aa) Kindeswohl und Verfassungsrecht

Als einzig legitimer Zweck verbleibt nach den bisherigen Ausführungen der Schutz des Kindeswohls. Der Terminus des Kindeswohls wird zumeist verwendet, wenn der Staat in Ausübung des ihm durch Art. 6 Abs. 2 S. 2 GG auferlegten Wächteramtes in das Zusammenleben zwischen Eltern und Kindern eingreift. Anders als im BGB findet sich der Kindeswohlbegriff im Grundgesetz nicht. Seine Herleitung erfolgt regelmäßig über die Art. 6 Abs. 2 GG, Art. 2 Abs. 1 GG und Art. 1 Abs. 1 GG.[1095] Es wird ganz überwiegend angenommen, dass die Verfassung kein eigenständiges „Grundrecht auf Kindeswohl" kennt.[1096] Davon geht auch das BVerfG aus, wenn es das Kind als „ein Wesen mit eigener Menschenwürde und dem eigenen Recht auf Entfaltung seiner Persönlichkeit" bezeichnet und dabei auf Art. 1 Abs. 1 GG und Art. 2 Abs. 1 GG verweist.[1097] Nur ganz vereinzelt, wie etwa von *Ditzen*, wird die Auffassung vertreten, Art. 6 Abs. 2 und 3 GG enthalte „zwischen den Zeilen" ein spezielles Grundrecht des Kindes auf „Menschwerdung".[1098] Art. 6 Abs. 2 GG normiert das Recht und die Pflicht der Eltern zur (kindeswohldienlichen) Pflege und Erziehung. Der Verfassungsgeber richtete sich hier unmissverständlich nur an die Eltern und verlieh nicht dem Kind ein Recht auf einen kindeswohldienlichen Umgang. Er begründete kein Freiheitsrecht des Kindes, sondern nur eine Eingriffslegitimation des Staates.[1099] Eine allzu extensive, mit dem Wortsinn des Art. 6 GG kaum zu vereinbarende Auslegung ist schon deshalb abkömmlich, weil das Wohlergehen des Kindes hinreichend durch die bestehenden Grundrechte auf Menschenwürde, körperliche Unversehrtheit und Persönlichkeitswerdung gewährleistet wird. Gleichwohl liegt Art. 6 Abs. 2 S. 2 GG das Kindeswohl als abstrakt zu schützendes Rechtsgut von Verfassungsrang zugrunde.[1100]

Obwohl das Kindeswohl keine explizite Erwähnung im Grundgesetz findet, erfährt es also in doppelter Hinsicht Schutz: Subjektiv-rechtlich durch Art. 1 GG und

---

1094 *Ipsen*, Staatsrecht II, § 3 Rn. 193.

1095 *Jeand'Heur*, Verfassungsrechtliche Schutzgebote zum Wohl des Kindes und staatliche Interventionspflichten aus der Garantienorm des Art. 6 Abs. 2 Satz 2 GG, S. 17; *Coester-Waltjen*, in: von Münch/Kunig, Grundgesetz, Bd. 1, Art. 6 Rn. 60; *Brosius-Gerdorf*, in: Dreier, Grundgesetz, Bd. 1, Art. 6 Rn. 153; *Hieb*, 140; BVerfGE 75, 201 (218); BVerfGE 79, 51 (64).

1096 *Coester-Waltjen*, in: von Münch/Kunig, Grundgesetz, Bd. 1, Art. 6 Rn. 132; *Diel*, S. 74; *Hieb*, S. 140.

1097 BVerfGE 24, 119 (144).

1098 *Ditzen*, NJW 1989, 2519; zustimmend *Rummel*, RdJB 1989, 394 (397), der von einem „Persönlichkeitswerdungsgrundrecht" des Kindes spricht.

1099 *Jeand'Heur*, S. 18.

1100 *Wapler*, in: Funcke/Thorn, Die gleichgeschlechtliche Familie mit Kindern, S. 115 (129); *Hieb*, S. 141.

Art. 2 GG und objektiv-rechtlich als ein Rechtsgut höchsten Ranges, auf dessen Grundlage der Verfassungsgeber Art. 6 Abs. 2 GG schuf. Für die Verfahren der Reproduktionsmedizin folgt der Kindeswohlschutz vorrangig aus dem Recht des Kindes auf ungestörte Persönlichkeitsentwicklung (Art. 2 Abs. 1 i.V.m. Art. 1 Abs. 1 GG).[1101] Sofern die Kenntnis von der Art der Zeugung psychische Beastungserscheinungen hervorruft, die mit körperlichen Schmerzen vergleichbar sind, tritt Art. 2 Abs. 2 S. 1 GG daneben.

Teile der Literatur halten eine Berufung auf das Kindeswohl im Kontext der menschlichen Fortpflanzung schon im Ansatz für ein argumentum ad absurdum: Die Reproduktion – in welcher Form auch immer – aus Gründen des Kindeswohls zu untersagen, bedeute die Zeugung eines Kindes zu verhindern. Es könne aber niemals im Interesse des Kindes sein, nicht gezeugt und geboren zu werden.[1102] Hier droht man in einen „existenziellen Argumentationszirkel"[1103] zu geraten, der, dächte man ihn konsequent zu Ende, jeder Restriktion der Fortpflanzung ihre Legitimität entzöge. Dann müsste die öffentliche Gewalt auch das bewusste Erzeugen eines kranken Embryos oder – sobald beim Menschen möglich – das Klonen zweier Individuuen gestatten.[1104] Die gerne gezogene Parallele[1105] zu den unter dem Stichwort des „lebensunwerten Lebens" diskutierten Fällen[1106] ist in Wahrheit gar keine solche: Die Gegner der Leihmutterschaft wollen Kindeswohlgefahren vorbeugen, indem sie die Zeugung des Kindes verhindern. Darin besteht ein wesentlicher Unterschied zur Rechtsproblematik des „wrongful life", die erst auftritt, wenn das Kind bereits gezeugt ist. Bei letzterer Sachlage darf das Recht die von einem schweren Schicksal

---

1101 *Hieb*, S. 140.

1102 *Bernat*, MedR 1991, 308 (310); *ders.*, Rechtsfragen medizinisch assistierter Zeugung, S. 93 ff.; *Heun*, in: Bockenheimer-Lucius/Thorn/Wendehorst, Umwege zum eigenen Kind, S. 49 (56); *Hieb*, S. 146; *Jungfleisch*, S. 113; *Müller-Götzmann*, S. 251; *Hektor*, Die Relevanz ethischer Konzeptionen im Strafrecht am Beispiel des Embryonenschutzgesetzes, S. 185; *Müller-Terpitz*, in: Spickhoff, Medizinrecht, § 1 ESchG Rn. 7; *Coester-Waltjen*, Bitburger Gespräche 1986/1, 93 (96); *Zimmermann*, S. 69 nennt das ein „grotekes Ergebnis".

1103 So *Lindner*, in: Rosenau, Ein zeitgemäßes Fortpflanzungsmedizingesetz für Deutschland, S. 127 (146).

1104 *Taupitz*, in: Günther/Taupitz/Kaiser, ESchG, § 1 Abs. 1 Nr. 1 Rn. 8.

1105 *Weyrauch*, S. 26.

1106 Es handelt sich um Fälle, in denen ein Kind – etwa wegen medizinischer Fehlbehandlung – geschädigt zur Welt kommt. Art. 1 Abs. 1 GG verbietet es, das Kind als Schadensposten einzuordnen. Den Eltern steht dennoch ein Schadensersatzanspruch gegen den behandelnden Arzt zu, wobei (nur) die Unterhaltskosten den ersatzfähigen Schaden darstellen. Das Kind selbst kann keinen Schadensersatzanspruch geltend machen, weil ihm das Recht auch keinen Anspruch auf seine Verhütung, seine Vernichtung oder seine Nichtexistenz einräumt. Nach Auffassung des BGH hat der Mensch „sein Leben so hinzunehmen, wie es von der Natur gestaltet ist"; BGH, NJW 1983, 1371 (1374). Vgl. zum Teil bestätigend BVerfG, NJW 1998, 519.

getroffenen Kinder nicht wie fehlerhaftes und deshalb weniger schützenswertes Leben behandeln. Denn Art. 1 Abs. 1 GG verpflichtet die staatliche Gemeinschaft dazu, jedes Leben in gleichem Maße zu achten. Das hindert den Gesetzgeber aber nicht daran, Kindeswohlgefährdungen für noch nicht existentes Leben vorzubeugen. Dafür spricht, dass es im Zeitpunkt der präventiven Untersagung von Leihmutterschaften noch an einem konkreten grundrechtlich geschützten Individuum fehlt.[1107] Ferner sind sehr wohl Konstellationen vorstellbar, in denen Kindeswohlgefährdungen von solchem Gewicht auftreten, dass es im wohlverstandenen eigenen Interesse des Kindes liegt, nicht geboren zu werden.[1108] So sieht es offenbar auch das BVerfG, das sich in seiner „Inzest-Entscheidung" des Kindeswohls bedient, um das Verbot des Beischlafs unter Geschwistern zu rechtfertigen.[1109] Es ist daher prinzipiell zulässig, mit Kindeswohlargumenten künftiges Leben verhindern zu wollen. *Keller* resümiert hierzu treffend: „Existentes menschliches Leben ist zwar einer der verfassungsrechtlich garantierten Höchstwerte; ihm steht aber das ‚Lebend-machen' nicht gleich."[1110]

bb) Striktes Verbot

Das Kindeswohl muss nunmehr in einem solchen Maße gefährdet sein, dass die Einschränkung der Fortpflanzungsfreiheit angemessen erscheint. Ohne dabei schon hier auf spezielle Konstellationen der Leihmutterschaft einzugehen, soll zunächst erörtert werden, ob das strikte, d.h. (nahezu) allumfassende Verbot der Surrogatmutterschaft verhältnismäßig im engeren Sinne ist. Die Abwägung erfolgt dabei zwingend aus der Perspektive der bürgerlichen Autonomie: Einzig die Beschränkung eines Freiheitsrechtes, nicht aber seine Ausübung ist begründungsbedürftig. Denn das Grundgesetz konstituiert eine strukturell libertäre Rechtsordnung, die dem Bürger jedes ihm mögliche Handeln zunächst einmal erlaubt. *Lindner* nennt das eine „lückenlose Ausgangsvermutung zu Gunsten der Freiheit"[1111]. Gleichwohl sind potenziellen Kindeswohlrisiken bei der Abwägung ein besonderes Gewicht beizumessen: Zum einen, weil die ungestörte Persönlichkeitsentwicklung für ein erfülltes und glückliches Leben elementar ist, zum anderen, weil Kinder als die schwächsten Subjekte unserer Rechtsordnung sich selbst in keiner Weise vor Gefahren, denen Sie ausgesetzt werden, schützen können. Ihrer Hilflosigkeit ist mit staatlicher Entschlossenheit zu begegnen. Wo eine nachhaltige Beeinträchtigung des

---

1107 *Taupitz*, in: Günther/Taupitz/Kaiser, ESchG, § 1 Abs. 1 Nr. 1 Rn. 8.
1108 So auch *Bernat*, MedR 2000, 389 (396); *Lehmann*, S. 169; *Dietrich*, S. 451 f.; *May*, Rechtliche Grenzen der Fortpflanzungsmedizin, S. 182; *Keller*, in: Keller/Günther/Kaiser, ESchG, § 1 Abs. 1 Nr. 1 Rn. 8. Ähnlich *Diel*, S. 74, für den es vorzugswürdig sein kann, „Kinder davor zu bewahren, in eine Situation hineingeboren zu werden, in welcher sie im Zentrum des Konflikts stehen".
1109 BVerfG, NJW 2008, 1137 (1139).
1110 *Keller*, in: FS für Tröndle, S. 705 (720 f.).
1111 *Lindner*, in: Rosenau, Ein zeitgemäßes Fortpflanzungsmedizingesetz für Deutschland, S. 127 (135).

kindlichen Wohlergehens zu erwarten ist, sind selbst schwerwiegende Eingriffe in die Fortpflanzungsfreiheit hinzunehmen. Dabei gilt: Je gewichtiger das betroffene Grundrecht ist, desto höher muss die Wahrscheinlichkeit sein, dass die zu schützende Rechtsgüter Schäden erleiden.[1112]

Wie bereits festgestellt[1113] lässt sich eine anhaltende psychische Belastung der von Surrogatmüttern geborenen Kinder nicht belegen. Leihmutterkinder sind Wunschkinder, denen die Aufmerksamkeit und Sorge der Wunscheltern sicher ist. Deshalb meint auch *Bernat*, die Gesellschaft müsse sich „nicht allzu große Sorgen um ihr Wohlergehen" machen.[1114] Die entwicklungspsychologischen und sozialwissenschaftlichen Erkenntnisse zum Themenkomplex Leihmutterschaft sind zwar noch nicht so umfassend, dass man die Kindeswohldienlichkeit der Fremdschwangerschaft als bewiesen erachten könnte. Sie deuten dennoch übereinstimmend darauf hin, dass sich die Befürchtungen des Gesetzgebers nicht bewahrheiten. Die Beobachtungen aus dem (sozioökonomisch vergleichbaren) Ausland werben für die Legalisierung zumindest der altruistischen Leihmutterschaft. Sie legen nahe, dass durch Ersatz- und Tragemütter geborene Kinder die Integration in Familie und Gesellschaft gelingt – nicht zuletzt, weil Abweichungen vom traditionellen Familienbild auch hierzulande inzwischen zur Normalität geworden sind und sie sich nicht negativ auf die Kindesentwicklung auswirken.[1115] Eine Entpönalisierung der Fremdschwangerschaft stärkte die gesellschaftliche Akzeptanz dieses Familienmodells zusätzlich. Welche Konsequenzen die besonderen Umstände der Geburt im späten Jugend- und im Erwachsenenalter haben, ist bisher zwar erst in Ansätzen erforscht. Wenn aber zwiespältigen Gefühlen durch einen offenen Umgang mit der eigenen Herkunft schon im Kindesalter vorgebeugt wird, dann ist eine Verfestigung eben solcher in den späteren Lebensjahren schon nach den Gesetzen der Logik ausgeschlossen. Die von der Leihmutterschaft ausgehenden Risiken für das kindliche Wohlergehen sind überschaubar, weil die ungespaltene Mutterschaft „weder eine notwendige noch eine hinreichende Bedingung für das Kindeswohl"[1116] ist. Der Eingriff in die Fortpflanzungsfreiheit wiegt dagegen schwer. Ein striktes Verbot versperrt Wunscheltern den medizinisch möglichen Weg zu (zumindest teilweise) genetisch eigenem Nachwuchs. Das bedeutet für viele Paare zugleich den Verzicht auf einen erheblichen, wenn nicht gar den wichtigsten Part ihrer Selbstverwirklichung. Kritiker der Reproduktionsmedizin, die die Fähigkeit vermissen, Infertilität als auferlegte Bürde zu akzeptieren[1117], üben zurecht Kritik an der gesellschaftlichen Tendenz, möglichst alle Abweichungen vom Optimalzustand durch medizinsche

---

1112 *Burghart*, Die Pflicht zum guten Gesetz, S. 166.

1113 Dazu Zweiter Teil, C., VII.

1114 *Bernat*, MedR 1986, 245 (253).

1115 Dazu Dritter Teil, A., IV., 1.

1116 Nach *Kettner*, APuZ B 27/2001, 34 (39).

1117 So etwa anklingend bei *Diel*, S. 79. *Maaßen/Stauber*, Der andere Weg zum eigenen Kind, S. 217 sprechen sogar von dem „Anspruch einer Konsumgesellschaft, die verlernt hat, auf etwas zu verzichten".

oder technische Hilfsmittel überwinden zu wollen. Wenn aber Wunscheltern unter Zuhilfenahme einer Leihmutter das eigene Leiden beenden wollen, ohne dabei das Wohlergehen Dritter beträchtlich zu gefährden, dann sind sie nicht dazu angehalten, ihr Schicksal zu erdulden.

Etwaige Kindeswohlbedenken sind indes nicht gänzlich von der Hand zu weisen: Die Erkenntnisse der pränatalen Psychologie machen gewisse Schutzmechanismen alternativlos: Eine die Schwangerschaft ablehndende Haltung der austragenden Frau gefährdet das physische und psychische Wohlergehen des Kindes nach derzeitigem Kenntnisstand erheblich. Es muss davon ausgegangen werden, dass das Risiko einer nicht weniger als ambivalenten Einstellung der Schwangeren gegenüber dem Fötus im Kontext der Fremdschwangerschaft erhöht ist – unabhängig davon, ob die Leihmutter ein genetisch eigenes oder fremdes Kind übergeben soll. Die Gefahren, denen der Fötus in der pränatalen Phase ausgesetzt ist, hat der Gesetzgeber in Wahrnehmung seiner verfassungsrechtlichen Schutzpflicht zu minimieren. Dazu bedarf es aber keines (aus den genannten Gründen) unverhältnismäßigen umfänglichen Verbots der Leihmutterschaft. Pränatalen Risiken kann schon vorgebeugt werden, indem – wie etwa in den Niederlanden – die Übernahme einer Fremdschwangerschaft an gewisse Kriterien geknüpft wird. Welche Kriterien dies in concreto sein müssen, bleibt an anderer Stelle[1118] auszuführen.

Die Legislative kann einen weiten Prognosespielraum für sich in Anspruch nehmen, wenn sie Regelungen auf dem Gebiet der Reproduktionsmedizin erlässt. Sofern sie damit in das Grundrecht auf Fortpflanzung eingreift ist sie aber in besonderem Maße zur stetigen Überprüfung ihres Entschlusses verpflichtet. In Fällen, in denen sich Prognosen als fehlerhaft herausstellen, trifft den Gesetzgeber nach der Rechtsprechung des BVerfG eine Pflicht zum Nachbessern.[1119] Zwar ist ein „Nachhinken der legislatorischen Korrektur"[1120] in überschaubarem Maße zu erdulden. Wenn sich die der Progonose zugrunde liegenden Vermutungen aber als falsch erwiesen haben, darf das darauf beruhende Gesetz keinen Bestand mehr haben.[1121] Im Falle der Leihmutterschaft ist dieser Fall eingetreten. Deshalb ist der Gesetzgeber zur Nachbesserung verpflichtet. Der empfindliche Eingriff in das Recht auf Fortpflanzung ist nicht mit Kindeswohlargumenten zu rechtfertigen, weil eine erhebliche Gefährdung des kindlichen Wohlbefindens jedenfalls nicht für alle Formen der Leihmutterschaft zu befürchten ist[1122].

1118 Dazu Zweiter Teil, C., I.
1119 BVerfGE 16, 147 (188); BVerfGE 49, 89 (130); BVerfGE 50, 290 (335); BVerfGE 73, 118 (169).
1120 Nach *Stettner*, NVwZ 1989, 806 (808).
1121 Für *Badura*, in: FS für Eichenberger, S. 481 (483) ist die Pflicht zur Nachbesserung „eine besondere Rechtsfolge der den Grundrechten abzugewinnenden Schutzwirkung". Vgl. auch *Kindermann*, ZRP 1983, 204 (205).
1122 Vgl. *Liegsalz*, in: Roxin/Schroth, Medizinstrafrecht im Spannungsfeld von Medizin, Ethik und Strafrecht, S. 339 (345), der das Kindeswohlargument für „äußerst fragwürdig" hält. *Taupitz*, in: Günther/Taupitz/Kaiser, ESchG, § 1 Abs. 1 Nr. 7

cc) Verbot (nur) kommerzieller Leihmutterschaften

Sofern der Gesetzgeber (nur) die kommerzielle, d.h. die entgeltliche Leihmutterschaft untersagt, ist diese Einschränkung der Fortpflanzungsfreiheit zwar nicht wegen der durch sie gar nicht beeinträchtigten Menschenwürde, wohl aber wegen der näherliegenden und in Ermangelung einer ausreichenden Empirik auch nicht angreifbaren Kindeswohlbedenken (noch) angemessen. Man könnte annehmen, der Eingriff in die Fortpflanzungsfreiheit sei bei einem partiellen Verbot weit weniger intensiv. Bei realitätsnaher Betrachtung wird aber nur eine kleine Zahl von Wunscheltern eine Leihmutter finden, die auf eine Entlohnung für ihre Dienste verzichtet. Zu dieser Aufgabe dürften sich einzig – und auch das nur ausnahmsweise – nahe Verwandte, enge Freundinnen oder Frauen, die die Schwangerschaft an sich als Selbsterfüllung empfinden, bereiterklären. So erklärt sich auch die überschaubare Fallzahl altruistischer Fremdschwangerschaften im Ausland. Praktisch werden damit nur wenige Wunscheltern in die Lage versetzt, ihrem Recht auf Fortpflanzung mittels einer Leihmutterschaft Ausdruck zu verleihen. Sofern ein Verbot der Surrogatmutterschaft auf deren kommerzielle Ausübung beschränkt wird, wirkt sich das foglich kaum auf die Eingriffsintensität aus. Die vorgebrachten Kindeswohlbedenken wiegen hier aber schwerer: Es gibt bisher keine aussagekräftigen Studien darüber, wie Kinder das Wissen darum, gegen eine Entlohnung ausgetragen worden zu sein, psychisch verarbeiten. Wo in der Entwicklungspsychologie ein vorwiegend positives Bild der Leihmutterschaft gezeichnet wird, ist zumeist nur die altruistische Variante dieses Verfahrens Gegenstand der Untersuchungen.

Zwar lässt sich eine Kindeswohlgefährdung durch die kommerzielle Surrogatmutterschaft bisher ebenso wenig positiv belegen. Der Verdacht einer solchen liegt hier aber näher: Kinder, die gegen Bezahlung von einer engagierten Leihmutter ausgetragen wurden, könnten ihre Zeugung und Geburt in einen Kontext fern von Liebe, Zuneigung und Mitmenschlichkeit einordnen. Eine (erhebliche) Kindeswohlgefährdung ist deshalb zwar noch nicht überwiegend wahrscheinlich oder gar „offenkundig"[1123]. Sie kann aber gegenwärtig auch nicht mit der erforderlichen Sicherheit ausgeschlossen werden. Deshalb bewegt sich der Gesetzgeber (noch) innerhalb seines Prognosespielraums, wenn er die Risiken für das Wohlergehen der Kinder in dieser Konstellation schwerer gewichtet als die Verkürzung der Reproduktionsfreiheit. Ein

---

Rn. 12 bezeichnet die Kindeswohlbedenken als „spekulativ". *Coester-Waltjen*, in: Trotnow/Coester-Waltjen, Möglichkeiten, Gefahren und rechtliche Schranken befruchtungstechnischer und gentechnischer Eingriffe unter besonderer Berücksichtigung des Entwurfs eines Embryonenschutzgesetzes, S. 10 und *Jungfleisch*, S. 113 nennen sie „zweifelhaft". Für *Schroeder*, in: FS für Miyazawa, S. 533 (537) hat sich die Begründung als „nicht tragfähig erwiesen." Ähnlich *Lindner*, in: Rosenau, Ein zeitgemäßes Fortpflanzungsmedizingesetz für Deutschland, S. 127 (148); *Heun*, in: Bockenheimer-Lucius/Thorn/Wendehorst, Umwege zum eigenen Kind, S. 49 (56). Nach Auffassung von *Eser/Albin*, in: GS für Keller, S. 15 (19) betreibt der Gesetzgeber mit dem EschG „weniger Embryonen- als vielmehr Tabuschutz."

1123 So aber der Gesetzgeber in BT-Drs. 11/5460, 15.

auf die kommerzielle Leihmutterschaft beschränktes Verbot büßt auch nicht deshalb an Legitimität ein, weil andere Länder dieses Verfahren gestatten und so der Reproduktionstourismus mit den ihm innewohnenden Rechtsunsicherheiten[1124] geradezu gefördert wird. Denn dass sich Bürger die Privilegien fremder Rechtsordnungen zu Nutze machen, ist in einer immer weiter vernetzten Welt unvermeidbar. Die inländische Normgebung deshalb immerfort der ausländischen Gesetzgebung anzugleichen führte dazu, die weltweit niedrigsten Schutzvorkehrungen zum Standard zu erheben.[1125] Das wiederum stünde der Aufgabe eines auf den ethischen Vorstellungen *dieser* Gesellschaft beruhenden, autonomen Rechtssystems gleich.

Zwar ergibt sich aus dem Grundgesetz keine Verpflichtung, die entgeltliche Surrogatmutterschaft zu verbieten. Ihre Untersagung ist aber jedenfalls nicht grundgesetzwidrig. Das entbindet den Gesetzgeber freilich nicht davon, auch die Entwicklung dieser Ausformung der Leihmutterschaft zu beobachten. Sollten zukünftige Studien – etwa über den kommerziellen Reproduktionstourismus – eine Kindeswohlgefährdung widerlegen, würde auch die Legitimation eines Verbotes der entgeltlichen Leihmutterschaft brüchig.

dd) Die auf Eizellspende beruhende Tragemutterschaft

Zu beantworten bleibt die Frage, ob der Gesetzgeber mit Recht die Tragemutterschaft als besondere Form der Leihmutterschaft untersagt hat. Dabei sei sich noch einmal vor Augen geführt, dass die Tragemutter anders als die Ersatzmutter kein genetisch eigenes Kind gebiert, sondern ein Kind, für dessen Zeugung entweder die Eizelle der Wunschmutter oder die einer dritten Frau verwendet wurde. Eine Legalisierung der Tragemutterschaft kommt nur in Betracht, wenn sich gegen die Eizellspende keine verfassungsrechtlichen Bedenken erheben lassen. Mit § 1 Abs. 1 Nr. 1 und 2 ESchG möchte der Gesetzgeber Eizellspenden verhindern und damit sowohl das Kindeswohl als auch das Seelenleben der Eizellspenderin schützen. Eine Eizellspenderin, die selbst nicht fähig sei ein Kind zu gebären, drohe „an dem Schicksal des von der anderen Frau geborenen Kindes [Anteil] zu nehmen" und sich so „erheblichen seeelischen Konflikten" auszusetzen. Ferner liege die Annahme nahe, dass jungen Menschen, die ihr Leben drei Elternteilen zu verdanken haben „die eigene Identitätsfindung wesentlich erschwert" werde.[1126]

In der Literatur stößt das Verbot der Eizellspende auf noch größere Kritik[1127] als das Verbot der Leihmutterschaft. Die gegen die Eizellspende erhobenen

---

1124 Dazu Zweiter Teil, B., V.

1125 So auch *Hüppe*, in: Bundesministerium für Gesundheit, Fortpflanzungsmedizin in Deutschland, S. 406.

1126 BT-Drs. 11/5460, 7.

1127 Für *Kentenich/Griesinger*, Journal für Reproduktionsmedizin und Endokrinologie 2013, 273 (276) fehlt es für ein solches Verbot an einer „hinreichenden Begründung." Ganz ähnlich: *Taupitz*, in: Günther/Taupitz/Kaiser, ESchG, § 1 Abs. 1 Nr. 1 Rn. 7; *Reinke*, S. 165; *Lindner*, in: Rosenau, Ein zeitgemäßes Fortpflanzungsmedizingesetz

Kindeswohlbedenken stehen im Widerspruch zu den bisherigen wissenschaftlichen Erkenntnissen: Psychologische Nachuntersuchungen von Spenderkindern lassen in puncto Wohlergehen und Eltern-Kind-Beziehung keine Besonderheiten erkennen.[1128] Einen ausreichenden Beleg dafür, dass die Kindesentwicklung nach Fremdeizellspende schlechter verläuft als nach spontaner Befruchtung gibt es nicht.[1129] Verschiedene follow-up-Studien zeigen ferner, dass die ganz überwiegende Zahl der Spenderinnen ihren Entschluss auch nach erfolgter Spende nicht bereut.[1130] Das Verfahren der Eizellspende gefährdet also weder das Wohlergehen der Kinder noch jenes der Spenderinnen in einem solchen Maße, dass der Eingriff in das Recht auf Familiengründung als angemessen erachtet werden könnte. Gleiches gilt für das Selbstbestimmungsrecht der Eizellspenderin.[1131]

Der Gesetzgeber muss sich sogar vorwerfen lassen, das an ihn adressierte Gleichbehandlungsgebot aus Art. 3 Abs. 2 GG zu missachten, indem er einerseits die Samenspende erlaubt, andererseits aber die Eizellspende untersagt. Darin liegt eine Verschiedenbehandlung von männlicher und weiblicher Sterilität, für die sich keine tragfähige Begründung finden lässt. Eine derartige Ungleichbehandlung darf einzig auf (gewichtige) biologische Unterschiede zwischen Mann und Frau gestützt werden.[1132] Solche existieren aber zwischen der Samen- und der Eizelle als biologisch gleichartige und gleichwertige Keimzellen nicht.[1133] Für die Entstehung des Kindes ist es bedeutungslos, ob männliche oder eine weibliche Gameten gespendet

---

für Deutschland, S. 127 (146); *Müller-Terpitz*, in: Spickhoff, Medizinrecht, § 1 ESchG Rn. 7; *Zimmermann*, S. 69; *Katzorke*, Reproduktionsmedizin 2000, 373 (373); *Thorn*, Hessisches Ärzteblatt 2006, 173 (175); *dies.*, Gynäkologische Endokrinologie 2014, 21 (25); *Müller-Götzmann*, S. 253; *Kaiser*, in: FS für Brudermüller, S. 357 (361); *Kamps*, MedR 1994, 339 (342).

1128 *Kentenich/Griesinger*, Journal für Reproduktionsmedizin und Endokrinologie 2013, 273 (275); *Golombok/Cook/Bish/Murray*, Child Development 1995, 285 (296); *Golombok/Jadva/Lycett/Murray/MacCallum*, Human Reproduction 2005, 286; *Kentenich/Utz-Billing*, Gynäkologische Endokrinologie 2006, 229 (230). Vgl. zur ganz überwiegend positiven Einstellung der Wunschmütter zu ihren genetisch fremden Kindern: *van Berkel/Candido/Pijffers*, Journal of Psychosomatic Obstetrics and Gynecology 2007, 97.

1129 So zusammenfassend *Reinke*, S. 160.

1130 Bei *Schover/Collins/Quigley/Blankstein/Kanoti*, Human Reproduction 1991, 1487 (1490) waren 91 Prozent der Spenderinnen „einigermaßen bis extrem zufrieden mit ihrer Erfahrung". In einer Untersuchung von *Jordan/Belar/Williams*, Journal of Psychosomatic Obstetrics and Gynecology 2004, 145 (149) waren es 79 Prozent.

1131 So auch *Taupitz*, in: Günther/Taupitz/Kaiser, ESchG, § 1 Abs. 1 Nr. 1 Rn. 7.

1132 BVerfG, NJW 1991, 1602.

1133 *Heun*, in: Bockenheimer-Lucius/Thorn/Wendehorst, Umwege zum eigenen Kind, S. 49 (61); *Reinke*, S. 108 f. erläutert, weshalb ein „zellbiologisch relevanter Unterschied zwischen beiden Keimzelltypen nicht besteht."

werden.[1134] Obwohl die Eizellentnahme verglichen mit der Samenspende die invasivere Maßnahme darstellt, werden die medizinischen Komplikationsraten heute als „vertretbar niedrig" eingestuft, wozu maßgeblich moderne Stimulationsverfahren beitragen, welche das Risiko von Überstimulationssyndromen weitgehend ausschließen.[1135] Den Eingriff empfinden Eizellspenderinnen zumeist als „einfach, schnell und schmerzlos".[1136] In die verbleibenden Gefahren der Behandlung kann wirksam eingewilligt werden.[1137] Die Entnahme von Eizellen erfolgt inzwischen weitgehend komplikationsfrei und ist nicht mehr mit „massiven medizinischen, [...] psychologischen und sozialen Risiken"[1138] verbunden. Mit dem medizintechnischen Aufwand kann das Verbot deshalb nicht (mehr) überzeugend begründet werden.[1139]

Im Gegensatz zur gespaltenen Mutterschaft kann die gespaltene Vaterschaft zwar keine Trennung von genetischer und biologischer Herkunft herbeiführen.[1140] Es leuchtet aber nicht ein, die einheitliche Mutterschaft unterbinden zu wollen, weil man sie deshalb für wichtiger hält als die einheitliche Vaterschaft[1141]: Die familiären Geschlechterrollen haben sich inzwischen in einer Weise angenähert, dass die Mutter nicht ohne weiteres als bedeutsamere Bezugsperson des Kindes angesehen werden kann. Weil Männer ihr Engagement für die eigenen Kinder in jüngerer Zeit ebenso ausweiten wie Frauen ihre Berufstätigkeit, erleben immer mehr Kinder eine durch Mutter und Vater in gleichen Maßen definierte Erziehung. Politisch hat diese Entwicklung Institute wie die Elternzeit hervorgebracht. Aus der Perspektive der Entwicklungspsychologie sind beide Elternteile für die kindliche Sozialisation gleich wichtig.[1142] Die Mutterschaft ist damit ungeachtet des ihr eigenen Geburtsereignisses keine schützenswertere „Elternschaft ersten Ranges". Der Einwand,

---

1134 *Trotnow*, in: Trotnow/Coester-Waltjen, Möglichkeiten, Gefahren und rechtliche Schranken befruchtungstechnischer und gentechnischer Eingriffe unter besonderer Berücksichtung des Entwurfs eines Embryonenschutzgesetzes, S. 8.

1135 *Kentenich/Griesinger*, Journal für Reproduktionsmedizin und Endokrinologie 2013, 273.

1136 *Kalfaglou/Gittelsohn*, Human Reproduction 2000, 798 (801).

1137 Die Einwilligung der Spenderin scheitert nicht an § 228 StGB; vgl. Zweiter Teil, A., IV. Auch für *Bernat*, MedR 1986, 245 (253) kollidiert der Entschluss zur Eizellspende „nicht im Geringsten mit den Prinzipien des Rechts".

1138 So noch *Berg*, in: Bundesministerium für Gesundheit, Fortpflanzungsmedizin in Deutschland, S. 143 (144).

1139 So auch *Katzorke*, Reproduktionsmedizin 2000, 373; *Hieb*, S. 200; a.A. *Höfling*, in: Prütting, Fachanwaltskommentar Medizinrecht, § 1 ESchG Rn. 10.

1140 *Höfling*, in: Prütting, Fachanwaltskommentar Medizinrecht, § 1 ESchG Rn. 10.

1141 So aber *Keller*, in: FS für Tröndle, S. 705 (720), der von der Mutter als die „bis in die jüngste Zeit [...] einzige sichere Bezugsperson" mit „für die Identitätsfindung des Kindes [...] eminentem Einfluss" spricht. Für *Schumann*, MedR 2014, 736 (739) beruht diese Auffassung auf einem noch immer nicht überwundenen „Muttermythos".

1142 *Müller*, Die Bedeutung von Vätern für die Entwicklung von Sozialkompetenz, S. 18; *Matzner*, Vaterschaft heute – Klischees und soziale Wirklichkeit, S. 25.

die Eizellspende kenne anders als die Samenspende „in der Natur kein Vorbild"[1143] verliert vor dem Hintergrund, dass es sich auch bei der heute üblichen (und akzeptierten) Form der heterologen Samenspende um eine künstliche Befruchtungstechnik handelt, an Gewicht.

Jedenfalls gegen die unentgeltliche[1144] Eizellspende, bei der eine hinreichende Risikoaufklärung der Spenderin gewährleistet und das Recht des Kindes auf die Kenntnis seiner Abstammung gewahrt wird, bestehen keine verfassungsrechtlichen Bedenken. Art. 3 Abs. 2 GG verpflichtet den Gesetzgeber sogar zur Korrektur der gegenwärtigen Rechtslage.[1145] Folgerichtig fehlen auch schlagkräftige Argumente gegen die Tragemutterschaft als besondere Form der Leihmutterschaft.

ee) Fehlen jeder genetischen Verbindung zu den Wunscheltern

Eine andere Beurteilung verdienen jene Fälle der Leihmutterschaft, in denen keines der beiden Wunschelternteile eine genetische Verbindung zu dem geborenen Kind aufweist. Gemeint sind solche Konstellationen, die zu einem sog. „Fünf-Eltern-Kind" führen: Hier greifen die Wunscheltern, weil weder die Wunschmutter noch der Wunschvater in der Lage sind, befruchtungsfähige Zellen zu produzieren, sowohl auf eine Eizell- als auch auf eine Samenspende zurück. Das dann durch die Tragemutter geborene Kind hat fünf potenzielle Eltern: die genetische Mutter, den genetischen Vater, die Wunschmutter, den Wunschvater und die Leihmutter. An einer genetischen Verbindung zu dem Kind fehlt es auch, wenn die Ersatzmutter mit einem Spendersamen inseminiert wird.

Die Ersatzmutterschaft in dieser Konstellationen zu untersagen wäre verfassungsrechtlich nicht nur frei jeder Beanstandung, sondern ist sogar geboten: Das Wohl des Kindes ist im Vergleich zur klassischen, durch die Paare zumeist gewünschten Variante der Leihmutterschaft einer gesteigerten Gefahr ausgesetzt. Denn die Integration in die Familie ist erschwert, wenn das Kind neben der Tatsache, von einer anderen Frau ausgetragen worden zu sein, auch noch das Fehlen jeder genetischen Beziehung zu den Eltern verarbeiten muss. Je mehr Personen in den Zeugungsprozess

---

1143 *Keller*, in: FS für Tröndle, S. 705 (720).

1144 Wobei zu bedenken ist, dass Samenspendern überlicher- und legalerweise eine Aufwandsentschädigung zwischen 150 und 450 Euro gezahlt wird; *Rütz*, S. 27. Eine solche wäre auch der Eizellspenderin zuzubilligen. Vgl. *Berg*, in: Bundesministerium für Gesundheit, Fortpflanzungsmedizin in Deutschland, S. 417.

1145 Ebenso *Müller-Terpitz*, in: Spickhoff, Medizinrecht, § 1 ESchG Rn. 7; *Zimmermann*, S. 116; *Katzorke*, Reproduktionsmedizin 2000, 373 (373); *Taupitz*, in: Günther/Taupitz/Kaiser, ESchG, § 1 Abs. 1 Nr. 1 Rn. 12; *Coester-Waltjen*, in: Bundesministerium für Gesundheit, Fortpflanzungsmedizin in Deutschland, 158 (160); *Hieb*, S. 201; *Lehmann*, S. 193; *Zumstein*, in: Bundesministerium für Gesundheit, Fortpflanzungsmedizin in Deutschland, S. 134 (139); *Müller-Götzmann*, S. 256; *Laufs*, NJW 1998, 1750 (1753); *ders.*, Fortpflanzungsmedizin und Arztrecht, S. 83; *Geilen*, ZStW 1991, 829 (839); a.A. *Eser/Albin*, in: GS für Keller, S. 15 (23), für die eine unterschiedliche Behandlung von Samen- und Eispende „gut nachvollziehbar" ist.

eingebunden sind, desto größer sind die drohenden Identitätskonflikte. Das bedeutet selbstverständlich nicht, dass eine genetische Verbindung eine notwendige Bedingung für ein intaktes Familienleben ist. In der Kombination von Eizellspende, Samenspende und Leihmutterschaft liegt aber eine Kumulation von Risiken, die Kindeswohlrelevanz erreicht. Hinzu kommt: Wollen Wuscheltern ein genetisch vollkommen fremdes Kind von einer Leihmutter gebären lassen, können sie sich – insoweit sei auf die Ausführungen auf der Schutzbereichsebene verwiesen[1146] – nicht auf ihre Fortpflanzungsfreiheit berufen. Für ihr Verlangen streitet (nur) das Recht auf Familiengründung, dem unter Abwägung aller Interessen mit der Ermöglichung einer klassischen Adoption Genüge getan ist. Die Leihmutterschaft hat in dieser Konstellation keine gewichtigen Vorteile gegenüber der klassischen Adoption. Allein der Vorzug, dass Wuscheltern so Einfluss auf die genetische Abstammung und das Alter ihres Wunschkindes nehmen können, steht in keinem angemessenen Verhältnis zu den erhöhten Kindeswohlrisiken. Hier – aber eben auch nur hier – müssen sich Wuscheltern auf die Möglichkeit einer zwar bürokratieaufwändigen, aber im Vergleich zur Leihmutterschaft nicht mühsameren Annahme eines elternlosen Kindes verweisen lassen.

5. Zwischenergebnis

Die Unterstellung, der Gesetzgeber habe das Kindeswohl in Wahrheit nur als Scheinargument angeführt, um deontologisch ein „Prinzip der Heiligkeit der Natur" zu wahren[1147], ist nicht verifizierbar. Das strikte Verbot der Leihmutterschaft begünstigt das Kindeswohl aber allenfalls geringfügig und führt keinen angemessenen Ausgleich mit dem Recht auf Fortpflanzung herbei. Die inadäquate Gewichtung der Reproduktionsfreiheit ist inzwischen derart evident, dass sich der Gesetzgeber in seiner Untätigkeit auch nicht mehr auf den ihm eingeräumten Einschätzungs- und Prognosespielraum berufen kann. Die geltenden Regelungen zur Surrogatmutterschaft greifen ungerechtfertigt in Art. 6 Abs. 1 GG ein, was ihre Unvereinbarkeit mit der Verfassung zur Folge hat.

V. Freiheits- und Gleichheitsrechte der Leihmutter

Das Verbot der Fremdschwangerschaft verkürzt nicht nur in die Freiheitsrechte der Wuscheltern, sondern auch die Autonomie potentieller Leihmütter. Frauen, die ein Kind für ein Wunschelternpaar empfangen und austragen möchten, werden daran durch das ESchG gehindert. Die Bereiterklärung zu einer Leihmutterschaft ist dabei anders als teilweise angenommen nicht nur Ausdruck der in Art. 2 Abs. 1 GG garantierten allgemeinen Handlungsfreiheit.[1148] Vielmehr fällt diese Tätigkeit sogar in den engeren Schutzbereich des aus Art. 2 Abs. 1 i.V.m. Art. 1 Abs. 1 GG

1146 Dazu Dritter Teil, A., IV., 2.
1147 So der Vorwurf von *Hektor*, S. 182.
1148 So aber *Diel*, S. 68; *Hieb*, S. 31.

abgeleiteten allgemeinen Persönlichkeitsrechts.[1149] Schließlich ist das Austragen eines Kindes – unabhängig davon, ob dieses Kind später in der eigenen Familie aufwachsen soll oder nicht – nie nur eine beliebige, sondern immer eine persönlichkeitsstiftende Tätigkeit, mithin ein folgenreiches biographisches Ereignis. Für Ersatzmütter streitet sogar das aus Art. 6 Abs. 1 GG folgende Recht auf Fortpflanzung, da sie genetisch eigenen Nachwuchs zur Welt bringen. Nach Maßgabe des Grundgesetzes sind Frauen in ihrem Entschluss, ihre Gebärfähigkeit für ein anderes Paar zu nutzen, frei. Unentgeltliche Leihmutterarrangements gefährden das Kindeswohl nicht in einem solchen Maße, dass die Einschränkung ihrer Freiheitsrechte als gerechtfertigt erachtet werden könnte. Deshalb ist das strikte Verbot der Surrogatmutterschaft auch mit dem allgemeinen Persönlichkeitsrecht der Leihmutter – respektive ihrer Fortpflanzungsfreiheit – unvereinbar.

Eine Verletzung ihrer Berufsfreiheit ist dagegen nicht zu befürchten. Dabei ist bedeutungslos, dass ihre Dienste eher unkonventionaller Art sind.[1150] Vielmehr dient die Betätigung der Leihmutter, sofern ihr lediglich eine Aufwandsentschädigung gezahlt wird, nicht ihrem Lebensunterhalt und ist deshalb kein Beruf. Selbst bei der kommerziellen Leihmutterschaft handelt es sich meist nur um eine einmalige und eben nicht dauerhafte[1151] Tätigkeit. Die gegenwärtig wohl abwegige Konstellation, in der Frauen die Leihmutterschaft als „Erwerbsmodell" betreiben, fiele wohl in den Schutzbereich des Art. 12 Abs. 1 GG, ließe sich durch den Gesetzgeber aber auf der Grundlage der bisher nicht mit hinreichender Sicherheit auszuräumenden Kindeswohlgefahren der *entgeltlichen* Leihmutterschaft rechtmäßig unterbinden.

Art. 3 Abs. 1 i.V.m. Abs. 2 S. 1, Abs. 3 S. 1 Var. 1 GG garantiert die Gleichberechtigung von Mann und Frau. Mit der (erlaubten) Samenspende kann der Mann – soweit möglich – kinderlose Paare bei der Zeugung eines Wunschkindes unterstützen. Dagegen untersagt das Gesetz den Frauen die ihnen biologisch mögliche Fortpflanzungshilfe. Möglicherweise gebietet das Gleichbehandlungsgebot nicht nur die Zulassung der Eizellspende[1152], sondern auch die Legalisierung der Leihmutterschaft.[1153] Ein Verstoß gegen Art. 3 GG setzt eine unterschiedliche Behandlung

---

1149   Ebenso *Merkel-Walther*, S. 25; *Dietrich*, S. 444; *Diefenbach*, S. 125; *Starck*, in: Ständige Deputation des Deutschen Juristentages, Verhandlungen des 56. DJT, Bd. 1, A 17. Ihr Recht auf Familiengründung ist dagegen nicht betroffen, weil es Leihmüttern gerade nicht um die Gründung einer eigenen Familie mit diesem Kind geht.

1150   Art. 12 Abs. 1 GG schützt nicht nur traditionelle, sondern auch atypische Berufsbilder; BVerfGE 13, 97 (106); BVerfGE 119, 59 (78).

1151   Ein einmaliger Erwerbsakt wird nicht von Art. 12 Abs. 1 GG geschützt; BVerfGE 97, 228 (253).

1152   Dazu Dritter Teil, A., IV., 4., cc).

1153   *Diel*, S. 68 wirft diesen Gedanken auf, lehnt einen Verstoß gegen Art. 3 Abs. 1 GG aber ab.

zweier vergleichbarer Sachverhalte voraus.[1154] Die männliche Fortpflanzungshilfe kennt aber kein Pendant zur Leihmutterschaft. Das Äquivalent zur Samenspende ist nicht die Fremdschwangerschaft, sondern die Eizellspende. Indem der Gesetzgeber Leihmutterschaften untersagt, knüpft er an einen eigenen, mit der Gametenspende nicht vergleichbaren Sachverhalt an, mit der Folge, dass ihm ein Verstoß gegen das Diskriminierungsverbot nicht zur Last gelegt werden kann.

VI. Wissenschaftsfreiheit (Art. 5 Abs. 3 GG)

Dem Grundrecht auf freie wissenschaftliche Betätigung liegt der Gedanke zugrunde, dass „eine von gesellschaftlichen Nützlichkeits- und politischen Zweckmäßigkeitserwägungen freie Wissenschaft Staat und Gesellschaft am Ergebnis am besten dient."[1155] Unter Wissenschaft versteht man klassischerweise die auf wissenschaftlicher Eigengesetzlichkeit beruhenden Prozesse, Verhaltensweisen und Entscheidungen beim Auffinden von Erkenntnissen, ihrer Deutung und ihrer Weitergabe.[1156] Damit schützt Art. 5 Abs. 3 GG grundsätzlich auch die Reproduktionsmedizin.[1157] Das Embryonenschutzgesetz bildet einen Regelungskatalog, der neben anderen Grundrechten vor allem die Wissenschaftsfreiheit verkürzt. § 1 Abs. 1 Nr. 2 und 7 ESchG hindern im Einzelnen jedoch nicht an der Erlangung und Verarbeitung (neuer) medizinischer Erkenntnisse: Denn die Herbeiführung einer Ersatzmutterschaft ist aus medizinischer Perspektive nichts anderes als eine für sich genommen bereits erlaubte und praktizierte artifizielle Insemination. Ferner ist es Medizinern nicht erst aufgrund der Regelungen zur Tragemutterschaft, sondern schon wegen des in § 1 Abs. 1 Nr. 1 ESchG normierten Verbots der Eizellspende nicht möglich, wissenschaftliche Erkenntnisse über die Spende weiblicher Gameten zu sammeln. Das Verbot der Leihmutterschaft hemmt daher nicht die Embryonenforschung. Jedoch sind auch Erkenntnisse über die physischen, psychischen und sozialen Auswirkungen der Leihmutterschaft dem Wissenschaftsbereich der Fortpflanzungsmedizin zugehörig. Insofern werden Reproduktionsmediziner durch das Verbot der Surrogatmutterschaft durchaus an der Erforschung und Optimierung dieses speziellen Verfahrens gehindert.

Selbst wenn man diese Freiheitsverkürzung als hinreichend intensiv einstuft, um einen mittelbaren Eingriff in Art. 5 Abs. 3 GG zu begründen[1158], bleibt es dabei, dass der Forschungsbereich der Reproduktionsmedizin hier allenfalls am Rande beeinträchtigt wird. Weil der Umfang des legislativen Prognosespielraums negativ mit der Schwere des Grundrechtseingriffes korreliert, ist dem Gesetzgeber kein evidenter

---

1154 BVerfG, NJW 2012, 1419 (1420); *Boysen*, in: von Münch/Kunig, Grundgesetz, Bd. 1, Art. 3 Rn. 62.
1155 BVerfGE 127, 87 (115).
1156 BVerfGE 111, 333 (354); BVerfGE 122, 89 (105); BVerfGE 128, 1 (40).
1157 *Wendehorst*, in: Oduncu/Platzer/Henn, Der Zugriff auf den Embryo, S. 35 (37); *Diefenbach*, S. 120. Die Wissenschaftsfreiheit ist im Verhältnis zur Berufsfreiheit das speziellere Grundrecht; *Hufen*, Staatsrecht II, § 34 Rn. 19.
1158 So offenbar *Diel*, S. 68; *Diefenbach*, S. 126; *Merkel-Walther*, S. 24.

Verfassungsverstoß anzulasten, wenn er die zwar geringen, aber nicht gänzlich widerlegbaren Kindeswohlrisiken heranzieht, um einen allenfalls marginalen Eingriff in die Wissenschaftsfreiheit zu rechtfertigen. An Art. 5 Abs. 3 GG lässt sich die Grundgesetzwidrigkeit des § 1 Abs. 1 Nr. 2 und 7 ESchG deshalb nicht festmachen.

VII. Berufsfreiheit (Art. 12 Abs. 1 GG)

Art. 12 Abs. 1 GG garantiert als einheitliches Grundrecht[1159] die Freiheit der Berufswahl und –ausübung. Ein Beruf ist jede auf die Schaffung und den Erhalt der Lebensgrundlage gerichtete Tätigkeit, die auf eine gewisse Dauerhaftigkeit angelegt ist.[1160] Die medizinische Assistenz bei der Herbeiführung einer Leihmutterschaft ist ein Teilbereich reproduktionsmedizinischer Tätigkeit, welche ohne Zweifel eine berufliche Tätigkeit im Sinne dieser Norm darstellt. Gleiches gilt für die professionelle Vermittlungstätigkeit, d.h. für das Zusammenführen von Wunscheltern und austragewilliger Leihmutter. Der Schutzbereich bleibt hier nicht schon deshalb verschlossen, weil die in Rede stehenden beruflichen Tätigkeiten gegenwärtig verboten und sogar mit strafrechtlichen Sanktionen bedroht sind. Zwar wird zum Teil vertreten, nicht erlaubte Tätigkeiten seien von dem Schutz durch die Berufsfreiheit ausgenommen.[1161] Die h.M. lehnt eine derartige Eingrenzung des Gewährleistungsbereiches aber ab und verwehrt allenfalls schlechthin sozial- und gemeinschaftschädlichen Betätigungen den Schutz durch dieses spezielle Grundrecht.[1162] Richtigerweise kann es für den Geltungsbereich der Berufsfreiheit nicht darauf ankommen, ob einfache Gesetze eine Tätigkeit untersagen. Andernfalls würde der grundgesetzliche Berufsbegriff anhand einfachen Rechts konkretisiert und der Legislative so die Möglichkeit eröffnet, die Berufsfreiheit nach freiem Belieben einzuschränken, ohne dabei eine verfassungsrechtliche Überprüfung am Maßstab des Art. 12 Abs. 1 GG fürchten zu müssen.

Weil die Leihmutterschaft weder mit Art. 1 Abs. 1 GG noch mit Art. 6 Abs. 1 GG kollidiert, können die in Rede stehenden Unterstützungshandlungen nicht evident unvereinbar mit dem Menschenbild des Grundgesetzes[1163], mithin nicht generell sozialschädlich sein, sodass Reproduktionsmediziner und Vermittler hier

---

1159 BVerfGE 7, 377 (401); Hufen, Staatsrecht II, § 35 Rn. 5.
1160 BVerfGE 54, 301 (313); BVerfGE 105, 252 (265); BVerfGE 115, 276 (300).
1161 *Hofmann*, in: Schmidt-Bleibtreu/Hofmann/Henneke, Grundgesetz, Art. 12 Rn. 27; *Scholz*, in: Maunz/Dürig, Grundgesetz, Bd. 2, Art. 12 Rn. 38. Auch das BVerfG und das BVerwG vertraten in früheren Entscheidungen noch diese Auffassung; BVerfGE 7, 377 (397) und BVerwGE 87, 37 (41).
1162 BVerfGE 115, 276 (301); BVerwGE 96, 293 (296); *Hufen*, Staatsrecht II, § 35 Rn. 8; *Katz*, Staatsrecht, § 30 Rn. 791; *Jarass*, DÖV 2000, 753 (755); *ders.*, in: Jarass/Pieroth, Grundgesetz, Art. 12 Rn. 9 hält dieses Kriterium für „zu vage" und verzichtet ebenso wie *Kämmerer*, in: von Münch/Kunig, Grundgesetz, Bd. 1, Art. 12 Rn. 17 auf jede weitere Eingrenzung des Schutzbereiches.
1163 Nur dann verwehrt die h.M. den Schutz durch die Berufsfreiheit, vgl. nur *Katz*, Staatsrecht, § 30 Rn. 791.

berechtigterweise die Berufsfreiheit für sich in Anspruch nehmen. Sie werden dabei nicht in der Freiheit ihrer Berufswahl, aber in der konkreten Ausübung ihres Berufes beschränkt. Der Grundrechtseingriff erfolgt nach der durch das BVerfG etablierten Dreistufenlehre[1164] also auf der ersten Stufe in Gestalt einer Berufsausübungsregelung. Für seine Rechtfertigung bedarf es eines vernünftigen Gemeinwohlbelanges, der in verhältnismäßiger Weise gefördert werden muss.[1165] § 1 Abs. 1 Nr. 2 und 7 ESchG bleiben hinter diesen Anforderungen zurück: Leihmutterschaften begründen vor dem Hintergrund steigender Infertilitätsraten ein an Bedeutung gewinnendes Wirkungsfeld der Fortpflanzungsmedizin. Indem der Gesetzgeber die Herbeiführung gespaltener Mutterschaften kategorisch untersagt, grenzt er das Berufsfeld des Reproduktionsmediziners erheblich ein. Das Kindeswohl als zwar vernünftiger Gemeinwohlbelang wird jedenfalls durch die nichtkommerzielle Form der Leihmutterschaft nicht derart gefährdet, dass Medizinern diese Form der reproduktiven Assistenz rechtmäßig untersagt werden könnte.

Das gilt ungeachtet einer von den Medizinern bzw. den Kliniken eingeforderten Entlohnung. Dass Außenstehende an den Prozessen von Schwangerschaft und Geburt (mit-)verdienen, ist weder unüblich, noch folgt daraus ein Konflikt mit dem Grundgesetz. Anders als zur Leihmutter entwickelt das werdende Kind zu einem behandelnden Arzt und zu einer Vermittlungsperson eine Sonderbeziehung, die von jeden Entgeltinteressen frei gehalten werden müsste. Es ist daher verfassungsrechtlich unbedenklich, wenn durch sie erbrachte Leistungen im Kontext der Leihmutterschaft gegen Bezahlung getätigt werden. Somit hält auch § 13c AdVermiG einer Überprüfung am Maßstab des Art. 12 Abs. 1 GG nicht Stand. Der Gesetzgeber ist nicht befugt, das (gewerbsmäßige[1166]) Zusammenführen von Wunscheltern und Leihmüttern zu verbieten.

VIII. Ergebnis

Das umfassende Verbot der Leihmutterschaft, normtextlich in § 1 Abs. 1 Nr. 2 und 7 ESchG sowie in § 13c AdVermiG niedergelegt, ist verfassungswidrig. Indem der Gesetzgeber jede Form der Fremdschwangerschaft untersagt, verletzt er das Recht der Wunscheltern auf Fortpflanzung. Weder aus dem in Art. 1 Abs. 1 GG garantierten

---

1164 Das BVerfG unterscheidet nach aufsteigender Eingriffsintensität die Stufen der Berufsausübungsregeln, der subjektiven Berufswahlregeln und der objektiven Berufswahlregeln; BVerfG, NJW 1958, 1035. Im Prinzip handelt es sich dabei nur um eine näher ausdifferenzierte Verhältnismäßigkeitsprüfung; vgl. auch *Ruffert*, in: Epping/Hillgruber, Grundgesetz, Art. 12 Rn. 101.

1165 BVerfG, NJW 1971, 1555 (1557); BVerfG, NJW 1992, 2341 (2342); BVerfG, NJW 2009, 2033 (2038).

1166 Wobei sich ein „Markt" für Vermittlungtätigkeiten wohl nicht bilden wird, solange die Leihmutterschaft gegen Bezahlung untersagt bleibt. Frauen, die unter Verzicht auf eine Entlohnung eine Fremdschwangerschaft auf sich nehmen, finden sich meist im privaten Umfeld der Wunscheltern.

Menschenwürdeschutz noch aus dem durch Art. 6 Abs. 1 GG gewährten Schutz von Ehe und Familie ergeben sich Bedenken gegen eine Legalisierung der Leihmutterschaft. Den gegenwärtigen wissenschaftlichen Erkenntnissen zufolge gefährdet die gespaltene Mutterschaft das Kindeswohl nicht in einem solchen Maße, dass ein striktes Verbot als angemessen erachtet werden könnte.[1167] Auch das allgemeine Persönlichkeitsrecht der Leihmutter und die in Art. 12 Abs. 1 GG geschützte Berufsfreiheit zwingen zum Erlass einer Gesetzesnovelle. Die Legislative überschreitet ihren Prognosespielraum dagegen nicht, wenn sie die entgeltliche Surrogatmutterschaft auch zukünftig untersagt.

B. Zur Funktion des Strafrechts

Das Strafrecht stellt mit Sanktionsandrohungen bewehrte Verhaltensnormen auf, verhängt diese Sanktionen im Falle des Normbruchs und vollstreckt sie dann gegen den Täter.[1168] Die medizinische Assistenz und die Vermittlungtätigkeit im Kontext der Leihmutterschaft ist nicht nur verboten, sondern ein Zuwiderhandeln sogar mit Strafe bedroht. Der Gesetzgeber wollte mit dem ESchG der Fortpflanzungsmedizin Grenzen setzen, hätte dafür aber nicht zwingend Strafgesetze erlassen müssen. Denn nicht jedes unzulässige, d.h. mit den Werten des Grundgesetzes unvereinbare Handeln ist zugleich strafbedürftig. Zu klären ist, ob der Gesetzgeber hier den Ausnahmecharakter des Strafrechts als „schärfstes Schwert" des Staates[1169] beachtet hat und ob die Strafzwecke es nicht als ausreichend erscheinen lassen, die kommerzielle Leihmutterschaft ohne die Androhung von Geld- oder Freiheitsstrafe zu verbieten.

1. Strafzwecktheorien

Es wird klassischerweise zwischen den absoluten und den relativen Straftweckthe-orien unterschieden.[1170] Die Vertreter absoluter Strafzwecktheorien sehen die Strafe losgelöst (lat. „absolutus") von gesellschaftlichen Zwecken. Bei ihnen hat die Strafe eine rein repressive Funktion, wirkt also in die Vergangenheit. *Kant* erläutert seine Vergeltungstheorie anhand des berühmten Inselbeispiels: Selbst wenn das eine Insel bewohnende Volk auseinanderginge und sich in aller Welt zerstreute, „müsste der letzte im Gefägnis befindliche Mörder vorher hingerichtet werden, damit jedermann das widerfahre, was seine Taten wert sind [...]."[1171] Strafe dürfe nie etwas Gutes „für den Verbrecher selbst, oder für die bürgerliche Gesellschaft" fördern, sondern müsse

---

1167 So auch *Schumann*, in: Rosenau, Ein zeitgemäßes Fortpflanzungsmedizingesetz für Deutschland, S. 155 (193) und *Müller-Götzmann*, S. 288.
1168 *Radtke*, in: Münchener Kommentar zum StGB, Vor §§ 38 ff. Rn. 28.
1169 *Hefendehl*, JA 2011, 401.
1170 Ausführliche Darstellung aller Straftheorien in *Lesch*, JA 1994, 510 ff. und *Lesch*, JA 1994, 590 ff.
1171 *Kant*, zit. nach Vormbaum, Moderne deutsche Strafrechtsdenker, S. 43.

„jederzeit nur darum wider ihn verhängt werden, weil er verbrochen hat [...]"[1172] Nach dieser Konzeption dient die Bestrafung einzig dem Schuldausgleich und der Wiederherstellung der Gerechtigkeit. Einen ähnlichen Ansatz verfolgt die Sühnetheorie, nach welcher der Täter wieder mit der Rechtsordnung versöhnt werden soll, indem er die aufgeladene Schuld verarbeitet.[1173] Bei den relativen Straftheorien ist der Bezugspunkt (lat. „relatus" = bezogen auf) der präventive Zweck der zukünftigen Verhütung von (weiteren) Straftaten. Als prominenter Verfechter der negativen Generalprävention gilt Paul Johann Anselm von Feuerbach, der nicht erst die Strafvollstreckung, sondern bereits die Strafandrohung als der Abschreckung der Allgemeinheit dienlich erachtete.[1174] Heute wird dagegen häufiger der Gedanke der positiven Generalprävention angeführt: Durch die Bestrafung des Täters soll das zivile Vertrauen in die Rechtsordnung und damit rechtstreues Verhalten gefördert werden. Die negative Spezialprävention, maßgeblich geprägt durch den Rechtswissenschaftler und preußischen Kriminalpolitiker Franz von Liszt, legitimiert das Einsperren von Straftätern mit dem Schutzbedürfnis der Gesellschaft vor nicht besserungsfähigen Kriminellen.[1175] Mit der positiven Spezialprävention soll dagegen der besserungsfähige Täter resozialisiert und so einer weiteren Begehung von Straftaten vorgebeugt werden. Keine dieser Theorien vermag für sich genommen zu überzeugen. Wo an sich rechtstreue Bürger im Affekt (schwere) Straftaten begehen, versagt der positiv-spezialpräventive Ansatz, weil sich mit ihm nicht begründen lässt, warum Täter, von denen keine Wiederholungsgefahr ausgeht, Strafe erfahren müssen.

Heute vorherrschend sind – freilich mit unterschiedlicher Gewichtung des repressiven und des präventiven Elements – die sog. Vereinigungstheorien. Die Rechtsprechung vertritt die vergeltende Vereinigungstheorie:[1176] Sie begreift die Strafe im Ausgangspunkt als eine repressive Übelzufügung zum Zwecke des gerechten Schuldausgleichs und kann sich dabei auf den Wortsinn des § 46 Abs. 1 S. 1 StGB stützen. Die individuell aufgeladene Schuld bildet den Rahmen für die Strafzumessung, innerhalb derer dann Präventionszwecken Rechnung getragen wird. Die im Schrifttum verbreitete präventive Vereinigungstheorie hält die Vergeltung begangenen Übels

---

1172 *Kant*, zit. nach Pöppmann, in: FS für Baumgart, S. 167 (175).

1173 BVerfGE 45, 187 (259).

1174 Für seine Theorie vom psychologischen Zwang ist entscheidend, „dass Jeder weiss, auf seine That werde unausbleiblich ein Übel folgen, welches grösser ist, als die Unlust, die aus dem nicht befriedigten Antrieb zur That entspringt"; *von Feuerbach*, in: Mittermaier, Lehrbuch des gemeinen in Deutschland gültigen Peinlichen Rechts, S. 38.

1175 Für *von Liszt* war es Tatsache, „dass die Rückfälligen die Mehrheit der Verbrecher, und die Unverbesserlichen die Mehrheit der Rückfälligen ausmachen"; zit. nach Vormbaum, Moderne deutsche Strafrechtsdenker, S. 219.

1176 BGHSt 7, 28 (32); BGHSt 20, 264 (266); BGHSt 24, 132 (134).

allein für keinen ausreichenden Strafzweck[1177]: Ein dem Rechtsgüterschutz verpflichtetes Strafrecht dürfe keine von sozialen Zwecken losgelöste Strafe verhängen.[1178]

Die Funktion des Strafrechts erschöpft sich nach heutigem Verständnis nicht darin, die Bürger die Folgen nonkonformen Verhaltens fürchten zu lassen. Das Strafrecht bezweckt den Rechtsgüterschutz[1179]: Wenn staatliche Strafen den Bürger – bestenfalls durch seine Wiederintegration in die Gesellschaft – daran hindern sollen, schützenswerte individuelle Rechtsgüter oder Rechtsgüter der Allgemeinheit anzugreifen[1180], dann genügt allein ein abstraktes Gerechtigkeitsempfinden, dem die absoluten Straftheorien folgen, nicht für ihre Legitimation.[1181] Dazu ist im Wesentlichen nur eine anhaltende Gefahr für die für ein friedliches und gedeihliches Zusammenleben elementaren Werte[1182] ausreichend. Es ist gerade nicht die Sache des Staates, eine zweckfreie metaphysische Idee der Gerechtigkeit zu verfolgen[1183] oder gewünschte Moralvorstellungen zu fördern[1184].

2. Die Kriminalstrafe als ultima ratio

Wo Rechte und Rechtsgüter gefährdet werden, ist nicht automatisch das strafrechtliche Aufgabenfeld berührt. Wenn der Gesetzgeber ein Verhalten für verbotswürdig hält, dann kann er sein Anliegen mit dem Zivil- und dem Ordnungswidrigkeitenrecht verfolgen. Das ultima ratio-Prinizip zwingt ihn sogar dazu, die Kriminalstrafe als äußerstes, dem subsidiären Rechtsgüterschutz dienendes Mittel zu begreifen. Man spricht in diesem Kontext von dem fragmetarischen Charakter des Strafrechts[1185], womit heute mehr eine Erwartungshaltung als der status quo umschrieben wird[1186]. Es drängt sich der Eindruck auf, dass der Gesetzgeber den durch

1177 *Stree/Kinzig*, in: Schönke/Schröder, StGB, Vorbem. §§ 38 ff. Rn. 11; Fischer, StGB, § 46 Rn. 3; *Maier*, Strafrechtliche Sanktionen, S. 33; a.A. *Duttge*, in: Schumann, Das strafende Gesetz im sozialen Rechtsstaat, S. 1 (10), demzufolge das Strafrecht dem „Schadensausgleich' zugunsten der Rechtsgemeinschaft" dient, der notwendig ist, weil der Täter „aus der gleichheitswidrigen Anmaßung nicht zustehender ,Freiheit' [...] um des Fortbestands der Rechtsgemeinschaft willen nicht ohne missbilligende Antwort bleiben kann."

1178 *Roxin*, GA 2011, 678 (684).

1179 *Murmann*, Grundkurs Strafrecht, § 8 Rn. 8; *Rönnau*, JuS 2009, 209 (211). Zu den verschiendenen Rechtsgutsbegriffen: *Amelung*, Rechtsgüterschutz und Schutz der Gesellschaft, S. 258 ff.

1180 *Radtke*, in: Münchener Kommentar zum StGB, Vor §§ 38 ff. Rn. 31.

1181 *Momsen/Rackow*, JA 2004, 336 (339).

1182 So BVerfG, NJW 1975, 573 (576); BVerfG, NJW 1977, 1525 (1531).

1183 *Roxin*, Strafrecht AT, Bd. 1, § 3 Rn. 8.

1184 *Hefendehl*, Kollektive Rechtsgüter im Strafrecht, S. 51.

1185 Zurückgehend auf *Binding*, Lehrbuch des Gemeinen Deutschen Strafrechts BT, Bd. 1, S. 20.

1186 *Leutheusser-Schnarrenberger*, ZStW 2011, 651.

die Verfassung zu einer Bedingung erhobenen[1187] fragmentarischen Charakter des Strafrechts in jüngerer Zeit in eine reformbedürftige Unvollständigkeit umdeutet. Beispielgebend für das zunehmend sebstverständliche Androhen von Kriminalstrafen sind der exponentielle Anstieg sog. Bekämpfungsgesetze[1188] sowie die Tendenz zur Pönalisierung von neutralen Verhaltensweisen mit einem (noch) sehr geringen Bezug zu schützenswerten Rechtsgütern[1189]. Im Diskurs über die gewünschte Reichweite des Strafrechts ist das gesellschaftliche Drängen auf eine Extensivierung des strafrechtlichen Schutzes – beruhend auf einem gefühlten, aber nicht reellen Anstieg der Kriminalität[1190] – ebenso zu vernehmen wie die Forderung nach einer völligen Abschaffung des Strafrechts, der Abolitionismus[1191]. In der Praxis vieler Staaten ist die Idee von den Inseln des Strafrechts in einem Meer der Freiheit[1192] längst in Vergessenheit geraten.[1193]

Ein behutsamer Einsatz des Strafrechts ist nun gerade für die ohnehin schon regelungsunfreundlichen Lebensbereiche der Sexualität und der Fortpflanzung angezeigt. Wer das Mittel des Strafrechts inflationär einsetzt, trägt zu seiner Abnutzung bei. Es nützt daher, Strafe als Notwehr zu begreifen, die erst dann zulässig ist, wenn Staat und Gesellschaft sich anders nicht zu helfen wissen.[1194] Sie kann legitim nur angedroht werden, wenn „ein bestimmtes Verhalten über sein Verbotensein hinaus in besonderer Weise sozialschädlich und für das geordnete Zusammenleben der Menschen unerträglich [...] ist."[1195]

1187 Der schonende Umgang mit dem Instrumentarium des Strafrechts ist einem liberalen Rechtsstaat (vgl. Art. 20 Abs. 1 GG) systemimmanent; *Hefendehl*, JA 2011, 401 (403); *Prittwitz*, in: Institut für Kriminalwissenschaften Frankfurt a.M., Vom unmöglichen Zustand des Strafrechts, S. 387 (395).

1188 *Hefendehl*, ZStW 2007, 816 (817).

1189 Etwa im Fall der weit vorverlagerten Strafbarkeit nach § 89 a StGB (Vorbereitung einer schweren staatsgefährdenden Gewalttat); *Hefendehl*, in: Hefendehl, Grenzenlose Vorverlagerung des Strafrechts?, S. 89 (92).

1190 Repräsentative Studien kommen immer wieder zu dem Ergebnis, dass die Bürger die Bedrohungslage in Deutschland systematisch überschätzen; *Pfeiffer*, Centaur 2011, 14 (15); *Baier* u.a., Kriminalitätsfurcht, Strafbedürfnisse und wahrgenommene Kriminalitätsentwicklung, S. 147.

1191 *Steinert*, in: Schumann/Steinert/Voß, Vom Ende des Strafvollzugs, S. 1 (14); überblicksartig *Hassemer*, in: GS für Schlüchter, S. 133 (135). *Scheerer*, KrimJ 1984, 90 (108) befürchtet, dass „die gegenwärtige Ablösung des Staates von der sozialen Basis bei gleichzeitiger Ausdehnung seiner den Bürger unmittelbar belästigenden Interventionsversuche ihn [den Staat] [...] zum konkretisierbaren Gegner im Sinne einer Dichotomie von Staat und Gesellschaft macht".

1192 Nach *Palazzo*, Strafgesetzlichkeit: Transformation und Vielschichtigkeit eines „Fundamentalprinzips", S. 37.

1193 *Vormbaum*, ZStW 2011, 660 (685).

1194 So *Prittwitz*, in: Institut für Kriminalwissenschaften Frankfurt a.M., Vom unmöglichen Zustand des Strafrechts, S. 387 (405).

1195 BVerfGE 120, 224 (240).

3. Leihmutterschaft und Strafrecht

Eine solche Sozialschädlichkeit, die das friedliche Zusammenleben der Menschen bedroht, wohnt weder dem Verhalten der Leihmütter noch dem Handeln der Wunscheltern inne. Es lässt sich schon kein Rechtsgut identifizieren, das durch die altruistische Variante der Fremdschwangerschaft in einem Maße gefährdet wird, welches die staatliche Gemeinschaft zum Erlass von Strafnormen berechtigte. Die Bestrafung des Arztes für die künstliche Befruchtung einer Leihmutter nach § 1 Abs. 1 Nr. 7 ESchG liegt außerhalb des strafrechtlichen Funktionsbereiches, weil eben keine Rechte oder Rechtsgüter existieren, die vor diesem ärztlichen Verhalten geschützt werden müssten. Da sich Leihmutterkinder dem wissenschaftlichen Kenntnisstand zufolge alles in allem physisch und psychisch stabil entwickeln, braucht es keine strafrechtliche Vorschrift, die ihre Geburt zu verhindern sucht. Bei der unentgeltlichen Form der Fremdschwangerschaft treffen alle beteiligten Personen eine von Autonomie getragene Lebensentscheidung, die in der Geburt eines neuen Menschen mündet. Sie gerät gewiss in einen Konflikt mit dem über Jahrtausende tradierten Verständnis der einheitlichen Mutterschaft, den aufzulösen eine Legalisierung der Leihmutterschaft alleine, d.h. ohne den erforderlichen gesellschaftlichen Begleitprozess nicht im Stande ist. Selbst wenn man diese Form der Mutterschaftshilfe mit der Bemühung historisch-naturalistischer Argumente für unmoralisch oder unanständig hält: Der Rechtsstaat ist zur Abwehr ethisch Unerwünschtem weder berufen noch befugt.[1196] Seine Aufgabe besteht einzig darin, Individual- und Allgemeininteressen zu schützen, die durch die altruistische Leihmutterschaft keine Bedrohung erfahren. Das kriminalstrafrechtliche Verbot der Leihmutterschaft ist nicht erforderlich.[1197] Die Idee eines Strafrechts, das gewissermaßen den Anstandskodex einer Gesellschaft kodifiziert, verträgt sich nicht mit einem liberalen Staatsverständnis. Entsprechend kritisch ist die gegenwärtige Kriminalpolitik zu beobachten, die das Strafrecht nicht selten als ein „volkspädagogisches Instrument"[1198] missbraucht.

An Bedeutung gewinnt das Strafrecht dagegen im Kontext der entgeltlichen Leihmutterschaft, deren Untersagung zwar nicht verfassungsrechtlich zwingend, aber auch nicht verfassungswidrig ist. Es bleibt zu klären, ob eine Pönalisierung (nur) der kommerziellen Leihmutterschaft eine legitime Inanspruchnahme des Strafrechts oder einen Verstoß gegen das ultima ratio-Prinzip bedeutete. Für beide Positionen lassen sich Argumente finden: In einem solchen Modell könnte (wie bisher) nur den behandelnden Ärzten, nicht aber den Wunscheltern und Leihmüttern eine Strafe angedroht werden[1199], sofern man annimmt, dass Restriktionen im

---

1196   *Coester*, in: FS für Jayme, S. 1243 (1257).
1197   So auch *Deichfuß*, Abstammungsrecht und Biologie, S. 199; Jungfleisch, S. 115; *Lüderitz*, NJW 1990, 1633 (1636).
1198   *Amann*, in: Der Spiegel 42/2014, 32.
1199   Siehe dazu die Begründung des Gesetzgebers: Zweiter Teil, A., II.

Standes-[1200] oder Ordnungswidrigkeitenrecht ausreichen, um Ärzte von dieser nicht gewünschten Form der künstlichen Befruchtung abzuhalten. Allerdings erschöpft sich der beachtliche legislative Prognosespielraum[1201] nicht in der Entscheidung für oder wider ein Verbot, sondern erstreckt sich auf die Wahl des Verbotsmittels[1202]: Ob der Gesetzgeber ein rechtsgutsgefährdendes Verhalten mit dem äußersten Mittel der Kriminalstrafe zu unterbinden versucht, entscheidet er – innerhalb gewisser Grenzen – frei. Die Kindeswohlbedenken sind bei der Leihmutterschaft gegen Entgelt ungleich nachvollziehbarer und bisher auch nicht zu entkräften. Weil die Verfassung das Kindeswohl zu ihren besonders hohen Gütern zählt, ist sein Schutz mit den Mitteln des Strafrechts hier zulässig, ohne dass damit ein evidenter Verstoß gegen das Subsidiaritätsprinzip einherginge. *Nur* die Herbeiführung einer kommerziellen Leihmutterschaft darf der Gesetzgeber pönalisieren, ohne dass er dabei die Funktion und den Zweck des Strafrechts aus den Augen verliert.

C. Leihmutterschaft de lege ferenda

An die Erkenntnis anknüpfend, dass die gegenwärtigen Gesetze zur Leihmutterschaft in (weiten) Teilen verfassungswidrig sind, soll im Folgenden ein verfassungskonformes und gleichzeitig praktikables Regelungsmodell präsentiert werden. Innerhalb eines solchen Modelles kommt es erstens darauf an, welche Verhaltensweisen auch künftig mit welcher Art von Strafe bedroht werden. Zweitens müssen überzeugende Antworten auf die bei einer Legalisierung der Surrogatmutterschaft unausweichlichen zivilrechtlichen Folgefragen gefunden werden.

I. Strafrechtliche Dimension

Im Ausgangspunkt erfordern die Fortpflanzungsfreiheit der Wunscheltern, das allgemeine Persönlichkeitsrecht potentieller Leihmütter und die Berufsfreiheit der Reproduktionsmediziner eine Legalisierung der Fremdschwangerschaft. Der Gesetzgeber ist dazu aufgefordert § 1 Abs. 1 Nr. 7 ESchG und § 1 Abs. 1 Nr. 2 ESchG außer Kraft treten zu lassen. Mit der Beseitigung dieser Normen allein sind die legislativen Aufgaben aber nicht vollumfänglich erfüllt. Denn obwohl ein nicht untersagtes Verhalten in einer freiheitlichen Grundordnung, wie sie das Grundgesetz statuiert, grundsätzlich als erlaubt gilt, ist es angezeigt, den Themenkomplex der Leihmutterschaft positiv-rechtlich zu regeln. Nur so können Rechtssicherheit hergestellt und einem Missbrauch dieses reproduktionsmedizinischen Verfahrens

---

1200 Vgl. *Deichfuß*, Abstammungsrecht und Biologie, S. 199, der eine Regelung im Berufsrecht für ausreichend erachtet. Kritisch *Goeldel*, S. 144, die meint, dadurch würden die Rechtspositionen Dritter so sehr berührt, dass eine Beschränkung nur durch den Gesetzgeber, nicht aber durch die Ärzteschaft erfolgen könne.

1201 Dazu Dritter Teil, A., IV., 4., a).

1202 *Hefendehl*, JA 2011, 401 (405); *Günther*, JuS 1978, 8 (12); *Sternberg-Lieben*, JuS 1986, 673 (676).

vorgebeugt werden. Es bedarf Rechtsvorschriften, die detailliert vorgeben, wann die Inanspruchnahme einer Leihmutter innerhalb und wann sie außerhalb der Rechtsordnung erfolgt.

1. Auswahl der Leihmütter

Nach den Erkenntnissen der pränatalen Psychologie muss die Straflosigkeit an gewisse Voraussetzungen in der Person der Leihmutter geknüpft werden. Eine anhaltend ablehnende Haltung der Schwangeren zu dem Kind gefährdet dessen physische und psychische Entwicklung im Mutterleib erheblich. Um diese Gefahren zu minimieren, genügt es nicht, die Freiwilligkeit der Schwangerschaftsübernahme mit dem Ausschluss kommerzieller Interessen zu fördern. Denn selbst die glaubwürdigste Versicherung der Leihmutter, mit der späteren Übergabe des Kindes einverstanden zu sein, kann sich im Laufe der Schwangerschaft als grobe Fehleinschätzung herausstellen. An dieser Stelle sollen und können[1203] keine verbindlichen Detailvorgaben, sondern nur Vorschläge gemacht werden: Es lohnt ein Blick in das europäische Ausland, in dem Leihmutterschaften bereits erfolgreich und ohne größere Komplikationen durchgeführt werden. So drängt es sich geradezu auf, nur solchen Frauen die Surrogatmutterschaft zu gestatten, die bereits ein eigenes Kind zur Welt gebracht haben. Zum einen sind sie mit den spezifischen Belastungen einer Schwangerschaft vertraut. Zum anderen wird so die Gefahr minimiert, dass sie im Verlauf der Schwangerschaft eine Skepsis gegenüber dem Kind entwickeln, beruhend darauf, dass sie es abgeben sollen, aber doch behalten möchten. Es erscheint von vorneherein komplikationsfreier, wenn Leihmütter, die ihren eigenen Kinderwunsch bereits erfüllt haben, zur Wunscherfüllung eines anderen Paares beitragen.

Darüber hinaus stellte ein umfangreiches mentales „Screening" der Leihmutter – wie es etwa in den Niederlanden üblich ist – sicher, dass die austragenden Frauen den besonderen psychischen Belastungen des Verfahrens standhalten. Solche Kriterien bedeuteten zweifellos einen Eingriff in das allgemeine Persönlichkeitsrecht potentieller Leihmütter: Während Frauen, die sie erfüllen, ein Kind für ein anderes Paar austragen dürften, bliebe selbiges anderen verwehrt. Mit dieser (eher geringfügigen) Freiheitsverkürzung lassen sich die gegen die unentgeltliche Leihmutterschaft erhobenen Kindeswohlrisiken jedoch weitgehend ausräumen, sodass an ihrer Notwendigkeit und Angemessenheit keine Zweifel bestehen. Um die Durchführung der psychologischen Voruntersuchungen sicherzustellen, sollten nur zugelassenen Reproduktionszentren Leihmutterschaften herbeiführen dürfen.[1204]

1203 Sollte der Gesetzgeber das Verfahren legalisieren, könnte er bei der Ausgestaltung der Details einen sehr weiten Ermessensspielraum für sich in Anspruch nehmen.
1204 So auch *Gassner* u.a., Fortpflanzungsmedizingesetz, S. 61 in ihrem Vorschlag zu einer Neuregelung der Surrogatmutterschaft. Gegenwärtig existieren in Deutschland bereits über 140 Reproduktionszentren; *Bernard*, S. 19.

2. Auswahl der Wunscheltern

Für eine Prüfung der Elterntauglichkeit interessierter Wunschelternpaare fehlt es sowohl an belastbaren Kriterien als auch an dem erforderlichen verfassungsrechtlichen Spielraum: Schon bei der natürlichen Zeugung von Kindern ist der Staat weder befugt noch dazu in der Lage, zwischen geeigneten und ungeeigneten Eltern zu unterscheiden. Gleiches gilt für den Bereich der Reproduktionsmedizin: Allein der bestehende Kinderwunsch muss genügen, um die Elterntauglichkeit zu unterstellen. Jede hier vorgenommene Differenzierung geriete in einen Konflikt dem Gleichbehandlungsrecht und dem Recht auf Familiengründung bzw. Fortpflanzung. Unsachgemäß wäre es ferner, Leihmutterschaften nur denjenigen zu gestatten, die sich in einer Ehe (oder einer eingetragenen Lebenspartnerschaft) gebunden haben. Denn angesichts hoher Scheidungsraten kann auch die Ehe heute kein dauerhaftes Zusammenleben der Eltern mehr garantieren. Außerdem schützt das Grundgesetz eheliche und uneheliche Kinder gleichermaßen[1205] (vgl. Art. 6 Abs. 5 GG), sodass sich eine dahingehende Differenzierung hinsichtlich des Kinder*wunsches* ebenfalls verbietet.

a) Altersgrenze und Indikation

Begründen lässt sich dagegen eine Altersobergrenze für Wunschelternpaare: Kryokonservierung, Eizellspende und Leihmutterschaft ermöglichen es, dass Frauen weit jenseits ihres Fruchtbarkeitsalters Mütter werden. Die gesellschaftliche Empörung über Extremfälle, in denen etwa Frauen mit mehr als 60 Altersjahren noch zu einem Kind kommen[1206], verlangt nicht zwangsläufig nach einer strafrechtlichen Reaktion. Es ist gemeinhin eine soziale Aufgabe, (sehr) späte Elternschaften wahlweise zu verurteilen, zu akzeptieren oder in ihrer Anerkennung zu stärken.[1207] Erst wenn aus ihnen Kindeswohlrisiken erwachsen, gebietet sich der Ruf nach dem Gesetzgeber. Kindeswohldienlich ist es, wenn die Eltern ihren Nachwuchs auf seinem Weg in das Erwachsenenleben begleiten, wozu eine körperliche und geistige Vitalität unabdingbar ist. Überdies haben Kinder ein wohlverstandenes und auch rechtlich abgesichertes Interesse daran, dass die Eltern für ihren Lebensunterhalt und ihre Ausbildung aufkommen können. Zweifel, ob Frauen und Männer, die mit über 50 Jahren Eltern werden, diesen Anforderungen noch gerecht werden und dem Nachwuchs eine kindeswohldienliche Lebensumgebung bieten können, sind trotz der

---

1205 BVerfG, NJW 1969, 597 (602).
1206 Wie etwa in dem Mitte 2015 kontrovers diskutierten Fall einer 65-Jährigen, die mittels Eizellspende noch Vierlinge gebahr; *Bubrowski*, faz.net v. 15.4.2015 (abrufbar unter: http://www.faz.net/aktuell/gesellschaft/menschen/reproduktionstourismus-ab-in-den-befruchtungsurlaub-13539981.html).
1207 Die Anstößigkeit einer solchen Elternschaft erfordert für sich genommen kein staatliches Einschreiten.

allgemein gestiegenden Lebenserwartung[1208] berechtigt. Es ist deshalb legitim, wenn die staatliche Gemeinschaft sowohl Wünschmüttern als auch –vätern nur bis zu einem bestimmten Lebensalter die Leihmutterschaft ermöglicht. Zwar ist der Mann qua natura bis in seine hohes Lebensalter in der Lage, Nachwuchs zu zeugen. Diese Tatsache hindert den Gesetzgeber aber nicht daran, auf dem Gebiet der künstlichen Fortpflanzung, das eine derartige Reglementierung überhaupt nur möglich macht, zugunsten des Kindeswohls extrem späte Elternschaften zu untersagen. Fern von verfassungsrechtlichen Bedenken ließe sich für Wunscheltern deshalb eine Altersobergrenze von – gezwungenermaßen nicht ganz willkürfreien – 50 Jahren[1209] einrichten.[1210]

Ferner darf die Leihmutterschaft nur dazu dienen, Fortpflanzungshindernisse – d.h. hier in der Regel die weibliche Infertilität – zu überwinden. Zwar sind bisher noch keine Fälle bekannt, in denen Frauen aus beruflichen oder ästhetischen Gründen eine andere Frau ihr Kind austragen ließen. Solche Szenarien sind in einer Gesellschaft, der nicht selten ein Schönheits- und Karrierewahn unterstellt wird, aber vorstellbar. Wer es zulässt, dass die Gebärfähigkeit einer Frau nicht zur Überwindung eines persönlichen (medizinischen) Leidens, sondern zur selbstsüchtigen Lebensoptimierung genutzt wird, der erniedrigt die Leihmutter, weil er ihr die Rolle als Helferin in der Not nimmt und ihr Belastungen auferlegt, welche die Wunscheltern in Selbstüberhöhung zu meiden versuchen. Bei einer solchen Zweckentfremdung der Reproduktionsmedizin bestünde tatsächlich die Gefahr, dass vor dem Recht gleichwertige Menschen zu „Brutsubjekten"[1211] herabgewürdigt werden.

b) Homosexuelle Wunscheltern

Einmal legalisiert, wird die Leihmutterschaft auch und vor allem für homosexuelle männliche Paare zu einem denkbaren Ausweg aus der ungewollten Kinderlosigkeit. Hier bedarf es einer Grundsatzentscheidung: Soll dieses neuartige Verfahren nur verschieden- oder auch gleichgeschlechtlichen Paaren offen stehen? Verfassungsrechtliche Argumente, die Surrogatmutterschaft exklusiv heterosexuellen Wunscheltern zu ermöglichen, gibt es nicht. Art. 6 Abs. 1 GG gewährt auch Lesben und

---

1208 Wegen eben dieser lehnt *Kersten* in seinem Entwurf eines Fortpflanzungsmedizingesetzes eine Altersgrenze ab; Interview mit der Universität München (abrufbar unter: https://www.uni-muenchen.de/forschung/news/2013/interview_kersten.html).

1209 Auch wenn wohl eine deutlich frühere Elternschaft ratsam ist, soll und darf ein Verbot nur die Fälle der Fortpflanzung zu verhindern suchen, die – bei Abwägung aller Interessen – zweifellos nicht mehr hinnehmbar ist.

1210 Eine solche Altersgrenze für werdende Mütter hält auch *Ulrich Hilland*, Vorsitzender des Bundesverbandes Reproduktionsmedizinischer Zentren in Deutschland, für sinnvoll; daserste.de v. 23.4.2015 (abrufbar unter: http://www.daserste.de/information/politik-weltgeschehen/mittagsmagazin/sendung/eizellen-spendereproduktionsmedizin-100.html).

1211 Nach *Kienle*, ZRP 1995, 201 (202).

Schwulen das Recht auf die Gründung einer Familie.[1212] Eine Schlechterstellung mündete in einer an die sexuelle Identität anknüpfenden Diskriminierung, für deren Rechtfertigung auch nicht das Kindeswohlargument vorgebracht werden kann. Schließlich ist inzwischen nachweisbar, dass das familiäre Umfeld, in dem Kinder homosexueller Paare aufwachsen, für deren persönliche Entwicklung unbedenklich ist.[1213] Der Nachwuchs zeichnet sich oftmals sogar durch ein besonders hohes Selbstwertgefühl aus.[1214] Entscheidend für eine störungsfreie Identitätsbildung ist nicht die sexuelle Orientierung der Bezugspersonen, sondern das Maß ihrer liebevollen und verlässlichen Zuwendung.[1215] Der Mythos, dass die in diesem Umfeld aufwachsenden Kinder später selber häufiger homosexuelle Neigungen entwickelten, gilt als überholt[1216], sodass auch die biologische Arterhaltung des Menschen nicht danach verlangt, homosexuelle Paare von der Fortpflanzungsmedizin auszuschließen. Wer die gleichgeschlechtliche Elternschaft ablehnt, der sucht vergeblich nach fundierten Kindeswohlargumenten, um sie einer diffusen moralischen Aversion oder dem „Glauben an die inhärente Falschheit von Homosexualität"[1217] vorzuschieben. Eine Pönalisierung der von gleichgeschlechtlichen Wunscheltern angestrebten Leihmutterschaft lässt sich damit jedenfalls nicht rechtfertigen.

c) Alleinstehende Wunscheltern

Eine andere rechtliche Beurteilung verdient die Leihmutterschaft zum Zwecke der Herbeiführung einer Single-Elternschaft. Zwar handeln auch alleinstehende Männer oder Frauen, die eine Eizell- bzw. Samenspende mit einer Leihmutterschaft kombinieren, um so ohne Partner eine (alleinige) Elternrolle einzunehmen, in Ausübung ihrer Freiheit zur Familiengründung. Die extensive Auslegung des verfassungsrechtlichen Familienbegriffes geht wohl so weit, dass sie auf die Mehrzahl der Eltern verzichtete und schon in der Verbindung von einem Elternteil und seinem Kind eine Familie erblickt.[1218] Schließlich erfährt auch alleinerziehende Mutter- bzw.

1212 Schließlich spricht die Verfassung in Art. 6 Abs. 2 S. 1 GG nicht von Mutter und Vater, sondern von geschlechtlich nicht spezifizierten Eltern; BVerfG, NJW 2013, 847 (849).
1213 Dazu Dritter Teil, A., IV., 1.
1214 *Rupp/Bergold*, in: Rupp, Die Lebenssituation von Kindern in gleichgeschlechtlichen Lebenspartnerschaften, S. 309. Demnach erfährt der Großteil der Kinder im Alltag auch keine gesellschaftliche Diskriminierung.
1215 *Wapler*, in: Funcke/Thorn, Die gleichgeschlechtliche Familie mit Kindern, S. 115 (131).
1216 Mehrere Studien zusammenfassend: *Fthenakis*, in: Basedow/Hopt/Kötz/Dopffel, Die Rechtsstellung gleichgeschlechtlicher Lebensgemeinschaften, S. 382.
1217 Nach *Pennings*, in: Funcke/Thorn, Die gleichgeschlechtliche Familie mit Kindern, S. 225 (246).
1218 Denn Familie ist die Gemeinschaft von Eltern und Kindern; *Coester-Waltjen*, in: von Münch/Kunig, Grundgesetz, Bd. 1, Art. 6 Rn. 11.

Vaterschaft als heute häufig geübte Realität Schutz durch Art. 6 Abs. 1 GG.[1219] In diesen Fällen existiert aber ein zweiter Elternteil, der jedenfalls in rechtlicher und bestenfalls auch in tatsächlicher Hinsicht Verantwortung für das Kind trägt. Bei der hier in Rede stehenden Single-Elternschaft soll dem Kind dagegen a priori ein zweiter Elternteil vorenthalten werden. So würde das Kind zum einen einer Identifikations- und Bezugsperson beraubt. Zum anderen stünden ihm Rechtsansprüche gegen einen rechtlich nicht existenten zweiten Elternteil von vornherein nicht zu. Das liefe den Fürsorge-, Unterhalts- und Erbansprüchen (§§ 1601 und 1931 Abs. 1 S. 1 BGB), die der Gesetzgeber geschaffen hat, um das Kind materiell wie immateriell abzusichern, zuwider. Die Single-Elternschaft nach Leihmutterschaft birgt daher (erhebliche) Kindeswohlgefahren, sodass ein strafbewehrtes Verbot selbiger geradezu geboten ist.

3. Kommerzielle Leihmutterschaft

Die Strafbarkeit der kommerziellen Leihmutterschaft kann sich – anders als bisher – nicht gegen den behandelnden Reproduktionsmediziner richten. Denn wenn ihm die künstliche Befruchtung zum Zwecke der Herbeiführung einer Fremdschwangerschaft zwar grundsätzlich, aber (nur) nicht für den Fall der Entgeltlichkeit gestattet ist, dann fehlt ihm ein hinreichend sicheres Kriterium, um die Legalität oder Illegalität seines Handelns auszumachen.[1220] Die Unentgeltlichkeit der Leihmutterschaft kann der Arzt kaum verifizieren. Sofern die Strafbarkeit der Leihmutterschaft in Abhängigkeit zu einer Entgeltabrede steht, ist es ihm praktisch nicht möglich, zu erkennen, ob er nun rechtmäßige oder unrechtmäßige Fortpflanzungshilfe betreibt. Strafgesetze müssen aber so verfasst sein, dass der Einzelne sein Verhalten der Rechtslage anpassen kann.[1221] Ferner löst nicht seine Zeugungshilfe, sondern die Entgeltabrede zwischen den Wunscheltern und der Leihmutter die Kindeswohlgefahren aus. Es wäre unbillig, den Reproduktionsmediziner für ein unerwünschtes Verhalten Dritter zur Verantwortung zu ziehen.

Ein Verbot der kommerziellen Surrogatmutterschaft muss also den Wunscheltern und der Leihmutter mit einer Strafe drohen, wenn sie das Austragen und die spätere Übergabe des Kindes gegen Geld vereinbaren.[1222] Dabei ist normtextlich klarzustellen, dass die von den Wunscheltern zu ersetzenden Aufwendungen der Leihmutter von dieser verbotenen Entgeltabsprache nicht erfasst werden. Gegen

---

1219 *Hufen*, Staatsrecht II, § 16 Rn. 12.
1220 Anders das geltende Recht, das dem Arzt jede Form der artifiziellen Insemination zum Zwecke der Herbeiführung einer Surrogatmutterschaft untersagt und so Zweifel über die Rechtswidrigkeit seines Handelns gar nicht erst aufkommen lässt.
1221 BVerfG, NJW 1989, 1663; *Fischer*, StGB, § 1 Rn. 6.
1222 Sofern sich der Arzt die Unentgeltlichkeit des Leihmutterarrangements versichern lässt, scheidet eine Beihilfestrafbarkeit nach § 27 Abs. 1 StGB mangels des erforderlichen doppelten Gehilfenvorsatzes (Vorsatz bzgl. der Haupttat und des Hilfeleistens) aus.

einen solchen Aufwendungsersatz lassen sich nämlich keine durchgreifenden Einwände erheben[1223]: Er ist nur Ausdruck eines angemessenen Lastenausgleichs, weil er die Leihmutter nicht die Kosten der für ein anderes Paar übernommenen Schwangerschaft tragen lässt. Es steht auch nicht zu befürchten, dass das Kind sich deshalb als ein Produkt einer rein kommerziellen Absprache verstehen könnte. Im Übrigen ergibt sich der Rechtsanspruch auf Aufwendungsersatz – etwaige vertragliche Regelungen einmal ausgeblendet – schon jetzt aus den bestehenden Regelungen zur Geschäftsführung ohne Auftrag.[1224]

Es erscheint angemessen, den Strafrahmen des § 1 Abs. 1 ESchG, der von einer Geldstrafe bis zu einer dreijährigen Freiheitsstrafe reicht, zu übernehmen. Zieht man einen Vergleich zu anderen das Kindeswohl schützenden Delikten[1225], so erweist sich diese Strafandrohung als adäquat. Sie eröffnet den Strafgerichten die Option, eine Geldstrafe oder eine zur Bewährung ausgesetzte Freiheitsstrafe zu verhängen. Die Verurteilung der Wunscheltern hätte somit zumeist wohl keine – dem Kindeswohl sicher nicht dienliche – Inhaftierung der Wunscheltern zufolge.

II. Zivilrechtliche Dimension

Die Legalisierung der (altruistischen) Leihmutterschaft eröffnet nur dann ein praktisches Anwendungsfeld, wenn das Privatrecht für die Beteiligten die erforderlichen Mittel bereithält, ihre Interessen auch durchzusetzen. Dafür ist die Wirksamkeit von Leihmutterschaftsverträgen ebenso von Relevanz wie die Art und Weise der rechtlichen Zuordnung des Kindes zu den Wunscheltern.

1. Wirksamkeit der Verträge

Nach einer entsprechenden Novellierung der Rechtslage bestünde kein Zweifel mehr an der grundsätzlichen Wirksamkeit der im Kontext der Leihmutterschaft eingegangenen schuldrechtlichen Rechtsbeziehungen. Der Arztvertrag über die künstliche Befruchtung der Surrogatmutter verstieße nach der Außerkraftsetzung

---

1223 So auch *Kaiser*, in: FS für Brudermüller, S. 357 (365).
1224 Zu den (hier gegebenen) Voraussetzungen eines Aufwendungsersatzanspruchs aus §§ 683 Abs. 1 S. 1, 670, 677 BGB: *Brox/Walker*, Schuldrecht BT, § 36 Rn. 1 ff. Der Begriff der Geschäftsbesorgung erfasst nicht nur rechtsgeschäftliche, sondern auch tatsächliche Handlungen wie vorliegend das Austragen eines Kindes für ein anderes Paar. Dass die Leihmutter dabei neben den fremden Angelegenheiten auch eigene Interessen verfolgt, ist unbedeutend, weil der Fremdgeschäftsführungswille auch bei einem sog. Auch-fremden-Geschäft vermutet wird. Die Leihmutter ist zur Geschäftsbesorgung ferner berechtigt, weil diese sowohl dem Interesse als auch dem Willen der Wunscheltern entspricht.
1225 Etwa zu den weitaus schweren Delikten der Misshandlung von Schutzbefohlenen nach § 225 Abs. 1 StGB (Freiheitsstrafe von sechs Monaten bis zu zehn Jahren) und des Kinderhandels nach § 236 Abs. 1 StGB (Geldstrafe oder Freiheitsstrafe bis zu fünf Jahren).

des § 1 Abs. 1 Nr. 2 und 7 ESchG nicht mehr gegen ein gesetzliches Verbot i.S.d. § 134 BGB. Auch eine Abrede über die Vermittlung von Wunscheltern bzw. Leihmüttern kollidierte nach der Streichung des § 13c AdVermiG nicht weiter mit einer Verbotsnorm. Mit dem Verdikt der Sittenwidrigkeit sind diese Vereinbarungen nach richtiger Auffassung[1226] schon jetzt ebenso wenig behaftet, wie die rechtsgeschäftliche Absprache zwischen den Wunscheltern und der Surrogatmutter: § 138 Abs. 1 BGB ist eine äußerst unbestimmte Rechtsnorm, für deren Auslegung (auch) die grundgesetzlichen Wertentscheidungen heranzuziehen sind.[1227] Die unentgeltliche Leihmutterschaft begegnet aber keinen durchgreifenden verfassungsrechtlichen Bedenken. Schon die Einheit der Rechtsordnung[1228] verbietet es, den Verträgen ihre zivilrechtliche Wirksamkeit zu versagen, obwohl die Fortpflanzungsfreiheit die öffentlich-rechtliche Legalisierung dieses Verfahrens einfordert. Ohnehin ist fraglich, wie Leihmutterschaftsabsprachen gegen das Anstandsgefühl *aller* billig und gerecht Denkenden verstoßen sollen, wenn beträchtliche Teile der Bevölkerung darin einen akzeptablen Weg aus der ungewollten Kinderlosigkeit sehen[1229]. Vernünftigerweise sollte die Wirksamkeit des Leihmuttervertrags an eine notarielle Beurkundung nach § 128 BGB geknüpft werden.[1230] Die Warnfunktion[1231] dieses Formbedürfnisses nützt insbesondere der Surrogatmutter; seine Beweisfunktion[1232] dient der späteren Zuordnung des Kindes.

Es ist nur folgerichtig, wenn eine Verletzung der dann echten Vertragspflichten Sekundäransprüche begründet. Schadet die Leihmutter mit einem groben Fehlverhalten während der Schwangerschaft (etwa durch den Konsum von Alkohol oder Nikotin) der Gesundheit des Kindes, können die Wunscheltern – die Beweisbarkeit dieser Pflichtverletzung immer vorausgesetzt – einen Schadensersatzanspruch nach § 280 Abs. 1 BGB geltend machen. Ein solcher Schadensersatzanspruch ließe die Würde des Kindes unangetastet: In Anlehnung an die Rechtsprechung des BVerfG bestünde der Schaden nämlich nicht in der Behinderung des Kindes, sondern in dem erhöhten Unterhaltsaufkommen der Unterhaltsverpflichteten.[1233] Nur weil die Leihmutter ihre Vertragspflichten unentgeltlich übernimmt, bedeutet das nicht, dass

---

1226 Zu den hierzu vertretenen Auffassungen: Zweiter Teil, A., VII., 1.
1227 *Ellenberger*, in: Palandt, BGB, § 138 Rn. 4; BVerfG, NJW 1990, 1469 (1470).
1228 Bei der Einheit der Rechtsordnung handelt es sich um ein rechtsstaatliches Gebot; BAG, NJW 1996, 2529 (2532). Anders *Felix*, Einheit der Rechtsordnung, S. 397, für die selbige kein Verfassungsgrundsatz, aber zumindest ein verfassungsrechtlich legitimes Ziel ist.
1229 Dazu Erster Teil, B., IV.
1230 So auch *Kaiser*, in: FS für Brudermüller, S. 357 (368) und schon *Deutsch*, MDR 1985, 177 (182).
1231 *Leipold*, BGB AT, § 16 Rn. 2.
1232 *Brox/Walker*, BGB AT, § 13 Rn. 306.
1233 Nach dem BVerfG, NJW 1998, 519 (521) berührt „das Haftungsgefüge des Zivilrechts […] grundsätzlich auch dort die Menschenwürde nicht, wo ein Schadensersatzanspruch unmittelbar an die Existenz eines Menschen anknüpft."

sie im schuldhaft verursachten Schadensfall keine Ersatzpflicht trifft. Schließlich kennt das Zivilrecht schon jetzt echte Gefälligkeitsverträge, die bei Nicht- oder Schlechtleistung Sekundäransprüche entstehen lassen.[1234] Durch eine Haftungsprivilegierung[1235] der Leihmutter ließe sich dabei ein angemessener Risikoausgleich herbeiführen. Ein Rücktrittsrecht der Wunscheltern muss das Gesetz dagegen ausschließen: Das Wohl des Kindes macht es erforderlich, dass selbst eine schwerwiegende Pflichtverletzung der Leihmutter seine sichere rechtliche Zuordnung nicht gefährdet. Insofern sind Abweichungen von den allgemeinen schuldrechtlichen Regelungen nötig und den Wunscheltern, die sich für eine niemals risikofreie Fortpflanzungsmethode entscheiden, auch zumutbar.

An rechtlicher Verbindlichkeit fehlte es hingegen Absprachen im Kontext der kommerziellen Leihmutterschaft. Weil diese in dem hier präsentierten Regelungsmodell unter Strafe gestellt wäre, existierte ein Verbotsgesetz, das i.V.m. § 134 BGB zur Nichtigkeit der Entgeltabrede und gemäß § 139 BGB regelmäßig zur Gesamtnichtigkeit des Rechtsgeschäfts führte.

2. Rechtliche Zuordnung des Wunschkindes

Soweit die Verträge rechtlich wirksam sind, muss ihnen auch zur Durchsetzbarkeit verholfen werden. Die Wunscheltern bedürfen eines Anspruches auf die Einräumung der Elternrechte und die Übergabe des Kindes. Dieser muss vor Gericht ebenso Bestand haben wie der äquivalente Anspruch der Leihmutter, der auf die Pflege und Erziehung des Kindes durch die vertraglichen Wunscheltern gerichtet ist. Man mag diese Forderung für radikal halten; gleichwohl ist sie die einzig plausible Schlussfolgerung aus der verfassungsrechtlichen Abwägung: Wo keine grundgesetzlichen Bedenken gegen ein reproduktionsmedizinsches Verfahren bestehen, bedarf es einer Detailregelung, die allen Parteien die zur Inanspruchnahme dieses Verfahrens erforderliche Rechtssicherheit garantiert. Der Grundsatz der Rechtssicherheit ist ein wesentlicher Bestandteil des Rechtsstaatsprinzips.[1236] Mit ihm wäre es nicht vereinbar, wenn Wunscheltern und Leihmütter während und nach der Fremdschwangerschaft nicht auf die Gültigkeit der vertraglichen Übereinkunft vertrauen könnten. Die Rechtssicherheit kommt hier vor allem dem Kindeswohl zugute: Es liegt im ureigenen Interesse des Wunschkindes, dass seine rechtliche Zuordnung gesichert und nicht abhängig von dem Willen oder Unwillen der Beteiligten ist. Daraus folgen neuartige, aber nicht unlösbare familienrechtliche Probleme.[1237]

1234 So die Schenkung (§ 516 BGB), die Leihe (§ 598 BGB), der Auftrag (§ 662 BGB) und die unentgeltliche Verwahrung (§ 690 BGB).

1235 Etwa dergestalt, dass die Leihmutter nur Vorsatz und grobe Fahrlässigkeit zu vertreten hat (vgl. § 521 BGB).

1236 *Schnapp*, in: von Münch/Kunig, Grundgesetz, Bd. 1, Art. 20 Rn. 40; BVerfG, NJW 1953, 1137 (1138); BVerfG, NJW 1967, 195 (196); BVerfG, NJW 1969, 1059 (1061).

1237 Ähnlich *Schumann*, in: Rosenau, Ein zeitgemäßes Fortpflanzungsmedizingesetz für Deutschland, S. 155 (193).

Dass der Gedanke einer verbindlichen Zuordnung des Kindes zu den Wunscheltern keiner absurden Rechtsvorstellung entspringt, beweist schon die Tatsache, dass auch andere und sogar zum deutschen Rechtskreis gehörende Rechtsordnungen diesen Weg gehen.[1238] Mit dem in Art. 6 Abs. 2 S. 1 GG garantierten Recht auf die elterliche Pflege und Erziehung ist dieser Lösungsweg vereinbar, weil diese Grundgesetznorm zwischen der biologischen und der sozialen Elternschaft kein starres Rangverhältnis etabliert[1239], ergo keiner von beiden per se einen Vorrang einräumt.

Zwar wird (richtigerweise) immer wieder angemerkt, dass eine vorherige Übergabevereinbarung dem geltenden Adoptionsrecht, das in § 1747 Abs. 2 BGB die Einwilligung zur Adoption erst acht Wochen nach der Geburt zulässt, widerspricht.[1240] Zwischen der klassischen Adoption und der Leihmutterschaft besteht aber ein gewichtiger Unterschied: Die Surrogatmutter trägt wissent- und willentlich ein Kind für ein anderes Paar aus, ohne dass die Entscheidung dazu in einer emotionalen Ausnahmesituation fiele. Die Mutter, die ihr Kind (später) zur Adoption freigibt, empfängt und gebiert dieses zunächst einmal für sich. Der Entschluss, das Kind nicht selber aufzuziehen, reift erst nach der Niederkunft, sodass die ihr auferlegte Überlegungsfrist sinnvoll erscheint. Für den Fall der Leihmutterschaft, in dem sich die austragende Frau nach psychologischer Voruntersuchung und umfangreicher Aufklärung völlig autonom und frühzeitig gegen die eigene Elternschaft entscheidet, kann zugunsten der Rechtssicherheit auf eine solche Bedenkzeit verzichtet werden.[1241] Die besseren Gründe sprechen dafür, die rechtlichche Zuordnung des Wunschkindes nicht nach den Regeln des Adoptionsrechts, sondern nach speziellen, noch zu schaffenden Rechtsnormen vorzunehmen.[1242] Weil Elternschaft nach der Konzeption des Grundgesetzes grundsätzlich durch Geburt oder staatliche Anerkennung zustande kommt[1243], liegt es nahe, für diese Zuordnung ein eigenständiges familiengerichtliches Verfahren einzurichten. Nach einem entsprechenden staatlichen Zuweisungsakt ließe sich ein wunschelterlicher Anspruch auf die Herausgabe

---

1238 In Großbritannien und Israel wird das Kind den Wunscheltern per Gerichtsbeschluss zugewiesen. In Griechenland ist die Wunschmutter schon vor der Geburt des Kindes dessen rechtmäßige Mutter; *Henrich*, in: FS für Schwab, S. 1141 (1144); *Coester*, in: FS für Jayme, S. 1243 (1258). Das griechische Privatrecht wird, weil es weite Teile des BGB adaptiert hat, allgemein als Teil der deutschen Rechtsfamilie angesehen; *Immenhauser*, Das Dogma von Vertrag und Delikt, S. 14; *Hertel*, NI 2009, 157 (164).

1239 BVerfG, NJW 2003, 2151 (2154); BT-Drs. 15/2253, 7.

1240 *Kollhosser*, JA 1985, 553 (557); *Coester*, in: FS für Jayme, S. 1243 (1251); *Eberbach*, MedR 1986, 253 (256).

1241 Anders *Schumann*, in: Rosenau, Ein zeitgemäßes Fortpflanzungsmedizingesetz für Deutschland, S. 155 (198), die eine solche im Falle der Ersatzmutterschaft für unerlässlich hält.

1242 Ebenso *Kaiser*, in: FS für Brudermüller, S. 357 (368).

1243 *Jarass*, in: Jarass/Pieroth, Grundgesetz, Art. 6 Rn. 8; BVerfG, NJW 1989, 2195.

des Kindes nicht nur aus dem Vertrag, sondern mit § 1632 BGB[1244] auch aus dem Gesetz entnehmen. Ferner könnte mit einer solchen Sonderregelung die Norm des § 1591 BGB bestehen bleiben.[1245]

Moderne Rechtssysteme neigen dazu, Statusbeziehungen durch vertragliche Beziehungen zu ersetzen[1246], also aus einer funktionalen Haltung heraus Rechte nicht durch die biologische Abstammung, sondern durch einen gefundenen Konsens zu begründen. Die Etablierung eines Eltern-Kind-Verhältnisses auf der Grundlage einer getroffenen Absprache folgte dieser Tendenz.

III. Erlass eines Fortpflanzungsmedizingesetzes

Die Grundlage für die Neuregelung des Themenkomplexes Leihmutterschaft sollte ein in der Literatur schon lange gefordertes Fortpflanzungsmedizingesetz[1247] bilden. Ein solches trüge dazu bei, die Lückenhaftigkeit und Unübersichtlichkeit des Fortpflanzungsmedizinrechts[1248] zu schließen. Bei dem Erlass des ESchG im Jahr 1990 fehlte dem Bundesgesetzgeber noch der erforderliche verfassungsrechtliche Kompetenztitel, um das Fortpflanzungsmedizinrecht umfassend zu regeln.[1249] Das hat sich in der Zwischenzeit geändert: Seit 1994 erstreckt sich die konkurrierende Gesetzgebungskompetenz des Bundes gemäß des neueingefügten Art. 74 Abs. 1 Nr. 26 GG[1250] auf die „medizinisch unterstützte Erzeugung menschlichen Lebens". Dieser Kompetenztitel soll nach dem Willen des verfassungsändernden Gesetzgebers „alle Bereiche der modernen Fortpflanzungsmedizin für den Menschen" erfassen.[1251] Für eine weite Auslegung des Art. 74 Abs. 1 Nr. 26 GG spricht

---

1244 Nach § 1632 BGB umfasst die Personensorge das Recht, die Herausgabe des Kindes von jedem zu verlangen, der es den Eltern widerrechtlich vorenthält.

1245 Vgl. *Zimmermann*, S. 118.

1246 *Van den Daele*, Mensch nach Maß?, S. 55.

1247 *Wendehorst*, in: Oduncu/Platzer/Henn, Der Zugriff auf den Embryo, S. 37 (50); *Laufs*, Auf dem Wege zu einem Fortpflanzungsmedizingesetz?, S. 7; *Ruso/Thöni*, MedR 2010, 47 (77); *Gassner* u.a., Fortpflanzungsmedizingesetz, S. 20; in Ansätzen auch *Neidert*, MedR 1998, 347 (352).

1248 *Müller-Terpitz*, in: Spickhoff, Medizinrecht, Vorbem. ESchG Rn. 3 hält ein Fortpflanzungsmedizingesetz für nötig, weil das bisherige Recht „von bestimmten reproduktions- und biomedizinischen Entwicklungen [...] überholt worden ist". Zur Unübersichtlichkeit trägt bei, dass sich nicht alle wichtigen Regeln im ESchG finden, sondern sie sich auf zahlreiche Gesetze verteilen; *Zimmermann*, S. 14. *Duttge*, in: Rosenau, Ein zeitgemäßes Fortpflanzungsmedizingesetz für Deutschland, S. 235 spricht von „Inselregelungen".

1249 Das ESchG wurde als strafrechtliches Nebengesetz auf der Grundlage des Art. 74 Abs. 1 Nr. 1 GG verabschiedet; *Müller-Terpitz*, in: Spickhoff, Medizinrecht, Vorbem. ESchG Rn. 3.

1250 Durch das Gesetz zur Änderung des Grundgesetzes v. 27.10.1994; BGBl. I 1994, 3146.

1251 BT-Drs. 16/813, 14; vgl. *Pieroth*, in: Jarass/Pieroth, Grundgesetz, Art. 74 Rn. 72.

sich auch das BVerfG aus.[1252] Die Vorschrift ermöglicht es dem Bund, Regelungen rund um die (künstlich unterstützte) Geburt eines Kindes zu erlassen.[1253] Basierend auf dieser extensiven Norminterpretation – oder jedenfalls im Rahmen einer anzunehmenden Annexkompetenz – kann er auch die nötigen Vorbereitungs- und Durchführungsvorschriften zur Leihmutterschaft bestimmen.[1254] Zu beachten ist der Subsidiaritätsvorbehalt des Art. 72 Abs. 2 GG, demzufolge der Bund seine konkurrierende Gesetzgebungskompetenz nur ausüben darf, wenn dies zur Herstellung gleichwertiger Lebensverhältnisse im Bundesgebiet oder zur Wahrung der Rechts- und Wirtschaftseinheit im gemeinstaatlichen Interesse erforderlich ist. Obwohl das BVerfG diese Klausel spätestens seit seinem Altenpflege-Urteil sehr restriktiv auslegt[1255], besteht kein Zweifel daran, dass 16 Fortpflanzungsmedizingesetze der Länder in diesem so sensiblen Lebensbereich eine vom Grundgesetz nicht gewollte Rechtszersplitterung bedeuteten.[1256]

Das Grundgesetz verpflichtet den Bundestag nicht nur dazu, liberalere Regelungen zur Leihmutterschaft zu erlassen. Es verleiht ihm nunmehr auch die Kompetenz, diese in ein neues Fortpflanzungsmedizingesetz einzubetten[1257].

IV. Zusammenfassung

De lege ferenda bedarf es einer Außerkraftsetzung der die Surrogatmutterschaft betreffenden Verbotsnormen des ESchG und des AdVermiG. Zukünftig ist die Leihmutterschaft nur unter Strafe zu stellen, soweit gewisse Kriterien nicht erfüllt werden. Dazu gehören die psychologische Voruntersuchung der austragenden Frau sowie eine in ihrer Person bereits bestehende Elternschaft. Es ist ferner sicherzustellen, dass die Fremdschwangerschaft freiwillig, d.h. insbesondere frei von finanziellen Zwängen übernommen wird. Diese Einschätzung sollte nicht dem behandelnden Arzt, sondern vielmehr – nach dem Vorbild der Lebenorganspende – einer interdisziplinär besetzten Ethikkommission überlassen werden (vgl. § 8 Abs. 3 TPG).[1258]

1252 BVerfGE 128, 1 (33).

1253 *Seiler*, in: Epping/Hillgruber, Grungesetz, Art. 74 Rn. 94.

1254 Sofern nicht – wie etwa für die familiäre Zuordnung des Kindes (Art. 74 Abs. 1 Nr. 1 GG) – schon andere Kompetenztitel einschlägig sind.

1255 BVerfG, NJW 2003, 41 (52).

1256 So das BVerfG in BVerfGE 128, 1 (34) für das in Art. 74 Abs. 1 Nr. 26 GG mitgeregelte Gentechnikrecht.

1257 Selbst wenn ein solches Gesetz, das nach Art. 83, 84 Abs. 1 GG föderal vollzogen würde, Vorschriften enthalten sollte, die z.B. eine Genehmigung von Reproduktionszentren durch die Länder vorsähen, bestünde wohl kein Zustimmungsbedürfnis des Bundesrates nach Art. 84 Abs. 1 S. 5 und 6 GG; *Lindner*, in: Rosenau, Ein zeitgemäßes Fortpflanzungsmedizingesetz für Deutschland, S. 127 (130).

1258 Angesichts der erfahrungsgemäß wenigen Fälle unentgeltlicher Leihmutterschaften scheint es auch praktikabel, ein solches System von Ethikkommissionen einzurichten.

Die Wunschelternschaft sollte auf diesem Wege nur Frauen und Männern ermöglicht werden, die im Zeitpunkt der voraussichtlichen Geburt des Kindes das 50. Lebensjahr nicht überschritten haben. Leihmutterschaften sind zwar nicht für Alleinstehende, aber auch für homosexuelle Paare ein legitimer Ausweg aus der ungewollten Kinderlosigkeit. Voraussetzung muss in allen Fällen sein, dass einer der beiden intendierten Elternteile sein genetisches Material für die Zeugung des Kindes bereitstellt. Auf der zivilrechtlichen Ebene verhilft die volle Wirksamkeit der geschlossenen Verträge zu der nötigen Rechtssicherheit. Ein spezielles familiengerichtliches Verfahren sollte die verbindliche Zuordnung des Wunschkindes zu den Wunscheltern sicherstellen. Der Gesetzgeber übt seinen weiten Gestaltungs- und Prognosespielraum dagegen fehlerfrei aus, wenn er die gegen Entgelt übernommene Leihmutterschaft auch künftig strafrechtlich sanktioniert. Dass sich bei realistischer Betrachtung so nur ein sehr kleines praktisches Anwendungsfeld eröffnet, ermächtigt die staatliche Gemeinschaft keinesfalls dazu, die zu erwartenden wenigen Fälle der legitimen Kinderwunscherfüllung mittels Leihmutterschaft zu verhindern[1259].

1259 Anders wohl *Diel*, S. 231, der es als „wenig hilfreich" bezeichnet, Leihmutterschaften unter so strengen Voraussetzungen zu erlauben, dass sie praktisch kaum vorgenommen werden. Dagegen ist einzuwenden: Beschränkt sich die Legalisierung der Fremdschwangerschaft nur auf ihre altruistische Variante, so mag sich – wie in Großbritannien – die Zahl jährlich durchgeführter Leihmutterschaften nur im zweistelligen Bereich bewegen. Diese Tatsache schwächt aber nicht das Recht auf Fortpflanzung dieser (wenigen) Wunschelternpaare; sie kann also nicht dazu führen, dass legitime Freiheitsinteressen verkürzt werden, nur weil Leihmutterschaften so (in Deutschland) weiter eine Randerscheinung bleiben.

Resümee und Ausblick

Die Vorstellung, dass eine Frau ein Kind nicht für sich, sondern für ein anderes Paar empfängt und gebiert, entfernt sich besonders weit von der derzeit üblichen Konzeption menschlicher Fortpflanzung. Wo ein (vermeintlicher) sozialer Konsens aufgebrochen wird, sind Kontroversen vorprogrammiert, die in der causa Leihmutterschaft aber allzu oft in Extreme ausschlagen: Die Fremdschwangerschaft ist weder ein allheilbringendes Verfahren, mit dem sich gefahrlos Kinderwünsche erfüllen lassen, noch stets unzumutbar für Leihmutter und Wunschkind.

Mit den häufig angeführten Kindeswohlargumenten lässt sich das strikte Verbot der Leihmutterschaft jedenfalls nicht rechtfertigen. Zu dieser Schlussfolgerung zwingen die Erkenntnisse der Entwicklungspsychologie, nach denen sich Leihmutterkinder im Großen und Ganzen unauffällig, in Teilen sogar außerordentlich positiv entwickeln. Ursächlich dafür ist, dass nicht die biologische oder genetische Abstammung, sondern das alltägliche, bestenfalls liebevolle und vertrauensstiftende Verhalten der Bezugspersonen entscheidend für eine stabile Persönlichkeitsentwicklung ist. Der pränatale Einfluss der Schwangeren auf das Kind ist enorm, aber nicht so unmittelbar, wie lange Zeit angenommen. Er ist weder so stark, dass der Fötus beschwerliche Momente im Seelenleben der Schwangeren nicht verarbeiten könnte, noch so schwach, dass eine anhaltende Depression der Geburtsmutter ihn unberührt ließe. Weil das Recht nicht nur Schwarz und Weiß, sondern auch Graustufen kennt, muss die Frage nach der Zulässigkeit der Leihmutterschaft nicht mit einem „Ja" oder einem „Nein", sondern kann auch mit einem „Ja, aber..." beantwortet werden. Sofern das Gesetz die nötigen Sicherheitsmechanismen errichtet, lässt sich die Surrogatmutterschaft mit akzeptablen Risiken (teilweise) legalisieren. Dazu ist der Gesetzgeber sogar verpflichtet, weil er die Fortpflanzungsfreiheit nur einschränken darf, wenn andere Rechte oder Rechtsgüter bei der Ausübung selbiger fundamental verletzt werden. Bei der Leihmutterschaft ist das, soweit sie unentgeltlich erfolgt und an die hier herausgearbeiteten Kriterien geknüpft wird, auch hinsichtlich der durch Art. 1 Abs. 1 GG geschützten Würde der Leihmutter nicht der Fall. Denn die dem Würdebegriff der Verfassung immanente menschliche Autonomie erlaubt es ihr, für ein anderes Paar ein Kind zu gebären, ohne dass sie sich dadurch per se erniedrigt.

Das Grundgesetz verlangt nicht danach, die menschliche Fortpflanzung in ihrer Ursprünglichkeit ad infinitum zu bewahren. Wenn Kritiker der Surrogatmutterschaft jede Legitimität absprechen, dann beruht ihre Skepsis nicht auf der verfassungsrechtlichen Wirklichkeit, sondern auf ihren individuellen Moralvorstellungen. Diese gehören aber nicht in das (Straf-)Recht, sondern in den gesellschaftlichen Diskurs. Die in puncto Leihmutterschaft bestehenden Tabus und gefühligen Aversionen können ihr (strafrechtliches) Verbot nicht rational begründen.

Auch die sozialen Bedenken sprechen nicht entscheidend für ein striktes Verbot der Leihmutterschaft.[1260] Die Sorge, die Fremdschwangerschaft könne soziale Ungleichheiten vertiefen, indem sie mühsame Tätigkeiten wie das Austragen eines Kindes gesellschaftlich schlechter gestellten Frauen übertrage und so eine „gebärende Klasse" die Kinderwünsche der Oberklasse erfüllen lasse, entspringt eher einer gesellschaftlichen Horrorvision als einer realistischen Einschätzung sozialer Entwicklungen. Solange sichergestellt ist, dass Frauen in Deutschland ihre Schwangerschaftsdienste nicht anbieten müssen, um damit ihren Lebensunterhalt zu bestreiten, steht nicht zu befürchten, dass die Surrogatmutterschaft gesellschaftliche Disparitäten in bedenkenswerter Weise vestärken könnte. Es liegt fern, dass Frauen in dieser sozialen Konzeption gleichsam massenhaft für andere Paare die Beschwerlichkeiten der Geburt auf sich nehmen würden, ohne dabei zugleich auch eigene Freude an der Schwangerschaft zu empfinden. Das bestätigten auch die Erfahrungen aus Großbritannien oder den Niederlanden, wo das Verfahren bereits teilweise ermöglicht wurde, aber vergleichsweise selten zur Anwendung kommt. Allem reproduktionsmedizinischen Fortschritt zum Trotz werden es Paare auch in Zukunft bevorzugen, ihre Kinder selbst und nicht durch eine Leihmutter zu bekommen. Zwar gewinnt die Fortpflanzungsmedizin stetig an Bedeutung. Die Annahme, wir würden nach einer Legalisierung der Fremdschwangerschaft alsbald in einer Gesellschaft leben, in der das Zeugen und Gebären von Kindern „ausgelagert" und zu einer routinemäßigen Dienstleistung geworden ist, geht aber angesichts der Tatsache, dass die Leihmutterschaft auch dann als letzter Ausweg aus der ungewollten Kinderlosigkeit nur ein gesamtgesellschaftliches Randphänomen bliebe, an der Realität vorbei.

Zwar lassen die politischen Vorzeichen eine baldige Abkehr von dem strikten Verbot der Leihmutterschaft nicht erkennen.[1261] Doch haben auch die Entscheidungsträger den Bedeutungsverlust biologischer Abstammung, dessen Korrelat der Bedeutungsgewinn sozialer Elternschaft ist, wahrgenommen. Eine Reaktion ist der von dem Bundesjustizminister Heiko Maas eingerichtete „Arbeitskreis Abstammung", der neue Lösungen für das Zusammenwirken lesbischer und schwuler Paare „zu Zeugung und anschließend gemeinsamer Erziehung eines Kindes"[1262] finden soll. Das weckt die Hoffnung, dass der Gesetzgeber sich der Reproduktionsmedizin in den nächsten Jahren eher öffnet. Jüngst hat die Justiz in Gestalt des BGH, der die Leihmutterschaft ermöglichende Rechtsnormen aus den USA hierzulande nunmehr für anerkennungsfähig hält, eine Richtung vorgegeben.[1263] Die Rechtswissenschaft sollte zukünftig vor allem die Entwicklung der kommerziellen Surrogatmutterschaft beobachten. Hier sind entwicklungspsychologische Studien mit Kindern, die etwa

---

1260 So auch *Hörnle*, in: Joerden/Hilgendorf/Thiele, Menschenwürde und Medizin, S. 743 (750).
1261 Noch Mitte 2014 erklärte *Juliane Baer-Henney*, Pressesprecherin des Bundesjustizministeriums, man sehe derzeit „keinen Handlungsbedarf"; zit. nach Brosz u.a., in: Focus 35/2014, 38 (42).
1262 Bundesjustizminister *Maas*, zit. nach Amann, in: Der Spiegel 35/2014, 14.
1263 BGH, NJW 2015, 479.

von ukrainischen, indischen oder US-amerikanischen Frauen gegen Geld ausgetragen wurden, zu erwarten.

Abschließend – und gleichsam prospektiv – sei auf ein weiteres Ergebnis dieser Arbeit hingewiesen: Selbst die entgeltliche Surrogatmutterschaft steht in keinem unauflöslichen Widerspruch zu dem Grundgesetz, inbesondere nicht zur in Art. 1 Abs. 1 GG garantierten Menschenwürde. Sollten sich sogar bei der Leihmutterschaft gegen Entgelt die Kindeswohlbedenken mit der erforderlichen Sicherheit ausschließen lassen, verengte sich der legislative Prognosespielraum so weit, dass sich auch ihr Verbot nicht mehr aufrecht halten ließe.

Literaturverzeichnis

Abé, Nicola, Gefrorene Zeit, Der Spiegel 29/2014, 44

–, Der entsorgte Vater, Der Spiegel 34/2014, 32

Ainsworth, Mary, Infancy in Uganda – Infant Care and Growth of love, Baltimore 1967

Albrecht, Jörg, Mein Bauch gehört nicht mir, FASZ v. 10.8.2014, 45

Amann, Melanie, Mehr Rechte für die „Becherkinder", Der Spiegel 35/2014, 14

–, Rückkehr der Anstandsdame, Der Spiegel 42/2014, 32

Amelung, Knut, Rechtsgüterschutz und Schutz der Gesellschaft, Diss., Göttingen 1971

Anderson, K.M./Sharpe, M./Rattray, A./Irvine, D.S., Distress and concerns in couples referred to a specialist infertility clinic, Journal of Psychosomatic Research 2003, 353

Andrae, Marianne, Internationales Familienrecht, 3. Auflage, Baden-Baden 2014

Armour, Kim, An Overview of Surrogacy Around the World, Nursing for Womens Health 2012, 231

Aselmeier-Ihrig, Mette, Das Selbstverständnis der Adoptivfamilie, Unsere Jugend 1984, 238

Bachof, Otto/Heigl, Ludwig/Redeker, Konrad (Hrsg.), Verwaltungsrecht zwischen Freiheit, Teilhabe und Bindung, Festgabe aus Anlaß des 25jährigen Bestehens des Bundesverwaltungsgerichts, München 1978

Backmann, Jan, Künstliche Fortpflanzung und Internationales Privatrecht, Diss., München 2001

Badura, Peter, Die verfassungsrechtliche Pflicht des gesetzgebenden Parlaments zur „Nachbesserung" von Gesetzen, in: Festschrift für Kurt Eichenberger zum 60. Geburtstag, (Hrsg. Müller/Rhinow/Schmid/Wildhaber), Basel 1982, 481

–, Staatsrecht, Systematische Erläuterung des Grundgesetzes für die Bundesrepublik Deutschland, 5. Auflage, München 2012

Baier, Dirk/Kemme, Stefanie/Hanslmaier, Michael/Doering, Bettina/Rehbein, Florian/ Pfeiffer, Christian, Kriminalitätsfurcht, Strafbedürfnisse und wahrgenommene Kriminalitätsentwicklung, Ergebnisse von bevölkerungsrepräsentativen Befragungen aus den Jahren 2004, 2006 und 2010, Hannover 2011

Baltz, Jochem, Kindschaftsrechtsreform und Jugendhilfe, Ein Überblick über die vorgesehenen Änderungen im Kindschaftsrecht und ihre Bedeutung und Auswirkung auf die Praxis der Kinder- und Jugendhilfe – Teil 2, NDV 1997, 341

Baltzer, Jörg/Friese, Klaus/Graf, Michael/Wolff, Friedrich (Hrsg.), Praxis der Gynäkologie und Geburtshilfe, Stuttgart 2004

Bamberger, Heinz Georg/Roth, Herbert (Hrsg.), Kommentar zum Bürgerlichen Gesetzbuch, Band 3, 3. Auflage, München 2012

– (Hrsg.), Beck'scher Online-Kommentar zum BGB, Edition 40, München 2016

Basedow, Jürgen/Hopt, Klaus/Kötz, Hein/Dopffel, Peter (Hrsg.), Die Rechtsstellung gleichgeschlechtlicher Lebensgemeinschaften, Tübingen 2000

Baslington, Hazel, The social organization of surrogacy: relinquishing a baby and the role of payment in the psychological detachment process, Journal of Health Psychology 2002, 57

Balz, Manfred, Heterologe künstliche Samenübertragung beim Menschen, Rechtliche und politische Überlegungen zu einem Vorhaben des Europarats, Tübingen 1980

Becker, Ulrich/Kingreen, Thorsten (Hrsg.), SGB V, Gesetzliche Krankenversicherung, Kommentar, 4. Auflage, München 2014

Becker, Walter, Ethische und rechtliche Probleme um das Retorten-Kind, ZblJugR 1979, 238

Beckmann, Rainer, Rechtsfragen der Präimplantationsdiagnostik, MedR 2001, 169

Benda, Ernst, Humangenetik und Recht – eine Zwischenbilanz, NJW 1985, 1730

Benecke, Matthias, Die heterologe künstliche Insemination im geltenden deutschen Zivilrecht, Diss., Frankfurt a.M. 1986

Benicke, Christoph, Kollisionsrechtliche Fragen der Leihmutterschaft, StAZ 2013, 101

Benshushan, Abraham/Schenker, Joseph, Legitimizing surrogacy in Israel, Human Reproduction 1997, 1832

Berend, Zsuzsa, The social context for surrogates' motivations and satisfaction, Reproductive BioMedicine Online 2014, 399

Berghofer-Weichner, Von der Zeugung zur Erzeugung – die Fortpflanzungsmedizin als Herausforderung an den Gesetzgeber, BayVbl. 1988, 449

Bernard, Andreas, Samenspender, Leihmütter, Retortenbabies: Neue Reproduktionstechnologien und die Ordnung der Familie, StAZ 2013, 136

–, Kinder machen: Neue Reproduktionstechnologien und die Ordnung der Familie – Samenspender, Leihmütter, künstliche Befruchtung, Hab., Frankfurt 2014

Bernat, Erwin (Hrsg.), Lebensbeginn durch Menschenhand, Probleme künstlicher Befruchtungstechnologien aus medizinischer, ethischer und juristischer Sicht, Graz 1985

–, Statusrechtliche Probleme im Gefolge medizinisch assistierter Zeugung, MedR 1986, 245

–, Rechtsfragen medizinisch assistierter Zeugung, Frankfurt a.M. 1989

–, Fortpflanzungsmedizin und Recht – Bemerkungen zum Stand der Gesetzgebung in Österreich, Deutschland und Großbritanninen, MedR 1991, 308

–, Österreichischer VfGH, Erkenntnis v. 14.10.1999 – G 91/98–13 mit Anmerkung, MedR 2000, 389

Berndt, Christina, Vater von vier Millionen Kindern, sueddeutsche.de v. 7.10.2010, abrufbar unter: http://www.sueddeutsche.de/wissen/medizin-nobelpreis-robert-edwards-vater-von-vier-millionen-kindern-1.1008118

Bettermann, Karl August, Grenzen der Grundrechte, Berlin 1968

Beyer, Karla, Ungewollte Kinderlosigkeit – Betroffene Frauen und ihre Bewältigung im mittleren Erwachsenenalter, Diss., Jena 2005

Bickel, Heribert, Fortpflanzungsmedizin und ihre verfassungsrechtlichen Grenzen, Vortrag anläßlich der Eröffnung des Wintersemesters 1986/87, Speyer 1986

Bickenbach, Christian, Die Einschätzungsprärogative des Gesetzgebers, Hab., Mainz 2013

Bilsdorfer, Peter, Rechtliche Probleme der In-vitro-Fertilisation und des Embryo-Transfers, MDR 1984, 803

Binder, Helge/Griesinger, Georg/Kiesel, Ludwig, Ovarielles Überstimulationssyndrom, Gynäkologische Endokrinologie 2007, 203

Binding, Karl, Lehrbuch des Gemeinen Deutschen Strafrechts Besonderer Teil, Band 1, 2. Auflage, Leipzig 1902

Bispink, Gerd, Reproduktionsmedizinische Aspekte, in: Heterologe Insemination (Hrsg.: Duttge/Engel/Lipp/Zoll), Göttingen 2010, 3

Blech, Jörg/Lakotta, Beate/Noack, Hans-Joachim, Babys auf Rezept, Der Spiegel 2/2002, 70

Blondel, James Augustus, The strength of imagination in pregnant women examin'd: and the opinion that marks and deformities in children arise from thence, demonstrated to be a vulgar error, London 1727

Blyth, Eric, "I wanted to be interesting. I wanted to be able to say 'I've done something interesting with my life'": interviews with surrogate mothers in Britain, Journal of Reproductive and Infant Psychology 1994, 189

–, 'Not a primrose path': commissioning parents' experience of surrogacy arrangements in Britain, Journal of Reproductive and Infant Psychology 1995, 185

Bockenheimer-Lucius, Giesela/Thorn, Petra/Wendehorst, Christiane, Umwege zum eigenen Kind – Ethische und rechtliche Herausforderungen an die Reproduktionsmedizin 30 Jahre nach Louise Brown, Göttingen 2008

Boele-Woelki, Ersatzmutterschaft und „kalter Ausschluss" im Vermögensrecht von Ehegatten und nichtehelichen Partnern in den Niederlanden, FamRZ 2011, 1455

Bockelmann, Paul, Strafrecht des Arztes, Stuttgart 1968

Bokelmann, Victoria/Bokelmann, Michael, Zur Lage der für andere übernommenen Mutterschaft in Deutschland – Rechtsvergleich mit Reformvorschlägen, Diss., Frankfurt 2003

Bork, Reinhard, Rechtswirksamkeit eines „Leihmutter"-Vertrags, Anmerkungen zu OLG Hamm v. 2.12.1985 Akz. 11 W 18/85, JA 1986, 261

Bork, Reinhard/Jacoby, Florian/Schwab, Dieter (Hrsg.), FamFG – Kommentar zum Gesetz über das Verfahren in Familiensachen und in den Angelegenheiten der freiwilligen Gerichtsbarkeit, 2. Auflage, Bielefeld 2013

Bornstein, Marc, Handbook of Parenting, Vol. 1, Children and Parenting, London 2002

Borth, Helmut, Das Verfahren zum Entwurf eines Gesetzes zur Klärung der Abstammung unabhängig vom Anfechtungsverfahren gemäß § 1598a BGB-E und dessen Verhältnis zum Abstammungsverfahren nach dem FamFG, FPR 2007, 381

Bott, Ingo/Volz, Sabine, Die Anwendung und Interpretation des mysteriösen § 228 StGB, JA 2009, 421

Botthof, Andreas/Diel, Alexander, Voraussetzungen für die (Stiefkind-)Adoption eines Kindes nach Inanspruchnahme einer Leihmutter, StAZ 2013, 211

Braches-Chyrek, Rita, Zur Lebenslage von Kindern in Ein-Eltern-Familien, Opladen 2002

Brandes, Rainer, Künstliche Befruchtung aus katholischer und evangelischer Sicht, deutschlandfunk.de v. 29.12.2011, abrufbar unter: http://www.deutschlandfunk.de/kuenstliche-befruchtung-aus-katholischer-und-evangelischer.886.de.html?dram:article_id=127722

Brazier, Margaret/Campbell, Alastair/Golombok, Susan, Surrogacy – Review for Health Ministers of current arrangements for payments and regulation, London 1998

Bretherick, Karla/Fairbrother, Nichole/Avila, Luana/Harbord, Sara/Robinson, Wendy, Fertility and aging: do reproductive-aged Canadian women know what they need to know?, Fertility and Sterility 2010, 2162

Brewaeys, A./Dufour, S./Kentenich, H., Sind Bedenken hinsichtlich der Kinderwunschbehandlung lesbischer und alleinstehender Frauen berechtigt?, Journal für Reproduktionsmedizin und Endokrinologie 2005, 35

Britz, Gabriele, Der allgemeine Gleichheitssatz in der Rechtsprechung des BVerfG – Anforderungen an die Rechtfertigung von Ungleichbehandlung durch Gesetz, NJW 2014, 346

Brosz, Juliane/Hollweg, Petra/Kuchenbecker, Tanja/Kusitzky, Alexandra/Plewnia, Ulrike/Riecker, Dorothea/Zastiral, Sascha, Mein Bauch gehört dir, Focus 35/2014, 38

Brownell, Celia/Kopp, Claire, Socioemotional Development in the Toddler Years: Transitions and Transformations, New York 2007

Brox, Hans/Walker, Wolf-Dietrich, Allgemeiner Teil des BGB, 39. Auflage, München 2015

–; Besonderes Schuldrecht, 39. Auflage, München 2015

Brusdeylins, Kerstin, Zum Umgang mit ungewollter Kinderlosigkeit, BZgA Forum 1/2012, 30

Brunet, Laurence/Carruthers, Janeen/Davaki, Konstantina/Kin, Derek/Marzo, Claire/ McCandless, Julie, Das System der Leihmutterschaft in den EU-Mitgliedsstaaten, Brüssel 2013

Bryde, Brun-Otto, Tatsachenfeststellungen und soziale Wirklichkeit in der Rechtsprechung des Bundesverfassungsgerichts, in: Festschrift 50 Jahre Bundesverfassungsgericht, Erster Band (Hrsg. Badura/Dreier), Tübingen 2001, 533

Bubrowski, Helene/Müller, Reinhard, Im Gespräch: Bettina Limperg, Präsidentin des Bundesgerichtshofs, über Teilzeit, Schiedsgerichtsbarkeit, die Einstellung von Verfahren und Leihmutterschaft, FAZ v. 20.3.2015, 4

Bubrowski, Helene, Käufliches Elternglück, faz.net v. 30.5.2013, abrufbar unter: http://www.faz.net/aktuell/politik/inland/leihmutterschaft-kaeufliches-elternglueck-12201752.html

–, Deutsche Behörden unterlaufen Verbot der Leihmutterschaft in Deutschland, faz.net v. 30.5.2013, abrufbar unter: http://www.faz.net/aktuell/politik/inland/vaterschaftsanerkennung-deutsche-behoerden-unterlaufen-verbot-der-leihmutterschaft-im-ausland-12201711.html

–, Ab in den Befruchtungsurlaub, faz.net v. 15.4.2015, abrufbar unter: http://www.faz.net/aktuell/gesellschaft/menschen/reproduktionstourismus-ab-in-den-befruchtungsurlaub-13539981.html

Bubsy, Karen/Vun, Delaney, Revisiting the Handmaid's Tale: Feminist Theory Meets Empirical Research On Surrogate Mothers, Canadian Journal of Family Law 2010, 13

Bühl, Achim, Auf dem Weg zur biomächtigen Gesellschaft? – Chancen und Risiken der Gentechnik, Wiesbaden 2009

Bühling, Kai Joachim/Friedmann, Wolfgang, Intensivkurs Gynäkologie und Geburtshilfe, 2. Auflage, München 2009

Buitelaar, Jan/Huizink, Anja/Mulder, Eduard/Robles de Medina, Pascalle/Visser, Gerard, Prenatal stress and cognitive development and temperament in infants, Neurobiology of Aging 2003, 53

Bund Deutscher Hebammen (Hrsg.), Psychologie und Psychopathologie für Hebammen, Die Betreuung von Frauen mit psychischen Problemen, Stuttgart 2007

Bundesministerium für Gesundheit (Hrsg.), Fortpflanzungsmedizin in Deutschland, Wissenschaftliches Symposium des Bundesministeriums für Gesundheit in Zusammenarbeit mit dem Robert Koch-Institut vom 24. Bis 26. Mai 2000, Baden-Baden 2001

Bundesminsterium für Familie, Senioren, Frauen und Jugend (Hrsg.), Stief- und Patchworkfamilien in Deutschland, Berlin 2013

Burghart, Axel, Die Pflicht zum guten Gesetz, Diss., Hamburg 1995

Busse, Bartold, Das Recht des Kindes auf Kenntnis seiner Abstammung bei heterologer künstlicher Befruchtung, Diss., Münster 1988

Caroll, Lina, New study tracks emotional health of ‚surrogate kids‘, today.com v. 19.6.2013, abrufbar unter: http://www.today.com/health/new-study-tracks-emotional-health-surrogate-kids-6C10366818

Catalano, Ralph/Serxner, Seth, The Effect of Ambient Threats to Employment on Low Birthweight, Journal of Health and Social Behavior 1992, 363

Catalano, Ralph/Hansen, Hans-Tore/Hartig, Terry, The Ecological Effect of Unemployment on the Incidence of Very Low Birthweight in Norway and Sweden, Journal of Health and Social Behavior 1999, 422

Ciccarelli, Janice/Beckman, Linda, Navigating Rough Waters: An Overview of Psychological Aspects of Surrogacy, Journal of Social Issues 2005, 21

Coester, Michael, Ersatzmutterschaft in Europa, in: Festschrift für Erik Jayme (Hrsg. Mansel/Pfeiffer/Kronke/Kohler/Hausmann), München 2004, 1243

Coester-Waltjen, Dagmar, Rechtliche Probleme der für andere übernommenen Mutterschaft, NJW 1982, 2528

–, Zivilrechtliche Aspekte der Gentechnologie außerhalb der Haftungsfragen, Bitburger Gespräche 1986/1, 93

–, Zivilrechtliche Probleme künstlicher Befruchtungen, Jura 1987, 629

–, Ersatzmutterschaft auf amerikanisch – Die Entscheidung des Supreme Courts of New Jersey im Fall „Baby M“, FamRZ 1988, 573

–, Künstliche Fortpflanzung und Zivilrecht, FamRZ 1992, 369

–, Herausforderungen für das deutsche Familienrecht, FF 2013, 48

Connidis, Ingrid Arnet/McMullin, Julie Ann, Getting out oft he House: The Effect of Childlessness on Social Participation and Companionship in Later Life, Canadian Journal on Aging 1992, 370

Constantinidis, Deborah/Cook, Roger, Australian perspectives on surrogacy: the influence of cognitions, psychological and demographic characteristics, Human Reproduction 2012, 1080

Cook, Rachel/Sclater, Shelley Day/Kaganas, Felicity, Surrogate Motherhood: International Perspectives, Oxford usw. 2003

Cortese, Angelika/Feldmann, Annegret, Leihmutterschaft – die neue Heimarbeit?, Streit – Feministische Rechtszeitschrift 1985, 123

Damm, Reinhard, Persönlichkeitsschutz und medizintechnische Entwicklung, JZ 1998, 926

Daniluk, Judith, Reconstructing Their Lives: A Longitudinal, Qualitative Analysis of the Transition to Biological Childlessness for Infertile Couples, Journal of Counseling and Development 2001, 439

Davies, Michael u.a., Reproductive Technologies and the Risk of Birth Defects, New England Journal of Medicine 2012, 1803

Davis, Erica, The Rise of Gestational Surrogacy and the Pressing Need for International Regulation, Minnesota Journal of International Law 2012, 120

DeCasper, Anthony/Fifer, William, Of human bonding: newborns prefer their mothers' voices, Science 1980, 1174

Degenhart, Christoph, Das allgemeine Persönlichkeitsrecht, Art. 2 I i.V. mit Art. 1 I GG, JuS 1992, 361

Deichfuß, Hermann, Abstammungsrecht und Biologie, Diss., Mannheim 1991

Delaisi de Parseval, Geneviève/Janaud, Alain, Ein Kind um jeden Preis, Ethik und Technik der künstlichen Zeugung, Basel 1986

Demko, Daniela/Seelmann, Kurt/Becchi, Paolo (Hrsg.), Würde und Autonomie, Stuttgart 2015

Der Bundesminister für Forschung und Technologie (Hrsg.), In-vitro-Fertilisation, Genomanalyse und Gentherapie, Bericht der gemeinsamen Arbeitsgruppe des Bundesministers für Forschung und Technologie und des Bundesministers der Justiz, München 1985

Dermout, Sylvia/van de Wiel, Harry/Heintz, Peter/Jansen, Kees/Ankum, Willem, Noncommercial surrogacy: an account of patient management in the first Dutch Centre for IVF Surrogacy from 1997 to 2004, Human Reproduction 2010, 443

Dermout, Syliva, De eerste logeerpartij – hoogtechnologisch draagmoederschap in Nederland, Diss., Groningen 2001

Dethloff, Nina, Familienrecht, 30. Auflage, München 2012

–, Leihmütter, Wunscheltern und ihre Kinder, JZ 2014, 922

Dettenborn, Harry, Die Beurteilung der Kindeswohlgefährdung als Risikoentscheidung, FPR 2003, 293

Detterbeck, Steffen, Öffentliches Recht, Ein Basislehrbuch zum Staatsrecht, Verwaltungsrecht und Europarecht mit Übungsfällen, 9. Auflage, München 2013

Deutsch, Erwin, Artifizielle Wege menschlicher Reproduktion, MDR 1985, 177

–, Des Menschen Vater und Mutter, Die künstliche Befruchtung beim Menschen – Zulässigkeit und zivilrechtliche Folgen, NJW 1986, 1971

–, Embryonenschutz in Deutschland, NJW 1991, 721

Deutsch, Erwin/Spickhoff, Andreas, Medizinrecht – Arztrecht, Arzneimittelrecht, Medizinprodukterecht und Transfusionsrecht, 7. Auflage, Berlin usw. 2014

Deutscher Bundestag, Unterrichtung durch die Bundesregierung – Siebter Familienbericht – Familien zwischen Flexibilität und Verlässichkeit – Perspektiven für eine lebenslaufbezogene Familienpolitik und Stellungnahme der Bundesregierung, BT-Drucksache 16/1360, Berlin 2006 (zit.: Siebter Familienbericht)

Deutscher Bundestag, Ausschuss für Bildung, Forschung und Technikfolgenabschätzung, Fortpflanzungsmedizin – Rahmenbedingungen, wissenschaftlich-technische Entwicklungen und Folgen, BT-Drucksache 17/3759, Berlin 2010 (zit.: Ausschuss für Bildung, Fortpflanzungsmedizin)

Deutscher Bundestag, Schlussbericht der Enquete-Kommission „Recht und Ethik der modernen Medizin", BT-Drucksache 14/9020, Berlin 2002

Deutsche Bischofskonferenz (Hrsg.), Instruktion der Kongregation für die Glaubenslehre über die Achtung vor dem beginnenden menschlichen Leben und die Würde der Fortpflanzung, 5. Auflage, Bonn 2000 (zit.: Kongregation für Glaubenslehre)

Deutscher Hebammenverband (Hrsg.), Neugeborene in der Hebammenpraxis, 2. Auflage, Stuttgart 2010

*Devroey, Paul/van Steirte*ghem, *André* u.a., Outcome of testicular sperm recovery and ICSI in patients with non-obstructive azoospermia with a history of orchidopexy, Human Reproduction 2004, 2307

Di Fabio, Udo, Grundrechte als Werteordnung, JZ 2004, 1

Diedrich, Klaus/Felberbaum, Ricardo/Griesinger, Georg/Hepp, Hermann/Kreß, Hartmut/Riedel, Ulrike (Hrsg.), Reproduktionsmedizin im internationalen Vergleich, Berlin 2008

Diedrich, Klaus/Ludwig, Michael/Griesinger, Georg (Hrsg.), Reproduktionsmedizin, Berlin/Heidelberg 2013

Diederichsen, Uwe, Zur Reform des Eltern-Kind-Verhältnisses, FamRZ 1978, 461

–, Die Reform des Kindschafts- und Beistandschaftsrechts, NJW 1998, 1977

Diefenbach, Ann Katrin, Leihmutterschaft – Rechtliche Probleme der für andere übernommenen Mutterschaft, Diss., Frankfurt 1990

Diel, Alexander, Leihmutterschaft und Reproduktionstourismus, Diss., Marburg 2014

Dietrich, Silvia, Mutterschaft für Dritte – Rechtliche Probleme der Leihmutterschaft unter Berücksichtigung entwicklungspsychologischer und familiensoziologischer Erkenntnisse und rechtvergleichender Erfahrungen, Frankfurt 1989

DiPietro, Janet/Hodgson, Denice/Costigan, Kathleen/Hilton, Sterling, Fetal Neurobehavioral Development, Child Development 1996, 2553

Ditzen, Christa, Das Menschwerdungsgrundrecht des Kindes, NJW 1989, 2519

Dölling, Dieter/Duttge, Gunnar/Rössner, Dieter (Hrsg.), Gesamtes Strafrecht, 3. Auflage, Baden-Baden 2013

Domar, A.D./Broome, A./Zuttermeister, P.C./Seibel, M./Friedman, R., The prevalence and predictability of depression in infertile women, Fertility and Sterility 1992, 1158

Donhauser, Thomas, Das Recht des Kindes auf Kenntnis der genetischen Abstammung, Diss., Regensburg 1996

Dreier, Horst (Hrsg.), Grundgesetz, Kommentar, Band 1, Präambel, Artikel 1–19, 3. Auflage, Tübingen 2013

Duden, Barbara/Schlumbohm, Jürgen/Veit, Patrice (Hrsg.), Geschichte des Ungeborenen, Zur Erfahrungs- und Wissenschaftsgeschichte der Schwangerschaft, 17. – 20. Jahrhundert, Göttingen 2002

Duden, Konrad, Ausländische Leihmutterschaft: Elternschaft durch verfahrensrechtliche Anerkennung, StAZ 2014, 164

–, Leihmutterschaft im Internationalen Privat- und Verfahrensrecht, Tübingen 2015

Dürbeck, Gabriele, Einbildungskraft und Aufklärung, Tübingen 1998

Dürig, Günter, Die Menschenauffassung des Grundgesetzes, JR 1952, 259

–, Der Grundrechtssatz von der Menschenwürde, AöR 1956, 117

Duthel, Heinz, Islam in Deutschland – So sieht die Zukunft Deutschlands und Europas aus, Noderstedt 2013

Duttge, Gunnar, Freiheit für alle oder allgemeine Handlungsfreiheit?, NJW 1997, 3353

–, Der BGH auf rechtsphilosophischen Abwegen – Einwilligung in Körperverletzung und „gute Sitten", NJW 2005, 260

–, Menschengerechtes Strafen, in: Das strafende Gesetz im sozialen Rechtsstaat (Hrsg.: Schumann), Berlin 2010, 1

–, Strafbarkeit des Geschwisterinzests aufgrund „eugenischer Gesichtspunkte"?, in: Festschrift für Claus Roxin zum 80. Geburtstag (zit.: FS für Roxin II), Band 1, Berlin 2011, 227

–., Das Gendiagnostikgesetz: Vorbild für eine Gesamtregelung der Fortpflanzungsmedizin?, in: Ein zeitgemäßes Fortpflanzungsmedizingesetz für Deutschland (Hrsg.: Rosenau), Baden-Baden 2012, 155

Duttge, Gunnar/Engel, Wolfgang/Lipp, Volker/Zoll, Barbara, Heterologe Insemination – Aktuelle Lage und Reformbedarf aus interdisziplinärer Perspektive, Göttingen 2010

Eberbach, Wolfram, Rechtliche Probleme der „Leihmutterschaft", MedR 1986, 253

Eckart, Wolfgang, Geschichte der Medizin – Fakten, Konzepte, Haltungen, 6. Auflage, Heidelberg 2009

Edelmann, Robert, Surrogacy: the psychological issues, Journal of Reproductive and Infant Psychology 2004, 123

Edenfeld, Stefan, Das neue Abstammungsrecht der Bundesrepublik Deutschland im nationalen und internationalen Vergleich, FuR 1996, 190

Ederberg, Nils, Neue Wege zum eigenen Kind, juedische-allgemeine.de v. 9.1.2014, abrufbar unter: http://www.juedische-allgemeine.de/article/view/id/17999

Edwards, Robert/Steptoe, Patrick, Birth after reimplantation of human embryo, The Lancet 312/1978, 366

Eich, Thomas (Hrsg.), Moderne Medizin und Islamische Ethik, Biowissenschaften in der muslimischen Rechtstradition, Freiburg 2008

Eicken, Joachim/Schmitz-Veltin, Ansgar, Die Entwicklung der Kirchenmitglieder in Deutschland – Statistische Anmerkungen zu Umfang und Ursachen des Mitgliederrückgangs in den beiden christlichen Volkskirchen, Statistisches Bundesamt – Wirtschaft und Statistik 6/2010, 576

Emmerich, Volker, BGB – Schuldrecht Besonderer Teil, 13. Auflage, Heidelberg usw. 2012

Emmerlich, Alfred (Hrsg.), Medizinische, ethische und rechtliche Probleme der künstlichen Befruchtung und der Leihmutterschaft, Anhörung der SPD-Bundetagsfraktion am 16. April 1985 in Bonn, Bundeshaus, Bonn 1985

Emmert, Barbara/Gerstorfer, Michael, Crashkurs Gynäkologie, München 2005

Enders, Christoph, Die Menschenwürde in der Verfassungsordnung, Hab., Tübingen 1997

Engel, Martin, Internationale Leihmutterschaft und Kindeswohl, ZEuP 2014, 538

Engisch, Karl, Ärztlicher Eingriff zu Heilzwecken und Einwilligung, ZStW 1939, 1

Epping, Volker, Grundrechte, 6. Auflage, Heidelberg 2014

Epping, Volker/Hillgruber, Christian (Hrsg.), Grundgesetz, Kommentar, 2. Auflage, München 2013

Erichsen, Hans-Uwe, Grundrechtliche Schutzpflichten in der Rechtsprechung des Bundesverfassungsgerichts, Jura 1997, 85

Eser, Albin/Koch, Hans-Georg, Rechtsprobleme biomedizinischer Fortschritte in vergleichender Perspektive, Zur Reformdiskussion um das deutsche Embryonenschutzgesetz, in: Gedächtnisschrift für Rolf Keller (Hrsg.: Strafrechtsprofessoren der Tübinger Juristenfakultät/Justizministerium Baden-Württemberg), Tübingen 2003, 15

Faller, Hermann/Lang, Hermann, Medizinische Psychologie und Soziologie, 3. Auflage, Heidelberg 2010

Fechner, Erich, Menschenwürde und generative Forschung und Technik, JZ 1986, 653

Felix, Dagmar, Einheit der Rechtsordnung, Zur verfassungsrechtlichen Relevanz einer juristischen Argumentationfigur, Hab., Passau 1997

Field, Martha, Surrogate Motherhood, Cambridge/London 1988

Fischer, Andrea, Eltern für Kinder oder Kinder für Eltern, in: Internationaler Sozialdienst (Hrsg.), Rechte der Kinder oder Recht auf ein Kind? – Dokumentation der Fachtagung Auslandsadoption 2010, 38

Fischer, Thomas, Strafgesetzbuch und Nebengesetze, 63. Auflage, München 2016

Fitting, C., Auskunftsanspruch des im Wege der heterologen Insemination gezeugten Kindes, Der Gynäkologe 2013, 760

Fränznick, Monika/Wieners, Karin, Ungewollte Kinderlosigkeit – Psychosoziale Folgen, Bewältigungsversuche und die Dominanz der Medizin, Weinheim/München 1996

Frank, Rainer, Die Neuregelung des Adoptionsrechts, FamRZ 1998, 393

–, Zusammenfassung v. EGMR v. 26.6.2014 Akz. 65192/11 und EGMR v. 26.6.2014 Akz. 65941/11 und zugleich Anmerkung, FamRZ 2014, 1525

Franks, Darrell, Psychiatric Evaluation of Women in a Surrogate Mother Program, American Journal of Psychiatry 1981, 1378

Freeman, E.W./Boxer, A.S./Rickels, K./Tureck, R./Mastroianni, L. Jr., Psychological evaluation and support in a program of in vitro fertilization and embryo transfer, Fertility and Sterility 1985, 48

Freud, Sigmund, Gesammelte Werke, Band 14, Werke aus den Jahren 1925–1931, Frankfurt a.M. 1999

Friauf, Karl Heinrich/Höfling, Wolfram (Hrsg.), Berliner Kommentar zum Grundgesetz, Bd. 1, 44. Ergänzungslieferung, Berlin 2015

Friederici, Peter, Anmerkung zu AG Hamm, Beschluss vom 22.02.2011 – XVI 192/08, FamFR 2011, 551

Frister, Helmut/Olzen, Dirk (Hrsg.), Reproduktionsmedizin, Rechtliche Fragestellungen, Dokumentation der Tagung zum 10-jährigen Bestehen des Instituts für Rechtsfragen der Medizin Düsseldorf, Düsseldorf 2010

Fritzen, Florentine, Eizellen einfrieren für bessere Zeiten, FASZ v. 29.6.2014, 1

Frucht, Sibylle, Ersatzmutterschaft im US-amerikanischen und deutschen Recht unter Berücksichtigung rechtsvergleichender und kollisionsrechtlicher Aspekte, Diss., Regensburg 1996

Funcke, Dorett/Thorn, Petra (Hrsg.), Die gleichgeschlechtliche Familie mit Kindern, Interdisziplinäre Beiträge zu einer neuen Lebensform, Bielefeld 2010

Funcke, Dorett, Leihmutterschaftsfamilien – Rechtsbeschlüsse und soziale Praktiken, NZFam 2016, 207

Garrison, Marsha, Law Making For Baby Making: An Interpretive Approach To The Determination Of Legal Parentage, Harvard Law Review 113/2000, 835

Gassner, Ulrich/Kersten, Jens/Krüger, Matthias/Lindner, Josef Franz/Rosenau, Henning/Schroth, Ulrich, Fortpflanzungsmedizingesetz, Augsburg-Münchner-Entwurf (AME-FMedG), Tübingen 2013

Gaul, Hans Friedhelm, Die Neuregelung des Abstammungsrechts durch das Kindschaftsrechtsreformgesetz, FamRZ 1997, 1441

–, Ausgewählte Probleme des materiellen Rechts und des Verfahrensrechts im neuen Abstammungsrecht, FamRZ 2000, 1461

Geddert-Steinacher, Tatjana, Menschenwürde als Verfassungsbegriff, Aspekte der Rechtsprechung des Bundesverfassungsgerichts zu Art. 1 Abs. 1 Grundgesetz, Diss., Tübingen 1989

Geilen, Gerd, Zum Strafschutz an der Anfangsgrenze des Lebens, ZStW 1991, 829

Geis, Max-Emanuel, Der Kernbereich des Persönlichkeitsrechts, JZ 1991, 112

Gerecke, Martin/Valentin, Julia Maria, Kinder auf Bestellung – „Geliehene Mütter" und ihre rechtliche Behandlung im europäischen Vergleich, in: Gedächtnisschrift für Jörn Eckert (Hrsg.: Hoyer/Hettenhauer/Meyer-Printzl/Schubert), 1. Auflage, Baden-Baden 2008, 233

Gerhard, I./Runnebaum, B., Schadstoffe und Fertilitätsstörungen – Schwermetalle und Mineralstoffe, Geburtshilfe und Frauenheilkunde 1992, 383

Germann, Michael, Das Allgemeine Persönlichkeitsrecht, Jura 2010, 734

Gernhuber, Joachim/Coester-Waltjen, Dagmar, Familienrecht, 6. Auflage, München 2010

Gibson, Frances/Ungerer, Judy/Tennant, Christopher/Saunders, Douglas, Parental adjustment and attitudes to parenting after in vitro fertilization, Fertility and Sterility 2000, 565

Giesen, Dieter, Recht und medizinischer Fortschritt, JR 1984, 221

–, Anmerkung zu KG Berlin, Beschluss v. 19.3.1985 – 1 W 5729/84 und C. (A Minor) (Ward: Surrogacy), Re, (1985) The Times, 15 January; (1985) 15 Fam. Law 191; [1985] 1 C.L. 211 (High Court, Family Division, Mr. Justice Latey), JZ 1985, 1055

–, Genetische Abstammung und Recht, JZ 1989, 364

Goeldel, Alexandra, Leihmutterschaft – Eine rechtsvergleichende Studie, Diss., München 1993

Gössel, Karl Heinz/Dölling, Dieter, Strafrecht Besonderer Teil 1, 2. Auflage, Heidelberg 2004

Golombok, Susan/Murray, Clare/Jadva Vasanti/MacCallum, Fiona/Lycett, Emma, Families Created Through Surrogacy Arrangements: Parent-Child Relationships in the 1st Year of Life, Development Psychology 2004, 400

–, Surrogacy families: parental functioning, parent-child relationships and children's psychological development at age 2, Journal of Child Psychology and Psychiatry 2006, 213

Golombok, Susan/Murray, Clare/Jadva Vasanti/MacCallum, Fiona/Lycett, Emma/Rust, John, Non-genetic and non-gestational parenthood: consequences for parent-child relationships and the psychological well-being of mothers, father and children at age 3, Human Reproduction 2006, 1918

Golombok, Susan/Readings, Jennifer/Blake, Lucy/Casey, Polly/Marks, Alex/Jadva, Vasanti, Families created through surrogacy: Mother-child relationships and children's psychological adjustment at age 7, Development Psychology 2011, 1579

Golombok, Susan/Cook, Rachel/Bish, Alison/Murray, Clare, Families Created by the New Reproductive Technologies: Quality of Parenting and Social and Emotional Development of the Children, Child Development 1995, 285

Golombok, Susan/Murray, Clare, Social versus Biological Parenting: Family Functioning and the Socioemotional Development of Children Conceived by Egg or Sperm Donation, Journal of Child Psychology and Psychiatry 1999, 519

Golombok, Susan/Blake, Lucy/Casey, Polly/Roman, Gabriela/Jadva, Vasanti, Children Born Through Reproductive Donation: A Longitudinal Study of Psychological Adjustment, Journal of Child Psychology and Psychiatry 2013, 653

Golombok, Susan/Jadva, Vasanti/Lycett, Emma/Murray, Clare/MacCallum, Fiona, Families created by gamete donation: follow-up at age 2, Human Reproduction 2005, 286

Graber, Gustav Hans/Kruse, Friedrich, Vorgeburtliches Seelenleben, Naturwissenschaftliche Grundlagen, Anfänge der Erfahrensbildung, Neurosenverhütung von der Zeugung an, München 1973

Gronimus, Andreas, Forum: Noch einmal Peep-Show und Menschenwürde, JuS 1985, 174

Gross, Werner, Was erlebt ein Kind im Mutterleib? Ergebnisse und Folgerungen der pränatalen Psychologie, 3. Auflage, Freiburg 1986

Gruber, Sarah, Gynäkologie und Geburtshilfe, 4. Auflage, München 2012

Gruenbaum, Daniel, Foreign Surrogate Motherhood: mater semper certa erat, Amercian Journal of Comparative Law 2012, 475

Günther, Anna, Befruchtungsflatrate und Ratenzahlung, sueddeutsche.de v. 6.8.2014, abrufbar unter: http://www.sueddeutsche.de/panorama/leihmuetter-befruchtungsflatrate-und-ratenzahlung-1.2077668

Günther, Hans-Ludwig, Die Genese eines Straftatbestandes, Eine Einführung in Fragen der Strafgesetzgebungslehre, JuS 1978, 8

Günther, Hans-Ludwig/Keller, Rolf (Hrsg.), Fortpflanzungsmedizin und Humangenetik – Strafrechtliche Schranken?, 2. Auflage, Tübingen 1991

Günther, Hans-Ludwig/Taupitz, Jochen/Kaiser, Peter, Embryonenschutzgesetz, Juristischer Kommentar mit medizinisch-naturwissenschaftlichen Einführungen, 2. Auflage, Stuttgart 2014

Günther, Stefan, Der Kindeswohlbegriff als Zulässigkeitskriterium für die In-vitro-Fertilisation, Diss., Frankfurt a.M. 1996

Gusy, Christoph, Sittenwidrigkeit im Gewerberecht, DVBl 1982, 984

Guttmacher, Alan/Fromm, Ernst/Geiger, Willi/Richter, Heinrich/Stelzenberger, Johannes/Bloemhof, F./Groeger, Guido (Hrsg.), Die künstliche Befruchtung beim Menschen, Köln 1960

Haag, Petra/Hanhart, Norbert/Müller, Markus, Gynäkologie und Urologie für Studium und Praxis, 6. Auflage, Breisach 2012

Hagen, Christine/Kurth, Bärbel-Maria, Gesundheit von Kindern alleinerziehender Mütter, APuZ 42/2007, 25

Haidl, Gerhard/Allam, Jean-Pierre/Schuppe, Hans-Christian/Köhn, Frank-Michael, Nimmt die Fruchtbarkeit der Männer ab?, Der Gynäkologe 2013, 16

Harder, Manfred, Wer sind Vater und Mutter? – Familienrechtliche Probleme der Fortpflanzungsmedizin, JuS 1986, 505

Hardinghaus, Barbara, Unser Kind, Der Spiegel 52/2014, 50

Hardwig, Werner, Betrachtungen zur Frage des Heileingriffes, GA 1965, 161

Hass, Gabriele, Leihmutterschaft – psychische und psycho-soziale Folgen, Frankfurt a.M. 1988

Hassemer, Winfried, Welche Zukunft hat das Strafrecht?, in: Gedächtnisschrift für Ellen Schlüchter (Hrsg. Duttge/Geilen/Meyer-Goßner/Warda), Köln 2002, 133

Hassenstein, Bernhard/Hassenstein, Helma, Was Kindern zusteht, München 1978

Haußleiter, Martin (Hrsg.), FamFG – Kommentar, München 2011

Hefendehl, Roland, Kollektive Rechtsgüter im Strafrecht, Hab., München 1999

–, Außerstrafrechtliche und strafrechtliche Instrumentarien zur Eindämmung der Wirtschaftskriminalität, ZStW 2007, 816

– (Hrsg.), Grenzenlose Vorverlagerung des Strafrechts?, Berlin 2010

–, Der fragmentarische Charakter des Strafrechts, JA 2011, 401

Heiderhoff, Bettina, Der gewöhnliche Aufenthalt von Säuglingen, IPRax 2012, 523

–, Rechtliche Abstammung im Ausland geborener Leihmutterkinder, NJW 2014, 2673

Heiss, Herbert, Die künstliche Insemination der Frau, München 1972

Hektor, Doris, Die Relevanz ethischer Konzeptionen im Strafrecht am Beispiel des Embryonenschutzgesetzes, Aachen 1995

Helms, Tobias, Reform des deutschen Abstammungsrechts – Zum Entwurf des Kindschaftsrechtsreformgesetzes aus rechtsvergleichender Perspektive, FuR 1996, 178

–, Die künstliche Befruchtung aus familienrechtlicher Sicht: Probleme und Perspektiven, in: Ehe Familie, Abstammung – Blicke in die Zukunft (Hrsg.: Röthel, Anne/Löhnig, Martin/Helms, Tobias, Frankfurt a.M. 2010, 49

–, Leihmutterschaft – ein rechtsvergleichender Überblick, StAZ 2013, 114

Henrich, Dieter, Das Kind mit zwei Müttern (und zwei Vätern) im internationalen Privatrecht, in: Festschrift für Schwab (Hrsg. Hofer/Klippel/Walter), Bielefeld 2005, 1141

–, Entwicklungen des Familienrechts in Ost und West, FamRZ 2010, 333

Hepting, Reinhard, Deutsches und Internationales Familienrecht im Personenstandsrecht, 1. Auflage, Frankfurt a.M. 2010

Herbst, Tobias, Gesetzgebungskompetenzen im Bundesstaat, Eine Rekonstruktion der Rechtsprechung des Bundesverfassungsgerichts, Hab., Berlin 2010

Hermes, Georg, Das Grundrecht auf Schutz von Leben und Gesundheit, Schutzplficht und Schutzanspruch aus Art. 2 Abs. 2 Satz 1 GG, Heidelberg 1987

Hertel, Christian, Rechtskreise im Überblick, NI 2009, 157

Herzberg, Philipp Yorck/Roth, Marcus, Persönlichkeitspsychologie, 1. Auflage, Wiesbaden 2014

Hesral, Harald, Inhalt und Wirksamkeit von Leihmutterschafts- und Eizellspendeverträgen, Diss., Regensburg 1990

Hesse, Konrad, Grundzüge des Verfassungsrechts der Bundesrepublik Deutschland, 20. Auflage, Heidelberg 1995

Heuermann, Paul/Kröger, Detlef, Die Menschenwürde und die Forschung am Embryo, MedR 1989, 168

Heun, Werner, Embryonenforschung und Verfassung – Lebensrecht und Menschenwürde des Embryos, JZ 2002, 515

–, Die grundgesetzliche Autonomie des Einzelnen im Lichte der Neurowissenschaften, JZ 2005, 851

–, Restriktionen assistierter Reproduktion aus verfassungsrechtlicher Sicht, in: Umwege zum eigenen Kind (Hrsg.: Bockenheimer-Lucius/Thorn/Wendehorst), Göttingen 2008, 49

Heyder, Clemens, Das Verbot der heterologen Eizellspende – Eine Analyse der zugrunde liegenden Argumente aus ethischer Perspektive, Diss., Halle-Wittenberg 2012

Hieb, Anabel Eva, Die gespaltene Mutterschaft im Spiegel des deutschen Verfassungsrechts – Die verfassungsrechtliche Zulässigkeit reproduktionsmedizinischer Verfahren zur Überwindung weiblicher Unfruchtbarkeit, Diss., Mannheim 2004

Hildebrandt, Sven/Schacht, Johanna/Blazy, Helga (Hrsg.), Wurzeln des Lebens, Die pränatale Psychologie im Kontext von Wissenschaft, Heilkunde, Geburtshilfe und Seelsorge, Heidelberg 2012

Hinrich, Ulrike, „Big Brother" und die Menschenwürde, NJW 2000, 2173

Hirsch, Günter/Eberbach, Wolfram, Auf dem Weg zum künstlichen Leben – Retortenkinder, Leihmütter, programmierte Gene, Basel 1987

Hirsch, Günter, Zeugung im Reagenzglas – der Ruf nach dem Gesetzgeber wird lauter, MedR 1986, 237

Hjelmstedt, Anna u.a., Gender differences in psychological reactions to infertility among couples seeking IVF- and ICSI-treatment, Acta Obstetricia et Gynecologica Scandinavica 1999, 42

Höfelmann, Elke, Das neue Gesetz zur Änderung der Vorschriften über die Anfechtung der Vaterschaft und das Umgangsrecht von Bezugspersonen des Kindes, FamRZ 2004, 745

Hoerster, Norbert, Zur Bedeutung des Prinzips der Menschenwürde, JuS 1983, 93

–, Forum: Kompromisslösungen zum Menschenrecht des Embryos auf Leben?, JuS 2003, 529

Hofmann, Hasso, Biotechnik, Gentherapie, Genmanipulation – Wissenschaft im rechtsfreien Raum?, JZ 1986, 253

Hohloch, Gerhard, „Kinder mit drei Eltern" – Medizintechnologie und Personenstandsrecht, Das Standesamt 1986, 153

Hohman, Melinda/Hagan, Christine, Satisfaction with Surrogate Mothering: A Relational Model, Journal of Human Behavior in the Social Environment 2001, 61

Holderegger, Adrian/Wils, Jean-Pierre, Interdisziplinäre Ethik, Grundlagen, Methoden, Bereiche, Festgabe für Dietmar Mieth zum sechszigsten Geburtstag, Freiburg (Schweiz) 2001

Hollenbach, Michael, Religiöse Vorschriften und das Wohl des Patienten, deutschlandfunk.de v. 15.11.2013, abrufbar unter: http://www.deutschlandfunk.de/medizinethik-religioese-vorschriften-und-das-wohl-des.886.de.html?dram:article_id=268964

Hornung, Gerrit/Möller, Jan, Passgesetz – Personalausweisgesetz, München 2011

Hufen, Friedhelm, Präimplantationsdiagnostik aus verfassungsrechtlicher Sicht, MedR 2001, 440

–, Die Menschenwürde, Art. 1 I GG, JuS 2010, 1

–, Menschenwürde – Vor die „Objektformel" hat die Grundrechtsdogmatik die Bestimmung des Schutzbereiches gesetzt, in: Festschrift für Eibe Riebel (Hrsg. Hanschel/Kielmansegg/Kischel/Koenig/Lorz), Berlin 2013, 459

–, Staatsrecht II, Grundrechte, 5. Auflage, München 2016

Huizink, Anja Christina, Prenatal stress and its effect on infant development, Diss., Utrecht 2000

Ilkilic, Ilhan, Positionen und Argumente zu reproduktionsmedizinischen Verfahren in den innerislamischen Diskussionen, Journal für Reproduktionsmedizin und Endokrinologie, Sonderheft 2/2011, 10

Immenhauser, Martin, Das Dogma von Vertrag und Delikt, Zur Entstehungs- und Wirkungsgeschichte der zweigeteilten Haftungsordnung, Diss., Bern 2003

Imrie, Susan/Jadva, Vasanti/Golombok, Susan, The long-term psychological health of surrogate mothers and their families, Fertility and Sterility 2012, 46

Institut für Kriminalwissenschaften Frankfurt a.M. (Hrsg.), Vom unmöglichen Zustand des Strafrechts, Frankfurt a.M. 1995

Ipsen, Jörn, Der „verfassungsrechtliche Status" des Embryos in vitro, JZ 2001, 989

–, Verfassungsrecht und Biotechnologie, DVBl 2004, 1381

–, Staatsrecht II, Grundrechte, 19. Auflage, München 2016

Isensee, Josef, Menschenwürde: die säkulare Gesellschaft auf der Suche nach dem Absoluten, AöR 2006, 131

Jadva, Vasanti/Murray, Clare/Lycett, Emma/MacCallum, Fiona/Golombok, Susan, Surrogacy: the experiences of surrogate mothers, Human Reproduction 2003, 2196

Jadva, Vasanti/Blake, Lucy/Casey, Polly/Golombok, Susan, Surrogacy families 10 years on: relationship with the surrogate, decisions over disclosure and children's understanding of their surrogacy origins, Human Reproduction 2012, 3008

Jadva, Vasanti/Imrie, Susan, Children of surrogate mothers: psychological well-being, family relationships and experiences of surrogacy, Human Reproduction 2013, 1

Järkel, Christian, Die wegen Sittenwidrigkeit rechtswidrige Körperverletzung, Ein Beitrag zur Auslegung und Reform des § 228 StGB, Diss., Tübingen 2010

Jansen, Elke/Steffens, Melanie Caroline, Lesbische Mütter, schwule Väter und ihre Kinder im Spiegel psychosozialer Forschung, Verhaltenstherapie und psychosoziale Praxis 2006, 643

Jarass, Hans, Das allgemeine Persönlichkeitsrecht im Grundgesetz, NJW 1989, 857

–, Grundrechtliche Vorgaben für die Zulassung von Lotterien gemeinnütziger Einrichtungen, DÖV 2000, 753

Jarass, Hans/Pieroth, Bodo, Grundgesetz, Kommentar, 14. Auflage, München 2016

Jauernig, Othmar (Hrsg.), Bürgerliches Gesetzbuch, 16. Auflage, München 2015

Jeand'Heur, Bernd, Verfassungsrechtliche Schutzgebote zum Wohl des Kindes und staatliche Interventionspflichten aus der Garantienorm des Art. 6 Abs. 2 Satz 2 GG, Hab., Hamburg 1993

Joecks, Wolfgang/Miebach, Klaus (Hrsg.), Münchener Kommentar zum Strafgesetzbuch, Band 1, 2. Auflage, München 2011

Joerden, Jan/Hilgendorf, Eric/Thiele, Felix (Hrsg.), Menschenwürde und Medizin, Ein interdisziplinäres Handbuch, Berlin 2013

Jordan, Caren/Belar, Cynthia/Williams, R. Stan, Anonymous oocyte donation: a follow-up analysis of donors' experience, Journal of Psychosomatic Obstetrics and Gynecology 2004, 145

Jüdes, Ulrich (Hrsg.), In-vitro-Fertilistion und Embryotransfer, Grundlagen, Methoden, Probleme und Perspektiven, Stuttgart 1983

Juffer, Femmie/van IJzendoorn, Marinus, Adoptees Do Not Lack Self-Esteem: A Meta-Analysis of Studies on Self-Esteem of Transracial, International, and Domestic Adoptees, Psychological Bulletin 2007, 1067

Jung, Eberhard, Das Recht auf Gesundheit, Versuch einer Grundlegung des Gesundheitsrechts der Bundesrepublik Deutschland, München 1982

Jungsfleisch, Frank, Fortpflanzungsmedizin als Gegenstand des Strafrechts? – Eine Untersuchung verschiedenartiger Regelungsansätze aus rechtsvergleichender und rechtspolitischer Perspektive, Diss., Freiburg 2001

Kahl, Wolfgang/Waldhoff, Christian/Walter, Christian (Hrsg.), Bonner Kommentar zum Grundgesetz, Band 1, Art. 1–3, 170. Ergänzungslieferung, Heidelberg 2014

Kaiser, Dagmar, Elternglück durch Fremdspende und Leihmutterschaft?, in: Festschrift für Gerd Brudermüller zum 65. Geburtstag (Hrsg. Götz/Schwenzer/Seelmann/ Taupitz), München 2014, 357

Kaiser, Dagmar/Schnitzler, Klaus/Friederici, Peter (Hrsg.), BGB – Familienrecht, Band 4, §§ 1297–1921, 3. Auflage, Baden-Baden 2014

Kalfoglou, A. L./Gittelsohn, J., A qualitive follow-up study of women's experiences with oocyte donation, Human Reproduction 2000, 798

Kamini, Rao/Carp, Howard/Fischer, Robert/Decherney, Alan (Hrsg.), Principles and Practice of Assisted Reproductive Technology, Vol. 1, Neu-Dehli 2014

Kamps, Hans, Das Recht der Reproduktionsmedizin – Ein Überblick, MedR 1994, 339

Kant, Immanuel, Die Metaphysik der Sitten, 2. Auflage, Berlin 2013

Karandikar, Sharvari/Gezinski, Lindsay/Carter, James/Kaloga, Marissa, Economic Necessity or Noble Cause? A Qualitative Study Exploring Motivations for Gestational Surrogacy in Gujarat, India, Journal of Women and Social Work 2014, 224

Karkatsoulis, Panagiotis, Inzest und Strafrecht, Die Bedeutung des Strafrechts am Beispiel des Inzesttatbestandes (§ 173 StGB), Diss., Bielefeld 1987

Kasindorf, Martin, And Baby Makes Four – Johnson vs. Calverts Illustrates Just About Everything That Can Go Wrong in Surrogate Births, Los Angeles Times v. 20.1.1991, abrufbar unter: http://articles.latimes.com/1991-01-20/magazine/ tm-851_1_anna-johnson

Katz, Alfred, Staatsrecht, Grundkurs im öffentlichen Recht, 18. Auflage, Heidelberg 2010

Katzorke, Thomas, Eizellspende (egg-donation) – Plädoyer für eine Liberalisierung, Reproduktionsmedizin 2000, 373

–, Entstehung und Entwicklung der Spendersamenbehandlung in Deutschland, in: Umwege zum eigenen Kind (Hrsg.: Bockenheimer-Lucius/Thorn/Wendehorst), Göttingen 2008, 89

Kaufmann, Arthur (Hrsg.), Moderne Medizin und Strafrecht, Heidelberg 1989

Keller, Rolf, „Baby M": ein spektakulärer Fall der Mietmutterschaft – Bemerkungen zum Urteil des New Jersey Superior Court „In re Baby M." vom 31.3.1987, JR 1987, 441

–, Fortpflanzungstechnologie – Ein Gesamtkonzept staatlichen Regelungsbedarf, MedR 1988, 59

–, Das Kindeswohl: Strafwürdiges Rechtsgut bei künstlicher Befruchtung im heterologen System?, in: Festschrift für Tröndle, (Hrsg. Jescheck/Vogler), Berlin 1989, 705

Keller, Rolf/Günther, Hans-Ludwig/Kaiser, Peter, Embryonenschutzgesetz, Kommentar, Stuttgart 1992

Knörr, Karl/Knörr-Gärtner, Henriette/Beller, Fritz Karl/Lauritzen, Christian, Lehrbuch der Geburtshilfe und Gynäkologie, 2. Auflage, Berlin 1982

Henrich, Dieter, Das Kind mit zwei Müttern (und zwei Vätern) im internationalen Privatrecht, in: Festschrift für Schwab (Hrsg. Hofer/Klippel/Walter), Bielefeld 2005, 1141

Kamps, Hans, Das Recht der Reproduktionsmedizin – Ein Überblick, MedR 1994, 339

Keller, Tanja, Das Kindschaftsrechtsreformgesetz, NJ 1998, 234

Kelly, Mike, 25 years after Babyb M, surrogacy questions remain unanswered, northjersey.com v. 30.3.2012, abrufbar unter: http://www.northjersey.com/news/kelly-25-years-after-baby-m-surrogacy-questions-remain-unanswered-1.745725?page=all

Kentenich, Heribert/Utz-Billing, Isabell, Verbot der Eizellspende, Ist es medizinisch, psychologisch oder ethisch gerechtfertigt?, Gynäkologische Endokrinologie 2006, 229

Kentenich, Heribert/Griesinger, Georg, Zum Verbot der Eizellspende in Deutschland: Medizinische, psychologische, juristische und ethische Aspekte, Journal für Reproduktionsmedizin und Endokrinologie 2013, 273

Kerr, Janice/Brown, Clare/Balen, Adam, The experiences of couples who have had infertility treatment in the United Kingdom: results of survey performed in 1997, Human Reproduction 1999, 934

Kersten, Jens, Das Klonen von Menschen, Eine verfassungs-, europa- und völkerrechtliche Kritik, Hab., Berlin 2004

Kettner, Matthias, Neue Formen gespaltener Elternschaft, APuZ B 27/2001, 34

Kienle, Thomas, Künstliche Befruchtung und artifizielles Recht, ZRP 1995, 201

Kienzler, Klaus/Riedl, Gerda/Schiefer Ferrari, Markus (Hrsg), Islam und Christentum: Religion im Gespräch, Münster usw. 2001

Kindermann, Harald, Gesetzgebungstheorie als Forschungsaufgabe, ZRP 1983, 204

Kingreen, Thorsten, Das Grundrecht von Ehe und Familie (Art. 6 I GG), Jura 1997, 401

Kisilevsky, B.S./Hains, S.M.J./Brown, C.A./Lee, C.T./Cowperthwaite, B./Stutzman, S.S./Swansburg, M.L./Lee, K./Xie, X./Huang, H./Ye, H.-H./Zhang, K./Wang, Z., Fetal sensitivity to properties of maternal speech and language, Infant Behavior and Development 2009, 59

Kleinecke, Wilhelm, Das Recht auf Kenntnis der eigenen Abstammung, Diss., Göttingen 1976

Kleinpeter, Christine/Hohman, Melinda, Surrogate Motherhood: Personality Traits and Satisfaction with Service Providers, Psychological Reports 2000, 957

Kloepfer, Michael, Humangenetik als Verfassungsfrage, JZ 2002, 417

–, Verfassungsrecht II, Grundrechte, München 2010

Kluth, Winfried, Recht auf Leben und Menschenwürde als Maßstab ärztlichen Handelns im Bereich der Fortpflanzungsmedizin, ZfP 1989, 113

Knöpfel, Gottfried, Faktische Elternschaft, Bedeutung und Grenzen, FamRZ 1983, 317

Koch, Hans-Georg, „Medizinisch unterstützte Fortpflanzung" beim Menschen – Handlungsleitung durch Strafrecht?, MedR 1986, 259

König, Oliver, Familienwelten – Theorie und Praxis von Familienaufstellungen, Stuttgart 2004

Kollek, Regine, Präimplatationsdiagnostik – Embryonenselektion, weibliche Autonomie und Recht, Tübingen 2000

Kollhosser, Helmut, Rechtsprobleme bei medizinischer Zeugungshilfe, JA 1985, 553

–, Anmerkung zu OLG Hamm v. 2.12.1985 Akz. 11 W 18/85, JZ 1986, 441

Koop, Volker, „Dem Führer ein Kind schenken" – Die SS-Organisation Lebensborn e.V., 1. Auflage, Köln 2007

Koppernock, Martin, Das Grundrecht auf bioethische Selbstbestimmung, Diss., Frankfurt a.M. 1996

Kopper-Reifenberg, Cornelia, Kindschaftsrechtsreform und Schutz des Familienlebens nach Art. 8 EMRK, Zur Vereinbarkeit der deutschen Reform des Kindschaftsrechts mit der Europäischen Menschenrechtskonvention – eine kritische Analyse, Diss., Saarbrücken 2001

Koropeckyj-Cox, Tanya, Loneliness and Depression in Middle and Old Age: Are the Childless More Vulnerabe?, Journal of Gerontology and Social Sciences 1998, 303

Koslowski, Peter/Kreuzer, Philipp/Löw, Reinhard (Hrsg.), Die Verführung durch das Machbare, Ehtische Konflikte in der modernen Medizin und Biologie, Stuttgart 1983

Krauskopf, Dieter (Hrsg.), Soziale Krankenversicherung und Pflegeversicherung, Loseblatt-Kommentar, 85. Ergänzungslieferung 2014

Krebs, Dieter/van der Ven, Hans, Aktuelle Reproduktionsmedzin – Gegenwart und Zukunft der IVF und ICSI, Stuttgart 1999

Kreß, Hartmut, Samenspende und Leihmutterschaft – Problemzustand, Rechtsunsicherheiten, Regelungsansätze, FPR 2013, 240

Krömer, Karl, Eintrag von Kindern in Spalte 9 des Familienbuches bei Leihmutterschaft, StAZ 2000, 310

Krolzik, Volker/Salzmann, Werner (Hrsg.), Kind um jeden Preis? Beiträge zur ethischen Diskussion der neuen Reproduktionstechniken, Orientierungshilfen für die Beratungspraxis, Neukirchen-Vluyn 1989

Kropholler, Jan, Internationales Privatrecht, 6. Auflage, Tübingen 2006

Kühl-Meyer, Beatrix, Rechtliche Probleme einer sog. Kaufmutterschaft, ZblJugR 1982, 763

Lackner, Karl/Kühl, Kristian, Strafgesetzbuch – Kommentar, 28. Auflage, München 2014

Ladeur, Karl-Heinz/Augsberg, Ino, Die Funktion der Menschenwürde im Verfassungsstaat, Tübingen 2008

Lauff, Werner/Arnold, Matthias, Der Gesetzgeber und das „Retortenbaby" – Rechtspolitische Probleme der In-Vitro-Fertilisation, ZRP 1984, 279

Laufs, Adolf, Die künstliche Befruchtung beim Menschen – Zulässigkeit und zivilrechtliche Folgen, JZ 1986, 769

–, Fortpflanzungsmedizin und Arztrecht, Berlin 1992

–, Arzt und Recht – Fortschritte und Aufgaben, NJW 1998, 1750

–, Auf dem Wege zu einem Fortpflanzungsmedizingesetz?, Grundfragen der artifiziellen Reproduktion aus medizinrechtlicher Sicht, Baden-Baden 2003

Laufs, Adolf/Katzenmeier, Christian/Lipp, Volker, Arztrecht, 6. Auflage, München 2009

Laufs, Adolf/Kern, Bernd-Rüdiger, Handbuch des Arztrechts, 4. Auflage, München 2010

Lee, Ruby, New Trends in Global Outsourcing of Commercial Surrogacy: A Call for Regulation, Hastings Women's Law Journal 2009, 275

Lee, June Young, Unterhaltsverpflichtungen bei Leihmutterschaft, Diss., Jena 1996

Lehmann, Michaela, Die In-vitro-Fertilisation und ihre Folgen, Eine verfassungsrechtliche Analyse, Diss., Bonn 2007

Leipold, Dieter, BGB I – Einführung und Allgemeiner Teil, 8. Auflage, Tübingen 2015

Lenz, Sebastian, Vorbehaltslose Freiheitsrechte, Stellung und Funktion vorbehaltsloser Freiheitsrechte in der Verfassungsordnung, Diss., Hannover 2005

Lesch, Heiko, Zur Einführung in das Strafrecht: Über den Sinn und Zweck staatlichen Strafens (1. Teil), JA 1994, 510

–, Zur Einführung in das Strafrecht: Über den Sinn und Zweck staatlichen Strafens (2. Teil), JA 1994, 590

Leutheusser-Schnarrenberger, Sabine, Fragmentarisches Strafrecht in einer global vernetzten Welt?, ZStW 2011, 651

Levinson, Nathan Peter/Büchner, Frauke, 77 Fragen zwischen Juden und Christen, Göttingen 2001

Liermann, Stephan, Ersatzmutterschaft und das Verbot ihrer Vermittlung, MDR 1990, 857

–, Der Begriff „Ersatzmutter" im Embryonenschutzgesetz, FamRZ 1991, 1403

Lipp, Volker/Schumann, Eva/Veit, Barbara, Kindesschutz bei Kindeswohlgefährdung – Neue Mittel und Wege?, Göttingen 2008

Locke, John, An Essay Concerning Human Understanding, Book 2: Ideas, Oxford 2004

Loeffler, Lothar, Insemination beim Menschen, in: Probleme der künstlichen Insemination (Hrsg.: Ranke/Dombois), Witten 1960, 22

Löhnig, Martin/Preisner, Mareike, Anfechtung der Vaterschaft durch den Samenspender, Besprechung von BGH, Urteil vom 15.5.2013 – XII ZR 49/11, FamFR 2013, 340

Löw, Konrad, Ist die Würde des Menschen im Grundgesetz eine Anspruchsgrundlage?, DÖV 1958, 516

Looschelders, Dirk, Alternative und sukzessive Anwendung mehrerer Rechtsordnungen nach dem neuen internationalen Kindschaftsrecht, IPRax 1999, 420

–, Schuldrecht Besonderer Teil, 9. Auflage, München 2014

Lorenz, Dieter (Hrsg.), Rechtliche und ethische Fragen der Reproduktionsmedizin, Baden-Baden 2003

–, Allgemeines Persönlichkeitsrecht und Gentechnologie, JZ 2005, 1121

Ludwig, Ingo, Internationales Adoptionsrecht in der notariellen Praxis nach dem Adoptionswirkungsgesetz, RNotZ 2002, 353

Ludwig, Michael/Katalinic, Alexander, Die deutsche ICSI-Follow-up-Studie – Zusammenfassung der Ergebnisse publizierter Arbeiten und Einordnungen in die aktuelle Studienlage, Journal für Reproduktionsmedizin und Endokrinologie 2005, 151

Lücke, Jörg, Die spezifischen Schranken des allgemeinen Persönlichkeitsrechts und ihre Geltung für die vorbehaltslosen Grundrechte, DÖV 2002, 93

Lüderitz, Alexander, Verbot von Kinderhandel und Ersatzmuttervermittlung durch Änderung des Adoptionsvermittlungsgesetzes, NJW 1990, 1633

Maaßen, Barbara/Stauber, Manfred, Der andere Weg zum eigenen Kind, Zeugung im Reagenzglas, Berlin 1988

Maier, Bernd-Dieter, Strafrechtliche Sanktionen, 3. Auflage, Heidelberg 2009

Maio, Giovanni/Eichinger, Tobias/Bozzaro, Claudia (Hrsg.), Kinderwunsch und Reproduktionsmedizin, Ethische Herausforderungen der technisierten Fortpflanzung, München 2013

Malebranche, Nicolas, Von der Wahrheit oder von der Natur des menschlichen Geistes, Enthält die zwey ersten Bücher, Halle 1776

Manseen, Gerrit, Staatsrecht II, Grundrechte, 11. Auflage, München 2014

Mansees, Norbert, Fremdmutterschaft und Adoptionsrecht, ZfJ 1986, 496

Mansel, Heinz-Peter/Thorn, Karsten/Wagner, Rolf, Europäisches Kollisionsrecht 2011: Gegenläufige Entwicklungen, IPRax 2012, 1

Marian, Susanne, Die Rechtsstellung des Samenspenders bei der Insemination/IVF, Diss., Frankfurt 1998

Matzner, Michael, Vaterschaft heute – Klischees und soziale Wirklichkeit, Frankfurt a.M. 1998

Maunz, Theodor/Dürig, Günter (Begr.), Grundgesetz, Kommentar, Band 1, 77. Ergänzungslieferung, München 2016

–, (Begr.), Grundgesetz, Kommentar, Band 2, 72. Ergänzungslieferung, München 2014

May, Ulrich, Rechtliche Grenzen der Fortpflanzungsmedizin, Die Zulässigkeit bestimmter Methoden der assistierten Reproduktion und der Gewinnung von Stammzellen vom Embryo in vitro im deutsch-israelischen Vergleich, Diss., Mannheim 2002

Mayer, Claudia, Ordre public und Anerkennung der rechtlichen Elternschaft in internationalen Leihmutterschaftsfällen, RabelsZ 2014, 551

–, Sachwidrige Differenzierung in internationalen Leihmutterschaftsfällen, IPRax 2014, 57

–, Verfahrensrechtliche Anerkennung einer ausländischen Abstammungsentscheidung zugunsten eingetragener Lebenspartner im Falle der Leihmutterschaft, StAZ 2015, 33

Mayer, Susanne, Aufs Gebären reduziert, Die Zeit v. 16.10.1988, 87

Mayer-Lewis, Birgit, „Ein Mensch bildet sich...“ – Entwicklungspädagogische Betrachtungen zur vorgeburtlichen Lebensphase, Diss., Würzburg 2011

McMahon, Catherine/Ungerer, Judy/Beaurepaire, Janet/Tennant, Christopher/Saunders, Douglas, Psychosocial outcomes for parents and children after in vitro fertilization: a review, Journal of Reproductive and Infant Psychology 1995, 1

Medicus, Dieter, Zivilrecht und werdendes Leben, München 1985

–, Das fremde Kind – „Komplikationen bei Leihmutterschaften“, Jura 1986, 302

Medicus, Dieter/Petersen, Jens, Allgemeiner Teil des BGB, 11. Auflage, Heidelberg usw. 2016

Meier, Patrick, Heterologe Insemination – Konsequenzen für den Samenspender, NZFam 2014, 337

Meissner, Friedrich Ludwig, Was hat das neunzehnte Jahrhundert für die Geburtshilfe gethan? – Zeitraum 1829 bis 1832, Leipzig 1833

Meltzer, Howard/Gatward, Rebecca/Goodman, Robert/Ford, Tamsin, The mental health of children and adolescents in Great Britain, London 2000

Merkel, Reinhard, Früheuthanasie, Rechtsethische und strafrechtliche Grundlagen ärztlicher Entscheidungen über Leben und Tod in der Neonatalmedizin, Baden-Baden 2001

Merkel-Walther, Karin, Ethische und rechtliche Zulässigkeit der Ersatzmutterschaft und ihre zivilrechtlichen Folgen, Diss., Mainz 1991

Mertin, Herbert/Höfling, Wolfram, Soll das Inzestverbot aufgehoben werden?, RuP 2014, 204

Meßerschmidt, Klaus, Gesetzgebungsermessen, Hab., Berlin 1999

Meysen, Thomas (Hrsg.), Das Familienverfahrensrecht – FamFG, Praxiskommentar mit Einführung, Erläuterungen, Arbeitshilfen, Köln 2009 (zit.: FamFG)

Miller, Brent/Fan, Xitao/Christensen, Mathew/Grotevant, Harold/van Dulmen, Manfred, Comparisons of Adopted and Nonadopted Adolescents in a Large, Nationally Representative Sample, Child Development 2000, 1458

Mitra, Sayani/Hanse, Solveig Lena, Auf der anderen Seite der Kamera – Leihmutterschaft in Indien und das moralische Anliegen der Dokumentarfilmerin Surabhi Sharma, Ethik in der Medizin 2014, 1437

Mittermaier, Carl Joseph Anton (Hrsg.), Lehrbuch des gemeinen in Deutschland gültigen Peinlichen Rechts, 14. Auflage, Gießen 1847

Mnookin, Robert, Was stimmt nicht mit der Formel „Kindeswohl"?, FamRZ 1975, 1

Mohapatra, Seema, Achieving Reproductive Justice in the International Surrogacy Market, Annals of Health Law 2012, 191

Momsen, Carsten/Rackow, Peter, Die Straftheorien, JA 2004, 336

Moon, Christine/Cooper, Robin Panneton/Fifer, William, Two-Day-Olds Prefer Their Native Language, Infant Behavior and Development 1993, 495

Motive zu dem Entwurfe eines Bürgerlichen Gesetzbuches für das Deutsche Reich, Band 1, Allgemeiner Theil, Berlin/Leipzig 1888

Motzer, Stefan/Kugler, Roland, Kindschaftsrecht mit Auslandsbezug, 2. Auflage, Bielefeld 2003

Müller, Hans-Rüdiger/Stravoravdis, Wassilios (Hrsg.), Bildung im Horizont der Wissensgesellschaft, Wiesbaden 2007

Müller, Johannes, Die Bedeutung von Vätern für die Entwicklung von Sozialkompetenz, Hamburg 2011

Müller, Reinhard, Abschied von der Mutter, FAZ v. 20.12.2014, 1

Müller-Götzmann, Christian, Artifizielle Reproduktion und gleichgeschlechtliche Elternschaft, Diss., Heidelberg 2009

Müller-Terpitz, Ralf, Der Schutz des pränatalen Lebens – Eine verfassungs-, völker- und gemeinschaftsrechtliche Statusbetrachtung an der Schwelle zum biomedizinischen Zeitalter, Tübingen 2007

Mulder, Eduard/Robles de Medina, Pascalle/Huizink, Anja/van den Bergh, Bea/Buitelaar, Jan/Visser, Gerard, Prenatal maternal stress: effects on pregnancy and the (unborn) child, Early Human Development 2002, 3

Murmann, Uwe, Grundkurs Strafrecht, 3. Auflage, München 2015

Murray, Clare/Golombok, Susan, Solo mothers and their donor insemination infants: follow-up a tage 2 years, Human Reproduction 2005, 1655

Muscheler, Karlheinz, Familienrecht, 3. Auflage, München 2013

Musielak, Hans-Joachim/Borth, Helmut, Familiengerichtliches Verfahren, 1. und 2. Buch FamFG, 4. Auflage, München 2013

von Mutius, Albert, Der Embryo als Grundrechtssubjekt, Jura 1987, 109

Mutschler, Dietrich, Emanzipation und Verantwortung – Zur Neuordnung des Abstammungsrechts, FamRZ 1994, 65

Neidert, Rudolf, Brauchen wir ein Fortpflanzungsmedizingesetz?, MedR 1998, 347

Niederer, Andreas, Reproduktionsmedizinische Methoden zur Überwindung männlicher Infertilität im Spiegel des Rechts, Diss., Frankfurt a.M. 1989

Nieschlag, Eberhard/Behre, Hermann/Nieschlag, Susan, Andrologie – Grundlagen und Klinik der reproduktiven Gesundheit des Mannes, 3. Auflage, Heidelberg 2009

Oberhuber, Nadine, Das Geschäft mit der guten Hoffnung, zeit.de v. 17.8.2014, abrufbar unter: http://www.zeit.de/wirtschaft/2014-08/leihmutter-kinder-schangerschaft

Oddens, Björn/den Tonkelaar, Isolde/Nieuwenhuyse, Hugo, Psychosocial experiences in women facing fertility problems – a comparative survey, Human Reproduction 1999, 255

Oduncu, Fuat/Platzer, Katrin/Henn, Wolfram (Hrsg.), Der Zugriff auf den Embryo, Ethische, rechtliche und kulturvergleichende Aspekte der Reproduktionsmedizin, Göttingen 2005

Ostendorf, Heribert, Experimente mit dem „Retortenbaby" auf dem rechtlichen Prüfstand, JZ 1984, 595

Otte, Karsten, The New German Conflicts Law On Parents And Children, YbPrivIntL 1999, 189

Otto, Harro, Eigenverantwortliche Selbstschädigung und –gefährdung sowie einverständliche Fremdschädigung und -gefährdung, in: Festschrift für Tröndle (Hrsg. Jescheck/Vogler), Berlin 1989, 157

Paasch, Uwe u.a., Semen quality in sub-fertile range for a significant proportion of young men from the general German population: a co-ordinated, controlled study of 791 men from Hamburg and Leipzig, International Journal of Andrology 2009, 93

Palacios, Jesús/Brodzinsky, David, Adoption research: Trends, topics, outcomes, International Journal of Behavioral Development 2010, 270

Palandt, Otto, Bürgerliches Gesetzbuch, 75. Auflage, München 2016

Palazzo, Francesco, Strafgesetzlichkeit: Transformation und Vielschichtigkeit eines „Fundamentalprinzips", Münster 2010

Palermo, Gianpiero/Joris, Hubert/Devroey, Paul/van Steirteghem, André, Pregnancies After Intracytoplasmic Injection of Single Spermatozoon Into an Oocyte, The Lancet 340/1992, 17

Pande, Amrita, Not an 'Angel', not a 'Whore': Surrogates as 'Dirty' Workers in India, Indian Journal of Gender Studies 2009, 141

Pap, Michael, Extrakorporale Befruchtung und Embryotransfer aus arztrechtlicher Sicht, Diss., Tübingen 1986

Parker, Philip, Motivation of Surrogate Mothers: Initial Findings, American Journal of Psychiatry 1983, 117

Pashmi, Monir/Tabatabaie, Seyed Mohammad Sadegh/Ahmadi, Seyed Ahmad, Evaluating the experiences of surrogate and intended mothers in terms of surrogacy in Isfahan, Iranian Journal of Reproductive Medicine 2010, 33

Pasquay, Jürgen, Die künstliche Insemination, Zugleich ein Beitrag zur Bestimmung der Grenzen staatlicher Strafbefugnis, Diss., Freiburg 1968

Patton, Brock, Buying A Newborn: Globalization And The Lack Of Federal Regulation Of Commercial Surrogacy Contracts, University of Missouri Kansas City Law Review 2010, 507

Permanent Bureau der HCCH (Hrsg.), A Preliminary Report On The Issues Arising From International Surrogacy Arrangements, Den Haag 2012, abrufbar unter: http://www.hcch.net/upload/wop/gap2012pd10en.pdf

Permanent Bureau der HCCH (Hrsg.), HCCH, The Desirability And Feasibility Of Further Work One The Parentage/Surrogacy Project, Den Haag 2014, abrufbar unter: http://www.hcch.net/upload/wop/gap2014pd03b_en.pdf

Peng, Lina, Surrogate Mothers: An Exploration of the Empirical and the Normative, Journal of Gender, Social Policy and the Law 2013, 555

Peters, Hans, Die freie Entfaltung der Persönlichkeit als Verfassungsziel, in: Festschrift für Rudolf Laun (Hrsg. Constantopoulos/Wehberg), Hamburg 1953, 669

Peuckert, Rüdiger, Familienformen im sozialen Wandel, 8. Auflage, Wiesbaden 2012

Pfeiffer, Christian, Die Macht der gefühlten Kriminalität, Centaur 2011, 14

Pieroth, Bodo/Schlink, Bernhard, Grundrechte, Staatsrecht II, 31. Auflage, Heidelberg 2015

Pöppmann, Dirk, Die Pädagogisierung des Rechts, Historisch-politische Betrachtungen zum Streit zwischen „liberalem" und „sozialem" Strafrechtsdenken, in: Erziehung in der Moderne, Festschrift für Franzjörg Baumgart (Hrsg. Rustemeyer), Würzburg 2003, 167

Prütting, Hanns/Helms, Tobias (Hrsg.), FamFG – Kommentar, 3. Auflage, Köln 2014

Prütting, Hanns/Wegen, Gerhard/Weinreich, Gerd [Hrsg.], BGB-Kommentar, 11. Auflage, Köln 2016

Prütting, Dorothea (Hrsg.), Fachanwaltskommentar Medizinrecht, 4. Auflage, Köln 2016

Püttner, Günter/Brühl, Klaus, Fortpflanzungsmedizin, Gentechnologie und Verfassung, JZ 1987, 529

Quantius, Markus, Die Elternschaftsanfechtung durch das künstlich gezeugte Kind, FamRZ 1998, 1145

Ragoné, Helena, Surrogate motherhood: conception in the heart, Boulder 1994

Ramm, Thilo, Die Fortpflanzung – ein Freiheitsrecht?, JZ 1989, 861

Ranke, Hansjürg/Dombois, Hans Adolf, Probleme der künstlichen Insemination, Witten 1960

Raschen, Wolfgang, Zivilrechtliche Verhaltens- oder Schutzpflichten der Eltern für Leben und Gesundheit des ungeborenen Kindes?, Diss., Göttingen 1996

Rauscher, Thomas, Familienrecht, 2. Auflage, Heidelberg 2008

Rauscher, Thomas/Pabst, Steffen, Die Entwicklung des Internationalen Privatrechts 2012–2013, NJW 2013, 3692

Rauschning, Dietrich, Staatsaufgabe Umweltschutz, VVDStRL 1980, 167

Redeker, Martin, Peep-Show und Menschenwürde, Ein Beitrag zur Interpretation von Art. 1 Abs. 1 S. 1 GG, BayVBl. 1985, 73

Reinke, Mathias, Fortpflanzungsfreiheit und das Verbot der Fremdeizellspende, Diss., Berlin 2006

Remennick, Larissa, Childless in the Land of Imperative Motherhood: Stigma and Coping Among Infertile Israeli Women, Sex Roles 2000, 821

Remschmidt, Helmut (Hrsg.), Kinder- und Jugendpsychiatrie – Eine praktische Einführung, 5. Auflage, Stuttgart 2008

Remmert, Barbara, Verfassungs- und verwaltungsrechtsgeschichtliche Grundlagen des Übermaßverbots, Diss., Münster 1995

Rengier, Rudolf, Strafrecht Besonderer Teil II, 17. Auflage, München 2016

Revermann, Christoph/Hüsling, Bärbel, Fortpflanzungsmedizin: Rahmenbedingungen, wissenschaftlich-technische Fortschritte und Folgen, Berlin 2011

Rey-Stocker, Irmi, Anfang und Ende des menschlichen Lebens aus Sicht der Medizin und der drei monotheistischen Religionen Judentum, Christentum und Islam, Berlin 2011

Rheinheimer, Martin (Hrsg.), Subjektive Welten – Wahrnehmung und Identität in der Neuzeit, Neumünster 1998

Richter-Kuhlmann, Fortpflanzungsmedizin – Eine stille Revolution, DÄBl. 2014, A 1122

Rieck, Jürgen, Ausländisches Familienrecht, Loseblattwerk, 11. Ergänzungslieferung 2014

Rittelmeyer, Christian, Frühe Erfahrungen des Kindes, Ergebnisse der pränatalen Psychologie und der Bindungsforschung, Ein Überblick, Stuttgart 2005

Robbers, Gerhard, Der Grundrechtsverzicht, JuS 1985, 925,

Robertson, John, Surrogate Mothers: Not So Novel After All, The Hastings Center Report 1983, 28

Röhr-Sendlmeier, Una/Greubel, Stefanie, Die Alltagssituation von Kindern in Stieffamilien und Kernfamilien im Vergleich, ZfF 2004, 56

Rönnau, Thomas, Grundwissen – Strafrecht: Der strafrechtliche Rechtsgutsbegriff, JuS 2009, 209

Rohde, Anke/Dorn, Almut, Gynäkologische Psychosomatik und Gynäkopsychiatrie, Stuttgart 2007

Rose, Mark, Mothers and Authors: Johnson v. Calvert and the New Children of Our Imaginations, Critical Inquiry 1996, 613

Rosenau, Henning (Hrsg.), Ein zeitgemäßes Fortpflanzungsmedizingesetz für Deutschland, Baden-Baden 2012

Roth, Andreas, Das Kinderrechteverbesserungsgesetz, JZ 2002, 651

Rothgangel, Simone, Kurzlehrbuch Medizinische Psychologie und Soziologie, 2. Auflage, Stuttgart 2010

Roxin, Claus, Strafrecht Allgemeiner Teil, Band 1, 4. Auflage, München 2006

–, Zur neueren Entwicklung der Strafrechtsdogmatik in Deutschland, GA 2011, 678

Roxin, Claus/Schroth, Ulrich (Hrsg.), Medizinstrafrecht im Spannungsfeld von Medizin, Ehtik und Strafrecht, 2. Auflage, Boorberg 2001

Rüsken, Reinhart, Künstliche Befruchtung als Heilbehandlung – Zur steuermindernden Berücksichtigung von Kosten homo- und heterologer Befruchtung, NJW 1998, 1745

Rütz, Eva Maria, Heterologe Insemination – Die rechtliche Stellung des Samenspenders, Berlin 2008

Rummel, Carsten, Kindeswohl, Ein Gebot von Verfassungsrang in neuen und alten Spannungsfeldern: Leihmutterschaft, Embryonenschutz und Jugendhilfe, RdJB 1989, 394

Rupp, Marina, Die Lebenssituation von Kindern in gleichgeschlechtlichen Lebenspartnerschaften, Berlin 2009

Ruso, Berit/Thöni, Magdalena, Quo vadis Präimplantationsdiagnostik?, MedR 2010, 74

Ryznar, Margaret, Die Zustimmung eines Mannes zur heterologen Insemination bei seiner Ehefrau, FamRZ 1996, 769

–, International Commercial Surrogacy And Its Parties, The John Marshall Law Review 2010, 1009

Sachs, Michael (Hrsg.), Grundgesetz, Kommentar, 7. Auflage, München 2014

Säcker, Franz Jürgen/Rixecker, Roland (Hrsg.), Münchener Kommentar zum Bürgerlichen Gesetzbuch, Band 1, 6. Auflage, München 2012

Säcker, Franz Jürgen/Rixecker, Roland/Oetker, Hartmut (Hrsg.), Münchener Kommentar zum Bürgerlichen Gesetzbuch, Band 5, 6. Auflage, München 2013

Säcker, Franz Jürgen/Rixecker, Roland (Hrsg.), Münchener Kommentar zum Bürgerlichen Gesetzbuch, Band 8, 7. Auflage, München 2015

–, (Hrsg.), Münchener Kommentar zum Bürgerlichen Gesetzbuch, Band 10, 5. Auflage, München 2010

Saenger, Ingo (Hrsg.), Zivilprozessordnung – Handkommentar, 6. Auflage, Baden-Baden 2015

Sanders, K.A./Bruce, N.W., Psychosocial stress and treatment outcome following assisted reproductive technology, Human Reproduction 1999, 1656

Sardaryan, Diradur, Bioethik in ökumenischer Perspektive – Offizielle Stellungnahmen der christlichen Kirchen in Deutschland zu bioethischen Fragen um den Anfang des menschlichen Lebens im Dialog mit der Orthodoxen Theologie, Berlin 2008

Sautter, Thomas, Wirksame Hilfen bei unerfülltem Kinderwunsch, 3. Auflage, Stuttgart 2000

Schäkel, Imke, Die Abstammung im neuen deutschen Internationalen Privatrecht, Diss., Kiel 2004

Scheerer, Sebastian, Die abolitionistische Perspektive, KrimJ 1984, 90

Schenker, Joseph, Reproductive health care policies around the world – Religious Views Regarding Treatment of Infertility by Assisted Reproductive Technologies, Journal of Assisted Reproduction and Genetics 9/1992, 3

–, Assisted reproductive practice: religious perspectives, Reproductive BioMedicine Online 2005, 310

Scherpe, Jens, Elternschaft im Vereinigten Königreich nach dem Human Fertilisation and Embryology Act 2008, FamRZ 2010, 1513

Schlag, Martin, Verfassungsrechtliche Aspekte der künstlichen Fortpflanzung, Insbesondere das Lebensrecht des in vitro gezeugten Embryos, Wien 1991

Schlegel, Thomas, Zur Wirksamkeit von Ersatzmutterschaftsverträgen und deren Rechtsfolgen für das Kind, FuR 1996, 116

Schlichting, Michael (Hrsg.), Welten des Bewusstseins, Band 10, Pränatale Psychologie und Psycholytische Therapie, Berlin 2000

Schlößer, Hans-Walter, Tubare Sterilität – Teil 1: Ursachen und Diagnostik, Der Gynäkologe 2001, 431

Schlüter, Julia, Schutzkonzepte für menschliche Keimbahnzellen in der Fortpflanzungsmedizin, Berlin 2008

Schmidt-Bleibtreu, Bruno/Hofmann, Hans/Hennecke, Hans-Günter (Begr./Hsrg.), Kommentar zum Grungesetz, 13. Auflage, Köln 2014

Schmidt-Matthiesen, Heinrich/Wallwiener, Diethelm, Gynäkologie und Geburtshilfe, Lehrbuch für Studium und Praxis, 10. Auflage, Stuttgart 2005

Schnitzler, Klaus (Hrsg.), Münchener Anwaltshandbuch Familienrecht, 4. Auflage, München 2014

Schnitzerling, Manfred, Aus der täglichen Arbeit des Standesbeamten – Rechtsfall mit Fragen und Antworten aus dem Adoptionsrecht, StAZ 1961, 225

Schönke, Adolf/Schröder, Horst (Hrsg.), Strafgesetzbuch – Kommentar, 29. Auflage, München 2014

Scholz, Rupert, Instrumentale Beherrschung der Biotechnologie durch die Rechtsordnung, Bitburger Gespräche 1/1986, 59

Schover, L.R./Collins, R.L./Quigley, M.M./Blankstein, J./Kanoti, G., Psychological follow-up of women evaluated as oocyte donors, Human Reproduction 1991, 1487

Schreiber, Christine, Natürlich künstliche Befruchtung? – Eine Geschichte der In-vitro-Fertilisation von 1878 bis 1950, Göttingen 2007

Schroeder, Friedrich Christian, Die Rechtsgüter des Embryonenschutzgesetzes, in: Festschrift für Koichi Miyazawa (Hrsg. Kühne), Baden-Baden 1995, 533

Schulte-Bunert, Kai/Weinreich, Gerd (Hrsg.), FamFG – Kommentar, 5. Auflage, Köln 2016

Schulz, Doerthe, Pränatale Psychologie, Vordiplomarbeit, Göttingen 1983

Schulz, Werner/Hauß, Jörn, Familienrecht, 2. Auflage, Baden-Baden 2012

Schulze, Reiner/Dörner, Heinrich/Ebert, Ina/Hoeren, Thomas/Kemper, Rainer/Saenger, Ingo/Schreiber, Klaus/Schulte-Nölke, Hans/Staudinger, Ansgar, Handkommentar Bürgerliches Gesetzbuch, 8 Auflage, Baden-Baden 2014

Schumacher, Klaus, Fortpflanzungsmedizin und Zivilrecht, FamRZ 1987, 313

Schumann, Eva (Hrsg.), Das strafende Gesetz im sozialen Rechtsstaat, Berlin 2010

–, Familienrechtliche Fragen der Fortpflanzungsmedizin im Lichte des Grundgesetzes, in: Ein zeitgemäßes Fortpflanzungsmedizingesetz für Deutschland (Hrsg.: Rosenau), Baden-Baden 2012, 155

–, Elternschaft nach Keimzellspende und Embryoadoption, MedR 2014, 736

Schumann, Karl/Steinert, Heinz/Voß, Michael, Vom Ende des Strafvollzugs, Ein Leitfaden für Abolitionisten, Bielefeld 1988

Schwab, Dieter, Familienrecht, 21. Auflage, München 2013

Schwab, Dieter/Wagenitz, Thomas, Einführung in das neue Kindschaftsrecht, FamRZ 1997, 1377

Schwalm, Georg, Strafrechtliche Probleme der künstlichen Samenübertragung beim Menschen – Ein Auszug aus den Beratungen der Großen Strafrechtskommission, GA 1959, 1

Schwanke, Gesa, Leihmütter und die Babys der Stars auf Bestellung, welt.de v. 24.1.2011, abrufbar unter: http://www.welt.de/vermischtes/prominente/article12321128/Leihmuetter-und-die-Babys-der-Stars-auf-Bestellung.html

Schwartländer, Johannes (Hrsg.), Modernes Freiheitsethos und christlicher Glaube, München 1981

Seetzen, Uwe, Der Prognosespielraum des Gesetzgebers, NJW 1975, 429

Seidel, Helmut, Anfechtung bei der homologen und heterologen Insemination, FPR 2002, 402

Seiffge-Krenke, Inge/Schneider, Norbert, Familie – Nein danke?!, Familienglück zwischen neuen Freiheiten und alten Pflichten, Göttingen 2012

Senatsverwaltung für Schule, Jugend und Sport Berlin (Hrsg.), Lesben und Schwule mit Kindern – Kinder homosexueller Eltern, Berlin 1986

Serafini, Paulo, Outcome and follow-up of children born after IVF-surrogacy, Human Reproduction Update 2001, 23

Shenfield, F./Pennings, G./Cohen, J./Devroey, P./de Wert, G./Tarlatzis, B., ESHRE Task Force on Ethics and Law 10: Surrogacy, Human Reproduction 2005, 2705

Shorter, Edward, Die Geburt der modernen Familie, Reinbeck bei Hamburg 1983

Sina, Stephan, „Recht auf Elternschaft"?, FamRZ 1997, 862

Sluckin, Wladyslaw/Sluckin, Alice/Herbert, Martin, Mutterliebe – auf den ersten Blick? Genese und Wachstum einer menschlichen Beziehung, Bern 1986

Smerdon, Usha Rengachary, Crossing Bodies, Crossing Borders: International Surrogacy Between The United States And India, Cumberland Law Review 2008–2009, 15

Snowdon, Claire, What Makes a Mother? Interviews With Women Involved In Egg Donation and Surrogacy, Birth 1994, 77

Soergel, Hofrat (Begr.), Bürgerliches Gesetzbuch mit Einführungsgesetz und Nebengesetzen, Band 2, Allgemeiner Teil 2, §§ 104–240, 13. Auflage, Stuttgart usw. 1999

–, Bürgerliches Gesetzbuch mit Einführungsgesetz und Nebengesetzen, Band 17/1, Familienrecht, §§ 1297–1588, 13. Auflage, Stuttgart usw. 2013

–, Bürgerliches Gesetzbuch mit Einführungsgesetz und Nebengesetzen, Band 19/1, Familienrecht, §§ 1589–1615n, 13. Auflage, Stuttgart usw. 2012

–, Bürgerliches Gesetzbuch mit Einführungsgesetz und Nebengesetzen, Band 20, Familienrecht, §§ 1741–1921, 13. Auflage, Stuttgart usw. 2000

Spickhoff, Andreas, Haftungsrechtliche Fragen der Biomedizin, VersR 2006, 1569

– (Hrsg.), Medizinrecht, 2. Auflage, München 2014

Spiewak, Martin, Verbotene Kinder, zeit.de v. 22.4.2010, abrufbar unter: http://www. zeit.de/2010/17/Leihmutterschaft

Spivack, Carla, The Law of Surrogate Motherhood in the United States, Journal of Comparative Law 2010, 97

Spitz, René, Vom Säugling zum Kleinkind – Naturgeschichte der Mutter-Kind-Beziehungen im ersten Lebensjahr, 11. Auflage, Stuttgart 1996

Spuler-Stegemann, Ursula, Die 101 wichtigsten Fragen – Islam, 2. Auflage, München 2009

Ständige Deputation des Deutschen Juristentages (Hrsg.), Verhandlungen des 56. Deutschen Juristentages, Band 1, München 1986

– (Hrsg.), Verhandlungen des 56. Deutschen Juristentages, Band 2, Berlin 1986

Starck, Christian (Hrsg.), Bundesverfassungsgericht und Grundgesetz, Festgabe aus Anlaß des 25jährigen Bestehens des Bundesverfassungsgerichts, Erster Band, Tübingen 1976

Statistisches Bundesamt (Hrsg.), Statistisches Jahrbuch 2010 – Für die Bundesrepublik Deutschland mit internationalen Übersichten, Wiesbaden 2010

Stauber, Manfred/Weyerstahl, Thomas, Gynäkologie und Geburtshilfe, 3. Auflage, Stuttgart 2007

Staudinger, Julius von, Kommentar zum Bürgerlichen Gesetzbuch mit Einführungsgesetz und Nebengesetzen, EGBGB, Internationales Privatrecht, Art. 3–6 EGBGB, Neubearbeitung 2013, Berlin 2013

–, Kommentar zum Bürgerlichen Gesetzbuch mit Einführungsgesetz und Nebengesetzen, EGBGB, Internationales Privatrecht, Art. 13–17b EGBGB, Neubearbeitung 2003, Berlin 2003

–, Kommentar zum Bürgerlichen Gesetzbuch mit Einführungsgesetz und Nebengesetzen, EGBGB, Internationales Privatrecht, Vorbem. C–H zu Art. 19–24 EGBGB, Neubearbeitung 2009, Berlin 2009

–, Kommentar zum Bürgerlichen Gesetzbuch mit Einführungsgesetz und Nebengesetzen, EGBGB, Internationales Privatrecht, Art. 19–24 EGBGB, Neubearbeitung 2014, Berlin 2014

–, Kommentar zum Bürgerlichen Gesetzbuch mit Einführungsgesetz und Nebengesetzen, Buch 1, Allgemeiner Teil, §§ 134–138, Neubearbeitung 2011, Berlin 2011

–, Kommentar zum Bürgerlichen Gesetzbuch mit Einführungsgesetz und Nebengesetzen, Buch 4, Familienrecht, §§ 1589–1600e, Neubearbeitung 2004, Berlin 2004

–, Kommentar zum Bürgerlichen Gesetzbuch mit Einführungsgesetz und Nebengesetzen, Buch 4, Familienrecht, §§ 1638–1683, Neubearbeitung 2009, Berlin 2009

–, Kommentar zum Bürgerlichen Gesetzbuch mit Einführungsgesetz und Nebengesetzen, Buch 4, Familienrecht, §§ 1741–1772, Neubearbeitung 2007, Berlin 2007

–, Kommentar zum Bürgerlichen Gesetzbuch mit Einführungsgesetz und Nebengesetzen, Internationales Verfahrensrecht in Ehesachen, Neubearbeitung 2005, Berlin 2005

–, Kommentar zum Bürgerlichen Gesetzbuch mit Einführungsgesetz und Nebengesetzen, Internationales Verfahrensrecht in Ehesachen, Neubearbeitung 2005, Berlin 2005

–, Kommentar zum Bürgerlichen Gesetzbuch mit Einführungsgesetz und Nebengesetzen, EGBGB/IPR Art. 19–24 EGBGB (Internationales Kindschaftsrecht 3), Neubearbeitung 2014, Berlin 2014

Steigerwald, Jörn/Watzke, Daniela (Hrsg.), Reiz, Imagination, Aufmerksamkeit – Erregung und Steuerung von Einbildungskraft im klassischen Zeitalter (1680–1830), Würzburg 2003

Steinbeis, Maximilian, Deutschland wird sein Regime zur Leihmutterschaft ändern müssen, verfassungsblog.de v. 28.6.2014, abrufbar unter: http://www.verfassungsblog.de/deutschland-wird-sein-regime-zur-leihmutterschaft-aendern-muessen/#. VE9x6BZoC8E

Steinberger, Karin, Trauriges Geschäft, SZ v. 5.8.2014, 10

Stellpflug, Martin, Embryonenschutz in England, ZRP 1992, 4

Stern, Klaus, Das Staatsrecht der Bundesrepublik Deutschland, Band 3/1, München 1988

Stern, Klaus/Becker, Florian (Hrsg.), Grundrechte-Kommentar, 2. Auflage, Köln 2015

Sternberg-Lieben, Detlev, Gentherapie und Strafrecht, JuS 1986, 673

–, Fortpflanzungsmedizin und Strafrecht, NStZ 1988, 1

Stettner, Rupert, Verfassungsbindungen des experimentierenden Gesetzgebers, NVwZ 1989, 806

Stevenson-Hinde, Joan/Shouldice, Anne, Maternal Interactions and Self-Reports Related to Attachment Classifications at 4.5 Years, Child Development 1995, 583

Stief, Christian/Hartmann, Uwe/Höfner, Klaus/Jonas, Udo, Erektile Dysfunktion, Diagnostik und Therapie. 1. Auflage, Heidelberg 1997

Stober, Rolf, Die Entwicklung des Gewerberechts in den Jahren 1982/1983, NJW 1984, 2499

Stöbel-Richter, Yve/Goldschmidt, Susanne/Brähler, Elmar/Weidner, Kerstin/Beutel, Manfred, Egg donation, surrogate mothering, and cloning: attitudes of men and women in Germany based on a representative survey, Fertility and Sterility 2009, 124

Stößer, Eberhard, Das neue Verfahren in Abstammungssachen nach dem FamFG, FamRZ 2009, 92

Strassmann, Burkhard, Bauch zu vermieten, zeit.de v. 2.12.2012, abrufbar unter: http://www.zeit.de/2012/48/Leihmutterschaft-Gesetzgebung-Standesbeamte

Strauß, Bernhard/Beyer, Karla, Ungewollte Kinderlosigkeit, Gesundheitsberichterstattung des Bundes, Heft 20 (Hrsg.: Robert Koch-Institut), Berlin 2004

Strauß, Bernhard/Matthes, Anke/Fügener, Josephine, Prävention von Fertilitätsstörungen, BZgA Forum 1/2012, 15

Strowitzki, Thomas, Ungewollte Kinderlosigkeit, Diagnostik und Therapie von Fertilitätsstörungen, Stuttgart 1996

Sturm, Fritz, Alternatives Abstammungsstatut und Erwerb der deutschen Staatsangehörigkeit, in: Festschrift für Hans Stoll (Hrsg. Hohloch/Frank/Schlechtriem), Tübingen 2001, 451

–, Dürfen Kinder ausländischer Leihmütter zu ihren genetischen Eltern nach Deutschland verbracht werden?, in: Festschrift für Gunther Kühne (Hrsg. Baur/Sandrock/Scholtka/Shapira), Frankfurt a.M. 2009, 919

Swan, Shanna/Elkin, Eric/Fenster, Laura, The Question of Declining Sperm Density Revisited: An Analysis of 101 Studies Published 1934–1996, Environmental Health Perspectives 2000, 961

Tech, Judith, Assistierte Reproduktionstechniken – Darstellung, Analyse und Diskussion als negativ bewertete Effekte, Diss., München 2010

Teman, Elly, The social construction of surrogacy research: An anthropological critique oft the psychosocial scholarship on surrogate motherhood, Social Science and Medicine 2008, 1104

Terbille, Michael/Clausen, Tilman/Schroeder-Printzen, Jörn (Hrsg.), Münchener Anwaltshandbuch Medizinrecht, 2. Auflage, München 2013

Thimm, Katja, Oh, Baby!, Der Spiegel 17/2014, 32

Thorn, Petra, Gametenspende und Kindeswohl – Entwicklungen in Deutschland und in der internationalen Fortpflanzungsmedizin, Hessisches Ärzteblatt 2006, 173

–, Die Eizellspende aus der Perspektive des so gezeugten Menschen, Gynäkologische Endokrinologie 2014, 21

Töpper, Verena, „Falsches" Geschlecht: Ehepaar verschmäht Baby von Leihmutter, spiegel-online.de v. 9.10.2014, abrufbar unter: http://www.spiegel.de/panorama/wie-baby-gammy-australische-eltern-lassen-leihmutter-im-stich-a-996164.html

Tornow, Sarah, Art. 1 Abs. 1 GG als Grundrecht, Diss., Kiel 2007

Trotnow, Siegfried/Coester-Waltjen, Dagmar, Möglichkeiten, Gefahren und rechtliche Schranken befruchtungstechnischer und gentechnischer Eingriffe unter besonderer Berücksichtigung des Entwurfs eines Embryonenschutzgesetzes, Bergisch Gladbach 1990

Tschudin, Sibil/Griesinger, Georg, Leihmutterschaft, Gynäkologische Endokrinologie 2012, 135

Umbach, Dieter/Clemens, Thomas (Hrsg.), Grundgesetz, Mitarbeiterkommentar und Handbuch, Band 1, Heidelberg 2002

van Balen, Frank, Development of IVF Children, Developmental Review 1998, 30

van Berkel, D./Candido, A./Pijffers, W. H., Becoming a mother by non-anonymous egg donation: Secrecy and the relationship between egg recipient, egg donor and egg donation child, Journal of Psychosomatic Obstetrics and Gynecology 2007, 97

van den Akker, Olga, Genetic and gestational surrogate mothers' experience of surrogacy, Journal of Reproductive and Infant Psychology 2003, 145

–, A longitudinal pre-pregnancy to post-delivery comparison of genetic and gestational surrogate and intended mothers: Confidence and genealogy, Journal of Psychosomatic Obstetrics and Gynecology 2005, 277

–, Psychosocial aspects of surrogate motherhood, Human Reproduction Update 2007, 53

–, Psychological trait and state characteristics, social support and attitudes to the surrogate pregnancy and baby, Human Reproduction 2007, 2287

van den Daele, Wolfgang, Mensch nach Maß? Ethische Probleme der Genmanipulation und Gentherapie, München 1985

Velte, Gianna, Die postmortale Befruchtung im deutschen und spanischen Recht, Diss., Bonn 2014

Verny, Thomas/Kelly, John, Das Seelenleben des Ungeborenen, Frankfurt a.M. 1981

Verschraegen, Bea, Internationales Privatrecht, Ein systematischer Überblick, 1. Auflage, Wien 2012

von Arnauld, Andreas, Strukturelle Fragen des allgemeinen Persönlichkeitsrechts, ZUM 1996, 286

von Daniels, Justus, Religiöses Recht als Referenz – Jüdisches Recht im rechtswissenschaftlichen Vergleich, Diss., Berlin 2009

von Mangoldt, Hermann/Klein, Friedrich/Starck, Christian, Grundgesetz, Kommentar, Band 1, Präambel, Art. 1–19, 7. Auflage, München 2016

von Münch, Ingo/Kunig, Philip (Hrsg.), Grundgesetz: Kommentar, Band 1, Präambel, Art. 1–69 GG, 6. Auflage, München 2012

von Olshausen, Henning, Menschenwürde und Grundgesetz: Wertabsolutismus oder Selbstbestimmung?, NJW 1982, 2221

von Rauchhaupt, Die Haltung der Kirche, faz.net v. 21.7.2008, abrufbar unter: http://www.faz.net/aktuell/wissen/reproduktionsmedizin-die-haltung-der-kirche-1670221.html

von Weizsäcker, Carl-Friedrich, Über die Kunst der Prognose, Vortrag anläßlich der Jahresversammlung 1968 des Stifterverbandes für die Deutsche Wissenschaft, Essen 1968

von Wolff, Michael, „Social Freezing": Sinn oder Unsinn?, Schweizerische Ärztezeitung 2013, 393

Vormbaum, Thomas, Fragmentarisches Strafrecht in Geschichte und Dogmatik, ZStW 2011, 660

–, Moderne deutsche Strafrechtsdenker, Berlin 2011

Voss, Solvejg Sonja, Leihmutterschaft in Deutschland – Rechtliche Folgen und Verfassungsmäßigkeit des Verbotes, Diss., Hamburg 2015

Voß, Andreas, Leih- und Ersatzmutterschaftsverträge im amerikanischen Recht, FamRZ 2000, 1552

Voß, Andreas/Soeffner, Hans-Georg/Krämer, Ulrike/Weber, Werner, Ungewollte Kinderlosigkeit als Krankheit, Die sozialen Funktionen und die sozialen Folgen reproduktionsmedizinischer Behandlungen, Opladen 1994

Wagner, Rolf, Anerkennung und Wirksamkeit ausländischer familienrechtlicher Rechtsakte nach autonomem deutschem Recht, FamRZ 2006, 744

–, Abstammungsfragen bei Leihmutterschaften in internationalen Sachverhalten, StAZ 2012, 294

Waibl, Elmar, Grundriß der Medizinethik für Ärzte, Pflegeberufe und Laien, 2. Auflage, Münster 2005

Waibl, Katharina, Kindesunterhalt als Schaden, Fehlgeschlagene Familienplanung und heterologe Insemination, München 1986

Wanitzek, Ulrike, Rechtliche Elternschaft bei medizinisch unterstützter Fortpflanzung, Hab., Bielefeld 2002

Wedemann, Frauke, Konkurrierende Vaterschaften und doppelte Mutterschaft im Internationalen Abstammungsrecht, Diss., München 2006

Wegner, Wolfgang (Hrsg.), Enzyklopädie Medizingeschichte, Band 1, Berlin 2007

Weigend, Thomas, Über die Begründung der Straflosigkeit bei Einwilligung des Betroffenen, ZStW 1986, 44

Weinreich, Gerd/Klein, Michael, Fachanwaltskommentar Familienrecht, 5. Auflage, Köln 2013

Weitzel, Wolfgang, Leihmutterschaft und Adoption – Erfahrungen der Bundeszentralstelle für Auslandsadoptionen, in: Internationaler Sozialdienst (Hrsg.), Rechte der Kinder oder Recht auf ein Kind? – Dokumentation der Fachtagung Auslandsadoption 2010, 44

Westermann, Harm Peter/Grunewald, Barbara/Maier-Reimer, Georg (Hrsg.), Erman – Bürgerliches Gesetzbuch, Band 2, 13. Auflage, Köln 2011

Weyrauch, Verena, Zulässigkeitsfragen und abstammungsrechtliche Folgeprobleme bei künstlicher Fortpflanzung im deutschen und US-amerikanischen Recht, Diss., Düsseldorf 2003

Wieners, Tanja, Familientypen und Formen außerfamilialer Kinderbetreuung heute, Vielfalt und Notwendigkeit als Chance, Opladen 1999

Wischmann, Tewes, Psychosoziale Aspekte bei Fertilitätsstörungen, Der Urologe 2005, 185

–, Unerfüllter Kinderwunsch – Stereotype und Fakten, Journal für Reproduktionsmedizin und Endokrinologie 2006, 220

–, Die Zukunft der menschlichen Reproduktion – „Krieg der Klone"?, Geburtshilfe und Frauenheilkunde 2006, 192

–, Kinderwunsch und professionelle Beratung, BZgA Forum 1/2012, 26

Wörlen, Rainer, Familienrecht, München 2008

Wollenschläger, Ferdinand, Das Verbot der heterologen In-vitro-Fertilisation und der Eizellspende auf dem Prüfstand der EMRK, MedR 2011, 21

Wrobel, Gretchen Miller/Kohler, Julie/Grotevant, Harold/McRoy, Ruth, The Family Adoption Communication (FAC) Model, Identifying Pathways of Adoption-Related Communication, Adoption Quarterly 2004, 53

Wuermeling, Hans-Bernhard, Die Ratio des Embryonenschutzgesetzes, ZfL 2006, 15

Zemb, Jean-Marie, Aristoteles: mit Selbstzeugnissen und Bilddokumenten, 14. Auflage, Reinbek 1997

Zetkin, Maxim/Schaldach, Herbert, Lexikon der Medizin, 16. Auflage, Wiesbaden 1999

Zierl, Gerhard, Gentechnologie und künstliche Befruchtung in ihrer Anwendung beim Menschen – Überblick und rechtliche Aspekte, DRiZ 1985, 337

Zimmermann, Reinhard, Die heterologe künstliche Insemination und das geltende Zivilrecht, FamRZ 1981, 929

Zimmermann, Roland, Reproduktionsmedizin und Gesetzgebung, Reformbedarf im Recht der Reproduktionsmedizin und Realisierungsoptionen in einem Fortpflanzungsmedizingesetz, Diss., Würzburg 2011

Zöller, Richard (Begr.), Zivilprozessordnung mit FamFG (§§ 1–185, 200–700, 433–484) und Gerichtsverfassungsgesetz, den Einführungsgesetzen, mit Internationalem Zivilprozessrecht, EU-Verordnungen, Kostenanmerkungen, 30. Auflage, Köln 2014

Zylka-Menhorn, Vera/Siegmund-Schultze, Nicola/Leinmüller, Renate, Nobelpreis für Medizin: „Vater" von vier Millionen Babys, DÄBl. 2010, A 1896

Zypries, Brigitte/Zeeb, Monika, Samenspende und das Recht auf Kenntnis der eigenen Abstammung, ZRP 2014, 54

Ohne Angabe, Grenzen der Reproduktionsmedizin, Wenn nur eine Eizelle weiterhilft, spiegel-online.de v. 27.6.2014, abrufbar unter: http://www.spiegel.de/gesundheit/schwangerschaft/reproduktionsmedizin-wenn-nur-noch-eine-eizellspende-weiterhilft-a-977820.html

Ohne Angabe, Wenn die Uhr tickt – Dient das Einfrieren von Eizellen weiblicher Selbstbestimmung oder den Interessen der Firmen?, Der Spiegel 43/2014, 14

Ohne Angabe, Ein Schritt in Richtung Homunkulus, Der Spiegel 31/1978, 124

Ohne Angabe, Abraham und Hagar, Der Spiegel 42/1982, 84

Ohne Angabe, Cola der Elternindustrie, Der Spiegel 3/1985, 102

Ohne Angabe, „Mein Gott, was habe ich getan?", Der Spiegel 15/1987, 250

Ohne Angabe, Thailand verbietet Leihmütter für Ausländer, FAZ v. 21.2.2015, 1

Ohne Angabe, Reizthema Eizellspende, daserste.de v. 23.4.2015, abrufbar unter: http://www.daserste.de/information/politik-weltgeschehen/mittagsmagazin/sendung/eizellen-spende-reproduktionsmedizin-100.html

Ohne Angabe, Lewitscharoff entschuldigt sich, fr-online.de v. 7.3.2014, abrufbar unter: http://www.fr-online.de/panorama/sibylle-lewitscharoff-lewitscharoff-entschuldigt-sich,1472782,26490826.html

Ohne Angabe, „Jeder hat ein Recht auf moderne Fortpflanzungsmedizin", Interview mit Jens Kersten, uni-muenchen.de v. 20.3.2013, abrufbar unter: https://www.uni-muenchen.de/forschung/news/2013/interview_kersten.html

Alle in dieser Arbeit angegebenen Internetquellen wurden zuletzt am 30.10.2016 abgerufen.

Die Reihe RECHT UND MEDIZIN wird von den Professoren Deutsch (†) (Göttingen), Kingreen, Kern (Leipzig), Laufs (†) (Heidelberg), Lilie (Halle a.d. Saale), Schreiber (Hannover) und Spickhoff (München) herausgegeben. Ihre Aufgabe ist es, Monographien und Dissertationen auf dem Gebiet des Medizinrechts zu veröffentlichen. Dieses Gebiet, das an Bedeutung noch zunehmen wird, umfasst auf der juristischen Seite sowohl zivilrechtliche als auch straf- und öffentlich-rechtliche Fragestellungen. Die Fragen können von der juristischen oder von der medizinischen Seite aus untersucht werden. Übergreifendes Ziel ist es, den medizinrechtlichen Fragen nicht etwa ein gängiges juristisches Denkschema überzuwerfen, sondern die besonderen Probleme der Regelung medizinischer Sachverhalte eigenständig aufzufassen und darzustellen.

Manuskriptzusendungen an die Herausgeber bitte per Brief- bzw. Paketpost. Die Adressen der Herausgeber sind:

Prof. Dr. Bernd-Rüdiger Kern (Zivilrecht, Rechtsgeschichte und Arztrecht)
Universität Leipzig
Juristenfakultät / Lehrstuhl für Bürgerliches Recht, Rechtsgeschichte
und Arztrecht
Burgstraße 27
04109 Leipzig

Prof. Dr. Hans Lilie (Strafrecht, Strafprozessrecht und Medizinrecht)
Martin-Luther-Universität Halle-Wittenberg
Juristische Fakultät: Strafrecht
Universitätsplatz 6
06108 Halle a.d. Saale
hans.lilie@jura.uni-halle.de

Prof. Dr. Dr. h.c. Hans-Ludwig Schreiber (Strafrecht und Rechtstheorie)
Grazer Str. 14
30519 Hannover

Prof. Dr. Andreas Spickhoff (Zivil- und Zivilprozessrecht, Internationales und
Vergleichendes Medizinrecht; federführender Reihenherausgeber)
Lehrstuhl für Bürgerliches Recht und Medizinrecht
Forschungsstelle für Medizinrecht
Juristische Fakultät
Ludwigstraße 29/I
80539 München

RECHT UND MEDIZIN

Band 25 Knut Schulte: Das standesrechtliche Werbeverbot für Ärzte unter Berücksichtigung wettbewerbs- und kartellrechtlicher Bestimmungen. 1992.

Band 26 Young-Kyu Park: Das System des Arzthaftungsrechts. Zur dogmatischen Klarstellung und sachgerechten Verteilung des Haftungsrisikos. 1992.

Band 27 Angela Könning-Feil: Das Internationale Arzthaftungsrecht. Eine kollisionsrechtliche Darstellung auf sachrechtsvergleichender Grundlage. 1992.

Band 28 Jutta Krüger: Der Hamburger Barmbek/Bernbeck-Fall. Rechtstatsächliche Abwicklung und haftungsrechtliche Aspekte eines medizinischen Serienschadens. 1993.

Band 29 Alexandra Goeldel: Leihmutterschaft – eine rechtsvergleichende Studie. 1994.

Band 30 Thomas Brandes: Die Haftung für Organisationspflichtverletzung. 1994.

Band 31 Winfried Grabsch: Die Strafbarkeit der Offenbarung höchstpersönlicher Daten des ungeborenen Menschen. 1994.

Band 32 Jochen Markus: Die Einwilligungsfähigkeit im amerikanischen Recht. Mit einem einleitenden Überblick über den deutschen Diskussionsstand. 1995.

Band 33 Meltem Göben: Arzneimittelhaftung und Gentechnikhaftung als Beispiele modernen Risikoausgleichs mit rechtsvergleichenden Ausblicken zum türkischen und schweizerischen Recht. 1995.

Band 34 Regine Kiesecker: Die Schwangerschaft einer Toten. Strafrecht an der Grenze von Leben und Tod – Der Erlanger und der Stuttgarter Baby-Fall. 1996.

Band 35 Doris Voll: Die Einwilligung im Arztrecht. Eine Untersuchung zu den straf-, zivil- und verfassungsrechtlichen Grundlagen, insbesondere bei Sterilisation und Transplantation unter Berücksichtigung des Betreuungsgesetzes. 1996.

Band 36 Jens-M. Kuhlmann: Einwilligung in die Heilbehandlung alter Menschen. 1996.

Band 37 Hans-Jürgen Grambow: Die Haftung bei Gesundheitsschäden infolge medizinischer Betreuung in der DDR. 1997.

Band 38 Julia Röver: Einflußmöglichkeiten des Patienten im Vorfeld einer medizinischen Behandlung. Antezipierte Erklärung und Stellvertretung in Gesundheitsangelegenheiten. 1997.

Band 39 Jens Göben: Das Mitverschulden des Patienten im Arzthaftungsrecht. 1998.

Band 40 Hans-Jürgen Roßner: Begrenzung der Aufklärungspflicht des Arztes bei Kollision mit anderen ärztlichen Pflichten. Eine medizinrechtliche Studie mit vergleichenden Betrachtungen des nordamerikanischen Rechts. 1998.

Band 41 Meike Stock: Der Probandenschutz bei der medizinischen Forschung am Menschen. Unter besonderer Berücksichtigung der gesetzlich nicht geregelten Bereiche. 1998.

Band 42 Susanne Marian: Die Rechtsstellung des Samenspenders bei der Insemination / IVF. 1998.

Band 43 Maria Kasche: Verlust von Heilungschancen. Eine rechtsvergleichende Untersuchung. 1999.

Band 44 Almut Wilkening: Der Hamburger Sonderweg im System der öffentlich-rechtlichen Ethik-Kommissionen Deutschlands. 2000.

Band 45 Jonela Hoxhaj: Quo vadis Medizintechnikhaftung? Arzt-, Krankenhaus- und Herstellerhaftung für den Einsatz von Medizinprodukten. 2000.

Band 46 Birgit Reuter: Die gesetzliche Regelung der aktiven ärztlichen Sterbehilfe des Königreichs der Niederlande – ein Modell für die Bundesrepublik Deutschland? 2001. 2. durchgesehene Auflage 2002.

Band 68 Jutta Müller: Ärzte und Pflegende, die keine Organe spenden wollen. Transplantatmangel muss nicht sein. 2004.

Band 69 Ihna Link: Schwangerschaftsabbruch bei Minderjährigen. Eine vergleichende Untersuchung des deutschen und englischen Rechts. 2004.

Band 70 Susann Tiebe: Strafrechtlicher Patientenschutz. Die Bedeutung des Strafrechts für die individuellen Patientenrechte. 2005.

Band 71 Jörg Gstöttner: Der Schutz von Patientenrechten durch verfahrensmäßige und institutionelle Vorkehrungen sowie den Erlass einer Charta der Patientenrechte. 2005.

Band 72 Oliver Jürgens: Die Beschränkung der strafrechtlichen Haftung für ärztliche Behandlungsfehler. 2005.

Band 73 Stephanie Gropp: Schutzkonzepte des werdenden Lebens. 2005.

Band 74 Clemens Winter: Robotik in der Medizin. Eine strafrechtliche Untersuchung. 2005.

Band 75 Barbara Eck: Die Zulässigkeit medizinischer Forschung mit einwilligungsunfähigen Personen und ihre verfassungsrechtlichen Grenzen. Eine Untersuchung der Rechtslage in Deutschland und rechtsvergleichenden Elementen. 2005.

Band 76 Anastassios Kantianis: Palliativmedizin als Sterbebegleitung nach deutschem und griechischem Recht. 2005.

Band 77 Ulrike Morr: Zulässigkeit von Biobanken aus verfassungsrechtlicher Sicht. 2005.

Band 78 Nora Markus: Die Zulässigkeit der Sectio auf Wunsch. Eine medizinische, ethische und rechtliche Betrachtung. 2006.

Band 79 Michael Benedikt Nagel: Die ärztliche Behandlung Neugeborener – Früheuthanasie. 2006.

Band 80 Regina Leitner: Sterbehilfe im deutsch-spanischen Rechtsvergleich. 2006.

Band 81 Martin Berger: Embryonenschutz und Klonen beim Menschen – Neuartige Therapiekonzepte zwischen Ethik und Recht. Ansätze zur Entwicklung eines neuen Regelungsmodells für die Bundesrepublik Deutschland. 2007.

Band 82 Amelia Kuschel: Der ärztlich assistierte Suizid. Straftat oder Akt der Nächstenliebe? 2007.

Band 83 Hans-Ludwig Schreiber / Hans Lilie / Henning Rosenau / Makoto Tadaki / Un Jong Pak (Hrsg.): Globalisierung der Biopolitik, des Biorechts und der Bioethik? Das Leben an seinem Anfang und an seinem Ende. 2007.

Band 84 Ralf Clement: Der Rechtsschutz der potentiellen Organempfänger nach dem Transplantationsgesetz. Zur rechtlichen Einordnung der verteilungsrelevanten Regelungen zwischen öffentlichem und privatem Recht. 2007.

Band 85 Sabine Lebert: Humanes Überschußgewebe – Möglichkeit der Verwendung für die Forschung? Analyse der rechtlichen, ethischen und biomedizinischen Voraussetzungen im Ländervergleich. 2007.

Band 86 Dietrich Wagner: Der gentechnische Eingriff in die menschliche Keimbahn. Rechtlich-ethische Bewertung. Nationale und internationale Regelungen im Vergleich. 2007.

Band 87 Britta Vogt: Methoden der künstlichen Befruchtung: „Dreierregel" versus „Single Embryo Transfer". Konflikt zwischen Rechtslage und Fortschritt der Reproduktionsmedizin in Deutschland im Vergleich mit sieben europäischen Ländern. 2008.

Band 88 Sebastian Rosenberg: Die postmortale Organtransplantation. Eine „gemeinschaftliche Aufgabe" nach § 11 Abs. 1 S. 1 Transplantationsgesetz. Kompetenzen und Haftungsrisiken im Rahmen der Organspende. 2008.

Band 109 Sung-Ku Yoon: Der Unterhalt für ein Kind als Schaden. Eine rechtsvergleichende Darstellung zur deutschen und südkoreanischen Rechtslage hinsichtlich der Arzthaftung für neugeborenes Leben. 2012.

Band 110 Kerstin Bohne: Delegation ärztlicher Tätigkeiten. 2012.

Band 111 Moritz Ulrich: Durchbrechungen der Allokationskriterien des § 12 Abs. 3 TPG. Das „old for old"-Programm. 2012.

Band 112 Chonghan Oh: Die Strafbarkeit der Erforschung des menschlichen Embryos durch Klontechniken. 2013.

Band 113 Sebastian T. Vogel: Organentnahmen bei hirntoten Schwangeren. Oder: Sterbehilfe am Lebensanfang? 2013.

Band 114 Jung-Ho Lee: Die aktuellen juristischen Entwicklungen in der PID und Stammzellforschung in Deutschland. Eine Analyse der BGH-Entscheidung zur PID, Gesetzesnovellierung des ESchG und EuGH-Entscheidung zur Grundrechtsfähigkeit des Embryo in vitro. 2013.

Band 115 Claudia Beetz: Stellvertretung als Instrument der Sicherung und Stärkung der Patientenautonomie. Ein Beitrag zur Komplementarität von Zivil- und Sozialrecht. 2013.

Band 116 Hans-Ludwig Schreiber: Schriften zur Rechtsphilosophie, zum Strafrecht und zum Medizin- und Biorecht. Herausgegeben von Hans Lilie und Henning Rosenau. 2013.

Band 117 Sebastian Müller: Die Aufklärung des Organspendeempfängers über Herkunft und Qualität des zu transplantierenden Organs. Ärztliche Pflichten im Spannungsfeld zwischen Standardbehandlung und Neulandmedizin. 2013.

Band 118 Bernd-Rüdiger Kern (Hrsg.): Das Gendiagnostikgesetz – Rechtsfragen der Humangenetik. 2013.

Band 119 Martina Resch: Die empfängergerichtete Organspende. Im Kontext der bedingten Einwilligung in die Organentnahme. 2014.

Band 120 Anja Houben: Die Rechtsformen des Universitätsklinikums. 2014.

Band 121 Nina Gott: Schnittstellen zwischen Organ- und Gewebespende. 2014.

Band 122 Hyung Sun Kim: Haftung wegen Bruchs der ärztlichen Schweigepflicht in Deutschland und in Korea. Eine vergleichende Untersuchung. 2015.

Band 123 Kerstin Badorff: Abrechnungsbetrug von ambulanten Pflegediensten und Vertragsärzten. Eine Untersuchung unter Berücksichtigung der streng formalen Betrachtungsweise des Sozialversicherungsrechts. 2016.

Band 124 Catharina Herzog: Mediation im Gesundheitswesen. Außergerichtliche Streitbeilegung bei Arzthaftungskonflikten. 2016.

Band 125 Piotr Tyczynski: Verfügungsbefugnisse an menschlichen Körpergeweben unter besonderer Berücksichtigung des Transplantationsgesetzes. 2016.

Band 126 Samantha Volkmann: Rechtliche Herausforderungen der Nanotechnologie im Arzneimittelrecht. 2017.

Band 127 Rainer Hellweg: Subsidiarität der Lebendorganspende. 2017.

Band 128 Roman Lammers: Leihmutterschaft in Deutschland. Rechtfertigen die Menschenwürde und das Kindeswohl ein striktes Verbot? 2017.

www.peterlang.com